Die Wappen der Hochstifte, Bistümer und Diözesanbischöfe
im Heiligen Römischen Reich
1648–1803

Die Wappen der Hochstifte, Bistümer und Diözesanbischöfe im Heiligen Römischen Reich 1648–1803

Unter Mitwirkung von Clemens Brodkorb,
Reinhard Heydenreuter und Heribert Staufer
herausgegeben von

Erwin Gatz

SCHNELL + STEINER

Bibliografische Information Der Deutschen Bibliothek
Die Deutsche Bibliothek verzeichnet diese Publikation
in der Deutschen Nationalbibliografie;
detaillierte bibliografische Daten sind im Internet
über <http://dnb.ddb.de> abrufbar.

Historische Einleitungen: Prof. Dr. Erwin Gatz, Rom
Ermittlung und Zeichnung der Wappen: Heribert Staufer, Kaufbeuren
Blasonierung: Prof. Dr. Reinhard Heydenreuter, München
Kartographie: Karsten Bremer, Berlin
Redaktion: Dr. Clemens Brodkorb, München

1. Auflage 2007
© 2007 Verlag Schnell & Steiner GmbH
Leibnizstraße 13, 93055 Regensburg
Gesamtherstellung: Erhardi Druck GmbH, Regensburg
ISBN 978-3-7954-1637-9

Weitere Informationen zum Verlagsprogramm erhalten Sie
unter www.schnell-und-steiner.de

Vorwort

2002 erschien der fünfte und abschließende Band des von mir herausgegebenen Lexikons der Bischöfe im Hl. Römischen Reich und in den deutschsprachigen Ländern. In ca. 5500 Lebensbildern und Biogrammen behandelt es alle zwischen 1198 und 2001 amtierenden Diözesanbischöfe und seit der Frühen Neuzeit auch alle Weihbischöfe und Generalvikare in dem genannten Raum. 2003/05 folgten zwei Bände über die Bistümer im Hl. Römischen Reich von ihren Anfängen bis zur Säkularisation bzw. in den deutschsprachigen Ländern von der Säkularisation bis zur Gegenwart.

Der hier vorgelegte Wappenband schließt sich an beide Werke an. Er zeigt die Wappen aller Hochstifte bzw. Bistümer und Diözesanbischöfe aus den Jahren 1648–1803, also jener Epoche, in der die Reichskirche sich nach der Krise und den Verlusten im Zeitalter der Reformation stabilisiert hatte und nochmals zu hoher auch kultureller Blüte kam, ehe sie mit der Säkularisation unterging.

Wappen entstanden im Mittelalter als farbige Kennzeichen auf den zur Abwehr im Turnier bestimmten Schilden. Die bischöflichen und hochstiftischen Wappen der späten Reichskirche hatten dagegen eine andere Bestimmung. Sie waren Herrschafts- und Hoheits-, Stifter- oder auch Eigentumszeichen (z. B. auf Paramenten und Möbelstücken) geworden. Das galt für die Fürstbischöfe und Hochstifte so gut wie für die Adelsgeschlechter. Obwohl aus der Welt des Adels und ihrer Turniere erwachsen, wurden sie nunmehr auch von nichtadeligen Korporationen und Institutionen verwandt. Da die Diözesanbischöfe der späten Reichskirche fast ausnahmslos der Adelsgesellschaft und zum Teil sogar regierenden Fürstenhäusern entstammten, enthielten ihre Wappen meist sowohl Elemente ihrer Familienwappen wie auch der Wappen ihrer Hochstifte oder Bistümer. Jede Translation auf ein anderes Bistum und jede Übernahme eines neuen Bistums veranlasste daher eine Neufassung des Wappens. Die Wappen der Fürstbischöfe werden in diesem Band in ihren verschiedenen Entwicklungsstadien gezeigt. Sie sind nach historischen Quellen neu gezeichnet, heraldisch erklärt (blasoniert) und durch ein Register der behandelten Personen und ein Register der Orte, Landschaften und Territorien erschlossen. Zu jedem Wappen gibt es Quellen- und Literaturnachweise. Nicht erfasst wurden die Wappen von Elekten, die nicht päpstlich bestätigt wurden. Nicht aufgenommen in diesen Band sind ferner die Wappen der seit 1648 nicht mehr zum Reich gehörenden Hochstifte und Bischöfe von Metz, Toul und Verdun, der Bischöfe von Triest und Pedena, der Bischöfe des kurbayerischen Haus-Ritterordens vom hl. Georg und des Münchener Hofbistums, der Leiter der Nordischen und der Holländischen Missionen, ferner der Apostolischen Vikare in den sächsischen Erblanden sowie der Dechanten bzw. Kommissare von Glatz und Katscher.

Die Wappen der Auftraggeber der zahlreichen Bauten und Kunstwerke wie auch der Urkunden bilden nicht nur eine Zier, sondern sie erleichtern den Zugang zu deren Einordnung. Der Band bildet somit einen Beitrag zur Kultur der späten Reichskirche und ihrer geistlichen Führungsschicht.

Nach früheren Vorüberlegungen wurde das Projekt 2002 begonnen. Ich danke dem Heraldiker Prof. Dr. Reinhard Heydenreuter, Bayerisches Hauptstaatsarchiv München, der die Wappen blasonierte, Herrn Heribert Staufer, Kaufbeuren, der sie z. T. ermittelte und neu zeichnete, Herrn Dr. Clemens Brodkorb, München, der die Arbeit koordinierte und die Register anfertigte, und nicht zuletzt dem Inhaber des Verlags Schnell & Steiner, Herrn Dr. Albrecht Weiland, Regensburg, der daraus ein vorzügliches Buch schuf.

Rom, im Frühjahr 2007   Erwin Gatz

Inhalt

Verzeichnis der Abkürzungen

§	Paragraf
Abb.	Abbildung(en)
AK	Ausstellungskatalog
Archiep. (tit.)	Archiepiscopus (titularis)
BayHStA	Bayerisches Hauptstaatsarchiv
Bd./Bde.	Band/Bände
Bearb./bearb.	Bearbeiter/in, bearbeitet
bish.	bisher
bzw.	beziehungsweise
d. h.	das heißt
Diss.	Dissertation
Diss. phil.	philosophische Dissertation
Ep. (tit.)	Episcopus (titularis)
fol.	folium
Frankfurt/M.	Frankfurt am Main
Freiburg/Br.	Freiburg im Breisgau
Freiburg/Schw.	Freiburg in der Schweiz
gest.	gestorben
H.	Heft
Hg./hg.	Herausgeber/herausgegeben
hl(l).	heilig(e/er/ste)
Mitw.	Mitwirkung
Mitarb.	Mitarbeit
ND	Nachdruck, Neudruck
Nr.	Nummer
OCist	Ordo Cisterciensis – Zisterzienser/Zisterzienserinnen
OFM	Ordo Fratrum Minorum – Franziskaner, Minderbrüder
OFMCap	Ordo Fratrum Minorum Capuccinorum – Kapuziner
OFMObs	Ordo Fratrum Minorum (Regularis) Observantiae – Franziskaner-Observanten
OSB	Ordo Sancti Benedicti – Benediktiner/Benediktinerinnen
RA	Reichsadel
r	recto
Tf.	Tafel
Tl.(e)	Teil(e)
TRE	Theologische Realenzyklopädie
u. a.	unter anderem(n)
v	verso
v.	von(m)
vgl.	vergleiche
z. T.	zum Teil

Verzeichnis der abgekürzt zitierten Quellen und Literatur

H. Appuhn, Siebmacher 1605

= **Appuhn, Horst** (Hg.), Johann Siebmachers Wappenbuch von 1605 (= Die bibliophilen Taschenbücher 538) (Dortmund 1988).

R. Ardelt – H. E. Baumer, Wappen

= **Ardelt, Rudolf – Baumer, Herbert E.**, Die Wappen der Linzer Bischöfe, in: Historisches Jahrbuch der Stadt Linz 1981, 78–108.

U. Arnold, AK Deutscher Orden

= **Arnold, Udo** (Hg.), 800 Jahre Deutscher Orden. Ausstellung des Germanischen Nationalmuseums Nürnberg in Zusammenarbeit mit der Internationalen Historischen Kommission zur Erforschung des Deutschen Ordens (Gütersloh u. a. 1990).

Berner Wappenbuch

= **Burgergemeinde Bern** (Hg.), Wappenbuch der burgerlichen Geschlechter der Stadt Bern (Bern 1932).

Bischöfe 1448–1648

= Die Bischöfe des Heiligen Römischen Reiches 1448 bis 1648. Ein biographisches Lexikon, hg. von **Erwin Gatz** unter Mitw. v. **Clemens Brodkorb** (Berlin 1996).

Bischöfe 1648–1803

= Die Bischöfe des Heiligen Römischen Reiches 1648 bis 1803. Ein biographisches Lexikon, hg. v. **Erwin Gatz** unter Mitw. v. **Stephan M. Janker** (Berlin 1990).

Bischöfe 1785/1803–1945

= Die Bischöfe der deutschsprachigen Länder 1785/ 1803 bis 1945. Ein biographisches Lexikon, hg. v. **Erwin Gatz** (Berlin 1983).

Bistümer bis 1803

= Die Bistümer des Heiligen Römischen Reiches von ihren Anfängen bis zur Säkularisation, hg. v. **Erwin Gatz** unter Mitw. v. **Clemens Brodkorb – Helmut Flachenecker** (Freiburg/Br. 2003).

Bistümer seit 1803

= Die Bistümer der deutschsprachigen Länder von der Säkularisation bis zur Gegenwart, hg. v. **Erwin Gatz** unter Mitw. v. **Clemens Brodkorb – Rudolf Zinnhobler** (Freiburg/Br. 2005).

C. D. Bleisteiner, Heraldik

= **Bleisteiner, Claus D.**, Kirchliche Heraldik in Bayern. Die Wappen der Erzbischöfe und Bischöfe seit 1817 (Neustadt/Aisch [2]1986).

F. Boniver, Armoiries

= **Boniver, François**, Les Armoiries des princes-évêques de Liège (Liège 1958).

H. J. Brandt – K. Hengst, Bischöfe

= **Brandt, Hans Jürgen – Hengst, Karl**, Die Bischöfe und Erzbischöfe von Paderborn (Paderborn 1984).

H. Ph. Cappe, Münzen

= **Cappe, Heinrich Philipp**, Die Mittelalter-Münzen von Münster, Osnabrück, Paderborn, Corvei und Hervord (Dresden 1850).

M. Domarus, Wappen

= **Domarus, Max**, Wappen und Linien des Hauses Schönborn, in: Mainfränkisches Jahrbuch für Geschichte und Kunst 12 (Würzburg 1960) 128–143.

F.-Th. Dubois, Armoiries

= **Dubois, Fred.-Th.**, Armoiries du Diocèse et des évêques de Lausanne dès 1500 à nos jours, Tl. I, in: Schweizer Archiv für Heraldik 2 (Zürich 1910) 64–66; Tl. II, in: ebd. 3 (1910) 109–119.

P. Dudziński, Alfabet

= **Dudziński, Paweł**, Alfabet Heraldyczny [Heraldisches Alphabet] (Warszawa 1997).

W. Ewald, Siegel

= **Ewald, Wilhelm**, Rheinische Siegel, I: Die Siegel der Erzbischöfe von Köln 948–1795 (Bonn 1906, ND 1993); II: Die Siegel der Erzbischöfe von Trier 956–1795 (1910, ND 1993).

A. Fenzl, Wappen

= **Fenzl, Annemarie**, Die Wappen und Siegel der Wiener Bischöfe und Erzbischöfe (Wien 1971).

A. Frossard, Évêques

= **Frossard, Alfred**, Les princes-évêques de Bâle de 1575 à 1828. Portraits en photochromie des princes-évêques ayant établi leur résidence à Porrentruy, capitale de la Principauté. Accompagnés des armoiries en couleurs (Porrentruy 1944).

T. Gajl, Herby

= **Gajl, Tadeusz**, Herby szlacheckie Rzeczypospolitej Obojga Narodów [Die Adelswappen der res publica der beiden Nationen] (Gdańsk 2003).

F. Gall, Wappenkunde

= **Gall, Franz**, Österreichische Wappenkunde. Handbuch der Wappenwissenschaft (Wien – Köln – Weimar [3]1996).

J. C. Gatterer, Handbuch
  = **Gatterer, Johann Christoph**, Handbuch der neuesten Genealogie und Heraldik. Worinnen aller jezigen europäischen Potentaten Stammtafeln und Wappen enthalten sind, 8 Bde. (Nürnberg 1759–1766).

J. Gelmi, Bischöfe
  = **Gelmi, Josef**, Die Brixner Bischöfe in der Geschichte Tirols (Bozen 1984).

E. Gigilewicz, Herby
  = **Gigilewicz, Edward**, Herby Biskupów Warmińskich [Die Wappen der Bischöfe von Ermland] (Lublin 2001).

H. Glaser, Grabsteinbuch
  = **Glaser, Hubert** (Hg.), Das Grabsteinbuch des Ignaz Alois Frey. Ein Zeugnis Freisinger Geschichtsbewußtseins nach 1803 (= Sammelblatt des Historischen Vereins Freising, Beibd. 37) (Regensburg 2002).

C. Heffner, Siegel
  = **Heffner, Carl**, Würzburgisch-fränkische Siegel, in: Archiv des Historischen Vereins für Unterfranken und Aschaffenburg 21 (1872) 73–232.

W. v. Hueck, Adelslexikon
  = **Hueck, Walter von** (Bearb.), Adelslexikon, 16 Bde. (Limburg/Lahn 1972–2005).

F.-H. v. Hye, Landeswappen
  = **Hye, Franz-Heinz von**, Das Tiroler Landeswappen. Entwicklungsgeschichte eines Hoheitszeichens (Bozen 1972, ²1985).

F.-H. v. Hye, Wappen
  = **Hye, Franz-Heinz von**, Wappen in Tirol – Zeugen der Geschichte. Handbuch der Tiroler Heraldik (= Schlern-Schriften 321) (Innsbruck 2004).

J. Kettner, Dějiny
  = **Kettner, Jiří**, Dějiny pražské arcidiecéze v datech [Geschichte der Erzdiözese Prag in Daten] (Praha 1993).

E. Kittel, Siegel
  = **Kittel, Erich**, Siegel (= Bibliothek für Kunst- und Antiquitätenfreunde 11) (Braunschweig 1970).

E. H. Kneschke, Adels-Lexicon
  = **Kneschke, Ernst Heinrich** (Hg.), Neues allgemeines Deutsches Adels-Lexicon, 9 Bde. (Leipzig 1859–1870, ND 1929–1930).

J. D. Koehler, Calender
  = **Koehler, Johann David**, Geschichts-, Geschlechts- und Wappen Calender auf das Jahr 1732 bis 1758, 27 Bde. (Nürnberg 1732–1758).

J. D. Koehler, Münz-Belustigung
  = **Koehler, Johann David**, Wöchentlich herausgegebene historische Münz-Belustigung ... darinnen allerhand merckwürdige und rare Thaler, Ducaten, Schaustücken, andere sonderbahre Gold- und Silber-Münzen ... 1 (Nürnberg 1729)–22 (1750).

P. Kolb, Wappen
  = **Kolb, Peter**, Die Wappen der Würzburger Fürstbischöfe (Würzburg 1974).

W. Merz, Wappen
  = **Merz, Walther**, Oberrheinische Wappen und Siegel (Aarau 1912).

W. Merz – F. Hegi, Wappenrolle
  = **Merz, Walther – Hegi, Friedrich**, Die Wappenrolle von Zürich. Ein heraldisches Denkmal des 14. Jahrhunderts in getreuer farbiger Nachbildung des Originals mit den Wappen aus dem Hause zum Loch (Zürich u. a. 1930).

L. Mühlemann, Wappen
  = **Mühlemann, Louis**, Wappen und Fahnen der Schweiz. 700 Jahre Confoederatio Helvetica (Luzern 1977, Lengnau ³1991).

M. Mysliveček, Erbovník
  = **Mysliveček, Milan**, Erbovník aneb kniha o znacích i osudech rodů žijících v Čechách a na Moravě [Wappensammlung oder Buch über die Zeichen und Schicksale der in Tschechien und Mähren lebenden Geschlechter], 2 Tle. (Praha 1993–1997).

O. Neubecker – W. Rentzmann, Lexikon
  = **Neubecker, Ottfried – Rentzmann, Wilhelm**, Wappen-Bilder-Lexikon (München 1974).

E. Neukirch, Erscheinen
  = **Neukirch, Eva**, Das Erscheinen von Familienwappen im bischöflichen Siegelbild II: Karten – Bildtafeln – Siegelbeschreibungen (Marburg 1996).

N. D. Nicol – C. R. Bruce, Catalog
  = **Nicol, Norman D. – Bruce, Colin R.**, Standard Catalog of German coins, 1601 to present (Iola, WI 1994, ²1998).

K. Niesiecki, Herbarz
  = **Niesiecki, Kasper**, Korona Polska ... [Die Krone Polen ...], 10 Bde. (Lemberg 1728– 1743); neu hg. v. **Jan Nepomuk Bobrowicz**, Herbarz Polski [Polnisches Wappenbuch] (Leipzig 1839–1846, ND Warschau 1988).

H. Nottarp, Heraldik
  = **Nottarp, Hermann**, Lebendige Heraldik, in: **Ders.**, Aus Rechtsgeschichte und Kirchenrecht. Gesammelte Abhandlungen (Köln – Graz 1967) 697–771.

H. Nottarp, Titel
  = **Nottarp, Hermann**, Titel, Wappen und Orden des Kölner Kurfürsten Clemens August von Bayern 1773–61, in: **Ders.**, Aus Rechtsgeschichte und Kirchenrecht. Gesammelte Abhandlungen (Köln – Graz 1967) 685-696.

J. Obersteiner, Bischöfe
  = **Obersteiner, Jakob**, Die Bischöfe von Gurk 1072–1822 (= Aus Forschung und Kunst 5) (Klagenfurt 1969).

G. Pfeifer, Wappen
  = Pfeifer, Gustav (Bearb.), Wappen und Kleinod. Wappenbriefe in öffentlichen Archiven Südtirols (= Veröffentlichungen des Südtiroler Landesarchivs 11) (Bozen 2001).

O. Posse, Siegel
  = Posse, Otto, Die Siegel der Erzbischöfe und Kurfürsten von Mainz, Erzkanzler des Deutschen Reiches bis zum Jahre 1803 (Dresden 1914).

B. Prokisch u. a., Repertorium
  = Prokisch, Bernhard u. a., Repertorium zur Neuzeitlichen Münzprägung Europas, Bd. 2: Heiliges Römisches Reich Deutscher Nation und Nachfolgestaaten – Der Bayerische Reichskreis (= Veröffentlichungen des Instituts für Numismatik Wien 4) (Wien 1996).

F. Röhrig, Stifte
  = Röhrig, Floridus (Hg.), Die ehemaligen Stifte der Augustiner-Chorherren in Österreich und Südtirol (= Österreichisches Chorherrenbuch) (Klosterneuburg 2005).

V. & H. V. Rolland, Illustrations
  = Rolland, Victor & Henry V., Illustrations to the Armorial général by Johannes B. Rietstap, 6 Bde. (ND London 1967).

J. O. Salver, Proben
  = Salver, Johann Octavian, Proben des Hohen Teütschen Reichs-Adels oder Sammlungen alter Denkmäler, Grabsteinen, Wappen, Inn- und Urschriften u. d. nach ihrem wahren Urbilde aufgenommene, unter offener Treue bewähret, und durch Ahnenbäume, auch stetige Nachrichten (Würzburg 1775).

G. Scheibelreiter, Heraldik
  = Scheibelreiter, Georg, Heraldik (= Oldenbourg historische Hilfswissenschaften) (Wien – München 2006).

P. Schindler, Beiträge
  = Schindler, Peter, Beiträge zur Geschichte der Bischöfe von Lavant in der Neuzeit bis 1862. Biographische, sozial- und kirchenhistorische Aspekte (Diss. phil. Wien 1994).

M. F. Schlamp, Mohrenkopf
  = Schlamp, Michael F., Der Mohrenkopf im Wappen der Bischöfe von Freising, in: Frigisinga. Beiträge zur Heimat- und Volkskunde von Freising und Umgebung 7 (1930) 115–187.

G. Schön, Münzkatalog
  = Schön, Gerhard, Deutscher Münzkatalog 18. Jahrhundert (München 1984, 3 2002).

K. G. Ritter v. Schulthess-Rechberg, Thalerkabinett
  = Schulthess-Rechberg, Karl Gustav Ritter von, Thalerkabinett, Bd. 2,1: Beschreibung aller bekannt gewordenen Thaler der Päpste und Erzbischöfe (Wien 1845); Bd. 2,2: Beschreibung aller bekannt gewordenen Thaler der Bischöfe, Ordensmeister, Aebte, Pröpste und Aebtissinen (Wien 1846).

P. Sella, Sigilli
  = Sella, Pietro (Bearb.), I sigilli dell'Archivio Vaticano, Bde. III, V, VII (Roma 1937–1964).

J. F. Seyfart, Handbuch
  = Seyfart, Johann Friedrich, Handbuch der neuesten Genealogie. Der durchlauchtigen Welt vollständiges Wappenbuch, 2 Bde. (Nürnberg 1767–1768).

C. Seyfert, Cronica
  = Seyfert, Carolus, Passauische Cronica, das ist Beschreibung der Statt Passau (Passau 1767).

G. A. Seyler, Heraldik
  = Seyler, Gustav A., Geschichte der Heraldik (Wappenwesen, Wappenkunst und Wappenwissenschaft). Nach den Quellen bearb. (= J. Siebmacher, Großes und allgemeines Wappenbuch, Einleitungsbd. A) (Nürnberg 1885–1889 [1890], ND Neustadt/Aisch 1970).

J. Siebmacher, Krain
  = Siebmacher, Johann, Der Adel in Kärnten, Krain und Dalmatien (= J. Siebmacher's großes und allgemeines Wappenbuch 29) (ND Neustadt/Aisch 1980).

J. Siebmacher, Niederösterreich
  = Siebmacher, Johann, Die Wappen des Adels in Niederösterreich, 2 Bde. (= J. Siebmacher's großes und allgemeines Wappenbuch 26) (ND Neustadt/Aisch 1984).

J. Siebmacher, Oberösterreich
  = Siebmacher, Johann, Die Wappen des Adels in Oberösterreich (= J. Siebmacher's großes und allgemeines Wappenbuch 27) (ND Neustadt/Aisch 1984).

J. Siebmacher, Wappen der Bistümer
  = Siebmacher, Johann, Die Wappen der Bistümer und Klöster (= J. Siebmacher's Großes Wappenbuch 8) (Neustadt/Aisch 1976) (= ND von G. A. Seyler, Bistümer).

G. Simmen, Wappen
  = Simmen, Gerhard, Wappen zur Bündner Geschichte (Chur 2004).

G. Tabarelli de Fatis – L. Borelli, Stemmi
  = Tabarelli de Fatis, Gianmaria – Borelli, Luciano, Stemmi e notizie di famiglie trentine (= Supplemento di Studi trentini di scienze storiche, Sez. 1) (Trento 2004).

H. Theissing, Äbte
  = Theissing, Heinrich, Die Äbte von Neuzelle. Ein Abriss der Klostergeschichte, in: J. Fait – J. Fritz (Hg.), Neuzelle. Festschrift zum Jubiläum der Klostergründung vor 700 Jahren. 1268–1968 (Leipzig – München 1968) 9–76.

C. Tyroff, Wappenwerk
   = **Tyroff, Conrad**, Neues adeliges Wappenwerk, 12 Bde. (Nürnberg 1791–1868).

P. Veddeler, Westfalenross
   = **Veddeler, Peter**, Das Westfalenross. Geschichte des westfälischen Wappens (= Veröffentlichungen der Staatlichen Archive des Landes Nordrhein-Westfalen, Reihe C: Quellen und Forschungen 26) (Münster 1987).

J. Volčjak, Listine
   = **Volčjak, Jure**, Listine imendvanj lubljanskih škofov [Die Ernennungsurkunden der Laibacher Bischöfe] (Ljubljana 2004).

S. Weber, Stemmi
   = **Weber, Simone**, Gli stemmi dei vescovi e principi di Trento, in: Rivista Tridentina 7 (1907) 42–46.

A. Zelenka, Wappen
   = **Zelenka, Aleš**, Die Wappen der böhmischen und mährischen Bischöfe (Regensburg 1979).

E. Zimmermann, Zeichen
   = **Zimmermann, Eduard**, Augsburger Zeichen und Wappen (Augsburg 1970).

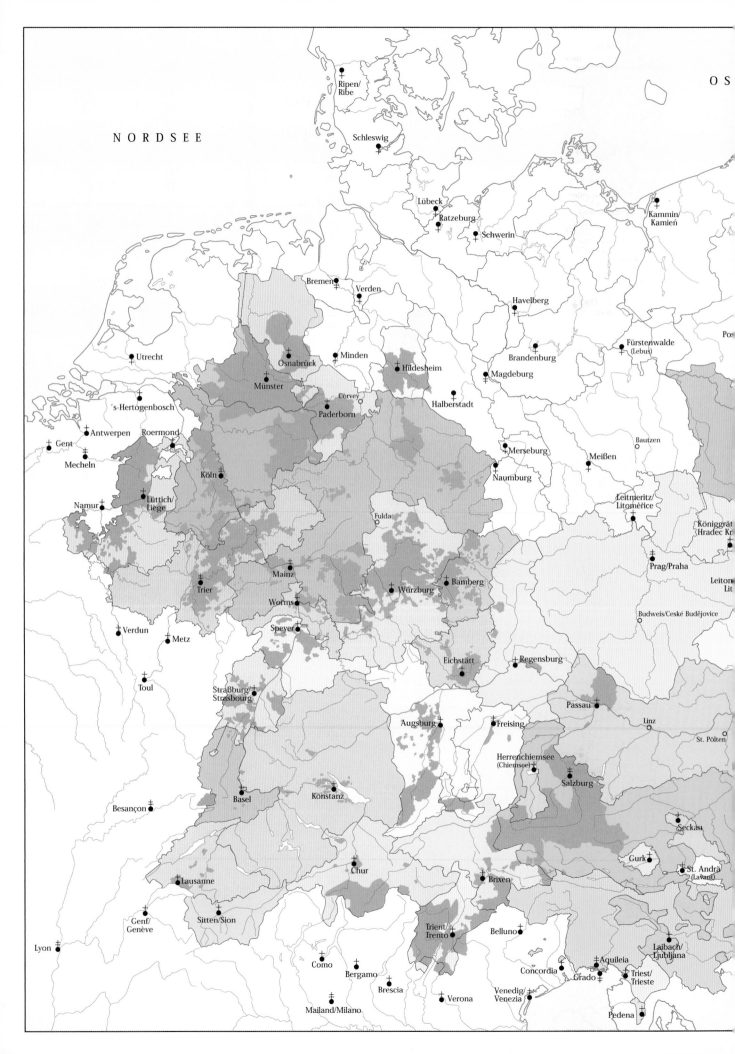

NORDSEE

Ripen/
Ribe

Schleswig

Lübeck
Ratzeburg

Kammin/
Kamień

Schwerin

Bremen
Verden

Havelberg

Fürstenwalde
(Lebus)

Po

Utrecht

Osnabrück
Minden

Brandenburg

Magdeburg

Münster

Corvey

Hildesheim

Halberstadt

's-Hertogenbosch

Antwerpen
Gent
Roermond

Mecheln

Köln

Merseburg

Naumburg

Bautzen

Meißen

Leitmeritz/
Litoměřice

Königgrät
Hradec Kr

Namur

Lüttich/
Liège

Fulda

Mainz

Prag/Praha

Leiton
Lit

Trier

Würzburg
Bamberg

Worms

Verdun

Metz

Speyer

Budweis/České Budějovice

Eichstätt
Regensburg

Toul

Straßburg/
Strasbourg

Passau

Augsburg
Freising

Linz

St. Pölten

Herrenchiemsee
(Chiemsee)

Besançon

Basel
Konstanz

Salzburg

Seckau

Chur

Brixen

Gurk
St. Andrä
(Lavant)

Lausanne

Genf/
Genève

Sitten/Sion

Trient/
Trento
Belluno

Laibach/
Ljubljana

Lyon

Como

Bergamo

Aquileia
Concordia
Grado
Triest/
Trieste

Brescia

Verona

Venedig/
Venezia

Mailand/Milano

Pedena

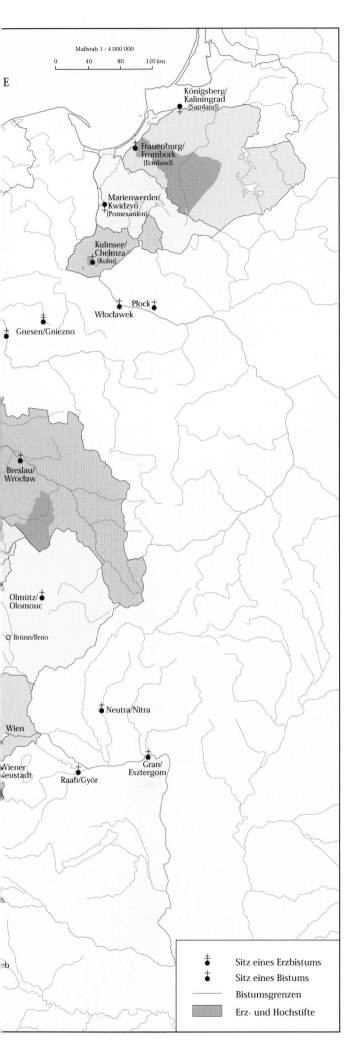

Die Bistümer und Hochstifte im Heiligen Römischen Reich und in der Eidgenossenschaft um 1750

Nach den Verlusten im Zeitalter der Reformation präsentierten sich die Bistümer der Reichskirche seit ihrer Konsolidierung in jener Gestalt, die auf dieser Karte dargestellt ist und die bis auf die neuen Bistümer Fulda (1752), Brünn (1777), Budweis (1785) und Corvey (1792) bis zu den Umbrüchen infolge der Französischen Revolution und der Säkularisation unverändert blieb. In vielen Bistümern war freilich die geistliche Jurisdiktion der Bischöfe infolge der Reformation auf oft nur kleine Teile eingeschränkt.

Literatur: Bistümer bis 1803. – **B. Braun** – **F. Göttmann** – **M. Ströhmer** (Hg.), Geistliche Staaten im Nordwesten des alten Reiches. Forschungen zum Problem frühmoderner Staatlichkeit (Köln 2003). – **V. Press**, Fürstentümer, geistliche II, in: TRE 11 (1983) 715–719. – **W. Wüst** (Hg.), Geistliche Staaten in Oberdeutschland im Rahmen der Reichsverfassung, Kultur, Verfassung, Wirtschaft, Gesellschaft – Ansätze zu einer Neubewertung (Epfendorf 2002).

ERWIN GATZ

Einleitung

Die Wappen der Hochstifte, Bistümer und Diözesanbischöfe im Heiligen Römischen Reich 1648–1803

Von Reinhard Heydenreuter

1. Die Entstehung der Hochstiftswappen

Die im 13. und 14. Jahrhundert entstandenen Hochstiftswappen, die von den Bischöfen mehr und mehr neben ihren persönlichen Wappen geführt wurden, dienten ursprünglich vor allem dazu, das jeweilige Heeresaufgebot des Hochstifts zu kennzeichnen, wie uns verschiedene Beispiele zeigen. Es ging dabei konkret um die Kennzeichnung der Schilde der im Dienste des Hochstifts stehenden Ritter. Die Hochstiftswappen hatten daher vor allem die (wechselnden) Wappen der bischöflichen Vasallen und Hochstiftsvögte ersetzt, die bis dahin auf den Schilden zu sehen waren.

Am Beispiel des Trienter Hochstiftswappens lässt sich dieser Vorgang gut belegen, da uns ausnahmsweise eine entsprechende Verleihungsurkunde des böhmischen Königs Johann für den damaligen Bischof Nikolaus von Brünn vom Jahre 1339 erhalten ist. Der Sohn des böhmischen Königs, Markgraf Karl von Mähren (der spätere Kaiser Karl IV.), war damals Regent in Tirol und hatte 1338 Nikolaus als Bischof nach Tirol geholt. Nikolaus, der aus Brünn stammte und zuvor Domdechant zu Olmütz und Kanzler des Markgrafen Karl von Mähren gewesen war, wandte sich 1339 mit der Bitte an König Johann, ihm ein Wappen zu verleihen. Bisher hätte das Hochstift kein Wappen gehabt, aber die Ministerialen, Ritter und Vasallen müssten ein solches sowie ein Banner führen. Dies sei üblich und notwendig. König Johann verlieh daraufhin mit Urkunde vom 9. August 1339 einen schwarzen Adler im weißen Feld, das alte böhmische Wappen, das frei geworden war, seitdem man Mitte des 13. Jahrhunderts den silbernen Löwen zum Wappen des Königs von Böhmen gewählt hatte.[1]

Die Führung eines Hochstiftswappen durch die einzelnen Bistümer hing auch mit der jeweiligen staatsrechtlichen Stellung des Bistums innerhalb des Hl. Römischen Reichs zusammen. Sobald die Bistümer die Reichsfürstenwürde und eine eigene Reichsstandschaft, d. h. mit einem Sitz auf der Reichsfürstenbank des Reichstags, erwarben, führten die Bischöfe fast immer und zwar spätestens seit dem 15. Jahrhundert ein eigenes Hochstiftswappen mit den Insignien der Fürstenwürde (Schwert), das sie in der Regel mit ihrem Familienwappen kombinierten. Doch auch die unter fremder Landesherrschaft stehenden Bistümer konnten eigene Wappen führen,

---

[1] **J. Siebmacher**, Wappen der Bistümer 15.

so etwa die unter dem Erzbistum Salzburg stehenden Bistümer Seckau, Lavant, Gurk und Chiemsee. Bei den Bistümern unter österreichischer bzw. sonstiger Landeshoheit wie etwa Prag, Breslau, Olmütz, Wien, Wiener Neustadt, Sankt Pölten, Linz, Laibach oder Kulm sind zwar Wappen bekannt, die Bischöfe führten aber vielfach nur ihre Familienwappen. Ohne Rückwirkung auf die Landeshoheit Dritter war der vom Kaiser verliehene persönliche Fürstenrang, den die meisten Bischöfe mit Billigung ihrer Landesherren führten.

In einigen Fällen, in denen die Landeshoheit bzw. die Titel der Bischöfe umstritten waren, kam es auch, wie etwa im Bistum Sitten, zu Auseinandersetzungen mit den Nachbarterritorien wegen der Wappenführung. In diesen Fällen begnügten sich die Bischöfe mit der Führung ihres persönlichen Wappens.

Die Bezeichnung Hochstift wird im Folgenden für alle Bistümer verwendet, die in mehr oder weniger großem Umfang über weltliche Hoheitsrechte verfügten, auch wenn sie keine Reichsstandschaft oder die uneingeschränkte Landeshoheit besaßen. Die zeitgenössischen Bezeichnungen sind in diesem Punkt weitgehend uneinheitlich.

2. Wappengebrauch und heraldische Regeln

a) Stellung der Figuren im Wappen

Wie in der allgemeinen Heraldik, so sind auch bei den Bischofswappen in der Regel alle Figuren nach (heraldisch, d. h. vom Schildträger aus gesehen) rechts (in Richtung des Gegners!) gerichtet (gewendet). Doch gibt es von dieser Regel die auch in der allgemeinen Heraldik bekannte häufige Ausnahme, dass bei einem Wappen mit mehreren Feldern die Figuren der vorderen Felder (aus Reverenz) gedreht werden, um sich den hinteren Feldern zuzuwenden. Bei der Blasonierung wird diese Drehung mit „nach innen gewendet" oder „linksgewendet" deutlich gemacht.

b) Wertigkeit der Felder

Wie bei den sonstigen Wappen, so ist auch bei den Bischofswappen die Wertigkeit der Felder innerhalb des Schildes zu beachten. Die wichtigsten Wappen sind dem Herzschild zugeordnet. Unter den Feldern hat das erste Feld (heraldisch) rechts oben den höchsten, das letzte Feld (heraldisch) links unten den niedrigsten Rang.

Die Reihenfolge der Hochstiftswappen bei denjenigen Fürstbischöfen, die mehrere Bistümer inne hatten, richtete sich in der Regel nach dem Rang des jeweiligen Hochstifts, der durch die Sitz- und Stimmordnung im Kurfürstenkolleg (Mainz vor Trier und Köln) bzw. durch die Sitz- und Stimmordnung auf der Geistlichen Bank des Reichsfürstenrats vorgegeben war. Im 17. und 18. Jahrhundert galt folgende Reihenfolge: Der wichtigste geistliche Fürst auf der geistlichen Bank des Reichsfürstenrats (die Plätze eins und zwei nahmen die habsburgischen Länder Österreich und Burgund ein!) war der Erzbischof von Salzburg, ihm folgten der Erzbischof von Besançon (Bisanz) und der Hoch- und Deutschmeister. Dann folgten als exemtes Bistum Bamberg, sodann die Suffraganbistümer von Mainz, wobei es innerhalb der Mainzer Bistümer immer Streit um die Reihenfolge gab. Würzburg und Worms wechselten z. B. bei jedem Reichstag ihren Sitz (7. Würzburg, 8. Worms, 9. Eichstätt, 10. Speyer, 11. Straßburg, 12. Konstanz, 13. Augsburg, 14. Hildesheim, 15. Paderborn). Diesen schlossen sich die Suffragane von Salzburg (16. Freising, 17. Regensburg, 18. Passau, 19. Trient, 20. Brixen), von Besançon (21. Basel), von Köln (22. Münster, 23. Osnabrück, 24. Lüttich)[2] und schließlich Lübeck (25) und Chur (26) an. Es folgten die gefürsteten Äbte von Fulda (27), Kempten (28), der Propst von Ellwangen (29), der Johanniter-Meister (30), der Propst von Berchtesgaden (31), der Propst von Weißenburg im Elsass (32) sowie die Äbte von Prüm (33), Stablo (34) und Corvey (35). Die zur Salzburger Kirchenprovinz gehörigen Bistümer Chiemsee, Gurk, Seckau und Lavant hatten keinen Sitz auf dem Reichstag und rangierten daher rangmäßig (etwa bei der Anordnung der Wappenbilder) hinter allen anderen auf dem Reichstag vertretenen Bistümern und Reichsstiften. Die der böhmischen bzw. Habsburger Oberhoheit unterstehenden Bistümer hatten ebenfalls keinen Sitz auf dem Reichstag (Erzbistum Prag mit Suffraganen, Erzbistum Wien mit Suffraganen sowie die im 18. Jahrhundert ins Leben gerufenen Bistümer).

In den Beschreibungen der Wappen werden in diesem Band nur die auf dem Reichstag vertretenen Bistümer als Hochstifte angesprochen.

c) Oberwappen, Helmzier

Nicht berücksichtigt sind in diesem Werk die jeweiligen Oberwappen. Darunter versteht man die auf dem Wappenschild aufruhenden, über ihm schwebenden oder hinter ihm stehenden Kopfbedeckungen (insbesondere Helme), die ihrerseits bedeckt, geschmückt oder mit Gegenständen versehen sein können (Helmkleinod).

Das übliche Oberwappen der Bischöfe besteht in der einfachsten Form aus Mitra und dem hinter den Schild gestellten Bischofsstab. Im Laufe der Entwicklung, insbesondere im Zusammenhang mit der Anerkennung der Bischöfe als Reichsfürsten, finden sich wie bei anderen Adelsgeschlechtern Helme auf den Wappen, deren Kleinode sowohl das Hochstift (bzw. die jeweiligen Hochstifte und geistlichen Würden) als auch die Familie des Bischofs symbolisieren können.

Als Zeichen ihrer bischöflichen Würde führten die Bischöfe im Oberwappen in der Regel die Mitra (Inful, Schiffsmütze) und einen Bischofsstab, der gerade oder schräg hinter dem Wappen steht, der aber auch von einer Hand gehalten werden kann. Die Mitra wird wahlweise direkt auf den Schild, auf einen (gekrönten) Helm, auf ein (rotes) Kissen, auf eine Krone oder auf einen Engelskopf gesetzt. Die Bischöfe konnten mehrere Mitren im Oberwappen führen, wenn sie Inhaber mehrerer Hochstifte oder Fürstabteien oder als Inhaber einer Dignität in einem Domkapitel (Dompropst, Domdechant) zur Führung einer Mitra (Inful) berechtigt (infuliert) waren. Das typische Oberwappen eines Fürstbischofs im 18. Jahrhundert weist also mehrere Mitren auf.

---

2   Die Stimmen von Münster und Lüttich (22 und 24) wechselten bei jeder Session. Osnabrück blieb aber immer auf Platz 23.

Wappenkartusche des Baseler Bischofs Johann
Konrad von Roggenbach (1658–93), nach einem
Siegelabdruck im BayHStA München

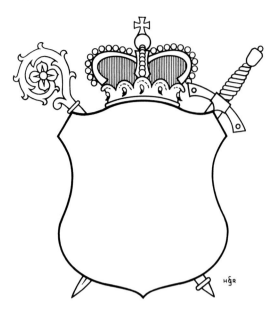

Wappenkartusche des Baseler Bischofs Friedrich
Ludwig Franz Reichsfreiherr von Wangen zu
Geroldseck (1775–82), nach einem Siegelabdruck
im BayHStA München

Wappenkartusche des Fuldaer Bischofs Heinrich
Reichsritter von Bibra (1760–88), nach einem
Siegelabdruck im BayHStA München

Wappenkartusche des Regensburger Bischofs
Anton Ignaz Reichsgraf Fugger-Glött von Kirch-
berg und Weißenhorn (1769–87) nach einem
Siegelabdruck im BayHStA München

Wappenkartusche des Olmützer Bischofs Kardinal Ferdinand Julius Graf von Troyer (1746–58), nach einem Siegelabdruck im BayHStA München

Wappenkartusche in Form eines Wappenmantels des Salzburger Erzbischofs Hieronymus Joseph Franz de Paula Reichsgraf von Colloredo-Waldsee-Mels (1772–1812), nach einem Siegelabdruck im BayHStA München

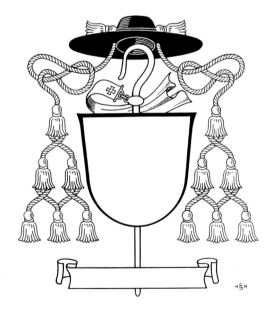

Wappenkartusche des Gurker Bischofs Jakob Maximilian Reichsgraf von Thun und Hohenstein (1709–41), nach einer Münze von 1729

Wappenkartusche mit Pedum (Krummstab) und daran anhängendem Sudarium (Schweißtuch) und Spruchband für einen neu gewählten Abt der Benediktinerabtei Ottobeuren

Das Oberwappen bezieht sich nicht nur auf den Inhalt des Wappenschilds, sondern führt in der Regel auch zusätzliche Symbole an. Das Würzburger Oberwappen zeigt beispielsweise die gekreuzten Rennfähnchen bzw. Büffelhörner, die je mit einem Rennfähnchen besteckt sind. Häufig werden die Hochstiftswappen auf so genannte (meistens achteckige) „Schirmbrettchen" gemalt, die (meistens mit sieben Pfauenfederbüschen geschmückt)[3] typische Helmkleinode des Mittelalters und der frühen Neuzeit darstellen.

Als Zeichen der Reichsfürstenwürde (in der Titulatur S. R. I. P. = Sacri Romani Imperii Princeps = Fürst des Hl. Römischen Reichs) führten die Fürstbischöfe meist ein Schwert im Oberwappen. Dieses steht auf der heraldisch linken Seite und wird fast immer mit dem Bischofsstab gekreuzt, dem auf der heraldisch rechten Seite der Ehrenvorrang gebührt. Nur in Würzburg führte der Bischof das Schwert, das für das Herzogtum Franken stand, immer auf der heraldisch rechten Seite. Auf ihren Epitaphien halten die Fürstbischöfe von Würzburg den Bischofsstab im Übrigen nicht in der rechten, sondern in der linken Hand. Die rheinischen Erzbischöfe, die zugleich Kurfürsten waren, platzierten auf ihre Helme auch die Kurfürstenhüte. Andere Bischöfe legten Fürstenhüte auf die Helme.

Seit dem 15. Jahrhundert werden geistliche Würden statt durch Mitren auch durch (vom Kardinalshut abgeleitete) Hüte symbolisiert, die über dem Wappen schweben und von denen seitlich Quasten (italienisch: fiocchi) abhängen, deren Farbe und Zahl den Rang des jeweiligen geistlichen Würdenträgers markiert (2 x 15 Rot = Kardinal, 2 x 10 Grün = Erzbischof, 2 x 6 Grün = Bischof, 2 x 3 Grün = Abt).

Wenn die Kardinäle Fürsten oder Grafen waren, so war es (trotz päpstlichen Verbots Innozenz' X.) üblich, den Hut über dem Fürstenhut oder der Grafenkrone schwebend zu führen.

Häufig führten die Bischöfe im Oberwappen neben den Verweisen auf ihre geistlichen Würden auch die Hinweise auf ihre weltlichen Würden und auf ihre Familienwappen. Die rheinischen Erzbischöfe führten beispielsweise auch den Kurfürstenhut (Roter Hut mit Hermelinverbrämung, meist mit goldenen Reifen [Bügel], an dessen Spitze ein Kreuz oder ein Reichsapfel steht). Der österreichische Erzherzoghut, der in der Regel von den Habsburgern geführt wurde, unterscheidet sich vom Kurfürstenhut durch seine eckige Hermelinverbrämung; der goldene Reifen (Bügel) mit Reichsapfel ist darüber hinaus mit Perlen besetzt.

d) Prachtstücke

Die Heraldik des 18. Jahrhunderts verwendet besonders gern sogenannte Prachtstücke, das sind Schildhalter sowie Wappenzelte. Schildhalter werden in der Regel dem Familienwappen entnommen. Hochstiftsspezifische Schildhalter sind seltener, aber auch gebräuchlich (vgl. etwa die Bamberger Löwen im Wappen des Würzburger Bischofs Adam Friedrich von Seinsheim).[4] Auf die Wiedergabe der jeweiligen Prachtstücke wurde in diesem Band verzichtet.

---

3   So etwa im Erzstift Trier seit dem 14. Jahrhundert.
4   **J. C. Gatterer**, Handbuch 1766, 21.

3. Vorbemerkungen zu den Wappenbeschreibungen

Richtungen werden nur bei Abweichungen von der Regel blasoniert: Bei Figuren wird also nur angezeigt, wenn diese nach (heraldisch) links ausgerichtet sind, bei Schrägbalken, wenn diese nach heraldisch links oben ausgerichtet sind. Ein Schrägbalken ist also immer ein Schrägrechtsbalken. Obwohl in der Heraldik grundsätzlich sämtliche Figuren nach rechts (dem Gegner entgegen) gehen, gibt es häufige Ausnahmen. So werden beispielsweise sich gegenüber stehende Figuren innerhalb eines Wappens einander zugedreht. In diesem Fall werden die irregulär gedrehten Figuren als „nach innen gedreht" bzw. als „linksgewendet" blasoniert. Vielfach tauchen auch einzeln stehende Wappenbilder nach links gedreht auf. Hier handelt es sich entweder um ein ursprüngliches Familienwappen, bei dem die Linksdrehung beabsichtigt ist (etwa als Unterscheidungsmerkmal zu einem älteren identischen Wappen oder als bewusste Minderung), oder das (einzige) Wappen, das als Vorlage diente, zeigt eine Referenzdrehung in Richtung eines benachbarten Wappens oder eines Hochaltars (etwa bei Epitaphien). In diesen Fällen müsste, wenn der Grund der Drehung bekannt wäre, die Rechtsrichtung der Figuren wieder hergestellt werden. Viele Linksdrehungen gehen auch auf das Konto unpräziser Wappenabbildungen. Wo dies erkennbar war, wurden entsprechende Korrekturen vorgenommen.

a) Blasonierung von Tieren

Bei der Blasonierung von Tieren (etwa Löwen, Pferde) werden diese in der Regel als hochspringend dargestellt. Blasoniert werden nur abweichende Stellungen, etwa eine schreitende (sich auf allen Vieren bewegende) Stellung.

Schreitende und herschauende Löwen werden in der Heraldik häufig auch als Leoparden bezeichnet. Das gilt vor allem für übereinander gestellte schreitende und herschauende Löwen, die aus Platzgründen schmal und langgezogen gestaltet sind (England). Die „Leoparden" heben nur die rechte Vorderpranke. In der vorliegenden Blasonierung wird bei Bedarf die Bezeichnung Leopard in Klammern hinzugefügt.

Bezüglich der Reihenfolge wird bei Tieren zuerst eine eventuelle Bekrönung und deren Tingierung (falls von der sonstigen Tingierung unterschieden), dann (falls von der sonstigen Tingierung unterschieden) die Tingierung der Bewehrung (dazu gehören Krallen, Schnabel und Zunge) blasoniert. Unterscheidet sich die Tingierung der Zunge von der Tingierung der Bewehrung, so muss dies „gemeldet" werden. Zuletzt kommt die Tingierung des Tieres selbst (Beispiel: „In Gold ein rot gekrönter, blau bewehrter und rot gezungter schwarzer Löwe").

b) Familienwappen

Unter dem Begriff Familienwappen werden alle vom jeweiligen Bischof für seine Familie geführten oder im Laufe der Zeit erworbenen Wappenbilder bezeichnet. In einigen Fällen wird auch auf das ursprüngliche Wappen der Familie (Stammwappen) hingewiesen.

c) Übereinander liegende Schilde

Bei der Blasonierung von Wappen mit übereinander liegenden Schilden wurden folgende Bezeichnungen gewählt: Bei zwei übereinander liegenden Schilden heißt der untere Schild Hauptschild, der obere (meist auf eine Vierung aufgelegte) Herzschild. Bei drei übereinander gelegten Schilden heißt die Reihenfolge von unten nach oben: Hauptschild, Mittelschild, Herzschild. Die Felder des Wappens werden in folgender Reihenfolge blasoniert: 1. Schildhaupt, 2. Herzschild, 3. Mittelschild, 4. Hauptschild.

d) Anmerkungen

Unter der Rubrik Anmerkung werden Hinweise auf Besonderheiten des jeweiligen Wappens gegeben und Varianten beschrieben. Auf die Wiedergabe von offensichtlich fehlerhaften Varianten (besonders in nicht zeitgenössischen Wappensammlungen) wurde verzichtet. Die angegebenen Varianten stellen andererseits vielfach nur eine Auswahl der tatsächlich vorkommenden Varianten und Abweichungen dar.

e) Nachweis

Unter der Rubrik Nachweis wurden – soweit vorhanden – in Auswahl Belege für das dargestellte Wappen angeführt. Vorrangig wurden Siegel berücksichtigt. Entsprechende Ermittlungen wurden vor allem in den Siegelsammlungen des Bayerischen Hauptstaatsarchivs in München und des Germanischen Nationalmuseums in Nürnberg durch Herrn Heribert Staufer, den Zeichner der Wappen, durchgeführt. Ihm gebührt für diese mühsame Arbeit besonderer Dank. Wichtige Nachweise lieferten wegen ihres „offiziellen" Charakters auch die Wappenabbildungen auf Münzen. Daher wurden auch die entsprechenden Abbildungen in den einschlägigen Münzkatalogen nachgewiesen. Auswahlweise sind auch Bauplastiken angegeben, um auf die große Vielfalt des Wappengebrauchs hinzuweisen. Weitere Recherchen im amtlichen Schriftgut würden viele weitere Wappenbelege zu Tage fördern, gerade auch bei Wappen, bei denen kein Nachweis angegeben ist oder bei strittigen Wappen. Hier sind wir auf die zukünftige Mithilfe Dritter angewiesen, da das Wappen- und Siegelwesen der deutschen Bischöfe ein vielfach noch unerforschtes Gebiet ist.

Bei vielen Bischöfen konnte, besonders wegen der oft nur kurzen Amtszeit, keine Wappen- oder Siegelführung nachgewiesen werden. Hier wurde in der Regel an Stelle des nicht nachweisbaren Bischofswappens das Familienwappen abgebildet. Es ist nicht auszuschließen, dass bei weiteren Forschungen ein entsprechendes Bischofs- bzw. Familienwappen ermittelt wird.

Bei einigen Bistümern ist das Vorhandensein, Aussehen und die Verwendung eines Bistumswappens nicht genau zu ermitteln, besonders dann, wenn das jeweilige Bistum keine oder eine bestrittene Landeshoheit besaß.

Wappen nach Bistümern

Augsburg

Das seit dem 6. Jahrhundert bezeugte Bistum Augsburg erstreckte sich von der Iller bis zur Ill und zum Walchensee sowie von Feuchtwangen im Norden bis ins Oberallgäu. Das Hochstift besaß seinen Schwerpunkt im Oberallgäu zwischen Iller und Lech. Augsburg war Reichsstadt. Territorial gehörten die außerhalb des Hochstiftes liegenden Teile des Bistums zu den Herzogtümern Bayern und Pfalz-Neuburg, zu elf Reichstädten und zu kleineren geistlichen und weltlichen Herrschaften. Nachdem sich Augsburg, zehn weitere Reichsstädte sowie Württemberg und Pfalz- Neuburg der Reformation zugewandt hatten, war es seit der zweiten Hälfte des 16. Jahrhunderts in Pfalz-Neuburg zur Rekatholisierung und in den meisten Reichsstädten zur paritätischen Konfessionsausübung gekommen. Auch der Augsburger Dom war dem katholischen Gottesdienst zurückgewonnen worden. Seit dem 15. Jahrhundert war Dillingen bischöflicher Residenzort und Sitz der Hochstiftsregierung, während das Domkapitel seinen Sitz in Augsburg besaß. Es hatte das Bischofswahlrecht. Während es dem Haus Wittelsbach von 1648 bis 1803 nie gelang, einem seiner Mitglieder das Bistum zu verschaffen, waren die Häuser Habsburg, Pfalz-Neuburg und Wettin dort mit je einem Mitglied vertreten.

Literatur: **M. Weitlauff**, in: Bistümer bis 1803, 52–69.

1. Hochstift

Blasonierung: „Gespalten von Rot und Silber." – Das Wappen des Hochstifts Augsburg zeigt einen von Rot und Silber gespaltenen Schild. Die ältesten Belege stammen aus der ersten Hälfte des 14. Jahrhunderts. Im so genannten Codex Balduineum des Erzbischofs Balduin von Trier (1308–54) wird das Abzeichen des Augsburger Bischofs in der Form einer an einer Lanze befestigten Fahne gezeigt.[5] Auch in der Züricher Wappenrolle (1340) ist uns die von Rot und Weiß gespaltene Fahne überliefert.[6]

Auf Siegeln ist das Wappen erstmals unter Bischof Heinrich III. von Schönegg (1337–48/50) für das Jahr 1345 überliefert.[7] Es handelt sich dabei um das übliche spitzovale Thronsiegel mit dem sitzenden Bischof. Der Schild befindet sich unterhalb des Thrones in einem Dreiecksschild. Heinrich war ein treuer Parteigänger Kaiser Ludwigs und musste nach dessen Tod resignieren. Ein damals einsetzender regelmäßiger Wappengebrauch wäre vor allem aus militärischen Gründen erklärbar, da Heinrich seinen Förderer Ludwig auch mit Truppen des Hochstifts unterstützte.

Das Domkapitel führte folgendes Wappen: „Gespalten von Rot und Silber, auf die Spaltlinie aufgelegt eine rotbekleidete Madonna mit blauem Mantel und dem Jesuskind".

Nachweis: **H. Appuhn**, Siebmacher 1605, Tf. 10. – **J. C. Gatterer**, Handbuch 1759, nach 32.

---

[5]   **E. F. Heyen**, Kaiser Heinrichs Romfahrt. Die Bilderchronik von Kaiser Heinrich VII. und Kurfürst Balduin von Trier (1308–1313) (München 1978) 75, 134, Abb. 12 a.

[6]   **W. Merz – F. Hegi**, Wappenrolle, Tf. 1, Nr. XVIII.

[7]   Staatsarchiv Augsburg, Hochstift Augsburg Nr. 294 (3. Februar 1345) und Nr. 296 (11. Februar 1345). – **E. Neukirch**, Erscheinen 9 (Siegelbeschreibung).

2. Fürstbischöfe

Bischofsliste

1641–1646	**Sigmund Franz, Erzherzog von Österreich**, Koadjutor
1646–1665	Ders., Fürstbischof
1646–1660	Johann Rudolf von Rechberg zu Hohenrechberg, Administrator
1661–1666	**Johann Christoph Reichsritter** (seit 1644 **Reichsfreiherr**) **von Freyberg-Allmendingen**, Administrator
1666–1690	Ders., Fürstbischof
1681–1690	**Alexander Sigmund Pfalzgraf am Rhein zu Neuburg**, Koadjutor
1690–1737	Ders., Fürstbischof
1714–1737	**Johann Franz Reichsfreiherr** (seit 1681 **Reichsgraf**) **Schenk von Stauffenberg**, Koadjutor
1737–1740	Ders., Fürstbischof
1740–1768	**Joseph, Landgraf von Hessen in Darmstadt**
1765–1768	**Clemens Wenzeslaus, Herzog von Sachsen**, Koadjutor
1768–1812	Ders., Fürstbischof

Sigmund Franz, Erzherzog von Österreich (1630–1665)

1641–1646   Koadjutor des Fürstbischofs von Augsburg

1646–1665   Fürstbischof von Augsburg

1653–1665   Fürstbischof von Gurk

1660–1665   Gewählter Fürstbischof von Trient

Literatur: **P. Rummel**, in: Bischöfe 1648–1803, 460–462.

Blasonierung: 18 Felder mit Herzschild und zwei oben rechts (I) und links (II) aufgelegten Schildchen. – Herzschild: Gespalten, vorne in Rot ein silberner Balken (Erzherzogtum Österreich), hinten im roten Schildbord fünffach von Gold und Blau schräg geteilt (Herzogtum Burgund). – Schildchen (I.): Gespalten von Rot und Silber (Hochstift Augsburg). – Schildchen (II.): Gespalten; vorne in Schwarz ein goldener Löwe, hinten geteilt von Rot und Silber (Bistum Gurk). – Hauptschild: (1) sieben Mal geteilt von Rot und Silber (Königreich Ungarn); (2) in Rot ein gekrönter silberner Löwe mit doppeltem kreuzweise geschlungenem Schweif (Königreich Böhmen); (3) in Rot ein goldenes dreitürmiges Kastell mit blauem Tor und blauen Fenstern (Königreich Kastilien); (4) in Silber ein golden bewehrter und golden gekrönter purpurner Löwe (Königreich Leon); (5) in Grün ein aufrechtes silbernes Pantier, aus dessen Rachen rote Flammen züngeln (Herzogtum Steiermark); (6) geteilt, vorne in Gold übereinander drei schwarze rot bewehrte schreitende Löwen, hinten in Rot ein silberner Balken (Herzogtum Kärnten); (7) in Rot ein goldener Schrägbalken, begleitet oben und unten von drei 1:2 bzw. 2:1 gestellten goldenen Kronen (Landgrafschaft Elsass); (8) in Rot ein goldener Schrägbalken, begleitet oben und unten von je einem schreitenden gekrönten goldenen Löwen (Grafschaft Kyburg); (9) in Silber ein schwarzer, rotgefütterter und beschnürter windischer Hut (Windische Mark); (10) in Rot zwei voneinander abgewandte goldene Fische (Grafschaft Pfirt); (11) schräggeteilt, oben in Blau ein golden gekrönter und rot bewehrter goldener Löwe, unten fünfmal von Silber und Rot schräglinks geteilt (Grafschaft Görz); (12) in Gold vier rote Pfähle (Königreich Aragon); (13) in Silber ein grüner Granatapfel mit zwei grünen Blättern und roten Kernen (Königreich Granada); (14) schräg geviert, oben und unten in Gold vier rote Pfähle, rechts und links in Silber ein schwarzer Adler (Königreich Sizilien); (15) in Blau fünf 2:2:1 gestellte goldene Adler (Altösterreich/Niederösterreich); (16) in Silber ein golden bekrönter und bewehrter roter Adler mit goldenen Kleestengeln (gefürstete Grafschaft Tirol); (17) in Gold ein blau gekrönter und blau bewehrter roter Löwe (Grafschaft Habsburg); (18) in Silber ein blauer Adler mit rot-golden geschachter Brustspange (Herzogtum Krain).

Anmerkung: In dieser Form ist das Wappen zwischen 1653–1660 geführt worden. Mit dem Erwerb des Fürstbistums Trient 1660 ist von einer entsprechenden Wappenmehrung auszugehen, die freilich nicht konkret nachweisbar ist. In der Regel führte Bischof Sigismund Franz sein persönliches Wappen ohne das Augsburger bzw. Gurker Wappen. Eine Variante siehe bei: **E. Zimmermann**, Zeichen 253, Nr. 7163. – Strittig ist in der österreichischen Heraldik die Tingierung des Krainer Wappens (Nr. 18): Häufig ist auch eine rot-silber geschachte Brustspange (vgl. dazu: **F. Gall**, Wappenkunde 133).

Nachweis: BayHStA München, Siegelsammlung. – **E. Zimmermann**, Zeichen 253, Nr. 7163.

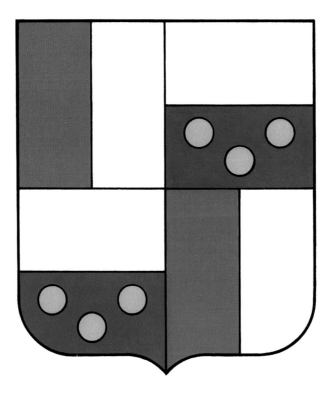

Freyberg-Allmendingen, Johann Christoph Reichsritter (seit 1644 **Reichsfreiherr**) **von** (1616–1690)

    1660–1674   Fürstpropst von Ellwangen
    1661–1666   Administrator in Augsburg
    1666–1690   Fürstbischof von Augsburg

Literatur: **P. Rummel**, in: Bischöfe 1648–1803, 127–129.

Blasonierung: Geviert, (1) und (4) gespalten von Rot und Silber (Hochstift Augsburg), (2) und (3) geteilt von Silber und Blau, unten drei 2:1 gestellte goldene Kugeln (Familienwappen Freyberg).

Nachweis: BayHStA München, Siegelsammlung. – **J. Siebmacher**, Wappen der Bistümer, Tf. 2. – **E. Zimmermann**, Zeichen 59, Nr. 1699. – Bauplastik an der Residenz Augsburg.

Alexander Sigmund Pfalzgraf am Rhein zu Neuburg (1663–1737)

1681–1690   Koadjutor des Fürstbischofs von Augsburg
1690–1737   Fürstbischof von Augsburg

Literatur: **P. Rummel**, in: Bischöfe 1648–1803, 8 f.

Blasonierung: Herzschild und neun Felder. – Herzschild: Gespalten von Rot und Silber (Hochstift Augsburg). – Haupt-schild: (1) in Schwarz ein rot bekrönter und rot bewehrter goldener Löwe (Pfalzgrafschaft bei Rhein), (2) die bayerischen Rauten (Herzogtum Bayern), (3) in Gold ein golden bekrönter und rot bewehrter schwarzer Löwe (Herzogtum Jülich), (4) in Rot eine aus acht goldenen Lilienstäben gebildete Lilienhaspel, überdeckt mit einem silbernen Schildchen (Herzog-tum Kleve), (5) in Silber ein blau bekrönter und blau bewehrter roter Löwe (Herzogtum Berg), (6) in Silber ein golden bekrönter und golden bewehrter blauer Löwe (Grafschaft Veldenz), (7) in Gold ein in drei Reihen von Rot und Silber ge-schachter Balken (Grafschaft Mark), (8) in Silber drei rote Sparren (Grafschaft Ravensberg), (9) in Gold ein schwarzer Balken (Grafschaft Moers).

Anmerkung: Fürstbischof Alexander Sigmund führte sein Wappen häufig ohne Hinweis auf das Hochstift Augsburg bzw. ließ das Hochstiftswappen in einem eigenen Schild bzw. in einer eigenen Kartusche heraldisch rechts neben sein persönliches Wappen stellen. In diesen Fällen steht im Herzschild der goldene Löwe der Pfalzgrafschaft. Die acht Felder beginnen mit den bayerischen Rauten.

Nachweis: BayHStA München, Siegelsammlung. – **J. Siebmacher**, Wappen der Bistümer, Tf. 237. – **E. Zimmermann**, Zei-chen 523, Nr. 7160. – Bauplastik an der Residenz Augsburg.

Schenk von Stauffenberg, Johann Franz Reichsfreiherr (seit 1681 **Reichsgraf**) (1658–1740)

  1705–1740   Fürsterzbischof von Konstanz
  1714–1737   Koadjutor des Fürstbischofs von Augsburg
  1737–1740   Fürstbischof von Augsburg

Literatur: **R. Reinhardt**, in: Bischöfe 1648–1803, 421 f.

Blasonierung: Geviert mit Herzschild. – Herzschild: In Silber ein roter Balken, oben und unten ein schreitender blauer Löwe (Familienwappen Schenck von Stauffenberg). – Hauptschild: Geviert, (1) in Silber ein rotes durchgehendes Kreuz (Hochstift Konstanz), (2) gespalten von Rot und Silber (Hochstift Augsburg), (3) in Silber ein rotes durchgehendes Kreuz (Reichsabtei Reichenau), (4) in Gold zwei links und rechts aus blauen Wolken hervorkommende Arme, die einen silbernen Doppelschlüssel (mit zwei Bärten) halten (Augustiner-Chorherrenstift Öhningen).

Nachweis: BayHStA München, Siegelsammlung. – Bauplastik Schloss Dillingen. – **J. D. Koehler**, Calender 1740, nach 14. – **J. Siebmacher**, Wappen der Bistümer, Tf. 2. – **E. Zimmermann**, Zeichen 184, Nr. 5301.

Joseph, Landgraf von Hessen in Darmstadt (1699–1768)

1740–1768   Fürstbischof von Augsburg

Literatur: **P. Rummel**, in: Bischöfe 1648–1803, 208–210.

Blasonierung: Sieben Felder mit Herzschild. – Herzschild gespalten: Vorne gespalten von Rot und Silber (Hochstift Augsburg), hinten in Blau ein neunmal von Silber und Rot geteilter golden gekrönter und golden bewehrter Löwe (Landgrafschaft Hessen). – Hauptschild: (1) in Silber ein wachsendes rotes Patriarchenkreuz (Reichsabtei/Fürstentum Hersfeld), (2) geteilt von Schwarz und Gold, oben ein sechsstrahliger silberner Stern (Grafschaft Ziegenhain), (3) in Gold ein blau gekrönter und blau bewehrter roter Löwe (Grafschaft Katzenelnbogen), (4) in Rot übereinander zwei schreitende blau bewehrte goldene Löwen (Grafschaft Diez), (5) geteilt von Schwarz und Gold, oben zwei achtstrahlige silberne Sterne (Grafschaft Nidda), (6) in Silber zwei schwarze Balken (Grafschaft Isenburg-Büdingen), (7) in Rot ein von Rot und Silber geteiltes Schildchen, das an den Ecken oben zweimal und unten einmal mit einem silbernem Nagel besteckt und von einem in drei Teile zerschnittenen silbernen Nesselblatt flankiert ist (Grafschaft Schaumburg).

Anmerkung: Das Patriarchenkreuz der Reichsabtei Hersfeld findet sich auch freischwebend (statt wachsend). Der rote Löwe der Grafschaft Katzenelnbogen wird traditionell auch herschauend (zur Unterscheidung vom Löwen des Herzogtums Berg) sowie mit roter Krone dargestellt. Auch die zwei Löwen (Leoparden) der Grafschaft Diez finden sich oft als „leopardierte" (herschauende) Löwen. Das Wappen der Grafschaft Schaumburg stellt wohl ein silbernes Nesselblatt (Familienwappen der Grafen von Schaumburg) dar, dem das Schildchen aufgelegt ist. Dieses findet sich oft auch von Silber und Rot (statt Rot und Silber) geteilt.

Fürstbischof Joseph von Hessen in Darmstadt führte ähnlich wie Fürstbischof Alexander Sigmund sein Wappen häufig ohne Hinweis auf das Hochstift Augsburg bzw. ließ das Hochstiftswappen in einem eigenen Schild bzw. in einer eigenen Kartusche heraldisch rechts neben sein persönliches Wappen stellen. Das Herzschild (meistens als Oval ausgebildet) dieses persönlichen Wappens zeigt dann nur den hessischen Löwen.

Nachweis: BayHStA München, Siegelsammlung. – **J. C. Gatterer**, Handbuch 1766, 26. – **J. Siebmacher**, Wappen der Bistümer, Tf. 238. – **E. Zimmermann**, Zeichen 253, Nr. 7161. - Bauplastik an der Residenz Augsburg.

Clemens Wenzeslaus, Herzog von Sachsen (1739–1812)

1763–1768	Fürstbischof von Regensburg und Freising
1765–1768	Koadjutor des Fürstbischofs von Augsburg
1768–1801	Kurfürst-Erzbischof von Trier
1768–1812	Fürstbischof von Augsburg

Literatur: E. Gatz, in: Bischöfe 1785/1803–1945, 388–391.

Blasonierung: Geviert mit geviertem Mittelschild, auf dem eine goldene Königskrone ruht und Herzschild. – Herzschild: Neunmal geteilt von Schwarz und Gold, schräg überdeckt mit einem grünen Rautenkranz (Sachsen). – Mittelschild: Geviert, (1) und (4) in Rot ein golden gekrönter silberner Adler (Königreich Polen), (2) und (3) in Rot ein silberner geharnischter Reiter mit bloßem Schwert auf silbernem Pferd mit goldenem Zügel und Zaumzeug, blauem Sattel und blauem Schild, darin ein goldenes Patriarchenkreuz (Großherzogtum Litauen). – Hauptschild: Geviert, (1) in Silber ein rotes durchgehendes Kreuz (Erzstift Trier), (2) gespalten von Rot und Silber (Hochstift Augsburg), (3) in Silber eine goldene Mitra (Fürstpropstei Ellwangen), (4) in Rot auf grünem Boden ein silbernes Osterlamm und Fahne mit rotem durchgehendem Kreuz (Fürstabtei Prüm).

Anmerkung: Das Wappen wurde in dieser Form nach dem Erwerb der Fürstpropstei Ellwangen 1787 geführt, die im Fürstenrat des Reichstags auf Platz 29 rangmäßig vor der Fürstabtei Prüm (Platz 33) stand. Bis 1787 führte Clemens Wenzeslaus, Herzog von Sachsen, als Fürstbischof das folgende Wappen: (1) und (4) in Silber ein rotes durchgehendes Kreuz (Erzstift Trier), (2) gespalten von Rot und Silber (Hochstift Augsburg), (3) in Rot auf grünem Boden ein linksgewendetes silbernes Osterlamm mit Nimbus und Fahne mit rotem durchgehenden Hochkreuz (Fürstabtei Prüm).

Das Osterlamm im Wappen der Fürstabtei Prüm wird auch mit Nimbus gezeigt.

Nachweis: BayHStA München, Siegelsammlung. – **W. Ewald**, Siegel II, 25, Tf. 21, Nr. 2, 3, 4. – **G. Schön**, Münzkatalog 41, Nr. 16, und 1001, Nr. 129. – **J. Siebmacher**, Wappen der Bistümer, Tf. 97. – **C. Tyroff**, Wappenwerk I, 167. – **E. Zimmermann**, Zeichen 253, Nr. 7162.

Bamberg

Das 1007 von Kaiser Heinrich II. gestiftete Bistum Bamberg war verhältnismäßig klein. Über die Hälfte seines Gebietes gehörte zum Hochstift, das im Westen bis ins Bistum Würzburg hineinragte. Wichtigstes Territorium außerhalb des Hochstiftes war das Markgraftum Kulmbach. Im 16. Jahrhundert hatten sich die nicht zum Hochstift gehörenden Teile des Bistums der Reformation zugewandt. Im Hochstift war dagegen seit dem Ende des Jahrhunderts die tridentinische Reform durchgeführt worden. Bischof und Domkapitel hatten ihren Sitz in Bamberg. Das Kapitel hatte das Bischofswahlrecht. Die Bischöfe kamen meist aus der fränkischen Reichsritterschaft. Einer war gleichzeitig Erzbischof von Mainz und fünf Bischof von Würzburg.

Literatur: H. Flachenecker, in: Bistümer bis 1803, 70–81.

1. Hochstift

Blasonierung: „In Gold ein schwarzer Löwe, überdeckt mit einer silbernen Schrägleiste". – Das Wappen des Hochstifts Bamberg zeigt in Gold einen schwarzen Löwen, der von einer silbernen Schrägleiste (= Schrägfaden, schmaler Schrägbalken) überdeckt ist. Auf Siegelbildern findet sich das Hochstiftswappen erstmals unter Bischof Werntho Schenk von Reicheneck (1328–35). Dieser führte ein spitzovales Siegel mit dem thronenden hl. Kaiser Heinrich II. Das Wappen befindet sich unterhalb des Throns in einem Dreiecksschild.[8]

Die Herkunft des Wappens ist ungeklärt. Eine Wappensage führt das Wappen auf den hingerichteten Grafen Adalbert von Babenberg zurück, dessen eingezogene Güter Kaiser Heinrich II. seinem neu gegründeten Bistum vermacht habe. Die Schrägleiste soll darauf verweisen, dass die Güter nicht dem Kaiser gehört hatten.[9] Die herrschende Meinung geht davon aus, dass der schwarze Löwe staufischer Herkunft ist. Die silberne Schrägleiste könnte dann als „Minderung" bzw. „Differenzierung" des Stauferlöwen gedeutet werden. Eine solche Minderung oder Differenzierung macht nur Sinn, wenn ein konkurrierender Landesherr ein ähnliches Wappen führt. Dies wären in der Nachbarschaft Bambergs vor allem die Burggrafen von Nürnberg aus dem Hause Hohenzollern, die ja (wegen der von den Staufern herrührenden Burggrafschaft Nürnberg) ebenfalls den schwarzen Stauferlöwen führten. Auch die Hohenzollern führten den Löwen nicht in „reiner" Form. Seit etwa 1235 wurde der Löwe mit einem rot-silber gestückten Schildbord als Beizeichen versehen. Die „Differenzierung" des Bamberger Löwen wäre dann, so die vorsichtige Schlussfolgerung, dem Vorbild der Hohenzollern gefolgt. Näheres wissen wir freilich nicht.

Das Domkapitel führte in seinem Wappen Kaiser Heinrich II. mit einer meist übertrieben dargestellten Kaiserkrone. Die Kaiserkrone findet auch in der Heraldik der Bischöfe Verwendung. Sie steht beispielsweise bei Bischof Adam Friedrich von Seinsheim über dem Wappenzelt und über seinem Fürstenhut.[10]

Nachweis: **H. Appuhn**, Siebmacher 1605, Tf. 9. – **J. D. Koehler**, Calender 1732, vor 9. – **W. Merz** – **F. Hegi**, Wappenrolle, Tf. I, Nr. XX.

---

8   BayHStA München, Aldersbach 291 (19. Juli 1330). – **E. Neukirch**, Erscheinen 16 (Siegelbeschreibung).
9   **J. Siebmacher**, Wappen der Bistümer 71.
10 **J. C. Gatterer**, Handbuch 1766, vor 21.

2. Fürstbischöfe

Bischofsliste

1643–1653	Melchior Otto Reichsritter Voit von Salzburg
1653–1658	Philipp Valentin Albrecht Reichsritter Voit von Rieneck, Elekt
1658–1672	Ders., Fürstbischof
1672–1675	Peter Philipp (seit 1675 Reichsfreiherr, seit 1678 Reichsgraf) von Dernbach, Elekt
1675–1683	Ders., Fürstbischof
1683–1686	Marquard Sebastian Reichsfreiherr (seit 1681 Reichsgraf) Schenk von Stauffenberg, Elekt
1686–1693	Ders., Fürstbischof
1694–1729	Lothar Franz Reichsfreiherr (seit 1701 Reichsgraf) von Schönborn
1710–1729	Friedrich Karl Reichsfreiherr (seit 1701 Reichsgraf) von Schönborn, Koadjutor
1729–1746	Ders., Fürstbischof
1746–1753	Johann Philipp Anton Reichsfreiherr von Franckenstein
1753–1757	Franz Konrad Reichsfreiherr (seit 1686 Reichsgraf) von Stadion und Thannhausen
1757–1779	Adam Friedrich Reichsgraf von Seinsheim
1779–1795	Franz Ludwig Reichsfreiherr von Erthal
1795–1805	Christoph Franz Reichsfreiherr von Buseck
1800–1805	Georg Karl Ignaz Reichsfreiherr von Fechenbach zu Laudenbach, Koadjutor

Voit von Salzburg, Melchior Otto Reichsritter (1603–1653)

1643–1653   Fürstbischof von Bamberg

Literatur: **E. J. Greipl**, in: Bischöfe 1648–1803, 540.

Blasonierung: Geviert, (1) und (4) in Gold ein schwarzer Löwe, überdeckt mit einer silbernen Schrägleiste (Hochstift Bamberg), (2) und (3) in Silber ein schwarzer Zickzackbalken (Familienwappen Voit von Salzburg).

Nachweis: **N. D. Nicol** – **C. R. Bruce**, Catalog 78, Nr. 41. – **J. Siebmacher**, Wappen der Bistümer, Tf. 117. – Epitaph St. Michael Bamberg.

Voit von Rieneck, Philipp Valentin Albrecht Reichsritter (1612–1672)

1653–1658	Elekt von Bamberg
1658–1672	Fürstbischof von Bamberg

Literatur: **E. J. Greipl**, in: Bischöfe 1648–1803, 539 f.

Blasonierung: Geviert, (1) und (4) in Gold ein schwarzer Löwe, überdeckt mit einer silbernen Schrägleiste (Hochstift Bamberg), (2) und (3) in Rot ein schreitender silberner Steinbock (Familienwappen Voit von Rieneck).

Nachweis: BayHStA München, Siegelsammlung. – Bauplastik Veste Rosenberg Kronach.

Dernbach, Peter Philipp (seit 1675 **Reichsfreiherr**, seit 1678 **Reichsgraf**) **von** (1619–1683)

1672–1675	Elekt von Bamberg
1675–1683	Fürstbischof von Bamberg
1676–1683	Fürstbischof von Würzburg

Literatur: **E. J. Greipl**, in: Bischöfe 1648–1803, 76 f.

Blasonierung: Geviert mit Herzschild. – Herzschild (Familienwappen Dernbach): In Blau drei goldene Herzen mit den Spitzen im Dreipass gestellt (= Kleeblatt ohne Stiel), das Feld mit goldenen Schindeln bestreut. – Hauptschild: (1) und (4) in Gold ein schwarzer Löwe, überdeckt mit einer silbernen Schrägleiste (Hochstift Bamberg), (2) in Rot drei silberne Spitzen (Hochstift Würzburg), (3) in Blau das schräg gestellte von Rot und Silber gevierte und zweimal eingekerbte Würzburger Rennfähnchen an goldener Lanzenstange (Hochstift Würzburg).

Anmerkung: In dieser Form wird das Wappen ab 1676 geführt. Die 1678 in den Grafenstand erhobene Linie Dernbach, genannt Graul, starb bereits 1697 aus.

Nachweis: BayHStA München, Siegelsammlung. – **P. Kolb**, Wappen 139. – **J. Siebmacher**, Wappen der Bistümer, Tf. 117. – Bauplastik an der Kaiserpfalz Forchheim.

Schenk von Stauffenberg, Marquard Sebastian Reichsfreiherr (seit 1681 **Reichsgraf**) (1644–1693)

1686–1693   Fürstbischof von Bamberg

Literatur: **E. J. Greipl**, in: Bischöfe 1648–1803, 422 f.

Blasonierung: Geviert, (1) und (4) in Gold ein schwarzer Löwe, überdeckt mit einer silbernen Schrägleiste (Hochstift Bamberg), (2) und (3) in Silber ein roter Balken, begleitet oben und unten von einem blauen schreitenden Löwen (Familienwappen Stauffenberg).

Nachweis: BayHStA München, Siegelsammlung. – **J. Siebmacher**, Wappen der Bistümer, Tf. 118. – Bauplastik am Rathaus Burgkunstadt.

Schönborn, Lothar Franz Reichsfreiherr (seit 1701 **Reichsgraf**) von (1655–1729)

1694–1729   Fürstbischof von Bamberg
1694–1695   Koadjutor des Kurfürst-Erzbischofs von Mainz
1695–1729   Kurfürst-Erzbischof von Mainz

Literatur: **F. Jürgensmeier**, in: Bischöfe 1648–1803, 444–446.

Blasonierung: Zweimal gespalten und einmal geteilt (sechs Felder) mit Herzschild. – Herzschild (Stammwappen Schönborn): In Rot ein auf drei silbernen Spitzen schreitender gekrönter goldener Löwe. – Hauptschild: (1) und (6) in Gold ein schwarzer Löwe, überdeckt mit einer silbernen Schrägleiste (Hochstift Bamberg), (2) und (5) in Rot ein sechsspeichiges silbernes Rad (Erzstift Mainz), (3) in Rot drei 2:1 gestellte silberne Schildchen (Herrschaft Reichelsberg), (4) in Blau ein silberner Balken, begleitet oben von zwei, unten von einem silbernen Wecken (Herrschaft Heppenheim).

Anmerkung: In dieser Form wurde das Wappen seit 1695 geführt. Als Variante beim Stammwappen Schönborn findet sich auch ein blau gekrönter und zweischwänziger Löwe.

Nachweis: BayHStA München, Siegelsammlung. – Germanisches Nationalmuseum Nürnberg, Siegelsammlung, Tf. C, Nr. 12 880. – **O. Posse**, Siegel, Tf. 22, Nr. 2–8. – **G. Schön**, Münzkatalog 60, Nr. 4. – **P. Sella**, Sigilli III, 125, Tf. XVII, Nr. 436. – **J. Siebmacher**, Wappen der Bistümer, Tf. 4. – Denkmal in der Schönbornkapelle des Würzburger Doms, Bauplastik Kaiserpfalz Forchheim.

Schönborn, Friedrich Karl Reichsfreiherr (seit 1701 **Reichsgraf**) von (1674–1746)

1710–1729   Koadjutor des Fürstbischofs von Bamberg, Ep. tit. Arcadiopolitanus
1729–1746   Fürstbischof von Bamberg
1729–1746   Fürstbischof von Würzburg

Literatur: E. J. Greipl, in: Bischöfe 1648–1803, 435–438.

Blasonierung: Hauptschild mit zwölf Feldern und Herzschild. – Herzschild mit fünfblättriger goldener Laubkrone gekrönt (Stammwappen Schönborn): In Rot ein auf drei silbernen Spitzen schreitender gekrönter goldener Löwe. – Hauptschild: (1) und (5) in Gold ein schwarzer Löwe, überdeckt mit einer silbernen Schrägleiste (Hochstift Bamberg), (2) in Gold ein golden bewehrter und rot gezungter schwarzer Doppeladler, der in der rechten Klaue ein silbernes Schwert und in der linken Klaue den blauen Reichsapfel mit goldenem Kreuz und goldener Spange hält. Zwischen den Köpfen schwebt eine goldene Kaiserkrone mit zwei abfliegenden blauen Bändern (Reichsadler als Gnadenwappen), (3) in Rot drei silberne Spitzen (Hochstift Würzburg), (4) in Blau das schräg gestellte von Rot und Silber gevierte und zweimal eingekerbte Würzburger Rennfähnchen an goldener Lanzenstange (Hochstift Würzburg), (6) in Blau ein silberner Balken, begleitet oben von zwei silbernen Rauten und unten von einer silbernen Raute (Herrschaft Heppenheim), (7) in Rot drei 2:1 gestellte silberne Schildchen (Herrschaft Reichelsberg), (8) in Schwarz drei 2:1 gestellte goldene Garben (Puchheim), (9) ein Feld von Hermelin mit dem blauen Reichsapfel mit goldenem Kreuz und goldener Spange auf rotem Kissen (Erbtruchsessenamt), (10) in Silber der Bindenschild (in Rot ein silberner Balken) umgeben von einem innen silbernen und außen roten Wappenmantel, bekrönt von einem Herzogshut (Erzherzogtum Österreich als Gnadenwappen), (11) in Silber ein golden gekrönter und rotgezungter blauer Löwe, überdeckt mit zwei roten Balken (Herrschaft Pommersfelden), (12) in Gold ein schreitender schwarzer Wolf (Grafschaft Wolfstal).

Anmerkung: Als Variante beim Stammwappen Schönborn findet sich auch ein blau gekrönter und zweischwänziger Löwe.

Nachweis: BayHStA München, Siegelsammlung. – P. Kolb, Wappen 163. – J. Siebmacher, Wappen der Bistümer, Tf. 119. – J. O. Salvers, Proben 724 (Grabmal im Würzburger Dom).

Franckenstein, Johann Philipp Anton Reichsfreiherr von (1695–1753)

1743–1746   Generalvikar in Mainz
1746–1753   Fürstbischof von Bamberg

Literatur: **E. J. Greipl**, in: Bischöfe 1648–1803, 121.

Blasonierung: Zweifach gespalten und zweifach geteilt (neun Felder) mit Herzschild (das fünfte Feld ist durch das Herzschild verdeckt). – Herzschild (Familienwappen Franckenstein): In Gold ein schräglinks liegendes rotes Beileisen. – Hauptschild: (1) und (9) in Gold ein dreiblättriges rotes Kleeblatt (Familienwappen Franckenstein = von Cleen), (2) und (8) in Gold ein schwarzer Löwe, überdeckt mit einer silbernen Schrägleiste (Hochstift Bamberg), (3) und (7) in Blau ein silberner Helm, darauf ein wachsender silberner Schwan mit roten Flügeln, die jeweils mit zwei goldenen Balken über zwei nach außen gezogenen schwarzen Pfählen belegt sind (Familienwappen Franckenstein = von Praunheim-Sachsenhausen), (4) und (6) in Gold ein roter Balken, der oben von drei roten heraldischen Rosen begleitet ist (Familienwappen Franckenstein = von Praunheim-Sachsenhausen).

Anmerkung: Varianten des Familienwappen – drittes und siebtes Feld: … silberner Schwan, dessen erhobene rote Flügel mit je einem silbernen Balken belegt sind; viertes und sechstes Feld: … Balken, darüber drei grüne Zweige mit je drei Blättern.[11]

Nachweis: BayHStA München, Siegelsammlung. – **J. D. Koehler**, Calender 1753, vor 17. – **G. Schön**, Münzkatalog 61, Nr. 24. – **J. Siebmacher**, Wappen der Bistümer, Tf. 120. – Bauplastik am Schloss Memmelsdorf.

---

[11]   **W. v. Hueck**, Adelslexikon III, 343.

Stadion und Thannhausen, Franz Konrad Reichsfreiherr (seit 1686 **Reichsgraf**) **von** (1679–1757)

1753–1757   Fürstbischof von Bamberg

Literatur: **E. J. Greipl**, in: Bischöfe 1648–1803, 481 f.

Blasonierung: Einmal geteilt und zweimal gespalten (sechs Felder) mit Herzschild. – Herzschild (Familienwappen Stadion): In Schwarz übereinander drei gestürzte goldene Wolfsangeln. – Hauptschild: (1) und (6) in Schwarz drei 2:1 gestellte goldene Tannenzapfen (Familienwappen Stadion), (2) und (5) in Gold ein schwarzer Löwe, überdeckt mit einer silbernen Schrägleiste (Hochstift Bamberg), (3) und (4) in Silber ein schwebendes rotes Tatzenkreuz (Familienwappen Stadion).

Nachweis: BayHStA München, Siegelsammlung. – **J. D. Koehler**, Calender 1756, vor 16. – **G. Schön**, Münzkatalog 61, Nr. 27. – **J. Siebmacher**, Wappen der Bistümer, Tf. 120. – Bauplastik an der Kirche St. Bartholomäus in Buttenheim.

Seinsheim, Adam Friedrich Reichsgraf von (1708–1779)

1755–1779   Fürstbischof von Würzburg
1757–1779   Fürstbischof von Bamberg

Literatur: **E. J. Greipl**, in: Bischöfe 1648–1803, 455–458.

Blasonierung: Gespalten durch oben und unten eingepfropfte Spitzen (vier Felder) mit einem mit fünfblättriger goldener Laubkrone gekrönten Herzschild. – Herzschild (Familienwappen Seinsheim): Geviert, (1) und (4) fünfmal gespalten von Silber und Blau, (2) und (3) in Gold ein aufspringender golden gekrönter schwarzer Eber. – Hauptschild: Im vorderen Feld in Rot drei silberne Spitzen (Hochstift Würzburg), im hinteren Feld in Blau ein schräglinks gestelltes von Rot und Silber geviertes und zweimal eingekerbtes Würzburger Rennfähnchen an goldener Lanzenstange (Hochstift Würzburg), oben und unten in Gold ein schwarzer Löwe, überdeckt mit einer silbernen Schrägleiste (Hochstift Bamberg).

Anmerkung: Seinsheim führt auch ein quadriertes Schild mit Herzschild, wobei (1) und (4) den Bamberger Löwen, (2) und (3) die silbernen Spitzen in Rot bzw. das Rennfähnchen zeigen.

Nachweis: BayHStA München, Siegelsammlung. – **J. C. Gatterer**, Handbuch 1766, 21. – **G. Schön**, Münzkatalog 2, Nr. 38. – **P. Sella**, Sigilli V, 48, Tf. XVI, Nr. 1409. – Bauplastik an St. Jakob Bamberg.

Erthal, Franz Ludwig Reichsfreiherr von (1730–1795)

1779–1795   Fürstbischof von Würzburg
1779–1795   Fürstbischof von Bamberg

Literatur: **E. J. Greipl**, in: Bischöfe 1648–1803, 93–95.

Blasonierung: Geviert mit Herzschild. – Herzschild (Familienwappen Erthal): Geviert, (1) und (4) in Rot zwei silberne Balken, (2) und (3) ledig von Blau. – Hauptschild: Geviert, (1) und (4) in Gold ein schwarzer Löwe, überdeckt mit einer silbernen Schrägleiste (Hochstift Bamberg), (2) in Rot drei silberne Spitzen (Hochstift Würzburg), (3) in Blau das schräg gestellte, von Rot und Silber gevierte und zweimal eingekerbte Würzburger Rennfähnchen an goldener Lanzenstange (Hochstift Würzburg).

Nachweis: BayHStA München, Siegelsammlung. – **P. Kolb**, Wappen 179. – **G. Schön**, Münzkatalog 63, Nr. 42. – **J. Siebmacher**, Wappen der Bistümer, Tf. 121. – **C. Tyroff**, Wappenwerk I, 78. – Bauplastik an der Kirche Mariae Himmelfahrt in Hollfeld.

Buseck, Christoph Franz Reichsfreiherr von (1724–1805)

1795–1805   Fürstbischof von Bamberg

Literatur: **B. Neundorfer**, in: Bischöfe 1785/1803–1945, 89 f.

Blasonierung: Geviert, (1) und (4) in Gold ein schwarzer Löwe, überdeckt mit einer silbernen Schrägleiste (Hochstift Bamberg), (2) und (3) in Gold ein rot gezungter schwarzer Widderkopf (Familienwappen Buseck).

Anmerkung: Varianten beim Familienwappen. – In Gold ein golden gehörnter rot gezungter schwarzer Widderkopf.[12]

Nachweis: BayHStA München, Siegelsammlung. – **G. Schön**, Münzkatalog 64, Nr. 48. – **C. Tyroff**, Wappenwerk I, 282.

---

12   **W. v. Hueck**, Adelslexikon II, 195.

Basel

Das seit dem 7. Jahrhundert bezeugte Bistum Basel umfasste u. a. das vorderösterreichische Oberelsass, nicht aber die heute baslerischen Teile der Innerschweiz. Das Hochstift lag im Jura. Es ragte im Westen in das Erzbistum Besançon und im Süden in das Bistum Lausanne hinein. Dazu kamen kleine rechtsrheinische Gebiete. 1501 hatte sich die Reichsstadt Basel der Eidgenossenschaft und 1529 der Reformation angeschlossen. Bei der alten Kirche blieben neben dem Hochstift das Oberelsass und kleinere Territorien. Seit dem Ende des 16. Jahrhunderts war dort die tridentinische Reform durchgeführt worden. Die Bischöfe residierten seit 1395 in Pruntrut (Porrentruy) oder Delsberg (Delémont), das Domkapitel seit dem Übergang der Stadt Basel zur Reformation in Freiburg und seit 1687 in Arlesheim. Es hatte das Bischofswahlrecht.

Literatur: **R. Becker**, in: Bistümer bis 1803, 82–101.

1. Hochstift

Blasonierung: „In Silber eine schwarze Bischofskrümme." – Das Wappen des Hochstifts Basel zeigt eine Figur, die in der Heraldik in dieser Form unbekannt ist und daher bisher auch nicht überzeugend gedeutet wurde. Es finden sich die folgenden Blasonierungen: Schwarze eiserne Fischangel, Beschlag von einem Pilgerstab, Anker, Futteral von einem Bischofsstab.[13] Naheliegend ist die Deutung als Bischofskrümme (wie in Eichstätt), nachdem schon die Züricher Wappenrolle (1340) für Basel einen roten Krummstab in Silber zeigt.

Nachweis: **H. Appuhn**, Siebmacher 1605, Tf. 10. – **J. D. Koehler**, Calender 1732, vor 13. – **W. Merz** – **F. Hegi**, Wappenrolle, Tf. I, Nr. IX.

---

[13] **J. Siebmacher**, Wappen der Bistümer 51.

2. Fürstbischöfe

Bischofsliste

1650–1651	Beat Albrecht von Ramstein
1653–1656	Johann Franz Reichsritter von Schönau
1658–1693	Johann Konrad von (RA) Roggenbach
1690–1693	Wilhelm Jakob Rinck von Baldenstein, Koadjutor
1693–1705	Ders., Fürstbischof
1705–1737	Johann Konrad Reichsfreiherr von Reinach-Hirzbach
1725–1734	Johann Baptist Reichsfreiherr von Reinach-Hirzbach, Koadjutor
1737–1743	Jakob Sigismund von Reinach-Steinbrunn
1744–1762	Joseph Wilhelm Rinck von Baldenstein (seit 1708 RA)
1763–1775	Simon Nikolaus Euseb (seit 1743 Reichsgraf) von Montjoye-Hirsingen
1775–1782	Friedrich Ludwig Franz Reichsfreiherr von Wangen zu Geroldseck
1783–1794	Franz Joseph Sigismund Johann Baptist von (RA) Roggenbach
1794–1828	Franz Xaver Freiherr von Neveu

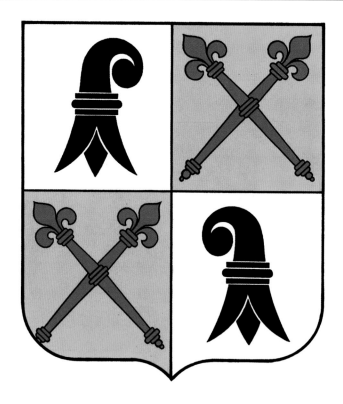

Ramstein, Beat Albrecht von (1594–1651)

1650–1651   Fürstbischof von Basel

Literatur: **C. Bosshart-Pfluger**, in: Bischöfe 1648–1803, 360 f.

Blasonierung: Geviert, (1) und (4) in Silber eine schwarze nach innen gekehrte Bischofskrümme (Hochstift Basel), (2) und (3) in Gold zwei schräg gekreuzte rote Lilienstäbe (Familienwappen Ramstein).

Nachweis: **A. Frossard**, Évêques. – **W. Merz**, Wappen 18, Nr. 23.

Schönau, Johann Franz Reichsritter von (1619–1656)

1653–1656   Fürstbischof von Basel

Literatur: **C. Bosshart-Pfluger**, in: Bischöfe 1648–1803, 428–430.

Blasonierung: Geviert, (1) und (4) in Silber eine schwarze nach innen gekehrte Bischofskrümme (Hochstift Basel), (2) und (3) geteilt von Schwarz und Gold, oben zwei, unten ein Ring in verwechselten Farben (Familienwappen Schönau).

Nachweis: BayHStA München, Siegelsammlung. – **V. & H. V. Rolland**, Illustrations V, Tf. CCLXXIV (Familienwappen).

Roggenbach, Johann Konrad von (RA) (1618–1693)

1658–1693   Fürstbischof von Basel

Literatur: **C. Bosshart-Pfluger**, in: Bischöfe 1648–1803, 388–390.

Blasonierung: Geviert, (1) und (4) in Silber eine schwarze nach innen gekehrte Bischofskrümme (Hochstift Basel), (2) und (3) geteilt, oben gespalten von Rot und Schwarz, unten ledig von Silber (Familienwappen Roggenbach).

Nachweis: BayHStA München, Siegelsammlung. – **P. Sella**, Sigilli VII, 62 (Beschreibung). – **J. Siebmacher**, Wappen der Bistümer, Tf. 82.

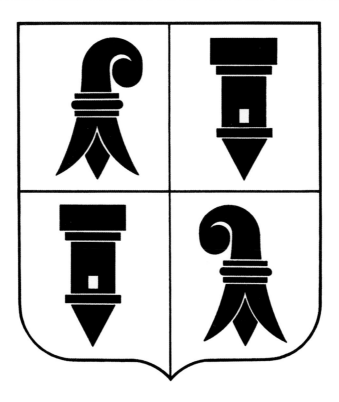

Rinck von Baldenstein, Wilhelm Jakob (1624–1705)

1690–1693   Koadjutor des Fürstbischofs von Basel, Ep. tit. Curlocensis
1693–1705   Fürstbischof von Basel

Literatur: **C. Bosshart-Pfluger**, in: Bischöfe 1648–1803, 379–381.

Blasonierung: Geviert, (1) und (4) in Silber eine schwarze nach innen gekehrte Bischofskrümme (Hochstift Basel), (2) und (3) in Silber ein mit einem Fenster versehener gestürzter schwarzer Turm (Familienwappen Rinck von Baldenstein).

Anmerkung: Die Rinck von Baldenstein führten ursprünglich einen schwarzen Riegel, der nach 1700 in einen schwarzen gestürzten Turm verwandelt wurde.[14] Eine andere Variante beschreibt das Wappen als „Wagenlünse" (Pfahl).[15]

Nachweis: **A. Frossard**, Évêques.

---

14   **E. H. Kneschke**, Adels-Lexicon VII, 510.
15   **W. v. Hueck**, Adelslexikon XI, 426.

Reinach-Hirzbach, Johann Konrad Reichsfreiherr von (1657–1737)

1705–1737   Fürstbischof von Basel

Literatur: **C. Bosshart-Pfluger**, in: Bischöfe 1648–1803, 365–368.

Blasonierung: Gespalten und zweifach geteilt (sechs Felder) mit Herzschild. – Herzschild, mit dreiblättriger goldener Laubkrone gekrönt (Familienwappen Reinach-Hirzbach): In Silber eine Lanze, die mit einem Schwert mit einem goldenen Griff schräg gekreuzt ist, wobei am Schwert ein Vogel, an der Lanze ein Fisch hängt. – Hauptschild: (1) und (6) in Silber eine schwarze nach innen gekehrte Bischofskrümme (Hochstift Basel), (2) und (5) in Gold ein nach innen gewendeter roter Löwe, dessen Kopf mit einem blauen Tuch verhüllt ist (Stammwappen Reinach), (3) und (4) in Gold zwei rote Schrägbalken (Familienwappen Reinach-Hirzbach).

Anmerkung: Als Variante des Wappens ist auch eine einfache Vierung wie im folgenden Wappen (Reinach-Steinbrunn) überliefert. Beim Familienwappen gibt es folgende Varianten: Im silbernen Herzschild ein Schwert, schräg gekreuzt mit einem eisernen Streitkolben, begleitet rechts von einem blauen Fisch, links von einem natürlichen Falken, (2) und (5) in Gold ein aufgerichteter zweischwänziger blau-köpfiger roter Löwe.[16]

Nachweis: BayHStA München, Siegelsammlung. – **J. D. Koehler**, Calender 1734, vor 15 (mit roter Krümme!). – **G. Schön**, Münzkatalog 66, Nr. 12.

---

[16]   **W. v. Hueck**, Adelslexikon XI, 293.

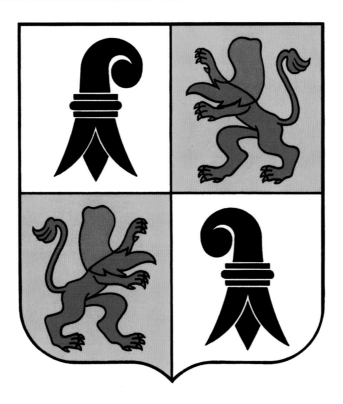

Reinach-Steinbrunn, Jakob Sigismund von (1683–1743)

1737–1743   Fürstbischof von Basel

Literatur: C. **Bosshart-Pfluger**, in: Bischöfe 1648–1803, 368–370.

Blasonierung: Geviert, (1) und (4) in Silber eine schwarze nach innen gekehrte Bischofskrümme (Basel), (2) und (3) in Gold ein nach innen gewendeter roter Löwe, dessen Kopf mit einem blauen Tuch verhüllt ist (Familienwappen Reinach-Steinbrunn).

Anmerkung: Beim Familienwappen gibt es folgende Variante: In Gold ein aufgerichteter zweischwänziger blau-köpfiger roter Löwe.[17]

Nachweis: BayHStA München, Siegelsammlung. – **J. D. Koehler**, Calender 1732, vor 13.

---

[17]   **W. v. Hueck**, Adelslexikon XI, 293.

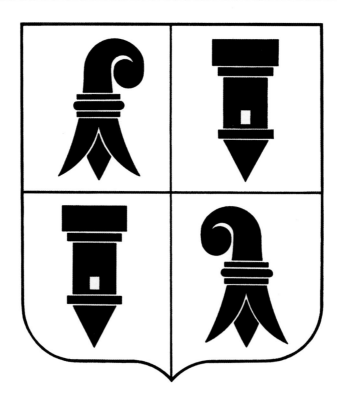

Rinck von Baldenstein (seit 1708 RA), **Joseph Wilhelm** (1704–1762)

1744–1762   Fürstbischof von Basel

Literatur: **C. Bosshart-Pfluger**, in: Bischöfe 1648–1803, 377–379.

Blasonierung: Geviert, (1) und (4) in Silber eine schwarze nach innen gekehrte Bischofskrümme (Hochstift Basel), (2) und (3) in Silber ein mit einem Fenster versehener gestürzter schwarzer Turm (Familienwappen Rinck von Baldenstein).

Anmerkung: Die Rinck von Baldenstein führten ursprünglich einen schwarzen Riegel, der nach 1700 in einen schwarzen gestürzten Turm verwandelt wurde.[18] Eine andere Variante beschreibt das Wappen als „Wagenlünse" (Pfahl).[19]

Nachweis: BayHStA München, Siegelsammlung. – **J. C. Gatterer**, Handbuch 1763, 31. – **J. Siebmacher**, Wappen der Bistümer, Tf. 82.

---

[18]   **E. H. Kneschke**, Adels-Lexicon VII, 510.
[19]   **W. v. Hueck**, Adelslexikon XI, 426.

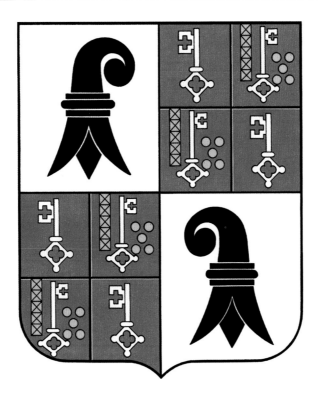

Montjoye-Hirsingen, Simon Nikolaus Euseb (seit 1743 **Reichsgraf**) **von** (1693–1776)

1763–1775   Fürstbischof von Basel

Literatur: C. **Bosshart-Pfluger**, in: Bischöfe 1648–1803, 316–318.

Blasonierung: Geviert, (1) und (4) in Silber eine schwarze nach innen gekehrte Bischofskrümme (Hochstift Basel), (2) und (3) (Familienwappen Montjoye) geviert, [1] und [4] in Rot ein aufrecht stehender silberner Schlüssel mit nach rechts gekehrtem Bart, [2] und [3] ein silberner Schlüssel mit nach links gekehrtem Bart, begleitet rechts von fünf pfahlweise gestellten goldenen Würfeln und links von fünf 2:1:2 gestellten goldenen Kugeln.

Anmerkung: Varianten des Stammwappens: (2) und (3) … begleitet rechts von vier aneinander gesetzten goldenen Quadersteinen, von denen jeder mit einem roten Fadenkreuz schräg überzogen ist, links von … silbernen Kugeln;[20] (2) und (3) nur ein silberner Schlüssel mit Bart nach links.[21]

Nachweis: BayHStA München, Siegelsammlung.

[20]   W. v. **Hueck**, Adelslexikon IX, 169.
[21]   J. C. **Gatterer**, Handbuch 1765, 35.

Wangen zu Geroldseck, Friedrich Ludwig Franz Reichsfreiherr von (1727–1782)

1775–1782   Fürstbischof von Basel

Literatur: **C. Bosshart-Pfluger**, in: Bischöfe 1648–1803, 556–558.

Blasonierung: Geviert mit Herzschild. – Herzschild (Hochstift Basel): In Silber eine schwarze Bischofskrümme. – Hauptschild: (1) und (4) in Rot ein goldgekrönter nach innen gewendeter silberner Löwe (Familienwappen Wangen), (2) und (3) in Silber ein goldgekrönter nach innen gekehrter roter Löwe, das Feld mit blauen Schindeln bestreut (Geroldseck).

Nachweis: BayHStA München, Siegelsammlung.

Roggenbach, Franz Joseph Sigismund Johann Baptist von (RA) (1726–1794)

1783–1794   Fürstbischof von Basel

Literatur: **C. Bosshart-Pfluger**, in: Bischöfe 1648–1803, 386–388.

Blasonierung: Geviert, (1) und (4) in Silber eine schwarze Bischofskrümme (Hochstift Basel), (2) und (3) geteilt, oben gespalten von Rot und Schwarz, unten ledig von Silber (Familienwappen Roggenbach).

Nachweis: BayHStA München, Siegelsammlung. – **G. Schön**, Münzkatalog 66, Nr. 19. – **P. Sella**, Sigilli V, 49, Tf. XVI, Nr. 1411. – **J. Siebmacher**, Wappen der Bistümer, Tf. 83.

Neveu, Franz Xaver Freiherr von (1749–1828)

1794–1828   Fürstbischof von Basel
1795–1801   Administrator des Erzbistums Besançon und des Bistums Belley

Literatur: **M. Jorio**, in: Bischöfe 1785/1803–1945, 533–535.

Blasonierung: Geviert, (1) und (4) in Silber eine schwarze nach innen gekehrte Bischofskrümme (Hochstift Basel), (2) und (3) (Familienwappen Neveu) in Grün zwei gekreuzte und gestürzte silberne Anker mit goldenen Ösen und goldenen Flunken.

Anmerkung: Varianten des Familienwappens. – In Grün … Anker mit Querholz, goldenen Nägeln und Spitzen.[22]

Nachweis: BayHStA München, Siegelsammlung.

---

22   **W. v. Hueck**, Adelslexikon IX, 403.

Breslau

Das um 1000 gegründete Bistum Breslau umfasste das Gebiet beiderseits der oberen Oder und damit ganz Schlesien außer der Grafschaf Glatz und der Lausitz. Im Bistumsland besaßen die Bischöfe weitgehende landesherrliche Rechte. Sie nannten sich daher Fürsten von Neiße und Herzöge von Grottkau. Die anderen Teile des Bistums gehörten zu fünf, dem böhmischen König unmittelbar unterstehenden Erbfürstentümern, zu sieben Mediatfürstentümern und zu anderen größeren und kleineren Herrschaften. Schlesien stand seit 1526 als Nebenland der böhmischen Krone unter habsburgischer Herrschaft. 1742 kam es größtenteils an Preußen. Nachdem sich in der ersten Hälfte des 16. Jahrhunderts die lutherische Reformation durchgesetzt hatte, das Domkapitel aber katholisch geblieben war, hatte sich die katholische Kirche seit dem Ende des Jahrhunderts unter habsburgischem Schutz konsolidiert. Seit 1600 kehrten große Teile der Bevölkerung zur alten Kirche zurück. In Mittel- und Niederschlesien blieb sie jedoch trotz der Rekatholisierung der kirchlichen Institutionen überwiegend evangelisch. Die Bischöfe residierten in Neiße, das Domkapitel hatte seinen Sitz in Breslau. Es besaß das Bischofswahlrecht. Auf den Bischofsstuhl kamen wiederholt Mitglieder regierender Dynastien und Parteigänger des Hauses Habsburg. Sie hatten z. T. gleichzeitig andere Bistümer inne.

Literatur: **J. Kopiec**, in: Bistümer bis 1803, 128–144.

1. Hochstift

Blasonierung: Geviert, (1) und (4) in Blau sechs 3:2:1 gestellte goldene Lilien (Breslau), (2) und (3) in Gold ein schwarzer golden bewehrter Adler mit in Kleeblättern endender silberner Brustspange (Schlesien). – In dieser Form ist das Wappen wohl erst im 16. Jahrhundert entstanden. Die sechs Lilien stellen das ursprüngliche Hochstiftswappen dar und gehen wohl schon auf das 14. Jahrhundert zurück. Erscheint erstmals in einem Siegel Bischof Heinrichs von Würben (1302–19). Die Herkunft ist ungeklärt. Eine Wappensage verweist auf Frankreich. Die Vierung mit den schlesischen Adlern geht wahrscheinlich auf das von Bischofs Wenzeslaus, Herzog von Liegnitz (1382–1417) geführte Wappen zurück. Der (schlesische) Adler ist demnach das Familienwappen des Herzogs. Sein Wappen wird im Konstanzer Konzilienbuch abgebildet, später mehrfach gedruckt und auf diese Weise wohl rezipiert. Seit Jakob von Salza (1520–39) wird die Vierung mit dem schlesischen Adler zum Breslauer Bischofswappen.[23]

Beim schlesischen Adler finden sich mehrere Varianten. So wächst etwa aus dem Kleestengel vielfach auch ein Kreuz („mit dem überwärts gehörnten Mond und einem Kreuz auf der Brust" bzw. „aufwärts gekehrtem Mond mit Kreuzen"). Bei den Lilien findet sich auch eine Tingierung in Silber.

Anmerkung: Es kommen auch silberne Lilien in Rot vor.[24]

Nachweis: **E. Neukirch**, Erscheinen 55 (Siegelbeschreibung). – **J. Siebmacher**, Wappen der Bistümer, Tf. 104.

---

23   **J. Siebmacher**, Wappen der Bistümer 67 f.
24   **H. Appuhn**, Siebmacher 1605, Tf. 11. – **O. Neubecker – W. Rentzmann**, Lexikon, Tf. 301.

2. Fürstbischöfe

Bischofsliste

1625–1655	**Karl Ferdinand von Polen**
1635–1661	Johann Balthasar Liesch von Hornau, Bistumsadministrator
1656–1662	**Leopold Wilhelm, Erzherzog von Österreich**
1662–1663	Karl Graf von Liechtenstein-Kastelkorn, Elekt
1663–1664	**Karl Joseph, Erzherzog von Österreich**
1665–1671	**Sebastian Ignaz** (seit 1643/44) **von Rostock**
1672–1682	**Friedrich, Landgraf von Hessen in Darmstadt**
1674–1676	Franz Karl (RA) Neander von Petersheide, Bistumsadministrator
1682–1683	Karl Graf von Liechtenstein-Kastelkorn, Elekt
1683–1732	**Franz Ludwig Pfalzgraf am Rhein zu Neuburg**
1732–1747	**Philipp Ludwig Reichsgraf von Sinzendorf**
1744–1748	**Philipp Gotthard Graf von Schaffgotsch**, Koadjutor
1748–1795	Ders., Fürstbischof
1766–1781	Johann Moritz Freiherr von Strachwitz, Apostolischer Vikar
1781–1795	Anton Ferdinand Freiherr von Rothkirch und Panthen, Apostolischer Vikar
1789–1795	**Joseph Christian Franz Prinz zu Hohenlohe-Waldenburg-Bartenstein**, Koadjutor
1795–1817	Ders., Fürstbischof

Karl Ferdinand von Polen (1613–1655)

1625–1655   Fürstbischof von Breslau
1644–1655   Bischof von Płock

Literatur: **J. Kopiec**, in: Bischöfe 1648–1803, 215–217.

Blasonierung: Geviert mit einem von einer Königskrone bedecktem Mittelschild und Herzschild. – Herzschild: Durch einen silbernen Schrägbalken geteilt von Blau und Rot, belegt mit einer goldenen Vase mit Getreide (oder Stäbe) (Familienwappen Wasa). – Mittelschild: Geviert, (1) in Rot ein silberner goldgekrönter Adler (Königreich Polen), (2) in Blau drei 2:1 gestellte goldene Kronen (Königreich Schweden), (3) in Rot ein silberner geharnischter Reiter mit bloßem Schwert auf silbernem Pferd mit goldenem Zügel und Zaumzeug, blauem Sattel und blauem Schild, darin ein goldenes Patriarchenkreuz (Großherzogtum Litauen), (4) fünfmal wellenförmig schräglinks geteilt von Silber und Blau, belegt mit einem gekrönten goldenen Löwen (Gotland). – Hauptschild: Geviert, (1) und (4) in Blau sechs 3:2:1 gestellte goldene Lilien (Breslau), (2) und (3) in Gold ein schwarzer golden bewehrter Adler mit in Kleeblättern endender silberner Brustspange (Schlesien).

Anmerkung: Die hier als Vase blasonierte Figur im Wappen des Hauses Wasa (Herzschild) wird auch als Hellebarde dargestellt. Das Wappen von Gotland findet sich auch wie folgt blasoniert: In Gold drei blaue schräglinke Wellenbalken, überdeckt …[25]

Nachweis: **J. Siebmacher**, Wappen der Bistümer, Tf. 106. – **P. Dudziński**, Alfabet 189 (Familienwappen).

---

[25]   **J. F. Seyfart**, Handbuch 1768, 58.

Leopold Wilhelm, Erzherzog von Österreich (1614–1662)

1626–1662	Fürstbischof von Passau
1626–1662	Fürstbischof von Straßburg
1627–1662	Fürstbischof von Halberstadt
1635–1645	Bischofsadministrator von Bremen und Magdeburg
1638–1662	Fürstbischof von Olmütz
1639–1662	Hoch- und Deutschmeister
1656–1662	Fürstbischof von Breslau

Literatur: **A. Leidl**, in: Bischöfe 1648–1803, 265–267.

Blasonierung: Durch ein schwarzes mit goldenen Lilienstäben belegtes Kreuz mit Herzschild, darin in Gold ein schwarzer Adler (Deutscher Orden), in vier Quartiere geteilt. – Quartier I: Geteilt, oben siebenmal geteilt von Rot und Silber (Königreich Ungarn), unten zweimal gespalten (drei Felder), (1) in Rot ein goldenes dreitürmiges Kastell mit blauem Tor und blauen Fenstern (Königreich Kastilien), (2) in Silber ein golden bewehrter und golden gekrönter purpurner Löwe (Königreich Leon), (3) in Rot ein silberner Balken (Erzherzogtum Österreich). – Quartier II: Geteilt, oben in Rot ein golden gekrönter und bewehrter silberner Löwe mit doppeltem kreuzweise geschlungenem Schweif (Königreich Böhmen), unten zweimal gespalten (drei Felder), (1) im roten Schildbord fünffach von Gold und Blau schräg geteilt (Herzogtum Burgund), (2) in Grün ein aufrechtes silbernes Pantier mit roten Hörnern, aus dessen Rachen rote Flammen züngeln (Herzogtum Steiermark), (3) geteilt, vorne in Gold übereinander drei schwarze rot bewehrte schreitende Löwen, hinten in Rot ein silberner Balken (Herzogtum Kärnten). – Quartier III: Zweifach geteilt und einmal gespalten (sechs Felder), (1) in Rot ein goldener Schrägbalken, begleitet oben und unten von drei 1:2 bzw. 2:1 gestellten goldenen Kronen (Landgrafschaft Elsass), (2) in Rot ein goldener Schrägbalken, begleitet oben und unten von je einem schreitenden gekrönten goldenen Löwen (Grafschaft Kyburg), (3) in Rot zwei voneinander abgewandte goldene Fische (Grafschaft Pfirt), (4) in Silber ein golden bekrönter und bewehrter roter Adler mit goldenen Kleestengeln (gefürstete Grafschaft Tirol), (5) geviert, [1] und [4] in Blau drei 2:1 gestellte goldene sechsstrahlige Sterne, [2] und [3] in Silber zwei rote Balken (Grafschaft Cilli), (6) in Blau fünf 2:2:1 gestellte goldene Adler (Altösterreich/Niederösterreich). – Quartier IV: Zweifach geteilt und einmal gespalten (sechs Felder): (1) in Silber ein rot bewehrter und gezungter blauer Adler mit rot-gold geschachter Brustspange (Herzogtum Krain), (2) schräggeteilt, oben in Blau ein gekrönter goldener Löwe, unten in Silber zwei rote Schräglinksbalken (Grafschaft Görz), (3) in Gold ein blau gekrönter und blau bewehrter roter Löwe (Grafschaft Habsburg), (4) in Silber ein schwarzer, rotgefütterter und beschnürter windischer Hut (Windische Mark), (5) über grünem Dreiberg in Rot ein silberner Balken, überdeckt mit einem goldenen Tor mit geöffneten Flügeln (Mark Portenau/Pordenone), (6) gespalten, vorne in Schwarz ein rot gezungter goldener Adler, hinten dreimal gespalten von Silber und Rot (Herzogtum Oberösterreich).

Anmerkung: Es handelt sich um das Familienwappen von Leopold Wilhelm. Von den spanischen Besitzungen fehlen das Königreich Aragon („in Gold vier rote Pfähle"), das Königreich Granada („In Silber ein grüner Granatapfel mit zwei grünen Blättern und roten Kernen") und das Königreich Sizilien („Schräg geviert, oben und unten in Gold vier rote Pfähle, rechts und links in Silber ein schwarzer Adler"). Wegen seiner zahlreichen Bistümer hat Leopold Wilhelm wohl nie eine Kombination der Hochstiftswappen mit seinem Familienwappen versucht. Auf seinem Sarkophag in der kaiserlichen Gruft der Kapuziner in Wien sind die Hochstiftswappen einzeln abgebildet.[26] Beim Wappen von Görz (Quartier IV, 2) findet sich in der österreichischen Heraldik der Löwe auch rot bewehrt. Strittig ist auch die Tingierung des Krainer Wappens (Quartier IV, 1): Häufig findet sich eine rot-silber geschachte Brustspange.[27]

Nachweis: **C. Seyfert**, Cronica.

---

[26]   **H. Nottarp**, Heraldik 757 f. und Abb. 15.
[27]   Vgl. dazu **F. Gall**, Wappenkunde 133.

Karl Joseph, Erzherzog von Österreich (1649–1664)

1662   Koadjutor des Fürstbischofs von Passau
1662–1664   Fürstbischof von Passau
1662–1664   Hoch- und Deutschmeister
1663–1664   Fürstbischof von Breslau
1663–1664   Fürstbischof von Olmütz

Literatur: A. Leidl, in: Bischöfe 1648–1803, 217 f.

Blasonierung: Durch ein schwarzes mit goldenen Lilienstäben belegtes Kreuz mit Herzschild, darin in Gold ein rot gezungter schwarzer Adler (Deutscher Orden), in vier Quartiere geteilt. – Quartier I: Siebenmal geteilt von Rot und Silber (Königreich Ungarn). – Quartier II: In Rot ein golden gekrönter und bewehrter silberner Löwe mit doppeltem kreuzweise geschlungenem Schweif (Königreich Böhmen). – Quartier III: Gespalten, vorne in Rot ein silberner Balken (Erzherzogtum Österreich), hinten in Gold drei blaue Schrägbalken (Herzogtum Burgund). – Quartier IV: Gespalten, vorne in Silber ein golden bekrönter und bewehrter roter Adler mit goldenen Kleestengeln (gefürstete Grafschaft Tirol), hinten in Gold ein blau gekrönter und blau bewehrter roter Löwe (Grafschaft Habsburg).

Anmerkung: Es handelt sich um das persönliche Wappen Karl Josephs, der zwar seine Würde als Hoch- und Deutschmeister des Deutschen Ordens (ab 1662), offensichtlich aber keines seiner Bistümer Passau, Breslau und Olmütz heraldisch berücksichtigte.

Nachweis: Porträt-Sammlung der Hoch- und Deutschmeister in Ellingen (Deutschordensschloss).

Rostock, Sebastian Ignaz (seit 1643/44) **von** (1607–1671)

1653–1661   Generalvikar in Breslau
1665–1671   Fürstbischof von Breslau

Literatur: **J. Kopiec**, in: Bischöfe 1648–1803, 404–406.

Blasonierung: Geviert mit Mittelschild und Herzschild. – Herzschild (Familienwappen Rostock): In Silber auf grünem Dreiberg ein grüner Rosenstock mit fünf roten Rosen. – Mittelschild (Familienwappen Rostock): Geviert, (1) und (4) in Silber eine rote heraldische Rose mit grünen Kelchblättern, (2) und (3) in Schwarz ein nach innen gewendeter goldener Greif. – Hauptschild: Geviert, (1) und (4) in Blau sechs 3:2:1 gestellte goldene Lilien (Breslau), (2) und (3) in Gold ein schwarzer golden bewehrter Adler mit in Kleeblättern endender silberner Brustspange (Schlesien).

Nachweis: **J. Siebmacher**, Wappen der Bistümer, Tf. 112.

Friedrich, Landgraf von Hessen in Darmstadt (1616–1682)

1652   Kardinal
1672–1682   Fürstbischof von Breslau

Literatur: **J. Kopiec** – **E. Gatz**, in: Bischöfe 1648–1803, 131–133.

Blasonierung: Geviert mit Herzschild. – Herzschild: Geviert, (1) und (4) in Rot ein silbernes Kreuz (Johanniter-Groß-prior), (2) und (3) sechs Felder mit Herzschild, darin in Blau ein neunmal von Silber und Rot geteilter golden gekrönter und golden bewehrter Löwe (Landgrafschaft Hessen), [1] in Silber ein wachsendes rotes Patriarchenkreuz (Reichs-abtei/Fürstentum Hersfeld), [2] geteilt von Schwarz und Gold, oben ein sechsstrahliger silberner Stern (Grafschaft Ziegen-hain), [3] in Gold ein blau gekrönter und blau bewehrter roter Löwe (Grafschaft Katzenelnbogen), [4] in Rot übereinan-der zwei schreitende blau bewehrte goldene Löwen (Grafschaft Diez), [5] geteilt von Schwarz und Gold, oben zwei acht-strahlige silberne Sterne (Grafschaft Nidda), [6] in Rot ein von Rot und Silber geteiltes Schildchen, das an den Ecken oben zweimal und unten einmal mit einem silbernem Nagel besteckt und von einem in drei Teile zerschnittenen silbernen Nes-selblatt flankiert ist (Grafschaft Schaumburg). – Hauptschild: Geviert, (1) und (4) in Blau sechs 3:2:1 gestellte goldene Li-lien (Breslau), (2) und (3) in Gold ein schwarzer golden bewehrter Adler mit in Kleeblättern endender silberner Brust-spange (Schlesien).

Anmerkung: Das Patriarchenkreuz der Reichsabtei Hersfeld findet sich auch freischwebend (statt wachsend). Der rote Löwe der Grafschaft Katzenelnbogen wird traditionell auch herschauend (zur Unterscheidung vom Löwen des Herzog-tums Berg) sowie mit roter Krone dargestellt. Auch die zwei Löwen (Leoparden) der Grafschaft Diez finden sich oft als „leopardierte" (herschauende) Löwen. Das Wappen der Grafschaft Schaumburg stellt wohl ein silbernes Nesselblatt (Fa-milienwappen der Grafen von Schaumburg) dar, dem das Schildchen aufgelegt ist. Dieses findet sich oft auch von Silber und Rot (statt von Rot und Silber) geteilt.

Nachweis: BayHStA München, Siegelsammlung. – **J. Siebmacher**, Wappen der Bistümer, Tf. 52.

Franz Ludwig Pfalzgraf am Rhein zu Neuburg (1664–1732)

1683–1732   Fürstbischof von Breslau
1694–1732   Fürstbischof von Worms, Hoch- und Deutschmeister, Fürstpropst von
             Ellwangen
1712–1729   Koadjutor des Erzbischofs von Mainz
1716–1729   Kurfürst-Erzbischof von Trier
1729–1732   Kurfürst-Erzbischof von Mainz

Literatur: E. Gatz – J. Kopiec, in: Bischöfe 1648–1803, 124–127.

Blasonierung: Unter dem schwarzen mit goldenen Lilienstäben belegten Kreuz (Deutscher Orden) ein Mittelschild und ein Hauptschild. Auf dem Kreuz ein Herzschild, darin in Gold ein rot gezungter schwarzer Adler (Deutscher Orden), dessen Brust mit einem roten Schild mit einem sechsspeichigen silbernen Rad (Erzstift Mainz) belegt ist. – Mittelschild: Geviert, (1) und (4) in Schwarz ein schräglinks gestellter silberner Schlüssel, der oben und unten von jeweils vier goldenen Schindeln begleitet ist (Hochstift Worms), (2) in Silber eine goldene Mitra (Fürstpropstei Ellwangen), (3) geteilt von Gold und Blau, oben ein schwarzer golden bewehrter Adler mit in Kleeblättern endender silberner Brustspange (Schlesien), unten sechs 3:2:1 gestellte goldene Lilien (Breslau). – Hauptschild, Quartier I: zweifach gespalten (drei Felder), (1) in Schwarz ein rot bekrönter und rot bewehrter goldener Löwe (Pfalzgrafschaft bei Rhein), (2) die silbernen und blauen bayerischen Rauten (Herzogtum Bayern), (3) in Gold ein rot bewehrter schwarzer Löwe (Herzogtum Jülich). – Quartier II: Gespalten von Rot und Silber, vorn eine aus acht goldenen Lilienstäben gebildete Lilienhaspel, überdeckt von einem silbernen Schildchen (Herzogtum Kleve), hinten ein blau bekrönter und blau bewehrter roter Löwe (Herzogtum Berg). – Quartier III: Gespalten von Gold und Silber, vorn ein schwarzer Balken (Fürstentum Moers), hinten ein golden bekrönter und golden bewehrter blauer Löwe (Grafschaft Veldenz). – Quartier IV: Gespalten von Gold und Silber, vorn ein in drei Reihen von Rot und Silber geschachter Balken (Grafschaft Mark), hinten drei rote Sparren (Grafschaft Ravensberg).

Anmerkung: In dieser Form wurde das Wappen von Franz Ludwig am Ende seiner Regierung in Mainz geführt. In der Vollform wird der Adler des Deutschen Ordens noch golden bewehrt tingiert. Die im Quartier IV (von den Pfälzer Wittelsbachern aus der Linie Neuburg) als Anspruchswappen zitierte preußische Grafschaft Moers wurde 1707 zu einem Fürstentum erhoben und rückte daher vor Veldenz.

Nachweis: **U. Arnold**, AK Deutscher Orden 215, Abb. III, 8.4.P. – **J. D. Koehler**, Calender 1732, vor 8. – **O. Posse**, Siegel, Tf. 23, Nr. 1–3. – **G. Schön**, Münzkatalog 993, Nr. 37.

Sinzendorf, Philipp Ludwig Reichsgraf von (1699–1747)

1726–1732   Bischof von Raab
1727   Kardinal
1732–1747   Fürstbischof von Breslau

Literatur: E. Gatz, in: Bischöfe 1648–1803, 464–466.

Blasonierung: Geviert mit Herzschild. – Herzschild (Familienwappen Sinzendorf): Geteilt, oben in Rot die goldene Reichskrone (Erbschatzmeisteramt), unten geteilt von Blau und Rot durch einen mit Zinne gekanteten silbernen Balken. – Hauptschild (Bistum Breslau): (1) und (4) in Blau sechs 3:2:1 gestellte goldene Lilien, (2) und (3) in Gold ein schwarzer golden bewehrter Adler mit in Kleeblättern endender silberner Brustspange (Schlesien).

Nachweis: G. Schön, Münzkatalog 223, Nr. 5. – P. Sella, Sigilli V, 29, Tf. X, Nr. 1356. – J. Siebmacher, Wappen der Bistümer, Tf. 106.

Schaffgotsch, Philipp Gotthard Graf von (1716–1795)

1744–1748   Koadjutor des Fürstbischofs von Breslau
1748–1795   Fürstbischof von Breslau

Literatur: **E. Gatz**, in: Bischöfe 1648–1803, 415 f.

Blasonierung: Zweimal gespalten und einmal geteilt (sechs Felder) mit Herzschild. – Herzschild (Familienwappen Schaffgotsch) mit dem Fürstenhut bedeckt: Geviert, (1) und (4) in Silber vier rote Pfähle, (2) und (3) in Blau auf grünem Dreiberg ein gekrönter goldener Greif, welcher in den vorderen Klauen einen silbernen Stein hält (Greiffenstein). – Hauptschild: (1) und (6) in Blau sechs 3:2:1 gestellte goldene Lilien (Breslau), (2) gespalten, vorne in Gold ein schwarzer golden bewehrter Adler mit in Kleeblättern endender silberner Brustspange, besteckt mit einem Kreuz, hinten geschacht von Rot und Silber in fünf Reihen (Familienwappen Schaffgotsch = Fürstentum Liegnitz-Brieg und Wohlau), (3) und (4) in Gold ein schwarzer golden bewehrter Adler, mit in Kleeblättern endender silberner Brustspange (Bistum Breslau = Schlesien), (5) gespalten, vorne geschacht von Rot und Silber in fünf Reihen, hinten in Gold ein schwarzer golden bewehrter Adler, mit in Kleeblättern endender silberner Brustspange, besteckt mit einem Kreuz (Familienwappen Schaffgotsch = Fürstentum Liegnitz-Brieg und Wohlau).

Anmerkung: Das Familienwappen der Schaffgotsch (Herzschild) ist der Familie 1592 bestätigt worden. Das Wappen des Fürstentums (Herzogtums) Liegnitz-Brieg wurde der Familie Schaffgotsch 1708 von Kaiser Joseph verliehen. Beim schlesischen Adler sind die Kleestengel oft unterschiedlich ausgebildet, in der aufwendigsten Form tragen sie ein Kreuz (= Brust und Flügel belegt mit einem steigenden und mit einem Kreuz besetzten silbernen Halbmond, dessen Enden kleeblattförmig ausgebildet sind). – Sonstige Varianten: Herzschild, (2) und (3) Greif mit ausgeschlagener roter Zunge und unterschlagenem Schwanz.[28]

Nachweis: BayHStA München, Siegelsammlung. – **J. D. Koehler**, Calender 1753, 21 (nur Familienwappen Schaffgotsch). – **G. Schön**, Münzkatalog 223, Nr. 88. – **P. Sella**, Sigilli V, 54, Tf. XVIII, Nr. 1431. – **J. Siebmacher**, Wappen der Bistümer, Tf. 107.

---

[28] **W. v. Hueck**, Adelslexikon XII, 318.

Hohenlohe-Waldenburg-Bartenstein, Joseph Christian Franz Prinz zu (1740–1817)

1789–1795   Koadjutor des Fürstbischofs von Breslau, Ep. tit. Lerensis
1795–1817   Fürstbischof von Breslau

Literatur: **E. Gatz**, in: Bischöfe 1785/1803–1945, 320 f.

Blasonierung: Zweimal gespalten und einmal geteilt (sechs Felder) mit Herzschild. – Herzschild: In Rot drei silberne Spitzen (Franken). – Hauptschild: (1) und (6) in Silber übereinander zwei herschauende (leopardierte) rot gezungte schwarze Löwen (Hohenlohe), (2) und (5) in Blau sechs 3:2:1 gestellte goldene Lilien (Breslau), (3) und (4) geteilt, oben in Schwarz ein schreitender gekrönter goldener Löwe, unten in Gold acht schwarze Rauten in zwei Reihen (Herrschaft Langenburg).

Nachweis: BayHStA München, Siegelsammlung. – **G. Schön**, Münzkatalog 223, Nr. 12. – **J. Siebmacher**, Wappen der Bistümer, Tf. 113.

Brixen

Das seit dem 6. Jahrhundert bezeugte und im 10. Jahrhundert von Säben bei Klausen nach Brixen verlegte Bistum umfasste das heutige Nord- und Südtirol. Das Hochstift war klein und zersplittert. Die Bischöfe besaßen außerdem die Herrschaft Veldes in Krain. Die außerhalb des Hochstifts liegenden Teile des Bistums gehörten größtenteils zur Grafschaft Tirol. Die Reformation hatte zunächst im Bistum Fuß gefasst, doch setzte sich im 17. Jahrhundert die tridentinische Reform durch. Bischof und Domkapitel hatten ihren Sitz in Brixen. Das Kapitel besaß das Bischofswahlrecht. Die meisten Bischöfe stammten aus Tiroler Adelsfamilien.

Literatur: **J. Gelmi**, in: Bistümer bis 1803, 145–153.

1. Hochstift

Blasonierung: In Rot ein golden nimbiertes zurückblickendes silbernes Gotteslamm, das mit dem rechten Vorderbein ein silbernes Banner (Osterfahne) mit rotem Kreuz an silberner Kreuzstange schultert. – In dieser Form taucht das Hochstiftswappen in den Wappen der Bischöfe der hier behandelten Zeit auf. Die Linkswendung des auf die Osterfahne (des auferstandenen Christus) zurückblickenden Gotteslamms (Agnus Dei) erfolgt wegen des zweiten Wappens mit dem roten Adler. Steht das Lamm allein, so hat es die heraldisch korrekte Rechtswendung. Unterschiedlich ist auch die Position der Fahne, die entweder im rechten oder linken Vorderlauf des Lammes gehalten wird oder (vor allem in älteren Darstellungen) aufrecht hinter dem Lamm steht.

Das älteste der beiden Hochstiftssymbole ist das Gotteslamm, das erstmals als Siegelbild in einem Siegel der Residenzstadt Brixen 1316 auftaucht. Der erste Bischof, der dieses Wappen führte, war Albert von Enn (1324–36). Der älteste Siegelabdruck befindet sich an einer Urkunde von 1327.[29]

Das zweite Wappen, nämlich der rote Adler in Silber (Weiß) mit aufgelegtem Bischofsstab, taucht erstmals in der Züricher Wappenrolle (1340) als Heerbannfahne auf.[30] Seit 1417 wird das Adlerwappen gemeinsam mit dem Agnus-Dei-Wappen geführt, wobei die Meinung vertreten wird, dass es sich beim Adlerwappen um das Wappen des Hochstifts (Fürstbistums) und beim Agnus-Dei-Wappen um das Wappen des geistlichen Bistums Brixen handelt.[31] Das 18. Jahrhundert betrachtet das Adlerwappen als das Wappen des Domkapitels.[32] In den Sedisvakanzmünzen des Domkapitels von 1747 und 1779 wird nur das Adlerwappen gezeigt, 1779 mit der Beschriftung: Insignia Capituli Brixinensis.[33] Bei der Gestaltung des Adlerwappens findet sich der Bischofsstab sowohl mit der Krümme nach unten wie auch nach oben. Vielfach trägt der Adler auch eine goldene Krone und ist golden bewehrt (goldene Klauen und goldener Schnabel).

---

29   Dazu und zum Folgenden vgl. **F.-H. v. Hye**, Wappen 154–159 (mit weiterführender Literatur). – **E. Neukirch**, Erscheinen
      61 (Siegelbeschreibung).
30   **W. Merz – F. Hegi**, Wappenrolle, Tf. I, Nr. XXVII.
31   **F.-H. v. Hye**, Wappen 154.
32   Vgl. etwa: **J. D. Koehler**, Calender 1749, 94.
33   **K. G. Ritter v. Schulthess-Rechberg**, Thalerkabinett II, 29 f.

Eine Besonderheit in der Wappengeschichte des Hochstifts stellt die Tatsache dar, dass wir für das Jahr 1286 aus einer Urkunde das Helmkleinod des Bistumswappens kennen, ohne dass wir für diese Zeit schon eine Überlieferung für das Wappen selbst hätten. In der genannten Urkunde verleiht der damalige Bischof Bruno seinem Neffen, dem Grafen von Kirchberg, mit Zustimmung des Domkapitels und der bischöflichen Dienstmannen „unser cleinode von unserm helme, die wyzzen ynfel mit zwain zopfen unt ietweder horm oder spitz gezieret mit einem boschen von Pfawens vedern, als wir sie in dez riches dienst und in unsers gotshuses vrlougen und an maeniger stat anderwo vrilichen und an alle ansprache haben gevurt sechs und drizek iar ader mer …"[34]

Nachweis: **H. Appuhn**, Siebmacher 1605, Tf. 11. – **F.-H. v. Hye**, Landeswappen, Tf. 4, 6 und 37. – **F.-H. v. Hye**, Wappen, Abb. 491 und 493.

2. Fürstbischöfe

Bischofsliste

1648–1663	**Anton Crosini von Bonporto**
1663–1677	**Sigmund Alphons Reichsfreiherr** (seit 1629 **Reichsgraf**) **von Thun**
1678–1685	**Paulinus Mayr**
1687–1702	**Johann Franz Reichsfreiherr** (seit 1692 **Reichsgraf**) **von Khuen zu Liechtenberg, Aur und Belasy**
1703–1747	**Kaspar Ignaz Freiherr von Künigl zu Ehrenburg und Warth**
1748–1778	**Leopold Maria Joseph Reichsgraf von Spaur**
1775–1778	**Ignaz Franz Stanislaus Reichsgraf von Spaur**, Koadjutor
1778–1779	Ders., Fürstbischof
1780–1791	**Joseph Philipp Franz Reichsgraf von Spaur**
1792–1828	**Karl Franz Reichsgraf von Lodron**

---

[34] **J. Siebmacher**, Wappen der Bistümer 43.

Crosini von Bonporto, Anton (1581–1663)

1619–1624   Generalvikar in Brixen
1624–1648   Weihbischof in Brixen, Ep. tit. Bellinensis
1648–1663   Fürstbischof von Brixen

Literatur: **J. Gelmi**, in: Bischöfe 1648–1803, 70 f.

Blasonierung: Geviert, (1) in Rot ein linksgewendetes golden nimbiertes zurückblickendes silbernes Gotteslamm, das mit dem linken Vorderbein ein silbernes Banner (Osterfahne) mit rotem Hochkreuz an silberner Kreuzstange schultert (Hochstift Brixen), (2) und (3) in Blau auf grünem Hügel ein silberner Baumstumpf, der mit einem rotem Spitzenkreuz besteckt ist und aus dem links ein Ast mit grünen Blättern sprießt (Familienwappen Crosini), (4) in Silber ein roter Adler, dem auf die Brust ein goldener Bischofsstab aufgelegt ist (Hochstift Brixen).

Nachweis: BayHStA München, Siegelsammlung. – **F.-H. v. Hye**, Wappen, Abb. 497.

Thun, Sigmund Alphons Reichsfreiherr (seit 1629 **Reichsgraf**) von (1621–1677)

1663–1677   Fürstbischof von Brixen
1669–1677   Fürstbischof von Trient

Literatur: **J. Gelmi**, in: Bischöfe 1648–1803, 507 f.

Blasonierung: Geviert, (1) in Rot ein linksgewendetes golden nimbiertes zurückblickendes silbernes Gotteslamm, das mit dem linken Vorderbein ein silbernes Banner (Osterfahne) mit rotem Hochkreuz an silberner Kreuzstange schultert (Hochstift Brixen), (2) und (3) (Familienwappen Thun) geviert, mit Herzschild, darin in Rot ein silberner Balken (Caldes), [1] und [4] in Blau ein goldener Schrägbalken (Stammwappen Thun), [2] und [3] gespalten: vorne in Silber ein halber roter Adler am Spalt, hinten in Schwarz ein silberner Balken (Monreale – Königsberg), (4) in Silber ein roter Adler, dem auf die Brust ein goldener Bischofsstab aufgelegt ist (Hochstift Brixen).

Anmerkung: Seit 1669 ist Thun zugleich Bischof von Trient. Jetzt erscheinen die beiden Hochstifte in der Vierung (Trient vor Brixen). Das Familienwappen wird als Herzschild geführt.

Nachweis: BayHStA München, Siegelsammlung. – **F.-H. v. Hye**, Wappen, Abb. 497.

Mayr, Paulinus (1628–1685)

1678–1685   Fürstbischof von Brixen

Literatur: **J. Gelmi**, in: Bischöfe 1648–1803, 304 f.

Blasonierung: Unter Schildhaupt geviert. – Schildhaupt: Gespalten, vorne in Rot ein linksgewendetes golden nimbiertes zurückblickendes silbernes Gotteslamm, das mit dem linken Vorderbein ein silbernes Banner (Osterfahne) mit rotem Hochkreuz an silberner Kreuzstange schultert, hinten in Silber ein roter Adler, dem auf die Brust ein goldener Bischofs-stab aufgelegt ist (Hochstift Brixen). – Hauptschild (Familienwappen Mayr): (1) und (4) ein schräg gestellter Pfeil, der links oben und rechts unten von je einem Stern begleitet ist, (2) und (3) ein Pelikan mit drei Jungen.

Anmerkung: Die Farben des Familienwappens sind nicht gesichert. – Varianten: Die Reihenfolge von Pfeil und Pelikan wechselt, die Pfeile zeigen auch nach links.[35]

Nachweis: BayHStA München, Siegelsammlung.

---

35   **J. Siebmacher**, Wappen der Bistümer, Tf. 72. – **J. Gelmi**, Bischöfe 164, 172.

Khuen zu Liechtenberg, Aur und Belasy, Johann Franz Reichsfreiherr (seit 1692 **Reichsgraf**) **von** (1649–1702)

1687–1702   Fürstbischof von Brixen

Literatur: **J. Gelmi**, in: Bischöfe 1648–1803, 223 f.

Blasonierung: Unter Schildhaupt geviert. – Schildhaupt: Gespalten, vorne in Rot ein linksgewendetes golden nimbiertes zurückblickendes silbernes Gotteslamm, das mit dem linken Vorderbein ein silbernes Banner (Osterfahne) mit rotem Hochkreuz an silberner Kreuzstange schultert, hinten in Silber ein roter Adler, dem auf die Brust ein goldener Bischofs-stab aufgelegt ist (Hochstift Brixen). – Hauptschild (Familienwappen Khuen von Belasy): (1) und (4) geteilt von Silber und Rot, belegt mit einem nach innen gewendeten Löwen in verwechselten Farben (Stammwappen), (2) und (3) in Rot auf grünem Dreiberg ein silberner Zinnenturm mit geöffnetem Tor (Niedertor).

Anmerkung: Varianten des Familienwappens.[36] – (2) und (3) in Rot ein silberner Zinnentorturm mit geöffneten schwarz beschlagenen Torflügeln über einer Stufe.[37]

Nachweis: BayHStA München, Siegelsammlung. – Germanisches Nationalmuseum Nürnberg, Siegelsammlung, Tf. 101, Nr. 14 932. – **J. Gelmi**, Bischöfe, Tf. vor 65. – **J. Siebmacher**, Wappen der Bistümer, Tf. 241.

---

[36]   Siehe bei: **G. Tabarelli de Fatis – L. Borelli**, Stemmi 163 f.

[37]   **G. Pfeifer**, Wappen 44.

Künigl zu Ehrenburg und Warth, Kaspar Ignaz Freiherr von (1671–1747)

1703–1747   Fürstbischof von Brixen

Literatur: **J. Gelmi**, in: Bischöfe 1648–1803, 250–252.

Blasonierung: Unter Schildhaupt geviert mit Herzschild. – Schildhaupt: Gespalten, vorne in Rot ein linksgewendetes golden nimbiertes zurückblickendes silbernes Gotteslamm, das mit dem linken Vorderbein ein silbernes Banner (Osterfahne) mit rotem Hochkreuz an silberner Kreuzstange schultert, hinten in Silber ein roter Adler, dem auf die Brust ein goldener Bischofsstab aufgelegt ist (Hochstift Brixen). – Herzschild (Familienwappen Künigl): Schräggeteilt von Silber und Rot mit einer von der Teilungslinie in das linke Obereck aufsteigenden roten Spitze. – Hauptschild (Familienwappen Künigl): (1) und (4) gespalten von Rot und Silber mit einem Balken in verwechselten Farben (von Weinegg), (2) und (3) in Rot ein viermal schwalbenschwanzgezinnter silberner Mauerbalken (von Warth).

Anmerkung: Wappenvariante – Geviert, im ersten und vierten Feld das Hochstiftswappen, im zweiten und dritten Feld das Familienwappen.[38] Beim Familienwappen (Herzschild) findet sich auch eine Schräglinksteilung (dann zeigt die Spitze nach rechts oben), beim ersten und vierten Feld: In von Silber und Rot gespaltenem Feld ein Balken in verwechselten Farben.[39]

Nachweis: BayHStA München, Siegelsammlung. – **F.-H. v. Hye**, Wappen, Abb. 500. – **J. Gelmi**, Bischöfe 194. – **J. Siebmacher**, Wappen der Bistümer, Tf. 243.

---

[38]   **J. D. Koehler**, Calender 1732, 14.
[39]   **W. v. Hueck**, Adelslexikon VII, 70.

Spaur, Leopold Maria Joseph Reichsgraf von (1696–1778)

1748–1778   Fürstbischof von Brixen

Literatur: **J. Gelmi**, in: Bischöfe 1648–1803, 475–477.

Blasonierung: Geviert, (1) und (4) (Hochstift Brixen) gespalten, vorne in Rot ein linksgewendetes golden nimbiertes zurückblickendes silbernes Gotteslamm, das mit dem linken Vorderbein ein silbernes Banner (Osterfahne) mit rotem Hochkreuz an silberner Kreuzstange schultert, hinten in Silber ein roter Adler, dem auf die Brust ein goldener Bischofsstab aufgelegt ist, (2) und (3) (Familienwappen Spaur) geviert, [1] und [4] in Silber ein links [1] bzw. rechtsgewendeter [4] roter Löwe, der in seinen Pranken einen goldenen Doppelbecher (Schenkenamt) hält, [2] und [3] schräggeteilt von Rot und Silber, oben und unten je ein Stern in verwechselten Farben.

Anmerkung: Bei manchen Abbildungen[40] sind alle Löwen des Familienwappens nach links gewendet.

Nachweis: Germanisches Nationalmuseum Nürnberg, Siegelsammlung, Tf. 101, Nr. 14 653 (Geänderte Einteilung; Varianten!). – **G. Schön**, Münzkatalog 226, Nr. 4 (Varianten!). – **J. Siebmacher**, Wappen der Bistümer, Tf. 73. – **J. D. Koehler**, Calender 1756, 21.

---

[40] **J. D. Koehler**, Calender 1756, 30.

Spaur, Ignaz Franz Stanislaus Reichsgraf von (1729–1779)

1775–1778   Koadjutor des Fürstbischofs von Brixen, Ep. tit. Chrysopolitanus
1778–1779   Fürstbischof von Brixen

Literatur: **J. Gelmi**, in: Bischöfe 1648–1803, 472 f.

Blasonierung: Schildhaupt (Hochstift Brixen) gespalten, vorne in Rot ein linksgewendetes golden nimbiertes zurückblickendes silbernes Gotteslamm, das mit dem linken Vorderbein ein silbernes Banner (Osterfahne) mit rotem Hochkreuz an silberner Kreuzstange schultert, hinten in Silber ein roter Adler, dem auf die Brust ein goldener Bischofsstab
aufgelegt ist. – Hauptschild (Familienwappen Spaur): In Silber ein roter Löwe, der in seinen Pranken einen goldenen
Doppelbecher (Schenkenamt) hält.

Nachweis: **J. Gelmi**, Bischöfe 205.

Spaur, Joseph Philipp Franz Reichsgraf von (1719–1791)

1763–1780   Fürstbischof von Seckau und Generalvikar für die Steiermark
1780–1791   Fürstbischof von Brixen

Literatur: **J. Gelmi**, in: Bischöfe 1648–1803, 473–475.

Blasonierung: Schildhaupt (Hochstift Brixen) gespalten, vorne in Rot ein linksgewendetes golden nimbiertes zurück-blickendes silbernes Gotteslamm, das mit dem linken Vorderbein ein silbernes Banner (Osterfahne) mit rotem Hoch-kreuz an silberner Kreuzstange schultert, hinten in Silber ein roter Adler, dem auf die Brust ein goldener Bischofsstab aufgelegt ist. – Hauptschild (Familienwappen Spaur): In Silber ein roter Löwe, der in seinen Pranken einen goldenen Doppelbecher (Schenkenamt) hält.

Nachweis: BayHStA München, Siegelsammlung.

Lodron, Karl Franz Reichsgraf von (1748–1828)

1792–1828   Fürstbischof von Brixen

Literatur: **J. Gelmi**, in: Bischöfe 1785/1803–1945, 457 f.

Blasonierung: Schildhaupt (Hochstift Brixen) gespalten, vorne in Rot ein linksgewendetes golden nimbiertes zurück-blickendes silbernes Gotteslamm, das mit dem linken Vorderbein ein silbernes Banner (Osterfahne) mit rotem Hoch-kreuz an silberner Kreuzstange schultert, hinten in Silber ein roter Adler, dem auf die Brust ein goldener Bischofsstab aufgelegt ist. – Hauptschild (Familienwappen Lodron): In Rot ein herschauender rot gezungter silberner Löwe mit einem zu einem „S" verschlungenen Schweif.

Nachweis: BayHStA München, Siegelsammlung. – **J. Siebmacher**, Wappen der Bistümer, Tf. 74. – **C. Tyroff**, Wappenwerk I, 262.

Brünn (Brno)

Das südmährische Bistum Brünn wurde 1777 aus dem Bistum Olmütz ausgegliedert. Es besaß kein Hochstift. Die Bevölkerung war seit der Durchführung der Gegenreformation und der tridentinischen Reform katholisch. Bischof und Domkapitel hatten ihren Sitz in Brünn. Der Landesherr nominierte den Bischof.

Literatur: **E. Gatz**, in: Bistümer bis 1803, 154 f.

1. Bistum

Blasonierung: Geviert, (1) und (4) in Gold ein rot gezungter golden bewehrter schwarzer Doppeladler mit einer goldenen Kaiserkrone zwischen den Köpfen, von der zwei rote Bänder abfliegen, auf der Brust der Bindenschild (in Rot ein silberner Balken), mit den schwarzen Großbuchstaben „MT" auf dem silbernen Balken, (2) und (3) geteilt, oben in Rot drei silberne Spitzen, unten in Rot zwei silberne Spitzen.

Das 1777 auf Initiative von Maria Theresia durch Abtrennung von Olmütz ins Leben gerufene Bistum Brünn führte ein Wappen, das an dasjenige des Erzbistums Olmütz angeglichen war. Die Buchstaben MT im Bindenschild bedeuten Maria Theresia.[41]

Nachweis: **A. Zelenka**, Wappen 275.

---

41   **A. Zelenka**, Wappen 275.

2. Bischöfe

Bischofsliste

1777–1786   Matthias Franz Freiherr (seit 1761 **Reichsgraf**) **von Chorinsky**
1787–1799   **Johann Baptist Lachenbauer**
1800–1816   Vinzenz Joseph Franz Sales Graf (seit 1788 **Fürst**) **von Schrattenbach**

Chorinsky, Matthias Franz Freiherr (seit 1761 **Reichsgraf**) **von** (1720–1786)

1767–1774   Weihbischof in Königgrätz, Ep. tit. Samariensis
1776–1777   Weihbischof in Olmütz
1777–1786   Bischof von Brünn

Literatur: **A. Zelenka**, in: Bischöfe 1648–1803, 62 f.

Blasonierung: Geviert mit Herzschild. – Herzschild: In Gold rechts ein schwarzes mit drei silbernen Krebsscheren bestecktes Büffelhorn, links ein silbernes mit drei schwarzen Krebsscheren bestecktes Büffelhorn (Familienwappen Chorinsky). – Hauptschild (Bistum Brünn): Geviert, (1) und (4) in Gold ein rot gezungter golden bewehrter schwarzer Doppeladler mit einer goldenen Kaiserkrone zwischen den Köpfen, von der zwei rote Bänder abfliegen, auf der Brust der Bindenschild (in Rot ein silberner Balken) mit den schwarzen Großbuchstaben „MT" auf dem silbernen Balken, (2) und (3) geteilt, oben in Rot drei silberne Spitzen, unten in Rot zwei silberne Spitzen.

Nachweis: **A. Zelenka**, Wappen 277.

Lachenbauer, Johann Baptist (1741–1799)

1787–1799   Bischof von Brünn

Literatur: **A. Zelenka**, in: Bischöfe 1648–1803, 253 f.

Blasonierung: Geviert mit Herzschild. – Herzschild: In Silber auf grünem Boden rechts ein grüner Rosenstrauch mit zwei Blättern, zwei Stielen und zwei roten Blüten, links ein goldener Bienenkorb (Familienwappen Lachenbauer). – Hauptschild (Bistum Brünn): Geviert, (1) und (4) in Gold ein rot gezungter golden bewehrter schwarzer Doppeladler mit einer goldenen Kaiserkrone zwischen den Köpfen, von der zwei rote Bänder abfliegen, auf der Brust der Bindenschild (in Rot ein silberner Balken), mit den schwarzen Großbuchstaben „MT" auf dem silbernen Balken, (2) und (3) geteilt, oben in Rot drei silberne Spitzen, unten in Rot zwei silberne Spitzen.

Nachweis: **A. Zelenka**, Wappen 278.

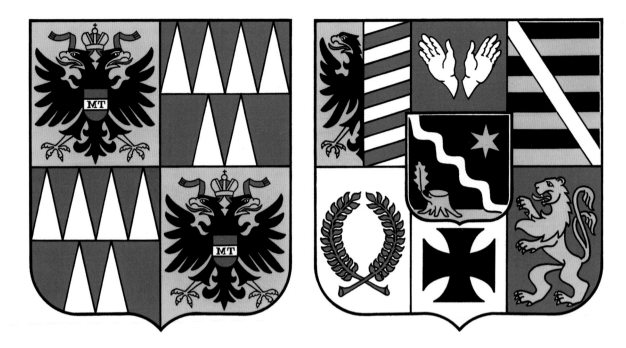

Schrattenbach, Vinzenz Joseph Franz Sales Graf (seit 1788 **Fürst**) **von** (1744–1816)

1777–1790,
1795–1800   Fürstbischof von Lavant
1800–1816   Bischof von Brünn

Literatur: **F. M. Dolinar**, in: Bischöfe 1785/1803–1945, 671 f.

Blasonierung: Zwei nebeneinander stehende Schilde. – Schild I (Bistum Brünn): Geviert, (1) und (4) in Gold ein rot gezungter golden bewehrter schwarzer Doppeladler mit einer goldenen Kaiserkrone zwischen den Köpfen, von der zwei rote Bänder
abfliegen, auf der Brust der Bindenschild (in Rot ein silberner Balken), mit den schwarzen Großbuchstaben „MT" auf dem silbernen Balken, (2) und (3) geteilt, oben in Rot vier silberne Spitzen, unten in Rot zwei silberne Spitzen. – Schild II (Familienwappen Schrattenbach): Einmal geteilt und zweimal gespalten mit Herzschild. – Herzschild (Stammwappen Schrattenbach):
In Schwarz ein silberner Schrägwellenbalken, begleitet oben von einem goldenen Stern, unten auf goldenem Boden ein bewurzelter goldener Baumstumpf, aus dem an der rechten Seite ein mit einem Eichenblatt besetzter Ast wächst. – Hauptschild
(Familienwappen Schrattenbach): (1) gespalten, rechts in Gold ein rot gezungter golden bewehrter halber schwarzer Adler am
Spalt, links in Silber fünf rote Schräglinksbalken, (2) in Rot nebeneinander zwei aufgerichtete silberne Hände (von der Dörr),
(3) von Schwarz und Gold siebenmal geteilt und überdeckt mit einem silbernen Schrägbalken, (4) in Silber ein roter Laubkranz, (5) in Silber ein schwebendes schwarzes Tatzenkreuz, (6) in Rot ein goldener Löwe mit doppeltem Schweif (Kuenring).

Anmerkung: Varianten des Familienwappens Schrattenbach. – Herzschild: Baumstamm auf grünem oder silbernem Grund
oder Hügel. – Hauptschild: (1) rechts roter Adler am Spalt, links neunmal schräglinksgeteilt von Rot und Silber bzw. vier
rote Schräglinksbalken, (3) in Gold vier schwarze Balken, überdeckt von einem grünen Schrägbalken, (4) in Silber ein einwärts gekehrtes und oben und unten ineinander geschränktes Hirschgeweih, (5) in Silber ein schwarzes silbern eingefasstes Kreuz mit ausgeschweiften Armen, (6) in Rot ein silberner Löwe mit doppeltem Schweif bzw. ein goldener Leopard.[42]

Nachweis: **A. Zelenka**, Wappen 279.

[42] Vgl. **W. v. Hueck**, Adelslexikon XIII, 89. – **J. F. Seyfart**, Handbuch 1768, 55.

Budweis (České Budějovice)

Das südböhmische Bistum Budweis wurde 1784/85 aus dem Erzbistum Prag ausgegliedert. Es besaß kein Hochstift. Die Bevölkerung war seit der Durchführung der Gegenreformation und der tridentinischen Reform katholisch. Bischof und Domkapitel hatten ihren Sitz in Budweis. Der Landesherr nominierte den Bischof.

Literatur: **E. Gatz**, in: Bistümer bis 1803, 156 f.

1. Bistum

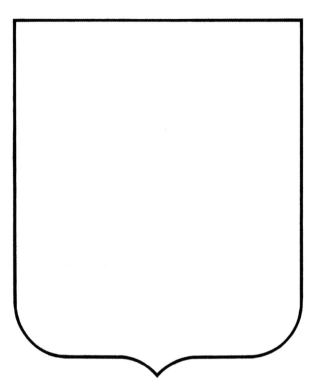

Blasonierung: Das 1784 errichtete und dem Erzbistum Prag unterstellte Bistum führte erst ab 1845 ein eigenes Wappen.

2. Bischöfe

Bischofsliste

1785–1813   **Johann Prokop Graf von Schaffgotsch** (Schaffgotsche)

Schaffgotsch (Schaffgotsche), **Johann Prokop Graf von** (1748–1813)

1779–1780   Generalvikar in Königgrätz
1785–1813   Bischof von Budweis

Literatur: **K. A. Huber**, in: Bischöfe 1648–1803, 413 f.

Blasonierung: (Familienwappen Schaffgotsch) Geviert, (1) und (4) in Silber vier rote Pfähle, (2) und (3) in Blau auf grünem Dreiberg ein gekrönter goldener Greif, welcher in den vorderen Klauen einen silbernen Stein hält (Greiffenstein).

Nachweis: **A. Zelenka**, Wappen 166.

Chiemsee

Das 1215/16 gegründete salzburgische Eigenbistum Chiemsee bildete eine Enklave innerhalb des Erzbistums Salzburg. Es besaß kein Hochstift. Sein Gebiet gehörte zum Herzogtum Bayern und zur Grafschaft Tirol. Das Domkapitel, dessen Mitglieder Augustiner-Chorherren waren, residierte auf Herrenchiemsee, der Bischof in Salzburg. Er wurde vom Erzbischof von Salzburg nominiert und konfirmiert. Die Bischöfe fungierten seit 1610 als Salzburger Weihbischöfe.

Literatur: **M. Heim**, in: Bistümer bis 1803, 158–163.

1. Bistum

Blasonierung: Gespalten von Gold und Rot, vorne ein rot bewehrter schwarzer Adler, hinten ein links gewendeter golde-ner Bischofsstab. – Das Wappen des Hochstifts findet sich schon in der Züricher Wappenrolle (1340), freilich in anderer Form und Farbgebung (gespalten von Gold und Silber, vorne ein halber roter Adler am Spalt, hinten ein blauer Krumm-stab).[43] Die oben angegebene Form und Farbgebung ist seit dem 15. Jahrhundert üblich. Der Bischofsstab wird auf den Siegeln in der Regel als wachsende links gewendete Bischofskrümme dargestellt.[44]

Nachweis: **F.-H. v. Hye**, Wappen, Abb. 526. – **J. Siebmacher**, Wappen der Bistümer, Tf. 165. – Bauplastik am Gebäude am Marktplatz in Kraiburg.

---

[43]   **W. Merz – F. Hegi**, Wappenrolle, Tf. 1, Nr. XXIII.
[44]   Vgl **F.-H. v. Hye**, Wappen, Abb. 526. – Ferner: zahlreiche Bauplastiken in Salzburg.

2. Fürstbischöfe

Bischofsliste

1644–1670	Franz Vigil Reichsfreiherr (seit 1633 Reichsgraf) von Spaur und Valör
1670–1687	Johann Franz Freiherr (seit 1664 Graf) von Preysing-Hohenaschau
1687–1696	Sigmund Ignaz Reichsgraf von Wolkenstein-Trostburg
1697–1708	Sigmund Carl Reichsgraf von Castel-Barco (Castro-Barco)
1708–1711	Johann Sigmund Freiherr (seit 1669 Reichsgraf) von Kuenburg
1712–1723	Franz Anton Adolph Graf von Wagensperg
1723–1729	Karl Joseph Reichsgraf von Kuenburg
1730–1746	Joseph Franz Valerian Felix Reichsgraf von Arco
1746–1772	Franz Karl Eusebius Reichserbtruchseß Graf von Waldburg-Friedberg und Trauchburg
1773–1786	Ferdinand Christoph Reichserbtruchseß Graf von Waldburg-Zeil
1786–1797	Franz de Paula Xaver Ludwig Jakob Reichsgraf (seit 1776 Fürst) von Breuner
1797–1808	Sigmund Christoph Reichserbtruchseß Graf (seit 1803 Fürst) von Waldburg-Zeil und Trauchburg

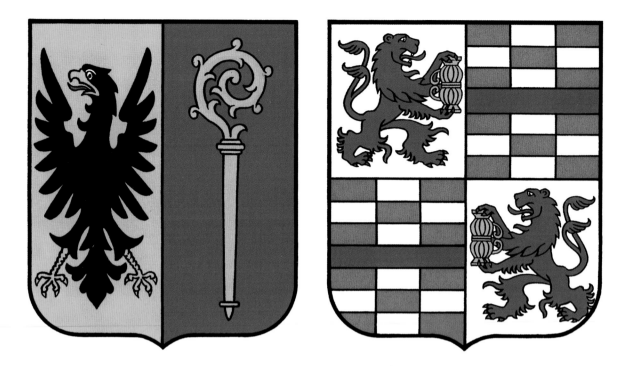

Spaur und Valör, Franz Vigil Reichsfreiherr (seit 1633 **Reichsgraf**) **von** (1609–1670)

1644–1670   Fürstbischof von Chiemsee

Literatur: **E. Naimer**, in: Bischöfe 1648–1803, 477.

Blasonierung: Zwei Wappen nebeneinander. – Schild I (Bistum Chiemsee): Gespalten von Gold und Rot, vorne ein schwarzer rot bewehrter Adler, hinten eine links gewendete goldene Bischofskrümme. – Wappen II (Familienwappen Spaur): Geviert, (1) und (4) in Silber ein nach innen sehender roter Löwe, der einen goldenen Doppelbecher (Schenkenamt) in den Pranken hält, (2) und (3) geschacht von Blau und Silber, überdeckt mit einem roten Balken.

Nachweis: **P. Sella**, Sigilli VII, 79, Tf. XV, Nr. 2602.

Preysing-Hohenaschau, Johann Franz Freiherr (seit 1664 **Graf**) **von** (1615–1687)

1670–1687   Fürstbischof von Chiemsee

Literatur: **E. Naimer**, in: Bischöfe 1648–1803, 350 f.

Blasonierung: Schildhaupt (Bistum Chiemsee) gespalten von Gold und Rot, vorne ein schwarzer rot bewehrter Adler, hinten eine links gewendete wachsende goldene Bischofskrümme. – Hauptschild (Familienwappen Preysing): In Rot eine silberne Zinnenmauer mit zwei Zinnen.

Nachweis: Entwürfe von Aleš Zelenka.

Wolkenstein-Trostburg, Sigmund Ignaz Reichsgraf von (um 1644–1696)

    1687–1696   Fürstbischof von Chiemsee

Literatur: **E. Naimer**, in: Bischöfe 1648–1803, 573 f.

Blasonierung: Unter Schildhaupt geviert. – Schildhaupt (Bistum Chiemsee): Gespalten von Gold und Rot, vorne ein schwarzer rot bewehrter Adler, hinten eine links gewendete wachsende goldene Bischofskrümme. – Hauptschild (Familienwappen Wolkenstein): Geviert, (1) und (4) im Wolkenschnitt schräggeteilt von Silber und Rot (Stammwappen Wolkenstein), (2) und (3) über rotem Schildfuß in Blau drei silberne durchgehende Spitzen (Villanders).

Anmerkung: Das Bistumswappen wird auch als Herzschild gezeigt. Das Familienwappen Wolkenstein findet sich auch mit einem Herzschild (in Blau eine silberne Spitze bzw. ein silberner Sparren) für Rodenegg.

Nachweis: Bauplastik am Landtagsgebäude Salzburg.

Castel-Barco (Castro-Barco), Sigmund Carl Reichsgraf von (1661–1708)

1697–1708   Fürstbischof von Chiemsee

Literatur: E. **Naimer**, in: Bischöfe 1648–1803, 59 f.

Blasonierung: Schildhaupt (Bistum Chiemsee): Gespalten von Gold und Rot, vorne ein schwarzer rot bewehrter Adler, hinten eine links gewendete wachsende goldene Bischofskrümme. – Hauptschild (Familienwappen Castel-Barco): In Rot ein golden gekrönter zweischwänziger silberner Löwe.

Anmerkung: Varianten des Familienwappens.[45]

Nachweis: BayHStA München, Siegelsammlung.

---

[45]   G. **Tabarelli de Fatis** – L. **Borelli**, Stemmi 78.

Kuenburg, Johann Sigmund Freiherr (seit 1669 **Reichsgraf**) **von** (1656–1711)

1704–1708   Fürstbischof von Lavant und Generalvikar für Ober- und Unterkärnten
1708–1711   Fürstbischof von Chiemsee

Literatur: **E. Naimer**, in: Bischöfe 1648–1803, 245 f.

Blasonierung: Unter Schildhaupt geviert. – Schildhaupt (Bistum Chiemsee): Gespalten von Gold und Rot, vorne ein schwarzer rot bewehrter Adler, hinten eine links gewendete wachsende goldene Bischofskrümme. – Hauptschild (Familienwappen Kuenburg): Geviert, (1) und (4) gespalten von Rot und Silber, belegt mit einer Kugel in verwechselten Farben, (2) und (3) geteilt von Schwarz und Silber, belegt mit einer Türangel (Maueranker) in verwechselten Farben (von Steyerberg).

Nachweis: Abtei St. Peter Salzburg, Porträtgalerie.

Wagensperg, Franz Anton Adolph Graf von (1675–1723)

1702–1712 Fürstbischof von Seckau und Generalvikar für die Steiermark und den
Neustädter Distrikt
1712–1723 Fürstbischof von Chiemsee

Literatur: E. **Naimer**, in: Bischöfe 1648–1803, 543.

Blasonierung: Unter Schildhaupt geviert mit Herzschild. – Schildhaupt (Bistum Chiemsee): Gespalten von Gold und Rot, vorne ein schwarzer rot bewehrter Adler, hinten eine links gewendete wachsende goldene Bischofskrümme. – Herzschild (Familienwappen Wagensperg): Gespalten von Rot und Silber, vorne drei silberne Sicheln mit gezackten Schärfen und goldenen Griffen nebeneinander (Stammwappen Wagensperg), hinten auf grünem Dreiberg ein golden gekrönter roter Adler (Lichtenberg). – Hauptschild (Familienwappen Wagensperg): (1) und (4) in Silber ein wachsendes silbern gezäumtes nach innen schauendes rotes Pferd (Pötschach), (2) und (3) in Rot eine goldene Hundskoppel mit Leine (Pausach).

Nachweis: BayHStA München, Siegelsammlung. – J. **Siebmacher**, Niederösterreich II, 487, Tf. 236 (Familienwappen).

Kuenburg, Karl Joseph Reichsgraf von (1686–1729)

1713–1723	Konsistorialpräsident in Salzburg
1723	Fürstbischof von Seckau und Generalvikar für die Steiermark und den Neustädter Distrikt
1723–1729	Fürstbischof von Chiemsee

Literatur: **E. Naimer**, in: Bischöfe 1648–1803, 246 f.

Blasonierung: Unter Schildhaupt geviert mit Herzschild. – Schildhaupt (Bistum Chiemsee): Gespalten von Gold und Rot, vorne ein schwarzer rot bewehrter Adler, hinten eine links gewendete wachsende goldene Bischofskrümme. – Herzschild (Dompropstei Salzburg): In Rot ein silbernes Kalvarienkreuz auf Stufen. – Hauptschild (Familienwappen Kuenburg): Geviert, (1) und (4) gespalten von Rot und Silber, belegt mit einer Kugel in verwechselten Farben, (2) und (3) geteilt von Schwarz und Silber, belegt mit einer Türangel (Maueranker) in verwechselten Farben (von Steyerberg).

Anmerkung: Das Wappen der Dompropstei Salzburg ist identisch mit dem Wappen des ehemaligen Augustiner-Chorherrenstifts Salzburg, in dem zwischen 1122 bis 1514 das Salzburger Domkapitel organisiert war (in Rot ein silbernes Standkreuz mit viereckigem Fuß).[46]

Nachweis: Entwürfe von Aleš Zelenka.

---

[46] Vgl. **F. Röhrig**, Stifte 355.

Arco, Joseph Franz Valerian Felix Reichsgraf von (1686–1746)

1730–1746   Fürstbischof von Chiemsee

Literatur: **E. Naimer**, in: Bischöfe 1648–1803, 13.

Blasonierung: Schildhaupt (Bistum Chiemsee) gespalten von Gold und Rot, vorne ein schwarzer rot bewehrter Adler, hinten eine links gewendete wachsende goldene Bischofskrümme. – Hauptschild (Familienwappen Arco): In Gold übereinander drei blaue Bogen, die Sehnen abwärts.

Anmerkung: Als Varianten des Familienwappens finden sich auch drei goldene Bogen in Blau oder in Rot bzw. silberne Bogen in Rot.

Nachweis: Entwürfe von Aleš Zelenka.

Waldburg-Friedberg und Trauchburg, Franz Karl Eusebius Reichserbtruchseß Graf von (1701–1772)

1746–1772   Fürstbischof von Chiemsee

Literatur: **E. Naimer**, in: Bischöfe 1648–1803, 544 f.

Blasonierung: Unter Schildhaupt geviert mit Herzschild. – Schildhaupt (Bistum Chiemsee): Gespalten von Gold und Rot, vorne ein schwarzer rot bewehrter Adler, hinten eine nach links gewendete wachsende goldene Bischofskrümme. – Herzschild: In Rot ein goldener Reichsapfel (Reichserbtruchsessenamt). – Hauptschild (Familienwappen Waldburg): Geviert, (1) und (4) in Gold übereinander drei schreitende rot gezungte schwarze Löwen (Stammwappen), (2) in Blau drei 2:1 gestellte goldene Tannenzapfen (von Tann), (3) in Blau über schwarzem Dreiberg eine goldene Sonne (Sonnenberg).

Anmerkung: Bischof Franz Karl Eusebius führte auch ein Siegel ohne das Bistumswappen.[47] Eine unterschiedliche Einteilung der Wappenbilder findet sich bei Siebmacher.[48]

Nachweis: Germanisches Nationalmuseum Nürnberg, Siegelsammlung. – **J. F. Seyfart**, Handbuch 1768, Tf. 76.

---

47   BayHStA München, Siegelsammlung.
48   **J. Siebmacher**, Wappen der Bistümer, Tf. 164.

Waldburg-Zeil, Ferdinand Christoph Reichserbtruchseß Graf von (1719–1786)

1773–1786   Fürstbischof von Chiemsee

Literatur: **E. Naimer**, in: Bischöfe 1648–1803, 545 f.

Blasonierung: Unter Schildhaupt sieben Felder. – Schildhaupt (Bistum Chiemsee): Gespalten von Gold und Rot, vorne ein schwarzer rot bewehrter Adler, hinten eine links gewendete wachsende goldene Bischofskrümme. – Hauptschild (Familienwappen Waldburg-Zeil): (1) in Rot ein goldener Reichsapfel (Erbtruchsessenamt), (2) und (5) in Gold übereinander drei schreitende rot gezungte schwarze Löwen (Stammwappen), (3) in Blau drei 2:1 gestellte goldene Tannenzapfen (von Tann), (4) in Blau über schwarzem Dreiberg eine goldene Sonne (Sonnenberg), (6) gespalten von Rot und Silber, belegt mit einem Doppeladler in verwechselten Farben (Gnadenwappen), (7) in Rot zwei silberne Balken (Gnadenwappen).

Nachweis: Germanisches Nationalmuseum Nürnberg, Siegelsammlung, Tf. 82, Nr. 13 453.

Breuner, Franz de Paula Xaver Ludwig Jakob Reichsgraf (seit 1776 **Fürst**) **von** (1723–1797)

1768–1773   Passauer Offizial und Generalvikar für das Land unter der Enns
1773–1777   Fürstbischof von Lavant und Generalvikar für Ober- und Unterkärnten
1786–1797   Fürstbischof von Chiemsee

Literatur: E. Naimer, in: Bischöfe 1648–1803, 45 f.

Blasonierung: Unter Schildhaupt geviert mit Herzschild. – Schildhaupt (Bistum Chiemsee): Gespalten von Gold und Rot, vorne ein schwarzer rot bewehrter Adler, hinten eine links gewendete wachsende goldene Bischofskrümme. – Herzschild (Familienwappen Breuner): In Silber ein springendes schwarzes Ross (von Roßeck). – Hauptschild (Familienwappen Breuner): Geviert, (1) und (4) in Silber ein in zwei Reihen von Gold und Schwarz geschachter Pfahl mit zehn Plätzen, (2) und (3) in Gold ein natürlicher Biber (von Gnas).

Anmerkung: Varianten beim Familienwappen. – Herzschild: In Blau ein rotgezäumtes schwarzes Ross.[49]

Nachweis: Germanisches Nationalmuseum Nürnberg, Siegelsammlung.

---

[49]   W. v. Hueck, Adelslexikon II, 106.

Waldburg-Zeil und Trauchburg, Sigmund Christoph Reichserbtruchseß Graf (seit 1803 **Fürst**) **von** (1754–1814)

1797–1808	Fürstbischof von Chiemsee
1797–1812	Generalvikar in Salzburg
1812–1814	Administrator von Salzburg

Literatur: **H. Spatzenegger**, in: Bischöfe 1785/1803–1945, 832 f.

Blasonierung: Unter Schildhaupt einmal gespalten und zweimal geteilt (sechs Felder) mit Herzschild, der mit einem Fürstenhut bekrönt ist. – Schildhaupt (Bistum Chiemsee): Gespalten von Gold und Rot, vorne ein schwarzer rot bewehrter Adler, hinten eine links gewendete wachsende goldene Bischofskrümme. – Herzschild: In Rot ein goldener Reichsapfel (Erbtruchsessamt). – Hauptschild (Familienwappen Waldburg): (1) und (4) in Gold übereinander drei schreitende rot gezungte schwarze Löwen (Stammwappen), (2) in Blau drei 2:1 gestellte goldene Tannenzapfen (von Tann), (3) in Blau über schwarzem Dreiberg eine goldene Sonne (Sonnenberg), (5) gespalten von Rot und Silber, belegt mit einem Doppeladler in verwechselten Farben (Gnadenwappen), (6) in Rot zwei silberne Balken (Gnadenwappen).

Nachweis: BayHStA München, Siegelsammlung. – Germanisches Nationalmuseum Nürnberg, Siegelsammlung, Tf. 82, Nr. 13 480.

Chur

Das ins 4. Jahrhundert zurückreichende Bistum Chur umfasste den größten Teil Graubündens, Teile des heutigen Kantons Glarus, das Ursenertal, Teile der österreichischen Vorlande, den Vinschgau, Passeier und das Burggrafenamt mit der Stadt Meran. Die bischöfliche Landesherrschaft in Graubünden war seit dem 15. Jahrhundert durch die Drei Bünde und die Autonomiebestrebungen der (Gerichts-) Gemeinden eingeengt worden. Die Bevölkerung hatte sich vor allem in Graubünden weitgehend dem reformatorischen Bekenntnis zugewandt, während die tridentinische Erneuerung in den katholisch gebliebenen Gebieten erst im 17. Jahrhundert eingesetzt hatte. Bischof und Domkapitel hatten ihren Sitz in Chur. Das Kapitel besaß das Bischofswahlrecht.

Literatur: **F. X. Bischof**, in: Bistümer bis 1803, 164–179.

1. Hochstift

Blasonierung: In Silber ein schwarzer Steinbock. – Das Wappen findet sich bereits in der Züricher Wappenrolle (1340).[50] Das Domkapitel führte im Wappen die Muttergottes auf dem Halbmond, in der Rechten ein Zepter, auf dem linken Arm das Kind haltend. Zu ihren Füßen ein Schildchen mit dem Churer Hochstiftswappen.[51] Das Wappen erscheint erstmals bei Bischof Peter Wurst (Jelito) (1356–68) zusammen mit einem weiteren Wappen in einem spitzovalen Siegel.[52]

Nachweis: **H. Appuhn**, Siebmacher 1605, Tf. 10. – **F.-H. v. Hye**, Wappen, Abb. 520. – **O. Neubecker – W. Rentzmann**, Lexikon 204. – **C. Tyroff**, Wappenwerk I, 109.

---

50   **W. Merz – F. Hegi**, Wappenrolle, Tf. I, Nr. XVI.
51   **J. Siebmacher**, Wappen der Bistümer 110, 163, 167.
52   **E. Neukirch**, Erscheinen 77 (Siegelbeschreibung).

2. Fürstbischöfe

Bischofsliste

1636–1661	Johann Flugi (seit 1640 von Aspermont)
1661–1692	Ulrich de Mont
1692–1728	Ulrich (seit 1702 Freiherr) von Federspiel
1729–1754	Joseph Benedikt Freiherr (seit 1739 Graf) von Rost
1755–1777	Johann Anton Freiherr von Federspiel
1777–1793	Dionys Freiherr (seit 1739 Graf) von Rost
1794–1833	Karl Rudolf Reichsfreiherr (seit 1805 Reichsgraf) von Buol-Schauenstein

Flugi (seit 1640 **von Aspermont**), **Johann** (1595–1661)

1636–1661   Fürstbischof von Chur

Literatur: **P. L. Surchat**, in: Bischöfe 1648–1803, 118–120.

Blasonierung: Geviert mit zwei übereinander gesetzten Herzschilden. – Oberes Herzschild (Hochstift Chur): In Silber ein linksgewendeter schwarzer Steinbock. – Unteres Herzschild (Familienwappen Flugi): In Rot eine dreilatzige silberne Kirchenfahne (= Gonfanon), oben mit drei silbernen Ringen (Werdenberg-Sargans). – Hauptschild (Familienwappen Flugi): Geviert, (1) und (4) in Blau drei 2:1 gestellte nach innen schauende silberne Schwanenrümpfe, (2) und (3) in Schwarz ein silberner Balken (Aspermont).

Anmerkung: Varianten. – Reiherrümpfe in (1) und (4).[53] – Schwarz-schnabelige Schwanenrümpfe.[54]

Nachweis: **G. Simmen**, Wappen 142, Abb. 62 b.

53   **J. Siebmacher**, Wappen der Bistümer, Tf. 184.
54   **G. Pfeifer**, Wappen 149.

Mont, Ulrich de (1624–1692)

1661–1692   Fürstbischof von Chur

Literatur: **P. L. Surchat**, in: Bischöfe 1648–1803, 313 f.

Blasonierung: Geviert, (1) und (4) in Silber ein schwarzer Steinbock (Hochstift Chur), (2) und (3) in Blau ein goldener Einhornrumpf (Familienwappen Mont).

Nachweis: **P. Sella**, Sigilli VII, 81, Tf. XVI, Nr. 2609. – **G. Simmen**, Wappen 145, Abb. 63 b.

Federspiel, Ulrich (seit 1702 **Freiherr**) **von** (1657–1728)

1692–1728   Fürstbischof von Chur

Literatur: **P. L. Surchat**, in: Bischöfe 1648–1803, 105 f.

Blasonierung: Geviert, (1) und (4) in Silber ein nach innen gewendeter schwarzer Steinbock (Hochstift Chur), (2) und (3) in Silber ein nach innen gebogenes gestürztes schwarzes Steinbockhorn (Familienwappen Federspiel).

Nachweis: BayHStA München, Siegelsammlung. – **F.-H. v. Hye**, Wappen, Abb. 525. – **G. Schön**, Münzkatalog 233, Nr. 6. – **P. Sella**, Sigilli VII, 82 (Beschreibung). – Fresko in der Toreinfahrt der Fürstenburg in Burgeis/Südtirol.

Rost, Joseph Benedikt Freiherr (seit 1739 **Graf**) **von** (1696–1754)

1725–1728   Generalvikar in Chur
1729–1754   Fürstbischof von Chur

Literatur: **P. L. Surchat**, in: Bischöfe 1648–1803, 403 f.

Blasonierung: Geviert mit Herzschild und einem darüber gestellten Schildchen. – Herzschild: In Silber ein schwarzer Steinbock (Hochstift Chur), über dem Herzschild ein mit der goldenen Freiherrnkrone gekröntes von Schwarz und Gold gespaltenes Schildchen. – Hauptschild (Familienwappen Rost): (1) und (4) in Rot ein nach innen gewendeter silberner Rüdenkopf mit schwarzem Halsband (Stammwappen), (2) und (3) schräggeteilt von Silber und Schwarz mit einer von der Teilungslinie in das linke Obereck aufsteigenden schwarzen Spitze (Hungershausen).

Anmerkung: Varianten im Familienwappen Rost. – Kopf und Hals eines Rüden mit goldenem Halsband.[55] Das schwarz-goldene Schildchen erscheint erst nach der Erhebung der Familie in den Grafenstand 1739.

Nachweis: BayHStA München, Siegelsammlung. – Ohne zusätzliches Schildchen: **G. Schön**, Münzkatalog 235, Nr. 35. – **P. Sella**, Sigilli VII, 82 (Beschreibung). – **J. Siebmacher**, Wappen der Bistümer, Tf. 184.

---

[55] **W. v. Hueck**, Adelslexikon XII, 48.

Federspiel, Johann Anton Freiherr von (1708–1777)

1755–1777   Fürstbischof von Chur

Literatur: **P. L. Surchat**, in: Bischöfe 1648–1803, 104 f.

Blasonierung: Geviert mit Herzschild. – Herzschild: In Silber ein schwarzer Steinbock (Hochstift Chur). – Hauptschild (Familienwappen Federspiel): Geviert, (1) und (4) in Silber ein nach innen gebogenes gestürztes schwarzes Steinbockhorn, (2) und (3) von Silber und Schwarz gespalten.

Nachweis: BayHStA München, Siegelsammlung. – **G. Schön**, Münzkatalog 236, Nr. 42. – **J. Siebmacher**, Wappen der Bistümer, Tf. 185.

Rost, Dionys Freiherr (seit 1739 **Graf**) **von** (1716–1793)

1777–1793   Fürstbischof von Chur

Literatur: **P. L. Surchat**, in: Bischöfe 1648–1803, 402 f.

Blasonierung: Geviert mit Herzschild. – Herzschild: In Silber ein schwarzer Steinbock (Hochstift Chur). – Hauptschild (Familienwappen Rost): Geviert, (1) und (4) in Rot ein nach innen gewendeter silberner Rüdenkopf mit schwarzem Halsband (Stammwappen), (2) und (3) schräggeteilt von Silber und Schwarz mit einer von der Teilungslinie in das linke Obereck aufsteigenden schwarzen Spitze (Hungershausen).

Anmerkung: Varianten im Familienwappen Rost. – Kopf und Hals eines Rüden mit goldenem Halsband.[56]

Nachweis: **G. Simmen**, Wappen 149, Abb. 67.

---

[56] **W. v. Hueck**, Adelslexikon XII, 48.

Buol-Schauenstein, Karl Rudolf Reichsfreiherr (seit 1805 **Reichsgraf**) **von** (1760–1833)

1794–1833   Fürstbischof von Chur
1824–1833   Bischof von Sankt Gallen

Literatur: E. **Gatz**, in: Bischöfe 1785/1803–1945, 83–85.

Blasonierung: Zweimal gespalten und einmal geteilt (sechs Felder) mit Herzschild. – Herzschild: In Silber ein schwarzer Steinbock (Hochstift Chur). – Hauptschild (Familienwappen Buol-Schauenstein): (1) und (6) in Schwarz ein silberner Balken (Hohentrins), (2) gespalten von Blau und Silber, belegt mit einer golden gekrönten und golden gelockten Jungfrau in verwechselten Farben, die in der rechten Hand eine silberne Rose hält, (3) und (4) in Schwarz ein gestürztes nach innen gewandtes silbernes Steinbockhorn (Haldenstein), (5) im silbernen Schildhaupt ein Fürstenhut, unten in Rot übereinander drei silberne Fische.

Nachweis: BayHStA München, Siegelsammlung. – J. **Siebmacher**, Wappen der Bistümer, Tf. 186.

Corvey

Das Bistum Corvey wurde 1794 als letztes Bistum der Reichskirche für das Gebiet der reichs-unmittelbaren Benediktinerabtei Corvey gegründet. Innerhalb seines Bistums war der Bischof Landesherr. Die Bevölkerung war teilweise evangelisch. Bischof und Domkapitel hatten ihren Sitz in Corvey. Das Kapitel besaß das Bischofswahlrecht.

Literatur: **U. Faust**, in: Bistümer bis 1803, 180–183.

1. Hochstift

Blasonierung: Geteilt von Rot und Gold. – Das Wappen entspricht dem der Reichsabtei Corvey.

Nachweis: **H. Appuhn**, Siebmacher 1605, Tf. 13. – **O. Neubecker** – **W. Rentzmann**, Lexikon 17 (umgekehrte Tingierung).

2. Fürstbischöfe

Bischofsliste

1792–1794   Theodor Freiherr von Brabeck <OSB>
1795–1821   Ferdinand Freiherr von Lüninck

Brabeck, Theodor Freiherr von <OSB> (1735–1794)

1792–1794   Fürstbischof von Corvey

Literatur: **K. Hengst**, in: Bischöfe 1648–1803, 40.

Blasonierung: Geviert, (1) und (4) geteilt von Rot und Gold (Hochstift Corvey), (2) und (3) in Schwarz drei 2:1 gestellte goldene Doppelhaken (Familienwappen Brabeck).

Nachweis: **G. Schön**, Münzkatalog 243, Nr. 40. – **J. Siebmacher**, Wappen der Bistümer, Tf. 133.

Lüninck, Ferdinand Freiherr von (1755–1825)

1795–1821   Fürstbischof von Corvey
1820–1825   Bischof von Münster

Literatur: **E. Hegel**, in: Bischöfe 1785/1803–1945, 462.

Blasonierung: Geviert, (1) und (4) geteilt von Rot und Gold (Hochstift Corvey), (2) und (3) in Silber ein schwarzer Sperling (Familienwappen Lüninck).

Nachweis: **J. Siebmacher**, Wappen der Bistümer, Tf. 134.

Eichstätt

Das im 8. Jahrhundert entstandene Bistum Eichstätt umfasste im Wesentlichen sein heutiges Gebiet in Mittelfranken. Das Hochstift war klein, das Unterstift kompakt, das Oberstift stark zersplittert. Eichstätt gehörte zu den kleineren und wirtschaftlich schwächeren Bistümern im Reich. Zum Bistum gehörten außer dem Hochstift Teile der Markgrafschaft Ansbach, im Süden um Ingolstadt des Herzogtums Bayern sowie kleinere Herrschaftsgebiete. In der Reformationszeit hatte Eichstätt zwei Drittel seines Bestandes verloren. Lediglich das Hochstift und sein bayerischer Anteil waren katholisch geblieben. Bischof und Domkapitel hatten ihren Sitz in Eichstätt. Das Kapitel besaß das Bischofswahlrecht. Dem Hause Wittelsbach gelang es nie, eines seiner Mitglieder auf den Bischofsstuhl zu bringen.

Literatur: **H. Flachenecker**, in: Bistümer bis 1803, 191–201.

1. Hochstift

Blasonierung: In Rot ein wachsender silberner Bischofsstab. – Das Wappen des Hochstifts Eichstätt zeigt einen silbernen Bischofsstab in rotem Feld. Ein (nach heraldisch rechts gekehrter) Bischofsstab im Dreiecksschild findet sich erstmals in den spitzovalen Thronsiegeln des Bischofs Heinrich Schenk von Reicheneck (1329–44).[57] Der Schild steht rechts vom thronenden Bischof, links, ebenfalls im Dreiecksschild, finden wir das Familienwappen des Bischofs. Für die Entstehung des Eichstätter Hochstiftswappens ist die Verbindung des Bischofs zu Bamberg von Interesse: Bischof Heinrich war näm-lich ein Vetter des Bamberger Elekten Werntho von Reicheneck († 1335). Heinrich, Domherr zu Regensburg und Propst zu St. Johann, war 1329 eher zufällig zu seinem Bischofsamt gelangt, als er im Auftrag seines Vetters beim Papst in Avi-gnon weilte. Es ist nun auffällig, dass sowohl der Bamberger Bischof Werntho als auch Heinrich erstmals in ihren Bistü-mern Wappen führten. Eine entsprechende gegenseitige Anregung ist naheliegend. Vielleicht hat auch der Aufenthalt in Avignon und im heraldisch schon fortgeschrittenen Frankreich den Eichstätter Bischof zur Annahme eines Wappens ver-anlasst.

Die in der Folgezeit immer wieder zu beobachtende unheraldische Linkswendung der Bischofskrümme lässt sich nicht plausibel erklären. Vielfach dürfte es sich um eine Reverenz-Drehung zu Gunsten des Familienwappens handeln, das ja in der Regel zusammen bzw. neben dem Hochstiftswappen geführt wurde.

Das Wappen des Domkapitels (drei goldene leopardierte Löwen in Rot) stellt eine wohl um 1500 erfolgte Übernahme des englischen Wappens dar, da der hl. Willibald der Legende nach ein Prinz von England gewesen sein soll. Das von der Schwester Willibalds, Walpurgis, gestiftete Benediktinerinnenkloster in Eichstätt führt ein identisches Wappen.

Nachweis: **O. Neubecker – W. Rentzmann**, Lexikon 352. – **E. Neukirch**, Erscheinen 82. – **J. Siebmacher**, Wappen der Bis-tümer, Tf. 23. – Bauplastik an der Schutzengelkirche in Eichstätt.

---

[57]   BayHStA München, Kurbayern 13 292 (ohne Datierung; Bestätigung einer Urkunde von 1321). – **J. Siebmacher**, Wappen der Bistümer 11.

2. Fürstbischöfe

Bischofsliste

1637–1685	Marquard Reichsfreiherr (seit 1681 Reichsgraf) Schenk von Castell
1685–1697	Johann Euchar Reichsfreiherr (seit 1681 Reichsgraf) Schenk von Castell
1698–1704	Johann Martin Reichsritter von Eyb
1705–1725	Johann Anton (seit 1710 Reichsfreiherr) Knebel von Katzenellenbogen
1725–1736	Franz Ludwig Reichsfreiherr (seit 1681 Reichsgraf) Schenk von Castell
1736–1757	Johann Anton Reichsfreiherr von Freyberg-Hopferau
1757–1781	Raymund Anton Graf von Strasoldo (Strassoldo)
1781–1790	Johann Anton Freiherr von Zehmen
1791–1821	Joseph Reichsfreiherr von Stubenberg

Schenk von Castell, Marquard Reichsfreiherr (seit 1681 **Reichsgraf**) (1605–1685)

1637–1685   Fürstbischof von Eichstätt

Literatur: E. **Reiter**, in: Bischöfe 1648–1803, 419–421.

Blasonierung: Geviert, (1) und (4) in Rot ein nach innen gewendeter wachsender silberner Bischofsstab (Hochstift Eichstätt), (2) und (3) in Silber ein rotes Hirschgeweih mit zehn Enden (Familienwappen Schenk von Castell).

Anmerkung: Bischof Marquard Schenk von Castell erhielt 1681 zusammen mit seinen Vettern Johann Eucharius und Johann Willibald den Reichsgrafenstand und Wappenvereinigung mit den von Schelklingen und Perg.[58] Das Familienwappen ist seitdem geviert mit Herzschild. – Herzschild (Familienwappen): Geviert, (1) und (4) in Silber ein rotes Hirschgeweih, (2) und (3) in Silber zwei gekrönte leopardierte rote Löwen (Schenk von Landeck). – Hauptschild: Geviert, (1) und (4) in Rot drei silberne Schrägbalken (Schelklingen), (2) und (3) gespalten, vorne von Gold und Blau gerautet, hinten Rot (Perg). Diese Wappenvermehrung lässt sich in den Bischofswappen nicht nachweisen.[59]

Nachweis: BayHStA München, Siegelsammlung. – G. **Schön**, Münzkatalog 258, Nr. 29. – P. **Sella**, Sigilli V, 70, Tf. XXIV, Nr. 1487. – J. **Siebmacher**, Wappen der Bistümer, Tf. 24. – Bauplastik an der Schutzengelkirche in Eichstätt sowie an einem Gebäude in Titting.

---

58   W. v. **Hueck**, Adelslexikon XII, Abb. 387.
59   Zur Familie vgl.: O. **Rieder**, Die Familie Schenk von Castell, in: Sammelblatt des Historischen Vereins Eichstätt 11 (1896) 32–41.

Schenk von Castell, Johann Euchar Reichsfreiherr (seit 1681 **Reichsgraf**) (1625–1697)

1685–1697   Fürstbischof von Eichstätt

Literatur: **E. Reiter**, in: Bischöfe 1648–1803, 418 f.

Blasonierung: Geviert mit Herzschild. – Herzschild: In Rot ein wachsender silberner Bischofsstab (Hochstift Eichstätt). – Hauptschild (Familienwappen Schenk von Castell): Geviert, (1) und (4) in Silber ein rotes Hirschgeweih mit zehn Enden, (2) und (3) in Silber zwei nach innen gewendete golden bekrönte leopardierte rote Löwen.

Nachweis: BayHStA München, Siegelsammlung. – **J. D. Koehler**, Calender 1732, nach 11. – **J. Siebmacher**, Wappen der Bistümer, Tf. 25. – Bauplastik an einem Gebäude in Berching (1685).

Eyb, Johann Martin Reichsritter von (1630–1704)

1698–1704   Fürstbischof von Eichstätt

Literatur: **E. Reiter**, in: Bischöfe 1648–1803, 100 f.

Blasonierung: Geviert, (1) und (4) in Rot ein nach innen gewendeter wachsender silberner Bischofsstab (Hochstift Eichstätt), (2) und (3) in Silber drei 2:1 gestellte gestürzte rote Pilgermuscheln (Familienwappen Eyb).

Nachweis: BayHStA München, Siegelsammlung. – Bauplastik an der Kirche St. Emmeram in Spalt (1699).

Knebel von Katzenellenbogen, Johann Anton (seit 1710 **Reichsfreiherr**) (1646–1725)

1705–1725   Fürstbischof von Eichstätt

Literatur: E. **Reiter**, in: Bischöfe 1648–1803, 228 f.

Blasonierung: Geviert, (1) und (4) in Rot ein nach innen gewendeter wachsender silberner Bischofsstab (Hochstift Eichstätt), (2) und (3) in Silber ein roter Schild, in der rechten Oberecke begleitet von einem schwarzen Ring (Familienwappen Knebel von Katzenellenbogen).

Anmerkung: Das vollständige Familienwappen der Knebel von Katzenellenbogen ist geviert und zeigt im ersten und vierten Feld den Schild mit schwarzem (rotem) Ring, im zweiten und dritten Feld in Schwarz einen goldenen Querbalken, der oben von zwei, unten von einer silbernen Kugel begleitet wird.

Nachweis: BayHStA München, Siegelsammlung. – Chorgitter in der Kirche zum Hl. Kreuz in Bergen bei Neuburg/ Donau.

Schenk von Castell, Franz Ludwig Reichsfreiherr (seit 1681 **Reichsgraf**) (1671–1736)

1725–1736   Fürstbischof von Eichstätt

Literatur: **E. Reiter**, in: Bischöfe 1648–1803, 417 f.

Blasonierung: Geviert mit Herzschild. – Herzschild: In Rot ein wachsender silberner Bischofsstab (Hochstift Eichstätt). – Hauptschild (Familienwappen Schenk von Castell): Geviert, (1) und (4) in Silber ein rotes Hirschgeweih mit zehn Enden, (2) und (3) in Silber zwei nach innen gewendete golden bekrönte leopardierte rote Löwen.

Anmerkung: Franz Ludwig führte das gleiche Wappen wie Bischof Johann Eucharius (1685–97).

Nachweis: BayHStA München, Siegelsammlung. – **J. Siebmacher**, Wappen der Bistümer, Tf. 25. – **J. D. Koehler**, Calender 1732, nach 11. – Bauplastik an der Kirchendecke von St. Ägidius in Dietfurt (1734).

Freyberg-Hopferau, Johann Anton Reichsfreiherr von (1674–1757)

1736–1757   Fürstbischof von Eichstätt

Literatur: **E. Reiter**, in: Bischöfe 1648–1803, 129 f.

Blasonierung: Geviert, (1) und (4) in Rot ein nach innen gewendeter wachsender silberner Bischofsstab (Hochstift Eichstätt), (2) und (3) geteilt von Silber und Blau (Hopferau), oben ledig, unten drei 2:1 gestellte goldene Kugeln (Familienwappen Freyberg).

Nachweis: BayHStA München, Siegelsammlung. – **P. Sella**, Sigilli VII, 97, Tf. XIX, Nr. 2662. – **J. Siebmacher**, Wappen der Bistümer, Tf. 27. – **J. D. Koehler**, Calender 1756, vor 15. – Bauplastik am Universitätsgebäude in Eichstätt (1758).

Strasoldo (Strassoldo), **Raymund Anton Graf von** (1718–1781)

1757–1781   Fürstbischof von Eichstätt

Literatur: **E. Reiter**, in: Bischöfe 1648–1803, 493–495.

Blasonierung: Geviert mit Mittelschild und Herzschild. – Herzschild: In Rot ein wachsender silberner Bischofsstab (Hochstift Eichstätt). – Mittelschild (Stammwappen Strasoldo): Fünfmal geteilt von Gold und Schwarz. – Hauptschild (Familienwappen Strasoldo): (1) in Gold ein golden gekrönter und bewehrter rot gezungter schwarzer Doppeladler, (2) und (3) in Gold das Brustbild eines Mohren mit silberner Stirnbinde und roten Ohrringen und Perlenkette, (4) in Gold sechs fächerartig zusammengestellte abwechselnd schwarze und silberne Straußenfedern.

Anmerkung: Varianten. – Erstes Feld in Gold ein gekrönter rot bewehrter schwarzer Doppeladler, zweites und drittes Feld in Gold ein wachsender Äthiopier mit silberner Kopfbinde, in der rechten zur Brust erhobenen Hand ein Band mit dem Wahlspruch „Intima candent" haltend.[60]

Nachweis: BayHStA München, Siegelsammlung. – **G. Schön**, Münzkatalog 257, Nr. 23. – **J. Siebmacher**, Wappen der Bistümer, Tf. 26. – **J. C. Gatterer**, Handbuch 1766, 22.

---

60   **W. v. Hueck**, Adelslexikon XIV, 193.

Zehmen, Johann Anton Freiherr von (1715–1790)

1781–1790   Fürstbischof von Eichstätt

Literatur: **E. Reiter**, in: Bischöfe 1648–1803, 586 f.

Blasonierung: Geviert, (1) und (4) in Rot ein nach innen gewendeter wachsender silberner Bischofsstab (Hochstift Eichstätt), (2) und (3) schwarz-silber geschacht, belegt mit zwei blauen Balken (Familienwappen Zehmen).

Nachweis: BayHStA München, Siegelsammlung. – **G. Schön**, Münzkatalog 257, Nr. 25.

Stubenberg, Joseph Reichsfreiherr von (1740–1824)

1791–1821   Fürstbischof von Eichstätt
1821–1824   Erzbischof von Bamberg und Administrator von Eichstätt

Literatur: **E. Reiter**, in: Bischöfe 1785/1803–1945, 747–749.

Blasonierung: Geviert, (1) und (4) in Rot ein nach innen gewendeter wachsender silberner Bischofsstab (Hochstift Eichstätt), (2) und (3) in Schwarz ein gestürzter silberner Anker, durch dessen Öse (Roring) ein goldenes Tau gezogen ist (Familienwappen Stubenberg).

Anmerkung: Statt Tau findet sich auch die Beschreibung „Haarzopf".[61]

Nachweis: BayHStA München, Siegelsammlung. – **J. Siebmacher**, Wappen der Bistümer, Tf. 27. – Deckenfresko in der katholischen Pfarrkirche Mariä Geburt (Kirchenburg) in Kinding.

---

[61] **W. v. Hueck**, Adelslexikon XIV, 228. – **E. H. Kneschke**, Adels-Lexicon IX, 95.

Ermland (Warmia)

Das 1243 zusammen mit den anderen Bistümern des Ordenslandes Preußen gegründete Bistum Ermland erstreckte sich vom Frischen Haff bis zur Masurischen Seenplatte und vom Pregel bis zum Drausensee. Ein Drittel seines Gebietes gehörte zum Hochstift. Der übrige Teil gehörte zum Deutschordensland und wurde im 16. Jahrhundert lutherisch. Das Hochstift unterstand seit 1466 der Schirmherrschaft der Könige von Polen. Die Bischöfe residierten in Heilsberg, das Domkapitel in Frauenburg. Es wählte den Bischof seit 1512 aus einer vom König vorgelegten Viererliste.

Literatur: **A. Kopiczko**, in: Bistümer bis 1803, 202–209.

1. Bistum

Blasonierung: In Blau ein zurückschauendes silbernes Osterlamm, das mit seinem linken Vorderbein ein silbernes Banner (Osterfahne) mit rotem Kreuz schultert. – Kombinationen des Hochstiftswappens[62] mit dem Familienwappen des jeweiligen Bischofs sind nicht nachweisbar. Die Bischöfe kamen zum überwiegenden Teil aus dem polnischen Adel. Dieser führte in der Regel das Wappen seines Familienverbandes (Herb), der in der Wappenbeschreibung mit angegeben wird.

Nachweis: **O. Neubecker – W. Rentzmann**, Lexikon 206.

---

62   **J. Siebmacher**, Wappen der Bistümer, Tf. 165.

2. Bischöfe

Bischofsliste

1644–1659	**Wacław Leszczyński**
1659–1679	**Jan Stefan Wydżga**
1680–1688	**Michał Stefan Radziejowski**
1688–1697	**Jan Stanisław Zbąski** (Sbąski)
1699–1711	**Andrzej Chryzostom Załuski**
1712–1723	**Teodor Andrzej Potocki**
1724–1740	**Krzysztof Jan Andrzej Szembek**
1741–1766	**Adam Stanisław Grabowski**
1766	**Ignacy Blazej Franciszek Krasicki**, Koadjutor
1766–1795	**Ders.**, Bischof
1795–1803	**Johann Carl Reichsgraf von Hohenzollern-Hechingen**
1803–1809	Ignatius Vincentius von Matthy, Kapitularvikar

Leszczyński , Wacław (1605–1666)

1644–1659   Bischof von Ermland
1659–1666   Erzbischof von Gnesen

Literatur: **A. Triller**, in: Bischöfe 1648–1803, 270 f.

Blasonierung: (Familienwappen Leszczyński) In Gold ein schwarzer Stierkopf mit goldenem Nasenring (Herb Wieniawa).

Nachweis: **E. Gigilewicz**, Herby 178, Abb. XXIX-1.

Wydżga, Jan Stefan (um 1610–1685)

1655–1659	Bischof von Łuck
1659–1679	Bischof von Ermland
1679–1685	Erzbischof von Gnesen

Literatur: **A. Triller**, in: Bischöfe 1648–1803, 578 f.

Blasonierung: (Familienwappen Wydżga) In Blau ein goldenes Hufeisen, zwischen dem ein goldenes Tatzenkreuz schwebt (Herb Jastrzębiec).

Nachweis: **E. Gigilewicz**, Herby 178, Abb. XXX-1.

Radziejowski, Michał Stefan (1645–1705)

    1680–1688   Bischof von Ermland
    1687   Kardinal
    1688–1705   Erzbischof von Gnesen

Literatur: **A. Triller**, in: Bischöfe 1648–1803, 358 f.

Blasonierung: (Familienwappen Radziejowski): Geviert mit Herzschild. – Herzschild: In Rot ein silberner Widder (Herb Junosza). – Hauptschild: (1) in Blau ein liegender goldener Halbmond, darüber ein schwebender sechsstrahliger goldener Stern (Herb Leliwa), (2) in Rot ein purpurner Schild (Herb Janina), (3) in Blau ein schwebendes goldenes Tatzenkreuz (Herb Kruczyn), (4) in Gold ein schreitender schwarzer Bär; auf dem eine golden bekrönte und rot bekleidete natürliche Frau mit silbernen Haaren und erhobenen Armen sitzt (Herb Rawicz).

Nachweis: **E. Gigilewicz**, Herby 180, Abb. XXXI-1.

Zbąski (Sbąski), **Jan Stanisław** (1625–1697)

1677–1688   Bischof von Przemyśl
1688–1697   Bischof von Ermland

Literatur: **A. Triller**, in: Bischöfe 1648–1803, 585 f.

Blasonierung: (Familienwappen Zbąski) Geviert mit Herzschild. – Herzschild: In Rot eine silberne kranzförmige Stoffbinde (Herb Nałęsz). – Hauptschild: (1) in Gold ein schreitender schwarzer Bär, auf dem eine golden bekrönte und rot bekleidete natürliche Frau mit silbernen Haaren und erhobenen Armen sitzt (Herb Rawicz), (2) in Gold ein schwarzer Eselskopf (Herb Półkozic), (3) in Gold ein schwarzer Stierkopf mit goldenem Nasenring (Herb Wieniawa), (4) in Rot ein golden bekrönter silberner Löwe (Herb Lewart).

Nachweis: **E. Gigilewicz**, Herby 181, Abb. XXXII-1.

Załuski, Andrzej Chryzostom (1648–1711)

1683–1692   Bischof von Kiew
1692–1699   Bischof von Płock
1699–1711   Bischof von Ermland

Literatur: **A. Triller**, in: Bischöfe 1648–1803, 582 f.

Blasonierung: (Familienwappen Załuski) Geviert mit Herzschild. – Herzschild: In Rot ein silberner Widder (Herb Junosza). – Hauptschild: (1) in Rot zwei aufrechtstehende unten verbundene, einwärts gebogene silberne Sensenblätter, die oben am Schnittpunkt mit einem kleinen lateinischen, ebenfalls silbernen Kreuz mit hinterer erniedrigter Mittelhalbsprosse besteckt sind (Herb Prus II), (2) in Rot ein silbernes Beil mit goldenem Stiel (Herb Topór = Beil), (3) in Rot ein auffliegender silberner Schwan (Herb Łabędź), (4) in Silber eine gezinnte schwarze Säule (Herb Kolumna).

Nachweis: **E. Gigilewicz**, Herby 182, Abb. XXXIII-1.

Potocki, Teodor Andrzej (1664–1738)

1699–1712 Bischof von Kulm
1712–1723 Bischof von Ermland
1723–1738 Erzbischof von Gnesen

Literatur: **A. Triller**, in: Bischöfe 1648–1803, 348 f.

Blasonierung: (Familienwappen Potocki) In Blau ein silbernes Doppelkreuz mit hinterer erniedrigter Mittelhalbsprosse (Herb Piława).

Nachweis: **E. Gigilewicz**, Herby 183, Abb. XXXIV-1.

Szembek, Krzysztof Jan Andrzej (1680–1740)

1713–1719   Bischof von Chełm
1719–1724   Bischof von Przemyśl
1724–1740   Bischof von Ermland

Literatur: **A. Triller**, in: Bischöfe 1648–1803, 498 f.

Blasonierung: (Familienwappen Szembek) Durch einen goldenen Querbalken, der mit drei roten Rosen belegt ist, von Blau und Rot geteilt, oben und unten begleitet von einem schreitenden silbernen Ziegenbock.

Nachweis: **T. Gajl**, Herby, Tf. 228. – **E. Gigilewicz**, Herby 183, Abb. XXXV-1.

Grabowski, Adam Stanisław (1698–1766)

1733–1736   Weihbischof und Generalvikar in Posen, Ep. tit. Nilopolitanus
1736–1739   Bischof von Kulm
1739–1741   Bischof von Włocławek
1741–1766   Bischof von Ermland

Literatur: **A. Triller**, in: Bischöfe 1648–1803, 156–158.

Blasonierung: (Familienwappen Grabowski-Götzendorf) Geviert, (1) in Blau ein silbernes Schwert mit goldenem Griff, überdeckt von einem steigenden goldenen Halbmond (Herb Zbiświcz), (2) in Silber ein roter Balken, oben und unten begleitet von einem roten Wolf (Kleist), (3) in Rot über drei silbernen Rosen drei silberne Speerspitzen, (4) in Blau ein steigender silberner Halbmond, über dessen Spitzen je ein sechsstrahliger goldener Stern schwebt.

Nachweis: **E. Gigilewicz**, Herby 184, Abb. XXXVI-1.

Krasicki, Ignacy Blazej Franciszek (1735–1801)

1766   Koadjutor des Bischofs von Ermland, Ep. tit. Uranopolitanus
1766–1795   Bischof von Ermland
1795–1801   Erzbischof von Gnesen

Literatur: **A. Triller**, in: Bischöfe 1648–1803, 241 f.

Blasonierung: (Familienwappen Krasicki) Gespalten, vorn in Rot eine silberne Hirschstange, hinten in Silber ein rotes Büffelhorn (Herb Rogala, abgeändert).

Nachweis: **T. Gajl**, Herby, Tf. 110. – **E. Gigilewicz**, Herby 185, Abb. XXXVII-1.

Ermland157

Hohenzollern-Hechingen, Johann Carl Reichsgraf von (1732–1803)

1778–1785   Koadjutor des Bischofs von Kulm, Ep. tit. Dibonensis
1785–1795   Bischof von Kulm
1795–1803   Bischof von Ermland

Literatur: **A. Triller**, in: Bischöfe 1648–1803, 270 f.

Blasonierung: (Familienwappen Hohenzollern-Hechingen) Geviert mit Herzschild. – Herzschild: In Rot zwei gekreuzte goldene Zepter. – Hauptschild: (1) und (4) geviert von Silber und Schwarz, (2) und (3) in Blau auf grünem Boden ein springender goldener Hirsch.

Nachweis: **E. Gigilewicz**, Herby 186, Abb. XXXVII-1. – **P. Sella**, Sigilli, VII, 79, Tf. XVII, Nr. 2601.

Freising

Das 739 gegründete Bistum Freising umfasste das obere Isargebiet, das kleine Hochstift dagegen nur die Residenzstadt sowie die Grafschaften Ismaning und Werdenfels. Es verfügte ferner über grundherrschaftlichen Besitz in Bayern, Tirol, Österreich, Steiermark, Kärnten und Krain. Der außerhalb des Hochstiftes liegende Teil des Bistums gehörte größtenteils zum Herzogtum Bayern. Die Reformation hatte sich im Bistum nicht durchgesetzt. Bischof und Domkapitel hatten ihren Sitz in Freising. Das Kapitel besaß das Bischofswahlrecht. Die Bischöfe kamen z. T. aus den Häusern Wittelsbach und Wettin, z. T. aus bescheidenem Landadel.

Literatur: **M. Heim**, in: Bistümer bis 1803, 210–222.

1. Hochstift

Blasonierung: In Gold ein rot bekrönter schwarzer Mohrenkopf mit roten Lippen, rotem Ohrring und rotem Kragen (Halskrause). – Das Wappen des Hochstifts Freising[63] zeigt in Gold ein rotgekröntes Mohrenhaupt mit roten Lippen, Ohrring und roter Halskrause. Es geht wahrscheinlich auf Bischof Emicho (1280/83–1311) zurück, in dessen spitzovalem Thronsiegel von 1286 sich unterhalb des Throns in einem Dreiecksschild ein Kopf befindet.[64] Wenn es sich dabei um das Wappen des Bistums handelt, wovon auszugehen ist, wäre Freising eines der ersten Bistümer in Deutschland, wo im großen (spitzovalen) Siegel und nicht nur im kleinen (runden) Sekretsiegel das Hochstiftswappen gezeigt wird. Auch die Nachfolger Emichos, Bischof Gottfried von Hexenagger (1311–14) und Bischof Konrad Sendlinger (1314–22), führen den gleichen Siegeltyp (Wappenschild unterhalb des Bischofsthrons).[65] Bischof Sendlinger verdanken wir auch die erste farbige Abbildung des Wappens, in dem auch der Kopf deutlich als Mohr ausgebildet ist. Sie findet sich in einem Urbar (Prädialbuch) aus dem Jahre 1316.[66] Die starke Hervorhebung eines eigenen Freisinger Landeswappens hängt möglicherweise mit der Territorialpolitik des Bischofs Konrad zusammen, der im Jahre 1319 von König Ludwig dem Bayern für „100 Mark lötigen Silbers Münchner Gewichts" die Grafschaft auf dem Isarrain mit den Dörfern Oberföhring, Ismaning, Englschalking und Daglfing kaufte und damit um seine Bischofsstadt ein reichsunmittelbares Territorium schuf, nachdem noch kurze Zeit vorher die Gefahr einer völligen Lehensabhängigkeit vom Herzogtum Bayern gedroht hatte. – Die Deutung des Mohren ist umstritten. Bei kaum einem anderen Wappenbild in Bayern wurde mehr über die Herkunft spekuliert. Wahrscheinlich handelt es sich (wie auch bei vielen anderen Mohrendarstellungen in der kirchlichen und kommunalen Heraldik) um den hl. Mauritius, dessen Verehrung in Freising seit dem frühen Mittelalter nachweisbar ist. Zu denken wäre auch an ein allmählich umgewandeltes Korbiniansbild, insbe-

---

[63]   **M. F. Schlamp**, Mohrenkopf. – **A. W. Ziegler**, Der Freisinger Mohr, eine heimatgeschichtliche Untersuchung zum Freisinger Bischofswappen (München 1975, ²1976).

[64]   BayHStA München, Klosterurkunden Tegernsee 66 (29. Nov. 1286) und weitere Urkunden, etwa: BayHStA München, Freising Domkapitel 85 (26. März 1305). – **E. Neukirch**, Erscheinen 86 (Siegelbeschreibung).

[65]   BayHStA München, Freising Hochstift 196 (28. März 1314 = Bischof Gottfried). – Freising Hochstift 218 (15. Januar 1320 = Bischof Konrad).

[66]   Archiv des Erzbistums München und Freising, Domkapitel-Archiv, Heckenstaller Fris. 250.

sondere da der Kopf des hl. Korbinian bereits auf Freisinger Münzen des 12. Jahrhunderts auftaucht.[67] Hingewiesen wird auch auf einen möglichen Zusammenhang mit einem der drei Weisen aus dem Morgenland (Melchior). Die Reliquien der hl. Drei Könige sind 1162 von Kaiser Friedrich Barbarossa aus Mailand entführt und dem Kölner Erzbischof geschenkt worden. Dieser vermachte einen Teil der Reliquien dem nach einem Brand wiederaufgebauten Freisinger Dom (Dreikönigsaltar). Möglich wäre auch, dass Bischof Emicho das Wappen- oder Siegelbild eines Vorgängers übernommen und abgewandelt hat. Hier können wahrscheinlich nur systematische Münz- und Siegeluntersuchungen weitere Ergebnisse bringen. Sehr spekulativ und wenig heraldisch begründet ist die Vermutung, dass Bischof Emicho König Rudolf darstellen wollte, weil dieser die Bemühungen des Bischofs um die Trennung vom Herzogtum Bayern unterstützt habe. Das gleiche gilt für die Vermutung, dass es sich um ein Bild des Bischofs selbst handelt, da dieser angeblich negroide Gesichtszüge aufgewiesen habe.[68] – Bei der Farbgebung und Ausgestaltung des Wappens (Lippen, Ohrringe, Kragen, Bart) lassen sich durch die Jahrhunderte zahlreiche Varianten und (willkürliche) Veränderungen beobachten. Das Feld war ursprünglich sicher in Gold gehalten, so zeigt es jedenfalls die Abbildung von 1316, später, wohl seit dem 17. Jahrhundert, taucht eine silberne Tingierung auf. Die 1316 noch rote Krone wurde darüber hinaus in Gold umgefärbt, auch der Bart verschwand im Laufe der Zeit. – Da das Hochstift Freising rangmäßig unter allen Hochstiften der Kirchenprovinz Salzburg den ersten Platz einnimmt, findet sich sein Wappenbild immer vor demjenigen der anderen Hochstifte der Salzburger Kirchenprovinz (Reihenfolge auf der Fürstenbank des Reichstags: 16. Freising, 17. Regensburg, 18. Passau, 19. Trient, 20. Brixen), aber immer nach den Hochstiften der Mainzer Kirchenprovinz.

Nachweis: **H. Appuhn**, Siebmacher 1605, Tf. 21. – **C. D. Bleisteiner**, Heraldik 24–26. – **W. Merz** – **F. Hegi**, Wappenrolle, Tf. I, Nr. XXII. – **O. Neubecker** – **W. Rentzmann**, Lexikon 140. – **J. F. Seyfart**, Handbuch, Tf. 41.

2. Fürstbischöfe

Bischofsliste

1618–1651	**Veit Adam Gepeckh** (Geepeck, Gepöckh, Geebek, Geebeckh) **von Arnbach**
1642–1651	**Albrecht Sigmund, Herzog von Bayern**, Koadjutor
1651–1685	Ders., Fürstbischof
1685	**Joseph Clemens, Herzog von Bayern**, Koadjutor
1685–1694	Ders., Fürstbischof
1687–1694	Johann Sig(is)mund Reichsfreiherr Zeller von und zu Leibersdorf, Administrator in temporalibus
1691–1694	Ders., Administrator in spiritualibus
1696–1727	**Johann Franz** (seit 1691 **Freiherr**) **Eckher von Kapfing und Liechteneck**
1726–1727	**Johann Theodor, Herzog von Bayern**, Koadjutor
1727–1763	Ders., Fürstbischof
1727–1729	Johann Sig(is)mund Reichsfreiherr Zeller von und zu Leibersdorf, Administrator in spiritualibus
1763–1768	**Clemens Wenzeslaus, Herzog von Sachsen**
1769–1788	**Ludwig Joseph Freiherr von Welden auf Laubheim und Hohenaltingen**
1788–1789	**Max Prokop Reichsgraf von Törring-Jettenbach**
1790–1803	**Joseph Konrad Reichsfreiherr von Schroffenberg**

---

[67] So etwa auf Pfennigen des Bischofs Albert I. (1158–84). – Vgl. **R. Sellier**, Die Münzen und Medaillen des Hochstifts Freising, unter Mitarb. v. **S. Benker u. a.** (Grünwald bei München 1966) Nr. 67.

[68] So **M. F. Schlamp**, Mohrenkopf 162.

Gepeckh (Geepeck, Gepöckh, Geebek, Geebeckh) **von Arnbach, Veit Adam** (1584–1651)

1618–1651   Fürstbischof von Freising

Literatur: **E. J. Greipl**, in: Bischöfe 1648–1803, 150–152.

Blasonierung: Geviert, (1) und (4) in Gold ein rot bekrönter schwarzer Mohrenkopf mit roten Lippen, rotem Ohrring und rotem Kragen (Halskrause) (Hochstift Freising), (2) und (3) in Rot eine silberne Taube (Familienwappen Gepeckh).

Nachweis: BayHStA München, Siegelsammlung. – **H. Glaser**, Grabsteinbuch, Nr. 50 (silbernes Feld). – **P. Sella**, Sigilli VII, 103, Tf. XIX, Nr. 2681. – Deckenfresko in der Wallfahrtskirche zur Hl. Dreifaltigkeit in Weihenlinden.

Albrecht Sigmund, Herzog von Bayern (1623–1685)

1642–1651	Koadjutor des Fürstbischofs von Freising
1651–1685	Fürstbischof von Freising
1669–1685	Fürstbischof von Regensburg

Literatur: **E. J. Greipl**, in: Bischöfe 1648–1803, 6 f.

Blasonierung: Geviert mit geviertem Herzschild. – Herzschild (Herzogtum Bayern): Geviert, (1) und (4) die bayerischen Rauten, (2) und (3) in Schwarz ein rot gekrönter und rot bewehrter goldener Löwe (Pfalzgrafschaft bei Rhein). – Hauptschild: Geviert, (1) und (4) in Gold ein rot bekrönter schwarzer Mohrenkopf mit roten Lippen, rotem Ohrring und rotem Kragen (Halskrause) (Hochstift Freising), (2) und (3) in Rot ein silberner Schrägbalken (Hochstift Regensburg).

Anmerkung: In dieser Form wird das Wappen seit 1669 geführt.

Nachweis: BayHStA München, Siegelsammlung. – **H. Glaser**, Grabsteinbuch, Nr. 51. – Deckenfresko in der Pfarrkirche St. Peter und Paul in Mittenwald.

Joseph Clemens, Herzog von Bayern (1671–1723)

1683–1685	Koadjutor des Fürstbischofs von Regensburg
1685	Koadjutor des Fürstbischofs von Freising
1684–1688	Koadjutor des Fürstpropstes von Berchtesgaden
1685–1694	Fürstbischof von Regensburg und Freising
1688–1723	Kurfürst-Erzbischof von Köln, Fürstpropst von Berchtesgaden
1694–1723	Fürstbischof von Lüttich
1694–1714	Koadjutor des Fürstbischofs von Hildesheim
1699–1715	Fürstbischof von Regensburg
1714–1723	Fürstbischof von Hildesheim

Literatur: E. Gatz, in: Bischöfe 1648–1803, 210–212.

Blasonierung: Zweimal geteilt, oben und in der Mitte in zwei Feldern gespalten, das untere Feld mit eingepfropfter Spitze (sieben Felder) und Herzschild. – Herzschild: Geviert, (1) und (4) die bayerischen Rauten (Herzogtum Bayern), (2) und (3) in Schwarz ein rot bekrönter und rot bewehrter goldener Löwe (Pfalzgrafschaft bei Rhein). – Hauptschild: (1) in Silber ein schwarzes Kreuz (Erzstift Köln), (2) in Gold ein rot bekrönter schwarzer Mohrenkopf mit roten Lippen, rotem Ohrring und rotem Kragen (Halskrause) (Hochstift Freising), (3) in Rot ein silberner Schrägbalken (Hochstift Regensburg), (4) in Rot ein silbernes Ross (Herzogtum Westfalen – zum Kurfürstentum Köln), (5) in Rot drei 2:1 gestellte goldene Herzen (Herzogtum Engern – zum Kurfürstentum Köln), (6) in Rot zwei schräg gekreuzte Schlüssel, von denen der schrägrechte golden, der schräglinke silbern ist (Fürstpropstei Berchtesgaden), (7) in Blau ein silberner Adler (Grafschaft Arnsberg – zum Kurfürstentum Köln).

Anmerkung: Dieses Wappen wurde zwischen 1688 und 1694 in Köln, Freising und Regensburg geführt. 1694 resignierte Joseph Clemens in Freising und Regensburg zu Gunsten von Lüttich.[69]

Nachweis: BayHStA München, Siegelsammlung.

---

[69]   Abweichende Reihenfolge bei **W. Ewald**, Siegel I, 26, Tf. 32, Nr. 3 und bei **J. Siebmacher**, Wappen der Bistümer, Tf. 214: Berchtesgaden vor Westfalen, Engern und Arnsberg.

Eckher von Kapfing und Liechteneck, Johann Franz (seit 1691 **Freiherr**) (1649–1727)

1696–1727   Fürstbischof von Freising

Literatur: **E. J. Greipl**, in: Bischöfe 1648–1803, 85 f.

Blasonierung: Geviert, (1) und (4) in Gold ein nach innen gewendeter rot bekrönter schwarzer Mohrenkopf mit roten Lippen, rotem Ohrring und rotem Kragen (Halskrause) (Hochstift Freising), (2) und (3) in Schwarz drei anstoßende silberne Wecken (Familienwappen Eckher).

Nachweis: BayHStA München, Siegelsammlung. – **H. Glaser**, Grabsteinbuch, Nr. 52. – **B. Prokisch u. a.**, Repertorium 35. – **G. Schön**, Münzkatalog 294, Nr. 1. – Fresko in der Wallfahrtskirche Mariä Himmelfahrt in Tuntenhausen.

Johann Theodor, Herzog von Bayern (1703–1763)

1721–1763	Fürstbischof von Regensburg
1726–1727	Koadjutor des Fürstbischofs von Freising
1727–1763	Fürstbischof von Freising
1744–1763	Fürstbischof von Lüttich
1743	Kardinal

Literatur: E. J. Greipl, in: Bischöfe 1648–1803, 205–208.

Blasonierung: Zweimal geteilt, oben in zwei Felder gespalten, das untere Feld mit eingepfropfter Spitze (sieben Felder) und Herzschild. – Herzschild: Geviert, (1) und (4) die bayerischen Rauten (Herzogtum Bayern), (2) und (3) in Schwarz ein rot gekrönter und rot bewehrter goldener Löwe (Pfalzgrafschaft bei Rhein). – Hauptschild: (1) in Gold ein rot bekrönter schwarzer Mohrenkopf mit roten Lippen, rotem Ohrring und rotem Kragen (Halskrause) (Hochstift Freising), (2) in Rot ein silberner Schrägbalken (Hochstift Regensburg), (3) in Rot eine auf mehrstufigem viereckigem Sockel stehende goldene Säule, auf der sich ein mit einem Kreuz besteckter Pinienzapfen befindet (Hochstift Lüttich), (4) in Rot ein silberner Balken (Herzogtum Bouillon – zum Hochstift Lüttich), (5) in Silber drei 2:1 gestellte rot bewehrte grüne Löwen (Markgrafschaft Franchimont – zum Hochstift Lüttich), (6) in Gold drei 2:1 gestellte silbern beschlagene und bebandete rote Jagdhörner (Grafschaft Horn – zum Hochstift Lüttich), (7) vier rote Balken in Gold (Grafschaft Loos – zum Hochstift Lüttich).

Anmerkung: In dieser Form wurde das Wappen ab 1744 geführt.

Nachweis: BayHStA München, Siegelsammlung. – **H. Glaser**, Grabsteinbuch, Nr. 53. – **J. Siebmacher**, Wappen der Bistümer, Tf. 77. – **J. C. Gatterer**, Handbuch 1763, 27.

Clemens Wenzeslaus, Herzog von Sachsen (1739–1812)

1763–1768   Fürstbischof von Regensburg und Freising
1765–1768   Koadjutor des Fürstbischofs von Augsburg
1768–1801   Kurfürst-Erzbischof von Trier
1768–1812   Fürstbischof von Augsburg

Literatur: **E. Gatz**, in: Bischöfe 1785/1803–1945, 388–391.

Blasonierung: Geviert mit Mittelschild, auf dem eine goldene Königskrone ruht, und Herzschild. – Herzschild (Sachsen): neunmal geteilt von Schwarz und Gold, schräg überdeckt mit einem grünen Rautenkranz . – Mittelschild: Geviert, (1) und (4) in Rot ein golden gekrönter silberner Adler (Königreich Polen), (2) und (3) in Rot ein silberner geharnischter Reiter mit bloßem Schwert auf silbernem Pferd mit goldenem Zügel und Zaumzeug, blauem Sattel und blauem Schild, darin ein goldenes Patriarchenkreuz (Großherzogtum Litauen). – Hauptschild: (1) und (4) in Gold ein rot bekrönter schwarzer Mohrenkopf mit roten Lippen, rotem Ohrring und rotem Kragen (Halskrause) (Hochstift Freising), (2) und (3) in Rot ein silberner Schrägbalken (Hochstift Regensburg).

Anmerkung: Dieses Wappen führte Clemens Wenzeslaus bis 1768 in Regensburg und Freising.

Nachweis: BayHStA München, Siegelsammlung. – **W. Ewald**, Siegel II, 25, Tf. 20, Nr. 6. – **B. Prokisch u. a.**, Repertorium 35. – **G. Schön**, Münzkatalog 294, Nr. 7. – **J. Siebmacher**, Wappen der Bistümer, Tf. 76. – **J. F. Seyfart**, Handbuch 1767, Tf. 41.

Welden auf Laubheim und Hohenaltingen, Ludwig Joseph Freiherr von (1727–1788)

1769–1788   Fürstbischof von Freising

Literatur: **E. J. Greipl**, in: Bischöfe 1648–1803, 564 f.

Blasonierung: Geviert, (1) und (4) in Gold ein rot bekrönter schwarzer Mohrenkopf mit roten Lippen, rotem Ohrring und rotem Kragen (Halskrause) (Hochstift Freising), (2) und (3) gespalten von Grün und Rot, vorne ein silberner Balken (Familienwappen Welden).

Nachweis: BayHStA München, Siegelsammlung.

Törring-Jettenbach, Max Prokop Reichsgraf von (1739–1789)

1787–1789   Bischof des Hausritterordens vom Hl. Georg
1787–1789   Fürstbischof von Regensburg
1788–1789   Fürstbischof von Freising

Literatur: **K. Hausberger**, in: Bischöfe 1648–1803, 518–520.

Blasonierung: Geviert mit Mittelschild und Herzschild. – Herzschild (Familienwappen Törring): in Rot eine schräg gestellte silberne Zange (Mödling). – Mittelschild (Familienwappen Törring): Geviert, (1) und (4) in Silber drei 2:1 gestellte rote, golden besamte heraldische Rosen (Stammwappen Törring), (2) und (3) in Gold drei anstoßende schräg gestellte schwarze Wecken (Seefeld). – Hauptschild: (1) und (4) in Gold ein rot bekrönter schwarzer Mohrenkopf mit roten Lippen, rotem Ohrring und rotem Kragen (Halskrause) (Hochstift Freising), (2) und (3) in Rot ein silberner Schrägbalken (Hochstift Regensburg).

Nachweis: BayHStA München, Siegelsammlung. – Hochfürstlich-freysingischer Hof- und Kirchenkalender auf das Jahr … 1790.

Schroffenberg, Joseph Konrad Reichsfreiherr von (1743–1803)

1780–1803   Fürstpropst von Berchtesgaden
1790–1803   Fürstbischof von Regensburg und Freising

Literatur: **G. Schwaiger**, in: Bischöfe 1785/1803–1945, 677 f.

Blasonierung: Einmal gespalten und zweimal geteilt (sechs Felder) mit Mittelschild (auf diesem eine siebenperlige Frei-
herrnkrone) und Herzschild. – Herzschild: In Gold ein rot bewehrter schwarzer Adler. – Mittelschild (Familienwappen
Schroffenberg): Geviert, (1) und (4) in Blau ein goldener Sparren; begleitet oben von zwei goldenen Sternen, unten von
einer silbernen Lilie, (2) und (3) gespalten, vorne in Gold eine silberne Lilie, hinten in Rot ein silberner Zinnenturm. –
Hauptschild: (1) und (6) in Gold ein rot bekrönter schwarzer Mohrenkopf mit roten Lippen, rotem Ohrring und rotem
Kragen (Halskrause) (Hochstift Freising), (2) und (5) in Rot ein silberner Schrägbalken (Hochstift Regensburg), (3) in
Rot zwei schräg gekreuzte Schlüssel, von denen der schrägrechte golden, der schräglinke silbern ist (Fürstpropstei Berch-
tesgaden), (4) in Blau sechs 3:2:1 gestellte silberne Lilien (Fürstpropstei Berchtesgaden).

Nachweis: BayHStA München, Siegelsammlung. – **H. Glaser**, Grabsteinbuch, Nr. 55. – **B. Prokisch u. a.**, Repertorium 35.
– **J. Siebmacher**, Wappen der Bistümer, Tf. 216. – Epitaph in der Stiftskirche St. Peter und St. Johannes in Berchtesgaden.

Fulda

Das Bistum Fulda wurde 1752 für das Gebiet der gleichnamigen Reichsabtei errichtet. Es lag an der oberen Fulda zwischen Vogelsberg und Rhön. Die Fürstbischöfe besaßen in ihrem Bistum die Landesherrschaft. Die Gegenreformation war bereits im 16. Jahrhundert zum Abschluss gekommen. Bischof und Domkapitel, dessen Mitglieder dem Benediktinerorden angehörten und das Bischofswahlrecht besaßen, hatten ihren Sitz in Fulda.

Literatur: **E. Gatz**, in: Bistümer bis 1803, 223–226.

1. Hochstift

Blasonierung: In Silber ein schwarzes Kreuz. – Das 1752 zum exemten Bistum erhobene Fulda führte das Wappen der bisherigen Fürstabtei weiter.

Nachweis: **H. Appuhn**, Siebmacher 1605, Tf. 13. – **O. Neubecker – W. Rentzmann**, Lexikon 100.

2. Fürstbischöfe

Bischofsliste

1752–1756	**Amand** (Taufname: Friedrich Franz Ludwig) **Reichsfreiherr von Buseck** <OSB>
1757–1759	**Adalbert** (Taufname: Philipp Wilhelm) **Reichsfreiherr von Walderdorff** <OSB>
1760–1788	**Heinrich** (Taufname: Karl Sigismund) **Reichsritter von Bibra** <OSB>
1789–1814	**Adalbert** (Taufname: Wilhelm Adolph Heinrich) **Freiherr von Harstall** <OSB>

Buseck, Amand (Taufname: Friedrich Franz Ludwig) **Reichsfreiherr von** <OSB> (1685–1756)

1728–1752	Weihbischof in Fulda, Ep. tit. Themiscyrensis
1738–1756	Fürstabt von Fulda
1752–1756	Fürstbischof von Fulda

Literatur: **W. Kathrein**, in: Bischöfe 1648–1803, 54 f.

Blasonierung: Geviert, (1) und (4) in Silber ein schwarzes Kreuz (Hochstift Fulda), (2) und (3) in Gold ein rot gezungter nach innen gewendeter schwarzer Widderkopf (Familienwappen Buseck).

Anmerkung: Varianten beim Familienwappen. – In Gold ein golden gehörnter rot gezungter schwarzer Widderkopf.[70]

Nachweis: BayHStA München, Siegelsammlung. – **G. Schön**, Münzkatalog 302, Nr. 43. – **J. Siebmacher**, Wappen der Bistümer, Tf. 126. – **J. D. Koehler**, Calender 1756, vor 24.

---

[70] **W. v. Hueck**, Adelslexikon II, 195.

Walderdorff, Adalbert (Taufname: Philipp Wilhelm) **Reichsfreiherr von** <OSB> (1697–1759)

1729–1734   Generalvikar des Fürstabtes von Fulda
1757–1759   Fürstbischof und Fürstabt von Fulda

Literatur: **W. Kathrein**, in: Bischöfe 1648–1803, 547.

Blasonierung: Geviert, mit fünfblättriger goldener Laubkrone gekröntes Herzschild. – Herzschild: In Schwarz ein golden gekrönter und rot bewehrter silberner Löwe mit roter Mähne und rotem Kopf (Familienwappen Walderdorff). – Hauptschild: Geviert, (1) und (4) in Silber ein schwarzes Kreuz (Hochstift Fulda), (2) und (3) in Silber zwei rote Balken (zu Walderdorff = Nieder-Isenburg).

Anmerkung: Varianten des Familienwappens. – Der Löwe findet sich im roten Feld und doppelt geschweift, auch mit roten Pranken.[71] Im zweiten Familienwappen (Nieder-Isenburg) werden die zwei Balken (in Silber) als blau bordiert beschrieben.[72] Das unter der Lehenshoheit von Trier stehende Nieder-Isenburg (Isenburg-Grenzau) erhielten die Walderdorff nach dem Aussterben der gerlachschen Linie der Grafen von Isenburg 1664.

Nachweis: BayHStA München, Siegelsammlung. – **G. Schön**, Münzkatalog 304, Nr. 65. – **J. C. Gatterer**, Handbuch 1761, nach 15.

---

71   **E. H. Kneschke**, Adels-Lexicon IX, 445 f.
72   **J. C. Gatterer**, Handbuch 1764, 64.

Bibra, Heinrich (Taufname: Karl Sigismund) **Reichsritter von** <OSB> (1711–1788)

1760–1788   Fürstbischof und Fürstabt von Fulda

Literatur: **W. Kathrein**, in: Bischöfe 1648–1803, 29 f.

Blasonierung: Geviert, (1) und (4) in Silber ein schwarzes Kreuz (Hochstift Fulda), (2) und (3) in Gold ein nach innen gewendeter aufrecht schreitender schwarzer Biber (Familienwappen Bibra).

Nachweis: BayHStA München, Siegelsammlung. – **J. C. Gatterer**, Handbuch 1763, 34. – **G. Schön**, Münzkatalog 305, Nr. 77. – **J. Siebmacher**, Wappen der Bistümer, Tf. 126.

Harstall, Adalbert (Taufname: Wilhelm Adolph Heinrich) **Freiherr von** <OSB> (1737–1814)

1789–1814   Fürstbischof und Fürstabt von Fulda

Literatur: **K. Hengst**, in: Bischöfe 1785/1803–1945, 285 f.

Blasonierung: Geviert, (1) und (4) in Silber ein schwarzes Kreuz (Hochstift Fulda), (2) und (3) in Rot ein silbernes aufrechtes Schwert mit goldenem Griff zwischen zwei silbernen Flügen (Familienwappen Harstall).

Nachweis: BayHStA München, Siegelsammlung. – **G. Schön**, Münzkatalog 307, Nr. 96. – **J. Siebmacher**, Wappen der Bistümer, Tf. 127. – **C. Tyroff**, Wappenwerk I, Tf. 105.

Görz (Gorizia)

Das Erzbistum Görz wurde 1751 für den in Innerösterreich gelegenen Teil des gleichzeitig aufgehobenen Patriarchates Aquileia errichtet. Es gab kein Hochstift. Die Bevölkerung war seit der Durchführung der Gegenreformation katholisch. Bischof und Domkapitel hatten ihren Sitz in Görz. Der Bischof wurde vom Landesherrn nominiert.

Literatur: **L. Tavano**, in: Bistümer bis 1803, 227–230.

1. Erzbistum

Blasonierung: Für das 1752 für den innerösterreichischen Teil des alten Patriarchats Aquileia eingerichtete Erzbistum Görz lässt sich seit dem ersten Bischof Attems ein eigenes Wappen nachweisen, das im goldenen Schildhaupt einen golden gekrönten und bewehrten wachsenden schwarzen Adler zeigt, der auf der Brust den Bindenschild, auf dem rechten Flügel ein „M", auf dem linken Flügel ein „T" (Maria Theresia) zeigt. Darunter gespalten, vorne in Schwarz ein dreiarmiges silbernes Patriarchenkreuz (für Aquileia), hinten (Grafschaft Görz): schräggeteilt, oben in Blau ein rot bewehrter goldener Löwe, unten in Silber zwei rote Schräglinksbalken. – Variante: Schräggeteilt, oben in blau ein schreitender goldener Löwe, unten in Silber zwei rote Schräglinksbalken.

Nachweis: **J. Siebmacher**, Wappen der Bistümer 90 und Tf. 151 (Löwe in Silber).

2. (Erz-) Bischöfe

Bischofsliste

1750–1752	**Karl Michael** (seit 1766 **Reichsgraf von Attems**), Apostolischer Vikar
1752–1774	Ders., Erzbischof
1774–1784	**Rudolf Joseph** (seit 1779 **Reichsgraf**) **von Edling**
1788–1791	**Franz Philipp Graf von Inzaghi**, Bischof von Gradisca
1791–1816	Ders., Bischof von Görz und Gradisca

Attems, Karl Michael (seit 1766 **Reichsgraf**) **von** (1711–1774)

1750–1752   Apostolischer Vikar in Görz, Ep. tit. Pergamenus
1752–1774   Erzbischof von Görz

Literatur: **L. Tavano**, in: Bischöfe 1648–1803, 17 f.

Blasonierung: Unter Schildhaupt geviert. – Schildhaupt: In Gold ein golden bewehrter und golden gekrönter wachsender schwarzer Adler, der auf der Brust ein rotes Schildchen mit silbernem Balken trägt. Auf dem rechten Flügel befindet sich der silberne Buchstabe „M", auf dem linken der silberne Buchstabe „T". – Hauptschild: (1) in Schwarz ein silbernes dreiarmiges Patriarchenkreuz (Aquileia), (2) und (3) in Rot drei silberne Spitzen (Familienwappen Attems), (4) schräggeteilt, oben in Blau ein goldener Löwe, unten in Silber zwei rote Schräglinksbalken (Grafschaft Görz).

Anmerkung: Das Handbuch von Seyfart[73] zeigt das Wappen des Erzbistums (heraldisch) rechts neben dem Familienwappen Attems. Der schwarze Adler in Gold ist auch als Herzschild nachweisbar. – Varianten: Das Görzer Wappen, wie es in den Habsburger Wappen auftaucht, zeigt den Löwen golden gekrönt und unten fünfmal von Silber und Rot schräglinks geteilt.[74]

Nachweis: **J. Siebmacher**, Wappen der Bistümer 90, Tf. 150. – **J. F. Seyfart**, Handbuch 1768, Tf. 69 (getrennte Schilde).

---

[73] **J. F. Seyfart**, Handbuch 1768, Tf. 69.
[74] Vgl. **F. Gall**, Wappenkunde 130.

Edling, Rudolf Joseph (seit 1779 **Reichsgraf**) **von** (1723–1803)

1769–1774   Weihbischof in Görz, Ep. tit. Capharnensis
1774–1784   Erzbischof von Görz

Literatur: **L. Tavano**, in: Bischöfe 1648–1803, 86–88.

Blasonierung: (Familienwappen Edling) Geviert, (1) und (4) schräggeteilt von Gold und Schwarz, belegt mit einem schräglinken Haken mit kleeblattförmigem Griff in verwechselten Farben, (2) und (3) in Silber ein roter Schrägbalken, begleitet oben von einer schwarzen Adlerklaue, unten von einem schwarzen Doppelflug.

Anmerkung: Varianten des Familienwappens. – (1) und (4) schräggeteilt von Gold und Schwarz, oben ein schräglinks auf die Teilungslinie gestellter schwarzer Haken mit kleeblattförmigem goldenem Griff, unten eine halbe goldene Rose an der Teilungslinie.[75] In den Feldern (2) und (3) findet sich auch ein goldenes Feld. Edling führte in amtlichen Schriftstücken das Hochstiftswappen (heraldisch) rechts von seinem Familienwappen.

Nachweis: Privatsammlung Luigi Tavano, Gorizia/Görz. – **V. & H. V. Rolland**, Illustrations II, Tf. CCLIII (Familienwappen). – **J. Siebmacher**, Krain, Tf. 24.

---

75   **W. v. Hueck**, Adelslexikon III, 82.

Inzaghi, Franz Philipp Graf von (1731–1816)

    1775–1788   Bischof von Triest
    1788–1791   Bischof von Gradisca
    1791–1816   Bischof von Görz und Gradisca

Literatur: L. Tavano, in: Bischöfe 1648–1803, 203–205.

Blasonierung: (Familienwappen Inzaghi) Dreimal geteilt (vier Felder), (1) in Gold ein golden gekrönter, rot gezungter und golden bewehrter schwarzer Doppeladler, begleitet je von einer blauen Lilie, (2) in Rot ein schreitender silberner Löwe, (3) in Silber ein schreitender roter Löwe, (4) in Gold ein schreitender schwarzer Löwe.

Nachweis: **J. Siebmacher**, Krain, Tf. 26. – **J. Siebmacher**, Wappen der Bistümer 91, Tf. 150.

Gurk

Das 1072 gegründete salzburgische Eigenbistum Gurk lag als Enklave im Gebiet des Erzbistums Salzburg und umfasste nur einige Pfarreien im Gurktal. Es gab kein Hochstift, doch verfügte der Bischof über grundherrlichen Besitz in Kärnten, der Untersteiermark und in Krain. Territorial gehörte das Bistum zum Herzogtum Kärnten. Der Bischof residierte in Straßburg, das Domkapitel, dessen Mitglieder Augustiner-Chorherren waren, in Gurk. Die Bevölkerung war seit der Gegenreformation und der tridentinischen Reform katholisch. Der Bischof wurde seit 1535 je einmal vom Erzbischof von Salzburg und zweimal vom Landesherrn nominiert und vom Erzbischof konfirmiert.

Literatur: **P. G. Tropper**, in: Bistümer bis 1803, 231–237.

1. Bistum

Blasonierung: Gespalten, vorne in Schwarz ein silbern bewehrter goldener Löwe, hinten geteilt von Rot und Silber. – Für das Wappen des Bistums – ähnlich wie bei Lavant handelt es sich um eine leichte Abänderung des Salzburger Wappens – existiert ein auf den 11. Januar 1305 datierter gefälschter Wappenbrief. Darin verleiht König Albrecht dem Bischof Heinrich das genannte Wappen.[76] Wann die Fälschung entstanden ist und warum, bedarf noch der Aufklärung. Der Inhalt der Urkunde entspricht freilich den Verfassungsverhältnissen der Zeit. Möglicherweise sollte die (wohl noch aus dem 14. Jahrhundert stammende) Fälschung[77] den Fürstenrang des Bischofs bzw. die Loslösung vom jeweiligen Vogt betonen. Erstmals nachweisbar ist das Wappen unter Bischof Johann (1360–64). Wie bei vielen Hochstiften (siehe etwa Trient) war das Wappen laut Urkunde dazu gedacht, dem bischöflichen Heerbann im kaiserlichen Dienst (= in nostri et Sacri Romani Imperii expeditionibus) ein Zeichen zu geben, das vor allem auf der Fahne (vexillum) des bischöflichen Heeresaufgebots geführt werden sollte. Merkwürdigerweise – dies stützt die Fälschungsthese – zeigt die Züricher Wappenrolle (1340) ein völlig anderes Wappen (in Silber auf rotem Boden ein blauer Turm).[78] Als Farbvariante (bzw. Tingierungsfehler?) ist auch ein schwarzer Löwe in Gold überliefert.[79]

Das Gurker Domkapitel, das als Augustiner-Chorherrenstift organisiert war, führte ein Wappen, das in mehreren Reihen von Gold und Rot gerautet war.[80]

Nachweis: **H. Appuhn**, Siebmacher 1605, Tf. 12 (Schwarzer Löwe in Gold). – **O. Neubecker – W. Rentzmann**, Lexikon 155.

---

[76]   **G. A. Seyler**, Heraldik 812.
[77]   **J. Siebmacher**, Wappen der Bistümer 120.
[78]   **W. Merz – F. Hegi**, Wappenrolle, Tf. I, Nr. XXVI.
[79]   **J. Siebmacher**, Wappen der Bistümer, Tf. 199. – **J. F. Seyfart**, Handbuch 1767, 73.
[80]   **F. Röhrig**, Stifte 204.

2. Fürstbischöfe

Bischofsliste

1644–1652	Franz Reichsgraf von Lodron
1653–1665	Sigmund Franz, Erzherzog von Österreich
1665–1673	Wenzeslaus Reichsgraf von Thun
1673–1675	Polykarp Wilhelm Freiherr (seit 1669 Reichsgraf) von Kuenburg
1676–1696	Johann (seit 1634 Freiherr) von Goess
1697–1708	Otto de la Bourde
1709–1741	Jakob Maximilian Reichsgraf von Thun und Hohenstein
1742–1762	Josef Maria Reichsgraf von Thun und Hohenstein
1762–1772	Hieronymus Joseph Franz de Paula Reichsgraf Colloredo von Wallsee-Mels
1773–1784	Joseph Franz Anton Reichsgraf von Auersperg
1784–1822	Franz Xaver Altgraf von Salm-Reifferscheidt-Krautheim

Lodron, Franz Reichsgraf von (1616–1652)

1644–1652   Fürstbischof von Gurk

Literatur: **P. G. Tropper**, in: Bischöfe 1648–1803, 281 f.

Blasonierung: Schildhaupt (Bistum Gurk) Gespalten, vorne in Schwarz ein silbern bewehrter goldener Löwe, hinten geteilt von Rot und Silber. – Hauptschild (Familienwappen Lodron): In Rot ein herschauender rot gezungter silberner Löwe mit einem zu einem „S" verschlungenen Schweif.

Nachweis: Archiv der Diözese Gurk, Siegelabbildung.

Sigmund Franz, Erzherzog von Österreich (1630–1665)

1641–1646   Koadjutor des Fürstbischofs von Augsburg
1646–1665   Fürstbischof von Augsburg
1653–1665   Fürstbischof von Gurk
1660–1665   Gewählter Fürstbischof von Trient

Literatur: **P. Rummel**, in: Bischöfe 1648–1803, 460–462.

Blasonierung: 18 Felder mit Herzschild und zwei oben rechts (I) und links (II) aufgelegten Schildchen. – Herzschild: Ge-spalten, vorne in Rot ein silberner Balken (Erzherzogtum Österreich), hinten im roten Schildbord fünffach von Gold und Blau schräg geteilt (Herzogtum Burgund). – Schildchen (I): Gespalten von Rot und Silber (Hochstift Augsburg). – Schildchen (II): Gespalten, vorne in Schwarz ein goldener Löwe, hinten geteilt von Rot und Silber (Bistum Gurk). – Hauptschild: (1) siebenmal geteilt von Rot und Silber (Königreich Ungarn), (2) in Rot ein gekrönter silberner Löwe mit doppeltem kreuzweise geschlungenem Schweif (Königreich Böhmen), (3) in Rot ein goldenes dreitürmiges Kastell mit blauem Tor und blauen Fenstern (Königreich Kastilien), (4) in Silber ein golden bewehrter und golden gekrönter purpurner Löwe (Königreich Leon), (5) in Grün ein aufrechtes silbernes Pantier, aus dessen Rachen rote Flammen zün-geln (Herzogtum Steiermark), (6) geteilt, vorne in Gold übereinander drei schwarze rot bewehrte schreitende Löwen, hinten in Rot ein silberner Balken (Herzogtum Kärnten), (7) in Rot ein goldener Schrägbalken, begleitet oben und unten von drei 1:2 bzw. 2:1 gestellten goldenen Kronen (Landgrafschaft Elsass), (8) in Rot ein goldener Schrägbalken, begleitet oben und unten von je einem schreitenden gekrönten goldenen Löwen (Grafschaft Kyburg), (9) in Silber ein schwarzer, rotgefütterter und beschnürter windischer Hut (Windische Mark), (10) in Rot zwei voneinander abgewandte goldene Fi-sche (Grafschaft Pfirt), (11) schräggeteilt, oben in Blau ein golden gekrönter und rot bewehrter goldener Löwe, unten fünfmal von Silber und Rot schräglinks geteilt (Grafschaft Görz), (12) in Gold vier rote Pfähle (Königreich Aragon), (13) in Silber ein grüner Granatapfel mit zwei grünen Blättern und roten Kernen (Königreich Granada), (14) schräg geviert, oben und unten in Gold vier rote Pfähle, rechts und links in Silber ein schwarzer Adler (Königreich Sizilien), (15) in Blau fünf 2:2:1 gestellte goldene Adler (Altösterreich/Niederösterreich), (16) in Silber ein golden bekrönter und bewehrter roter Adler mit goldenen Kleestengeln (gefürstete Grafschaft Tirol), (17) in Gold ein blau gekrönter und blau bewehrter roter Löwe (Grafschaft Habsburg), (18) in Silber ein blauer Adler mit rot-golden geschachter Brustspange (Herzogtum Krain).

Anmerkung: In dieser Form ist das Wappen zwischen 1653 und 1660 geführt worden. Mit dem Erwerb des Fürstbistums Trient 1660 ist von einer entsprechenden Wappenmehrung auszugehen, die freilich nicht nachweisbar ist. In der Regel führte Bischof Sigismund Franz sein persönliches Wappen ohne das Augsburger bzw. Gurker Wappen.[81] Strittig ist in der österreichischen Heraldik die Tingierung des Krainer Wappens (Feld 18): Häufig ist auch eine rot-silber geschachte Brustspange.[82]

Nachweis: BayHStA München, Siegelsammlung. – **E. Zimmermann**, Zeichen 253, Nr. 7163.

---

[81]   Eine Variante siehe bei **E. Zimmermann**, Zeichen 253, Nr. 7163.
[82]   Vgl. dazu **F. Gall**, Wappenkunde 133.

Thun, Wenzeslaus Reichsgraf von (1629–1673)

1664–1673   Fürstbischof von Passau
1665–1673   Fürstbischof von Gurk

Literatur: **A. Leidl**, in: Bischöfe 1648–1803, 508–510.

Blasonierung: Unter Schildhaupt geviert mit Herzschild. – Schildhaupt: zweifach gespalten (drei Felder), (1) gespalten, vorne von Rot und Silber geteilt, hinten in Schwarz ein goldener silbern bewehrter Löwe (Bistum Gurk), (2) in Silber ein linksgewendeter roter Wolf (Hochstift Passau), (3) in Rot ein silbernes Kalvarienkreuz auf Stufen (Dompropstei Salzburg). – Herzschild (Familienwappen Thun): In Rot ein silberner Balken (Caldes). – Hauptschild (Familienwappen Thun): Geviert, (1) und (4) in Blau ein goldener Schrägbalken (Stammwappen Thun), (2) und (3) gespalten, vorne in Silber ein halber roter Adler am Spalt, hinten in Schwarz ein silberner Balken (Monreale – Königsberg).

Anmerkung: Die Linksdrehung des Passauer Wolfes im Schildhaupt hängt möglicherweise mit dem Kreuz der Dompropstei zusammen, dem dieser sich zuwendet. Das Wappen der Dompropstei Salzburg ist identisch mit dem Wappen des ehemaligen Augustiner-Chorherrenstifts Salzburg, in dem zwischen 1122 und 1514 das Salzburger Domkapitel organisiert war (in Rot ein silbernes Standkreuz mit viereckigem Fuß).[83]

Nachweis: **C. Seyfert**, Cronica. – Epitaph im Passauer Dom.

---

83   Vgl. **F. Röhrig**, Stifte 355.

Kuenburg, Polykarp Wilhelm Freiherr (seit 1669 **Reichsgraf) von** († 1675)

1673–1675   Fürstbischof von Gurk

Literatur: **P. G. Tropper**, in: Bischöfe 1648–1803, 249 f.

Blasonierung: Unter Schildhaupt geviert. – Schildhaupt: Gespalten (zwei Felder), (1) gespalten, vorne in Schwarz ein goldener silbern bewehrter Löwe, hinten von Rot und Silber geteilt (Bistum Gurk), (2) in Rot ein silbernes Kalvarienkreuz auf Stufen (Dompropstei Salzburg). – Hauptschild (Familienwappen Kuenburg): Geviert, (1) und (4) gespalten von Rot und Silber, belegt mit einer Kugel in verwechselten Farben, (2) und (3) geteilt von Schwarz und Silber, belegt mit einer Türangel (Maueranker) in verwechselten Farben (von Steyerberg).

Anmerkung: Das Wappen der Dompropstei Salzburg ist identisch mit dem Wappen des ehemaligen Augustiner-Chorherrenstifts Salzburg, in dem zwischen 1122 und 1514 das Salzburger Domkapitel organisiert war (in Rot ein silbernes Standkreuz mit viereckigem Fuß).[84]

Nachweis: **J. Obersteiner**, Bischöfe, Tf. XV.

---

[84]   **F. Röhrig**, Stifte 355.

Goess, Johann (seit 1634 **Freiherr**) **von** (1611–1696)

1676–1696   Fürstbischof von Gurk
1686   Kardinal

Literatur: **P. G. Tropper**, in: Bischöfe 1648–1803, 153–155.

Blasonierung: Unter Schildhaupt geviert mit Herzschild. – Schildhaupt (Bistum Gurk): Gespalten, vorne in Schwarz ein silbern bewehrter goldener Löwe, hinten geteilt von Rot und Silber. – Herzschild (Familienwappen Goess): In Gold ein golden bewehrter schwarzer Doppeladler, zwischen den Köpfen eine goldene Kaiserkrone mit abfliegenden blauen Bändern, auf der Brust ein Schildchen mit dem schwarzen Namenszug „F II" (Ferdinand II). – Hauptschild (Familienwappen Goess): (1) und (4) in Blau eine gekrönte goldene Säule, (2) und (3) in Rot ein golden gekrönter silberner Löwe mit doppeltem Schweif.

Anmerkung: Beim Familienwappen findet sich der Namenszug „F II" auch in Gold direkt auf der Adlerbrust.[85]

Nachweis: **J. Obersteiner**, Bischöfe, Tf. XVI. – **J. Siebmacher**, Wappen der Bistümer, Tf. 199.

---

[85]   **W. v. Hueck**, Adelslexikon IV, 170.

Bourde, Otto de la (um 1630–1708)

1697–1708   Fürstbischof von Gurk

Literatur: **P. G. Tropper**, in: Bischöfe 1648–1803, 38.

Blasonierung: Schildhaupt: (Bistum Gurk) Gespalten, vorne in Schwarz ein silbern bewehrter goldener Löwe, hinten geteilt von Rot und Silber. – Hauptschild: Ein linksgewendeter Löwe (Familienwappen Bourde).

Anmerkung: Eine farbige Überlieferung des Familienwappens Bourde war nicht zu ermitteln.

Nachweis: BayHStA München, Siegelsammlung. – **J. Obersteiner**, Bischöfe, Tf. XVI.

Thun und Hohenstein, Jakob Maximilian Reichsgraf von (1681–1741)

1709–1741   Fürstbischof von Gurk

Literatur: **P. G. Tropper**, in: Bischöfe 1648–1803, 510 f.

Blasonierung: Unter Schildhaupt geviert mit Herzschild. – Schildhaupt (Bistum Gurk): Gespalten, vorne in Schwarz ein silbern bewehrter goldener Löwe, hinten geteilt von Rot und Silber. – Herzschild (Familienwappen Thun): In Rot ein silberner Balken (Caldes). – Hauptschild (Familienwappen Thun): Geviert, (1) und (4) in Blau ein goldener Schrägbalken (Stammwappen Thun), (2) und (3) gespalten: vorne in Silber ein halber roter Adler am Spalt, hinten in Schwarz ein silberner Balken (Monreale – Königsberg).

Nachweis: **J. Obersteiner**, Bischöfe, Tf. XVI. – **G. Schön**, Münzkatalog 327, Nr. 2. – **J. Siebmacher**, Wappen der Bistümer, Tf. 200.

Thun und Hohenstein, Josef Maria Reichsgraf von (1713–1763)

1742–1762   Fürstbischof von Gurk
1753–1754   Administrator des Bistums Lavant
1753–1761   Generalvikar für Ober- und Unterkärnten
1762–1763   Fürstbischof von Passau

Literatur: A. Leidl, in: Bischöfe 1648–1803, 511–513.

Blasonierung: Unter Schildhaupt geviert mit Herzschild. – Schildhaupt (Bistum Gurk): Gespalten, vorne in Schwarz ein silbern bewehrter goldener Löwe, hinten geteilt von Rot und Silber. – Herzschild (Familienwappen Thun): In Rot ein silberner Balken (Caldes). – Hauptschild (Familienwappen Thun): Geviert, (1) und (4) in Blau ein goldener Schrägbalken (Stammwappen Thun), (2) und (3) gespalten, vorne in Silber ein halber roter Adler am Spalt, hinten in Schwarz ein silberner Balken (Monreale – Königsberg).

Nachweis: BayHStA München, Siegelsammlung.

Colloredo-Waldsee-Mels, Hieronymus Joseph Franz de Paula Reichsgraf von (1732–1812)

1762–1772   Fürstbischof von Gurk
1772–1812   Fürsterzbischof von Salzburg

Literatur: **E. Gatz**, in: Bischöfe 1785/1803–1945, 99–103.

Blasonierung: Unter Schildhaupt geviert mit Herzschild. – Schildhaupt (Bistum Gurk): Gespalten, vorne in Schwarz ein silbern bewehrter goldener Löwe, hinten geteilt von Rot und Silber. – Herzschild (Familienwappen Colloredo): In Schwarz ein silberner Balken, darin ein golden gekrönter und bewehrter schwarzer Doppeladler. – Hauptschild (altes Stammwappen Colloredo): (1) und (4) in Schwarz ein silberner Balken, (2) und (3) in Silber ein schwarzer schrägrechter Stufenbalken (Heiligenberg).

Anmerkung: Varianten beim Familienwappen: (2) und (3) in Silber ein schwarzer Schrägbalken.[86]

Nachweis: Archiv der Diözese Gurk, Siegelabbildung.

---

[86] **W. v. Hueck**, Adelslexikon II, 325.

Auersperg, Joseph Franz Anton Reichsgraf von (1734–1795)

1763–1773	Fürstbischof von Lavant
1763–1773	Generalvikar für Ober- und Unterkärnten
1773–1784	Fürstbischof von Gurk
1784–1795	Fürstbischof von Passau
1789	Kardinal

Literatur: A. Leidl, in: Bischöfe 1648–1803, 19–21.

Blasonierung: Unter Schildhaupt geviert mit Herzschild. – Schildhaupt (Bistum Gurk): Gespalten, vorne in Schwarz ein silbern bewehrter goldener Löwe, hinten geteilt von Rot und Silber. – Herzschild (Familienwappen Auersperg): In Silber ein golden gekrönter roter Löwe (Gottschee). – Hauptschild (Familienwappen Auersperg): Geviert, (1) und (4) in Rot auf grünem Boden stehend ein nach innen gewendeter goldener Auerochse mit goldenem Nasenring, (3) und (4) in Gold ein auf einer schwarzen Bank stehender golden gekrönter, rot gezungter und golden bewehrter schwarzer Adler (Schönberg).

Anmerkung: Folgende Varianten des Wappens sind bekannt: Der Auerochse im ersten und vierten Feld wird silbern dargestellt, der Adler im zweiten und dritten Feld steht auf einer silbernen Bank mit goldenen Füßen.[87]

Nachweis: Archiv der Diözese Gurk, Siegelabbildung.

---

[87] W. v. Hueck, Adelslexikon I, 151.

Salm-Reifferscheidt-Krautheim, Franz Xaver Altgraf von (1749–1822)

1784–1822   Fürstbischof von Gurk
1816   Kardinal

Literatur: E. **Gatz**, in: Bischöfe 1785/1803–1945, 643–645.

Blasonierung: Unter Schildhaupt geviert mit Herzschild. – Schildhaupt (Bistum Gurk): Gespalten, vorne in Schwarz ein silbern bewehrter goldener Löwe, hinten geteilt von Rot und Silber. – Herzschild (Familienwappen Salm-Reifferscheidt): In Silber drei 2:1 gestellte rote Wecken (Dyck). – Hauptschild (Familienwappen Salm-Reifferscheidt): (1) gespalten, vorne in Silber zwei nach außen gebogene rote Fische (Niederalm), hinten in Silber ein rotes Schildchen, darüber ein fünflätziger blauer Turnierkragen (Stammwappen), (2) in mit querliegenden silbernen Schindeln bestreutem rotem Feld ein golden bekrönter silberner Löwe (Bedbur), (3) siebenmal geteilt von Gold und Rot, belegt mit einem linksgewendeten golden gekrönten silbernen Löwen (Alfter), (4) in Gold ein silbern gezungter schwarzer Löwe (Hackenbroich).

Anmerkung: Varianten im zweiten Feld (Löwe ohne Krone), im dritten Feld (in Gold vier rote Balken) und im vierten Feld (rot gezungt).[88]

Nachweis: BayHStA München, Siegelsammlung. – G. **Schön**, Münzkatalog 328, Nr. 7. – J. **Siebmacher**, Wappen der Bistümer, Tf. 201.

---

[88]   W. v. **Hueck**, Adelslexikon XII, 212 f.

Hildesheim

Das im 9. Jahrhundert gegründete Bistum Hildesheim erstreckte sich zwischen Leine und Oker sowie im Süden bis zum Harz. Das Hochstift beschränkte sich auf das Gebiet zwischen mittlerer Leine und Oker. Es war seit 1523 in das Große und das Kleine Stift gegliedert. Die Stadt Hildesheim hatte sich der bischöflichen Landesherrschaft weitgehend entzogen, aber nicht den Status einer Reichsstadt erlangt. Das Bistum umfasste über das Hochstift hinaus Teile der Fürstentümer Lüneburg, Wolfenbüttel und Calenberg. Im 16. Jahrhundert waren die Stadt Hildesheim und außer Teilen des Kleinen Stiftes der größte Teil des Bistums lutherisch geworden, doch bildeten sich nach der Restitution des Großen Stiftes 1643 dort wieder katholische Gemeinden. Die Bischöfe residierten auf ihren Burgen Steuerwald und Marienburg, das Domkapitel in Hildesheim. Das Kapitel besaß das Bischofswahlrecht. Unter vier Bischöfen aus dem Hause Wittelsbach, die Hildesheim zusammen mit Köln und anderen Bistümern innehatten, wurde der katholische Besitzstand garantiert.

Literatur: U. **Faust**, in: Bistümer bis 1803, 258–266.

1. Hochstift

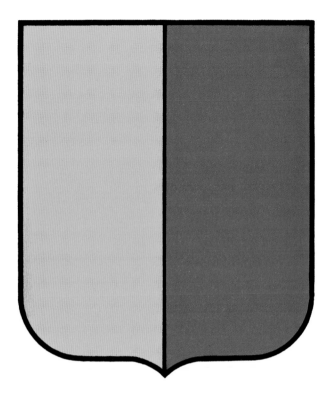

Blasonierung: Gespalten von Gold und Rot. – Auf Siegeln[89] erscheint der gespaltene Wappenschild bereits unter Bischof Heinrich von Braunschweig (1331/52–62) neben seinem Familienwappen. – Vergleichsweise spät findet sich das Hochstiftswappen auf Münzen, und zwar zuerst unter Bischof Johann, Graf von Hoya (1398–1428), der auf das Hochstiftswappen zwei Bärentatzen aus seinem Familienwappen auflegt.[90] – Dem Stiftswappen korrespondierte seit dem 18. Jahrhundert ein eigener Helm mit Helmzier, nämlich ein von Gold und Rot geteilter Spitzhut.[91] – Das Wappen des Domkapitels zeigt ein Marienbild mit Jesuskind und Zepter, ansonsten führte das Domkapitel das Hochstiftswappen. In Hildesheim besaß ausnahmsweise auch die Dompropstei ein seit dem 17. Jahrhundert nachweisbares eigenes Wappen (schräggeteilt von Gold und Rot).[92]

Nachweis: **O. Neubecker** – **W. Rentzmann**, Lexikon 20.

---

89   **E. Neukirch**, Erscheinen 113 (Siegelbeschreibung).
90   **H. Ph. Cappe**, Die Münzen der Stadt und des Bisthums Hildesheim. Nach der Zeitfolge geordnet und beschrieben (Dresden 1855) 44 und Tf. II, Nr. 20.
91   **J. Siebmacher**, Wappen der Bistümer 34.
92   Ebd.

2. Fürstbischöfe

Bischofsliste

1611–1612	**Ferdinand, Herzog von Bayern**, Koadjutor
1612–1650	Ders., Fürstbischof
1633	Franz Wilhelm (seit 1602 Reichsgraf) von Wartenberg, Administrator
1633–1650	**Max Heinrich, Herzog von Bayern**, Koadjutor
1650–1688	Ders., Fürstbischof
1688–1702	**Jobst Edmund Freiherr von Brabeck**
1694–1714	**Joseph Clemens, Herzog von Bayern**, Koadjutor
1714–1723	Ders., Fürstbischof
1724–1761	**Clemens August, Herzog von Bayern**
1763–1789	**Friedrich Wilhelm Freiherr von Westphalen**
1786–1789	**Franz Egon Reichsfreiherr von Fürstenberg**, Koadjutor
1789–1825	Ders., Fürstbischof

Ferdinand, Herzog von Bayern (1577–1650)

1591–1595	Koadjutor des Fürstpropstes von Berchtesgaden
1595–1650	Fürstpropst von Berchtesgaden
1596–1612	Koadjutor des Erzbischofs von Köln
1599–1612	Koadjutor des Fürstabtes von Stablo-Malmedy
1602–1612	Koadjutor des Fürstbischofs von Lüttich
1611–1612	Koadjutor des Fürstbischofs von Hildesheim und Münster
1612–1650	Kurfürst-Erzbischof von Köln, Fürstbischof von Lüttich, Hildesheim und Münster, Fürstabt von Stablo-Malmedy
1612–1618	Koadjutor des Fürstbischofs von Paderborn
1618–1650	Fürstbischof von Paderborn

Literatur: **E. Gatz**, in: Bischöfe 1648–1803, 107–111.

Blasonierung: Zweimal geteilt, oben und in der Mitte viermal, unten dreimal gespalten (vierzehn Felder) mit Herzschild; das achte Feld ist durch das Herzschild verdeckt. – Herzschild: Geviert, (1) und (4) die bayerischen Rauten (Herzogtum Bayern), (2) und (3) in Schwarz ein rot bekrönter und rot bewehrter goldener Löwe (Pfalzgrafschaft bei Rhein). – Hauptschild: (1) in Gold ein roter Balken (Hochstift Münster), (2) in Rot ein goldenes Kreuz (Hochstift Paderborn), (3) in Silber ein schwarzes Kreuz (Erzstift Köln), (4) gespalten von Gold und Rot (Hochstift Hildesheim), (5) in Rot eine auf mehrstufigem viereckigem Sockel stehende goldene Säule, auf der sich ein mit einem Kreuz besteckter Pinienzapfen befindet (Hochstift Lüttich), (6) gespalten von Blau und Silber mit einem Balken in verwechselten Farben (Herzogtum Bouillon), (7) in Rot gekreuzt ein goldener schrägrechts gestellter und ein silberner schräglinks gestellter Schlüssel (Fürstpropstei Berchtesgaden), (9) in Rot ein silbernes Ross (Herzogtum Westfalen – zum Kurfürstentum Köln), (10) in Rot drei 2:1 gestellte goldene Herzen (Herzogtum Engern – zum Kurfürstentum Köln), (11) in Blau ein silberner Adler (Grafschaft Arnsberg – zum Kurfürstentum Köln), (12) neunmal geteilt von Gold und Rot (Grafschaft Loos – zum Hochstift Lüttich), (13) in Silber drei 2:1 gestellte golden gekrönte rot bewehrte grüne Löwen (Markgrafschaft Franchimont – zum Hochstift Lüttich), (14) in Gold drei 2:1 gestellte silbern beschlagene und bebandete rote Jagdhörner (Grafschaft Horn – zum Hochstift Lüttich).

Anmerkung: Auf seinen in Hildesheim geprägten Münzen führt Ferdinand wie sein Nachfolger Max Heinrich nur das mit dem (Kölner) Kurhut gekrönte gevierte Familienwappen mit dem Hochstiftswappen als Herzschild.[93]

Nachweis: **H. J. Brandt – K. Hengst**, Bischöfe 243, Abb. 46.

---

93   **H. Ph. Cappe**, Münzen 60 f.

Max Heinrich, Herzog von Bayern (1621–1688)

1630–1650	Koadjutor des Fürstpropstes von Berchtesgaden
1633–1650	Koadjutor des Fürstbischofs von Hildesheim
1642–1650	Koadjutor des Kurfürst-Erzbischofs von Köln
1650	Koadjutor des Fürstbischofs von Lüttich
1650–1688	Kurfürst-Erzbischof von Köln, Fürstbischof von Hildesheim und Lüttich, Fürstpropst von Berchtesgaden
1650–1660	Fürstabt von Stablo-Malmedy

Literatur: E. Gatz, in: Bischöfe 1648–1803, 301 f.

Blasonierung: Zweimal geteilt und zweimal gespalten (neun Felder) mit einem durch einen Kurfürstenhut gekrönten Herzschild; das fünfte Feld ist durch das Herzschild verdeckt. – Herzschild: Geviert, (1) und (4) die bayerischen Rauten (Herzogtum Bayern), (2) und (3) in Schwarz ein rot bekrönter und rot bewehrter goldener Löwe (Pfalzgrafschaft bei Rhein). – Hauptschild: (1) in Silber ein schwarzes Kreuz (Erzstift Köln), (2) gespalten, vorne von Gold und Rot gespalten (Hochstift Hildesheim), hinten in Rot eine auf mehrstufigem viereckigem Sockel stehende goldene Säule, auf der sich ein mit einem Kreuz besteckter Pinienzapfen befindet (Hochstift Lüttich), (3) in Rot gekreuzt ein goldener schrägrechts gestellter und ein silberner schräglinks gestellter Schlüssel (Fürstpropstei Berchtesgaden), (4) in Rot ein silbernes Ross (Herzogtum Westfalen – zum Kurfürstentum Köln), (5) verdeckt (vgl. oben), (6) in Rot drei 2:1 gestellte goldene Herzen (Herzogtum Engern – zum Kurfürstentum Köln), (7) in Gold ein roter Balken (Hochstift Münster), (8) geviert, [1] in Silber drei 2:1 gestellte rot bewehrte grüne Löwen (Markgrafschaft Franchimont – zum Hochstift Lüttich), [2] in Blau ein silberner Adler (Grafschaft Arnsberg – zum Kurfürstentum Köln), [3] in Gold vier rote Balken (Grafschaft Loos – zum Hochstift Lüttich), [4] in Gold drei 2:1 gestellte silbern beschlagene rote Jagdhörner (Grafschaft Horn – zum Hochstift Lüttich), (9) in Blau ein silberner Balken (Landgrafschaft Leuchtenberg).

Anmerkung: In dieser Form wird das Wappen von Maximilian Heinrich seit der Wahl zum Bischof von Münster 1683 geführt. Max Heinrich ist der Sohn von Albrecht VI. dem „Leuchtenberger" (1584–1666), der mit der Erbin der Landgrafschaft, Mechthild, verheiratet war und diese 1650 seinem Bruder Kurfürst Maximilian gegen die Herrschaft Wiesensteig überließ. Deshalb führte Max Heinrich, mit dem diese Nebenlinie der Wittelsbacher ausstarb, das Wappen der Landgrafschaft Leuchtenberg. Die grünen Löwen der Markgrafschaft Franchimont finden sich auch golden gekrönt.

Nachweis: BayHStA München, Siegelsammlung. – **W. Ewald**, Siegel I, 26, Tf. 31, Nr. 5.

Brabeck, Jobst Edmund Freiherr von (1619–1702)

    1688–1702   Fürstbischof von Hildesheim
    1697–1702   Apostolischer Vikar des Nordens

Literatur: **H.-G. Aschoff**, in: Bischöfe 1648–1803, 38–40.

Blasonierung: Geviert, (1) und (4) gespalten von Gold und Rot (Hochstift Hildesheim), (2) und (3) in Schwarz drei 2:1 gestellte goldene Doppelhaken (Familienwappen Brabeck).

Nachweis: BayHStA München, Siegelsammlung. – **J. Siebmacher**, Wappen der Bistümer, Tf. 63.

Joseph Clemens, Herzog von Bayern (1671–1723)

1683–1685	Koadjutor des Fürstbischofs von Regensburg
1685	Koadjutor des Fürstbischofs von Freising
1684–1688	Koadjutor des Fürstpropstes von Berchtesgaden
1685–1694	Fürstbischof von Regensburg und Freising
1688–1723	Kurfürst-Erzbischof von Köln, Fürstpropst von Berchtesgaden
1694–1723	Fürstbischof von Lüttich
1694–1714	Koadjutor des Fürstbischofs von Hildesheim
1699–1715	Fürstbischof von Regensburg
1714–1723	Fürstbischof von Hildesheim

Literatur: E. Gatz, in: Bischöfe 1648–1803, 210–212.

Blasonierung: Geviert mit Herzschild. – Herzschild (Bayern): Geviert, (1) und (4) die bayerischen Rauten (Herzogtum Bayern), (2) und (3) in Schwarz ein rot bekrönter und rot bewehrter goldener Löwe (Pfalzgrafschaft bei Rhein). – Hauptschild: Geviert, Quartier I (Kurfürstentum Köln): Geviert, (1) in Silber ein schwarzes Kreuz, (2) in Rot ein silbernes Ross (Herzogtum Westfalen), (3) in Rot drei 2:1 gestellte goldene Herzen (Herzogtum Engern), (4) in Blau ein silberner Adler (Grafschaft Arnsberg), Quartier II: Gespalten von Gold und Rot (Hochstift Hildesheim), Quartier III (Hochstift Lüttich): Geviert mit eingepfropfter Spitze (fünf Felder), (1) in Rot eine auf mehrstufigem viereckigem Sockel stehende goldene Säule, auf der sich ein mit einem Kreuz bestecker Pinienzapfen befindet (Hochstift Lüttich), (2) in Rot ein silberner Balken (Herzogtum Bouillon), (3) in Silber drei 2:1 gestellte rot bewehrte grüne Löwen (Markgrafschaft Franchimont), (4) in Gold drei 1:2 gestellte silbern beschlagene und bebandete rote Jagdhörner (Grafschaft Horn), (5) in Gold vier rote Balken (Grafschaft Loos), Quartier IV (Fürstpropstei Berchtesgaden): Geviert, (1) und (4) in Rot gekreuzt ein goldener schrägrechts gestellter und ein silberner schräglinks gestellter Schlüssel, (2) und (3) in Blau sechs 3:2:1 gestellte silberne heraldische Lilien.

Anmerkung: Die grünen Löwen der Markgrafschaft Franchimont finden sich auch golden gekrönt.

Nachweis: BayHStA München, Siegelsammlung. – W. Ewald, Siegel I, 27 (Beschreibung).

Clemens August, Herzog von Bayern (1700–1761)

1715–1716   Koadjutor des Fürstbischofs von Regensburg
1717–1719   Fürstbischof von Regensburg
1716–1723   Koadjutor des Fürstpropstes von Berchtesgaden
1719–1761   Fürstbischof von Münster und Paderborn
1722–1723   Koadjutor des Erzbischofs von Köln
1723–1761   Kurfürst-Erzbischof von Köln und Fürstpropst
             von Berchtesgaden
1724–1761   Fürstbischof von Hildesheim
1728–1761   Fürstbischof von Osnabrück
1732–1761   Hoch- und Deutschmeister

Literatur: E. Gatz, in: Bischöfe 1648–1803, 63–66.

Blasonierung: Durch ein schwarzes mit goldenen Lilienstäben belegtes Kreuz (Deutscher Orden) in vier Quartiere geteilt. Auf dem Kreuz ein Mittelschild, belegt mit einem Herzschild. – Herzschild: Geviert, (1) und (4) gerautet von Silber und Blau (Herzogtum Bayern), (2) und (3) in Schwarz ein rot bekrönter und rot bewehrter goldener Löwe (Pfalzgrafschaft bei Rhein). – Mittelschild (Deutscher Orden): In Gold ein schwarzer golden bewehrter Adler, Quartier I: Geviert, (1) in Silber ein schwarzes Kreuz (Erzstift Köln), (2) in Rot ein silbernes springendes Pferd (Herzogtum Westfalen – zum Kurfürstentum Köln), (3) in Rot drei 2:1 gestellte goldene Herzen (Herzogtum Engern – zum Kurfürstentum Köln), (4) in Blau ein silberner Adler (Grafschaft Arnsberg – zum Kurfürstentum Köln), Quartier II: Gespalten von Gold und Rot (Hochstift Hildesheim), Quartier III: Geteilt, unten in Silber ein rotes Rad (Hochstift Osnabrück), oben geviert, (1) und (4) in Rot ein goldenes Kreuz (Hochstift Paderborn), (2) und (3) in Silber ein rotes Ankerkreuz (Grafschaft Pyrmont), Quartier IV: Geviert, (1) in Gold ein roter Balken (Hochstift Münster), (2) geteilt von Silber und Rot, oben nebeneinander drei schwarze Vögel (Burggrafschaft Stromberg – zum Hochstift Münster), (3) in Rot drei 2:1 gestellte goldene Kugeln (Herrschaft Borkulo – zum Hochstift Münster), (4) in Silber drei 2:1 gestellte Lilien (Herrschaft Werth – zum Hochstift Münster).

Anmerkung: Es handelt sich um das nach der Erlangung der Hochmeisterwürde 1732 (Administrator des Hochmeistertums in Preußen und Großmeister in deutschen Landen) geführte Wappen, das bis 1761 im Wesentlichen unverändert blieb. Das Wappen wurde nur dann variiert, wenn Clemens August als Bischof von Münster, Paderborn oder Osnabrück handelte. Dann rückte das Wappen des Hochstifts, in dem er tätig war, in der Regel in das zweite Quartier (manchmal auch zusammen mit einem anderen Wappen). Im ersten Quartier blieb aber immer Köln.[94] Eine interessante Variante findet sich in Paderborn in einem Domkapitelkalender. Dort wird das Kölner Wappen mit den vier Feldern als Mittelschild dem Kreuz des Deutschen Ordens unterlegt.[95] Koehlers Calender von 1756 zeigt das für das Hochstift Münster stehende vierte Quartier zweimal gespalten und einmal geteilt (sechs Felder: [1] und [6] Stromberg, [2] und [5] Münster, [3] und [4] Borkulo).[96] Das oft missratene Wappen für Werth (das auch im vorliegenden Fall an Stelle der korrekten schwarzen Maueranker nur Lilien aufweist) ist also weggelassen. Gatterers Handbuch von 1761 zeigt und blasoniert das oben beschriebene Wappen;[97] für die Herrschaft Werth finden sich drei kleine Andreaskreuze, wovon die Tinkturen unbekannt sind.

Nachweis: BayHStA München, Siegelsammlung. – **W. Ewald**, Siegel I, 27, Tf. 32, Nr. 1. – **J. Siebmacher**, Wappen der Bistümer, Tf. 159. – **J. C. Gatterer**, Handbuch 1761, nach 2.

---

94 Vgl. im Einzelnen: **H. Nottarp**, Titel 693 f.
95 Abb. **H. Nottarp**, Titel 695.
96 **J. D. Koehler**, Calender 1756, 2.
97 **J. C. Gatterer**, Handbuch 1761, 2 und 106.

Westphalen, Friedrich Wilhelm Freiherr von (1727–1789)

1763–1789   Fürstbischof von Hildesheim
1773–1782   Koadjutor des Fürstbischofs von Paderborn
1775–1780   Apostolischer Vikar des Nordens
1780–1789   Apostolischer Vikar der wiedervereinigten Vikariate des Nordens
1782–1789   Fürstbischof von Paderborn

Literatur: **H.-G. Aschoff**, in: Bischöfe 1648–1803, 567 f.

Blasonierung: Einmal gespalten und zweimal geteilt (sechs Felder) mit Herzschild. – Herzschild: In Silber ein roter Balken, darüber ein schwarzer Turnierkragen mit fünf Lätzen (Familienwappen Westphalen). – Hauptschild: (1) und (6) in Rot ein goldenes Kreuz (Hochstift Paderborn), (2) und (5) in Silber ein rotes Ankerkreuz (Grafschaft Pyrmont), (3) und (4) gespalten von Gold und Rot (Hochstift Hildesheim).

Anmerkung: Bis zu seiner Wahl zum Bischof von Paderborn 1782 führt Friedrich Wilhelm von Westphalen das Wappen mit vier Feldern ((1) und (4) Hochstiftswappen sowie (2) und (3) Familienwappen), dann das gezeigte Wappen mit sechs Feldern (Hildesheim, Paderborn, Grafschaft Pyrmont) und aufgelegtem Familienwappen. – Obwohl auf der geistlichen Fürstenbank des Reichstags das Hochstift Hildesheim dem Hochstift Paderborn vorging, führte Westphalen nach dem Erwerb von Paderborn 1782 das Paderborner Wappen an erster (und sechster) Stelle, offensichtlich auch dann, wenn er in Hildesheim siegelte.

Nachweis: BayHStA München, Siegelsammlung. – **H. J. Brandt – K. Hengst**, Bischöfe, 245, Abb. 53. – **J. Siebmacher**, Wappen der Bistümer, Tf. 69.

Fürstenberg, Franz Egon Reichsfreiherr von (1737–1825)

1776–1789	Generalvikar in Hildesheim
1786–1789	Koadjutor des Fürstbischofs von Hildesheim und Paderborn,
	Ep. tit. Derbensis
1789–1825	Fürstbischof von Hildesheim und Paderborn
1789–1825	Apostolischer Vikar der Nordischen Missionen

Literatur: **K. Hengst**, in: Bischöfe 1785/1803–1945, 221–223.

Blasonierung: Einmal gespalten und zweimal geteilt (sechs Felder) mit Herzschild. – Herzschild: In Gold zwei rote Balken (Familienwappen Fürstenberg). – Hauptschild: (1) und (6) in Rot ein goldenes Kreuz (Hochstift Paderborn), (2) und (5) in Silber ein rotes Ankerkreuz (Grafschaft Pyrmont), (3) und (4) von Gold und Rot gespalten (Hochstift Hildesheim).

Anmerkungen: Obwohl auf der geistlichen Fürstenbank des Reichstags das Hochstift Hildesheim dem Hochstift Paderborn vorging, führte Fürstenberg wie sein Vorgänger Westphalen das Paderborner Wappen an erster (und sechster) Stelle, offensichtlich auch dann, wenn er in Hildesheim siegelte.

Nachweis: BayHStA München, Siegelsammlung. – **H. J. Brandt – K. Hengst**, Bischöfe, Abb. 54.

Köln

Das ins 4. Jahrhundert zurückreichende Erzbistum Köln erstreckte sich links des Rheins vom heute niederländischen Gebiet an Rhein und Maas bis in die Hocheifel und rechts des Rheins von der Lippe über das Sauerland bis in den Westerwald. Das Kurfürstentum Köln bestand aus dem Erzstift, einem Gebietsstreifen links des Rheins, dem Herzogtum Westfalen mit der Grafschaft Arnsberg und dem Vest Recklinghausen. Köln war Reichsstadt. Das Erzbistum umfasste über das Kurfürstentum hinaus die Herzogtümer Jülich, Kleve und Berg, die Grafschaft Mark sowie kleinere Herrschaftsgebiete. Die Erzbischöfe residierten außerhalb der Stadt Köln. Seit dem Ende des 16. Jahrhunderts war Bonn bischöflicher Residenzort und Sitz der Regierung des Erzstiftes, während das Domkapitel seinen Sitz in Köln hatte. Es besaß das Bischofswahlrecht. Nachdem im Zeitalter der Reformation in der Mark und in Berg große Teile der Bevölkerung zum evangelischen Bekenntnis übergegangen, die Säkularisation des Erzstiftes dagegen abgewendet worden war, erfolgte unter vier Erzbischöfen aus dem Hause Wittelsbach, die gleichzeitig bis zu vier weitere Bistümer innehatten, die Konsolidierung der alten Kirche.

Literatur: E. Gatz, in: Bistümer bis 1803, 273–290.

1. Erzstift

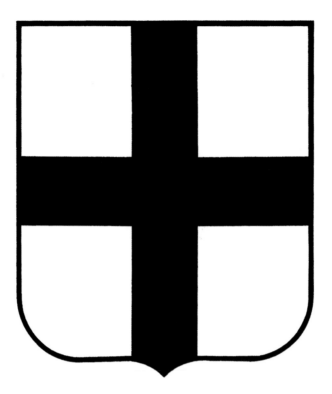

Blasonierung: In Silber ein schwarzes Kreuz. – Das Wappen[98] findet sich in dieser Form schon in der Züricher Wappenrolle (1340).[99] Auf dem Sekretsiegel des Bischofs Wikbold von Holte (1297–1304) erscheint erstmals das Kölner Kreuz unter der Bischofsfigur. Auf Münzen taucht das Wappen mit dem Kreuz zuerst unter Erzbischof Walram, Graf von Jülich (1332–49), auf. Der Schild mit dem Kreuz ist dabei auf der Brust des Erzbischofs angebracht.[100] – Das Kölner Wappen wird in der Regel seit etwa 1500 zusammen mit den Wappen des Herzogtums Westfalen (in Rot ein silbernes springendes Pferd), des Herzogtums Engern (in Rot drei 2:1 gestellte goldene Herzen) sowie der 1371 durch Kauf an das Kurfürstentum übergegangenen Grafschaft Arnsberg (in Blau ein silberner Adler) geführt. Das Sachsenross führen die Erzbischöfe seit der zweiten Hälfte des 15. Jahrhunderts.[101] Die (auch als Seeblätter gestalteten) Herzen als Wappen des Herzogtums Engern sind auf verschlungenen Wegen über die Grafen von Brehna, die Herzöge von Sachsen-Lauenburg, in das Wappen der Kölner Erzbischöfe gelangt. Sie finden sich erstmals in einem Wappen des Erzbischofs Hermann IV. von Hessen (1480–1508) in einem Glasfenster des Kölner Domes von 1508.[102] – Für das Herzogtum Engern, das im 17. und 18. Jahrhundert auch im Wappen von Sachsen-Lauenburg, Anhalt, Kursachsen und Savoyen auftaucht, finden sich bei diesen Dynasten Seeblätter bzw. Schröterhörner. Die verschiedenen wettinischen Linien und Kursachsen führten für Engern beispielsweise in Silber drei 2:1 gestellte rote Seeblätter (vgl. unter Königgrätz Bischof Moritz-Adolf Karl von Sachsen-Zeitz).

Nachweis: H. Appuhn, Siebmacher 1605, Tf. 9. – W. Merz – F. Hegi, Wappenrolle, Tf. I, Nr. 1. – O. Neubecker – W. Rentzmann, Lexikon 100. – E. Neukirch, Erscheinen 126 (Siegelbeschreibung).

---

98 Zum Kölner Wappen vgl. H. Nottarp, Heraldik 733.
99 W. Merz – F. Hegi, Wappenrolle, Tf. I, Nr. 1
100 H. Ph. Cappe, Beschreibung der cölnischen Münzen des Mittelalters (Dresden 1853) 179–186, hier: 181 f.
101 P. Veddeler, Westfalenross 24–28.
102 Ebd. 46.

2. Kurfürst-Erzbischöfe

Bischofsliste

1596–1612	**Ferdinand, Herzog von Bayern**, Koadjutor
1612–1650	Ders., Kurfürst-Erzbischof
1642–1650	**Max Heinrich, Herzog von Bayern**, Koadjutor
1650–1688	Ders., Kurfürst-Erzbischof
1688–1723	**Joseph Clemens, Herzog von Bayern**
1722–1723	**Clemens August, Herzog von Bayern**, Koadjutor
1723–1761	Ders., Kurfürst-Erzbischof
1761–1784	**Max Friedrich Reichsgraf von Königsegg und Rothenfels**
1780–1784	**Max Franz, Erzherzog von Österreich**, Koadjutor
1784–1801	Ders., Kurfürst-Erzbischof
1801–1822	Johann Hermann Joseph Freiherr von Caspars zu Weiss, Kapitularvikar

Ferdinand, Herzog von Bayern (1577–1650)

1591–1595	Koadjutor des Fürstpropstes von Berchtesgaden
1595–1650	Fürstpropst von Berchtesgaden
1596–1612	Koadjutor des Erzbischofs von Köln
1599–1612	Koadjutor des Fürstabtes von Stablo-Malmedy
1602–1612	Koadjutor des Fürstbischofs von Lüttich
1611–1612	Koadjutor des Fürstbischofs von Hildesheim und Münster
1612–1650	Kurfürst-Erzbischof von Köln, Fürstbischof von Lüttich, Hildesheim und Münster, Fürstabt von Stablo-Malmedy
1612–1618	Koadjutor des Fürstbischofs von Paderborn
1618–1650	Fürstbischof von Paderborn

Literatur: **E. Gatz**, in: Bischöfe 1648–1803, 107–111.

Blasonierung: Geviert mit Herzschild. – Herzschild: Geviert, (1) und (4) die bayerischen Rauten (Herzogtum Bayern), (2) und (3) in Schwarz ein rot bekrönter und rot bewehrter goldener Löwe (Pfalzgrafschaft bei Rhein). – Hauptschild (Kurfürstentum Köln): Geviert, (1) in Silber ein schwarzes Kreuz, (2) in Rot ein silbernes Ross (Herzogtum Westfalen – zum Kurfürstentum Köln), (3) in Rot drei 2:1 gestellte goldene Herzen (Herzogtum Engern – zum Kurfürstentum Köln), (4) in Blau ein silberner Adler (Grafschaft Arnsberg – zum Kurfürstentum Köln).

Anmerkung: Ferdinand führte auch ein Wappen mit seinen gesamten Bistümern (siehe Paderborn).

Nachweis: BayHStA München, Siegelsammlung. – **W. Ewald**, Siegel I, 24, Tf. 30, Nr. 5 f. – **G. Schön**, Münzkatalog 304, Nr. 31. – **P. Sella**, Sigilli VII, 114, Tf. XXIV, Nr. 2719.

Max Heinrich, Herzog von Bayern (1621–1688)

1630–1650	Koadjutor des Fürstpropstes von Berchtesgaden
1633–1650	Koadjutor des Fürstbischofs von Hildesheim
1642–1650	Koadjutor des Kurfürst-Erzbischofs von Köln
1650	Koadjutor des Fürstbischofs von Lüttich
1650–1688	Kurfürst-Erzbischof von Köln, Fürstbischof von Hildesheim und Lüttich, Fürstpropst von Berchtesgaden
1650–1660	Fürstabt von Stablo-Malmedy

Literatur: E. Gatz, in: Bischöfe 1648–1803, 301 f.

Blasonierung: Zweimal geteilt und zweimal gespalten (neun Felder) mit einem durch einen Fürstenhut gekrönten Herzschild, das fünfte Feld ist durch das Herzschild verdeckt. – Herzschild: Geviert, (1) und (4) die bayerischen Rauten (Herzogtum Bayern), (2) und (3) in Schwarz ein rot bekrönter und rot bewehrter goldener Löwe (Pfalzgrafschaft bei Rhein). – Hauptschild: (1) in Silber ein schwarzes Kreuz (Erzstift Köln), (2) gespalten, vorne von Gold und Rot gespalten (Hochstift Hildesheim), hinten in Rot eine auf mehrstufigem viereckigem Sockel stehende goldene Säule, auf der sich ein mit einem Kreuz besteckter Pinienzapfen befindet (Hochstift Lüttich), (3) in Rot gekreuzt ein goldener schrägrechts gestellter und ein silberner schräglinks gestellter Schlüssel (Fürstpropstei Berchtesgaden), (4) in Rot ein silbernes Ross (Herzogtum Westfalen – zum Kurfürstentum Köln), (6) in Rot drei 2:1 gestellte goldene Herzen (Herzogtum Engern – zum Kurfürstentum Köln), (7) in Gold ein roter Balken (Hochstift Münster), (8) geviert, [1] in Silber drei 2:1 gestellte rot bewehrte grüne Löwen (Markgrafschaft Franchimont – zum Hochstift Lüttich), [2] in Blau ein silberner Adler (Grafschaft Arnsberg – zum Kurfürstentum Köln), [3] in Gold vier rote Balken (Grafschaft Loos – zum Hochstift Lüttich), [4] in Gold drei 2:1 gestellte silbern beschlagene rote Jagdhörner (Grafschaft Horn – zum Hochstift Lüttich), (9) in Blau ein silberner Balken (Landgrafschaft Leuchtenberg).

Anmerkung: In dieser Form wird das Wappen von Max Heinrich seit der Wahl zum Bischof von Münster 1683 geführt. Max Heinrich ist der Sohn von Albrecht VI. dem „Leuchtenberger" (1584–1666), der mit der Erbin der Landgrafschaft,

Mechthild, verheiratet war und diese 1650 seinem Bruder Kurfürst Maximilian gegen die Herrschaft Wiesensteig überließ. Deshalb führte Max Heinrich, mit dem diese Nebenlinie der Wittelsbacher ausstarb, das Wappen der Landgrafschaft Leuchtenberg. Die grünen Löwen der Markgrafschaft Franchimont finden sich auch golden gekrönt.

Nachweis: BayHStA München, Siegelsammlung. – **W. Ewald**, Siegel I, 26, Tf. 31, Nr. 5.

Joseph Clemens, Herzog von Bayern (1671–1723)

1683–1685	Koadjutor des Fürstbischofs von Regensburg
1685	Koadjutor des Fürstbischofs von Freising
1684–1688	Koadjutor des Fürstpropstes von Berchtesgaden
1685–1694	Fürstbischof von Regensburg und Freising
1688–1723	Kurfürst-Erzbischof von Köln, Fürstpropst von Berchtesgaden
1694–1723	Fürstbischof von Lüttich
1694–1714	Koadjutor des Fürstbischofs von Hildesheim
1699–1715	Fürstbischof von Regensburg
1714–1723	Fürstbischof von Hildesheim

Literatur: E. Gatz, in: Bischöfe 1648–1803, 210–212.

Blasonierung: Geviert mit Herzschild. – Herzschild: Geviert, (1) und (4) die bayerischen Rauten (Herzogtum Bayern), (2) und (3) in Schwarz ein rot bekrönter und rot bewehrter goldener Löwe (Pfalzgrafschaft bei Rhein). – Hauptschild: Geviert, Quartier I (Erzstift Köln) geviert: (1) in Silber ein schwarzes Kreuz, (2) in Rot ein silbernes Ross (Herzogtum Westfalen – zum Kurfürstentum Köln), (3) in Rot drei 2:1 gestellte goldene Herzen (Herzogtum Engern – zum Kurfürstentum Köln), (4) in Blau ein silberner Adler (Grafschaft Arnsberg – zum Kurfürstentum Köln), Quartier II: gespalten von Gold und Rot (Hochstift Hildesheim), Quartier III (Hochstift Lüttich): geviert mit eingepfropfter Spitze (fünf Felder), (1) in Rot eine auf mehrstufigem viereckigem Sockel stehende goldene Säule, auf der sich ein mit einem Kreuz besteckter Pinienzapfen befindet (Hochstift Lüttich), (2) in Rot ein silberner Balken (Herzogtum Bouillon – zum Hochstift Lüttich), (3) in Silber drei 2:1 gestellte rot bewehrte grüne Löwen (Markgrafschaft Franchimont – zum Hochstift Lüttich), (4) in Gold drei 1:2 gestellte silbern beschlagene und bebandete rote Jagdhörner (Grafschaft Horn – zum Hochstift Lüttich), (5) in Gold vier rote Balken (Grafschaft Loos – zum Hochstift Lüttich), Quartier IV (Fürstpropstei Berchtesgaden): Geviert, (1) und (4) in Rot gekreuzt ein goldener schrägrechts gestellter und ein silberner schräglinks gestellter Schlüssel, (2) und (3) in Blau sechs 3:2:1 gestellte silberne heraldische Lilien.

Anmerkung: Zwischen 1688 und 1694 führte Joseph Clemens ein Wappen (Gulden von 1693),[103] das Köln, Freising, Regensburg, Berchtesgaden, Westfalen, Arnsberg und Engern mit bayerischem Herzschild zeigte (siehe bei Freising und Regensburg). Joseph Clemens führte in Köln häufig auch ein Wappen, das nur die Symbole dieses Kurfürstentums zeigt: Geviert mit Herzschild, darin das gevierte bayerische Wappen, (1) Köln, (2) Westfalen, (3) Engern, (4) Arnsberg. Die grünen Löwen der Markgrafschaft Franchimont finden sich auch golden gekrönt.

Nachweis: BayHStA München, Siegelsammlung. – **W. Ewald**, Siegel I, 27 (Beschreibung). – **G. Schön**, Münzkatalog 463, Nr. A 4 und 30.

---

[103]   Abgebildet bei **P. Veddeler**, Westfalenross 53.

Clemens August, Herzog von Bayern (1700–1761)

1715–1716	Koadjutor des Fürstbischofs von Regensburg
1717–1719	Fürstbischof von Regensburg
1716–1723	Koadjutor des Fürstpropstes von Berchtesgaden
1719–1761	Fürstbischof von Münster und Paderborn
1722–1723	Koadjutor des Erzbischofs von Köln
1723–1761	Kurfürst-Erzbischof von Köln und Fürstpropst von Berchtesgaden
1724–1761	Fürstbischof von Hildesheim
1728–1761	Fürstbischof von Osnabrück
1732–1761	Hoch- und Deutschmeister

Literatur: E. Gatz, in: Bischöfe 1648–1803, 63–66.

Blasonierung: Durch ein schwarzes mit goldenen Lilienstäben belegtes Kreuz (Deutscher Orden) in vier Quartiere geteilt. Auf dem Kreuz ein Mittelschild, belegt mit einem Herzschild. – Herzschild: Geviert, (1) und (4) gerautet von Silber und Blau (Herzogtum Bayern), (2) und (3) in Schwarz ein rot bekrönter und rot bewehrter goldener Löwe (Pfalzgrafschaft bei Rhein). – Mittelschild (Deutscher Orden): In Gold ein schwarzer golden bewehrter Adler, Quartier I: Geviert, (1) in Silber ein schwarzes Kreuz (Erzstift Köln), (2) in Rot ein silbernes springendes Pferd (Herzogtum Westfalen – zum Kurfürstentum Köln), (3) in Rot drei 2:1 gestellte goldene Herzen (Herzogtum Engern – zum Kurfürstentum Köln), (4) in Blau ein silberner Adler (Grafschaft Arnsberg – zum Kurfürstentum Köln), Quartier II: Gespalten von Gold und Rot (Hochstift Hildesheim), Quartier III: Geteilt, unten in Silber ein rotes Rad (Hochstift Osnabrück), oben geviert, (1) und (4) in Rot ein goldenes Kreuz (Hochstift Paderborn), (2) und (3) in Silber ein rotes Ankerkreuz (Grafschaft Pyrmont), Quartier IV: Geviert, (1) in Gold ein roter Balken (Hochstift Münster), (2) geteilt von Silber und Rot, oben nebeneinander drei schwarze Vögel (Burggrafschaft Stromberg – zum Hochstift Münster), (3) in Rot drei 2:1 gestellte goldene Kugeln (Herrschaft Borkulo – zum Hochstift Münster), (4) in Silber drei 2:1 gestellte Lilien (Herrschaft Werth – zum Hochstift Münster).

Anmerkung: Es handelt sich um das nach der Erlangung der Hochmeisterwürde 1732 (Administrator des Hochmeistertums in Preußen und Großmeister in deutschen Landen) geführte Wappen, das bis 1761 im Wesentlichen unverändert blieb. Das Wappen wurde nur dann variiert, wenn Clemens August als Bischof von Münster, Paderborn oder Osnabrück handelte. Dann rückte das Wappen des Hochstifts, in dem er tätig war, in der Regel in das zweite Quartier (manchmal auch zusammen mit einem anderen Wappen). Im ersten Quartier blieb aber immer Köln.[104] Eine interessante Variante findet sich in Paderborn in einem Domkapitelkalender. Dort wird das Kölner Wappen mit den vier Feldern als Mittelschild dem Kreuz des Deutschen Ordens unterlegt.[105] Koehlers Calender von 1756 zeigt das für das Hochstift Münster stehende vierte Quartier zweimal gespalten und einmal geteilt (sechs Felder: [1] und [6] Stromberg, [2] und [5] Münster, [3] und [4] Borkulo).[106] Das oft missratene Wappen für Werth (das auch im vorliegenden Fall an Stelle der korrekten schwarzen Maueranker nur Lilien aufweist) ist also weggelassen. Gatterers Handbuch von 1761 zeigt und blasoniert das oben beschriebene Wappen;[107] für die Herrschaft Werth finden sich drei kleine Andreaskreuze, wovon die Tinkturen unbekannt sind.

Nachweis: BayHStA München, Siegelsammlung. – **U. Arnold**, AK Deutscher Orden, Abb. III., 8.4.S. – **W. Ewald**, Siegel I, 27, Tf. 32, Nr. 1. – **J. Siebmacher**, Wappen der Bistümer, Tf. 159. – **J. C. Gatterer**, Handbuch 1761, nach 2. – Bauplastik in der Marien-Schlosskirche auf der Insel Mainau.

---

104   Vgl. im Einzelnen: **H. Nottarp**, Titel 693 f.
105   Abb. bei: **H. Nottarp**, Titel 695.
106   **J. D. Koehler**, Calender 1756, 2.
107   **J. C. Gatterer**, Handbuch 1761, 2 und 106.

Königsegg und Rothenfels, Max Friedrich Reichsgraf von (1708–1784)

1761–1784   Kurfürst-Erzbischof von Köln
1762–1784   Fürstbischof von Münster

Literatur: **E. Gatz**, in: Bischöfe 1648–1803, 231–233.

Blasonierung: Einmal gespalten und dreimal geteilt (acht Felder) mit Herzschild. – Herzschild (Familienwappen Königs-egg): Von Gold und Rot schräglinks gerautet. – Hauptschild: (1) in Silber ein schwarzes Kreuz (Erzstift Köln), (2) in Rot ein silbernes springendes Pferd (Herzogtum Westfalen – zum Kurfürstentum Köln), (3) in Rot drei 2:1 gestellte goldene Herzen (Herzogtum Engern – zum Kurfürstentum Köln), (4) in Blau ein silberner Adler (Grafschaft Arnsberg – zum Kurfürstentum Köln), (5) in Gold ein roter Balken (Hochstift Münster), (6) geteilt von Silber und Rot, oben drei schwarze nebeneinander stehende Vögel (Burggrafschaft Stromberg – zum Hochstift Münster), (7) in Rot drei 2:1 ge-stellte goldene Kugeln (Herrschaft Borkulo – zum Hochstift Münster), (8) in Silber drei 2:1 gestellte Lilien (richtig: drei schwarze Maueranker) (Herrschaft Werth – zum Hochstift Münster).

Anmerkung: Wie bei den vorhergehenden Erzbischöfen haben die Wappenzeichner nicht mehr die richtigen Symbole für die Herrschaft Werth (schwarze Maueranker) gekannt. Überliefert ist auch ein Wappen nur mit den Kölner Symbolen (nur die oben erwähnten ersten vier Felder sowie ein mit einer Laubkrone bedecktes Familienwappen).[108]

Nachweis: BayHStA München, Siegelsammlung. – **W. Ewald**, Siegel I, 28, Tf. 32, Nr. 4. – **G. Schön**, Münzkatalog 471, Nr. 89. – **J. Siebmacher**, Wappen der Bistümer, Tf. 103 (nur Köln), Tf. 160. – **J. C. Gatterer**, Handbuch 1766, 15.

---

[108]   **J. C. Gatterer**, Handbuch 1763, 15.

Max Franz, Erzherzog von Österreich (1756–1801)

1769–1780   Koadjutor des Hoch- und Deutschmeisters
1780–1784   Koadjutor des Erzbischofs von Köln und des Fürstbischofs von Münster
1780–1801   Hoch- und Deutschmeister
1784–1801   Kurfürst-Erzbischof von Köln und Fürstbischof von Münster

Literatur: E. Gatz, in: Bischöfe 1648–1803, 298–300.

Blasonierung: Durch ein schwarzes mit goldenen Lilienstäben belegtes Kreuz (Deutscher Orden) in vier Quartiere geteilt. Auf dem Kreuz ein geviertes Mittelschild, bekrönt mit einer offenen Bügelkrone, belegt mit einem Adler, dieser belegt mit einem von einem Fürstenhut bekrönten Herzschild. – Herzschild (Österreich-Lothringen): Gespalten, vorne in Rot ein silberner Balken (Erzherzogtum Österreich), hinten in Gold ein roter Schrägbalken, der mit drei gestümmelten silbernen Adlern belegt ist (Herzogtum Lothringen). – Mittelschild: Geviert, belegt mit einem golden bewehrten schwarzen Adler (Deutscher Orden), (1) (Königreich Ungarn) gespalten, vorne siebenmal geteilt von Rot und Silber, hinten in Rot auf grünem Dreiberg (durch Adler verdeckt) ein silbernes Patriarchenkreuz, (2) in Rot ein gekrönter silberner Löwe mit doppeltem Schweif (Königreich Böhmen), (3) im roten Schildbord fünffach von Gold und Blau schräg geteilt (Herzogtum Burgund), (4) in Gold fünf 2:2:1 gestellte rote Kugeln (Ballen), darüber eine mit einer goldenen heraldischen Lilie belegte größere blaue Kugel (Großherzogtum Toskana), Quartier I (Erzstift Köln): Geteilt, oben in Silber ein schwarzes Kreuz, unten in Rot drei 2:1 gestellte goldene Herzen (Herzogtum Engern), Quartier II (Kurfürstentum Köln): Geteilt, oben in Rot ein silbernes springendes Pferd (Herzogtum Westfalen), unten in Blau ein silberner Adler (Grafschaft Arnsberg), Quartier III (Hochstift Münster): Geteilt, oben in Gold ein roter Balken (Hochstift Münster), unten in Rot drei 2:1 gestellte goldene Kugeln (Herrschaft Borkulo). – Quartier IV (Hochstift Münster): Geteilt, oben geteilt von Silber und Rot, oben nebeneinander drei schwarze Vögel (Burggrafschaft Stromberg), unten in Silber drei 2:1 gestellte Andreaskreuze (Herrschaft Werth).

Anmerkung: Wie bei den vorhergehenden Erzbischöfen haben die Wappenzeichner nicht mehr die richtigen Symbole für die Herrschaft Werth (richtig: schwarze Maueranker) gekannt (Quartier IV). – Varianten: Beim Wappen des Großherzogtums Toskana wird die blaue Kugel auch mit drei goldenen heraldischen Lilien belegt.[109]

Nachweis: BayHStA München, Siegelsammlung. – **W. Ewald**, Siegel I, 28, Tf. 32, Nr. 6. – **G. Schön**, Münzkatalog 248, Nr. 27. – **C. Tyroff**, Wappenwerk I, 111. – Bauplastik an der Elisabethkirche in Nürnberg.

---

[109] **F. Gall**, Wappenkunde 197.

Königgrätz (Hradec Králové)

Das nordostböhmische Bistum Königgrätz wurde 1664 aus dem Erzbistum Prag ausgegliedert. Es besaß kein Hochstift. Die Bevölkerung war seit der Durchführung der Gegenreformation katholisch. Bischof und Domkapitel hatten ihren Sitz in Königgrätz. Der Bischof wurde vom Landesherrn nominiert.

Literatur: **Z. Hledíková**, in: Bistümer bis 1803, 291–293.

1. Bistum

Blasonierung: Geteilt von Schwarz und Gold, belegt mit einem Anker in verwechselten Farben, dessen Oberteil als Kreuz ausgebildet ist (Kreuzanker), oben begleitet von fünf halbkreisförmig angeordneten sechsstrahligen silbernen Sternen. – Die Bischöfe des 1664 errichteten Bistums haben immer nur ihre persönlichen Wappen geführt. Zum Aussehen des Bistumswappen finden sich widersprechende Hinweise. Neben dem oben angeführten Wappen[110] findet sich auch das folgende: Gespalten, vorne geteilt, oben in Blau eine fliegende Taube mit Nimbus, unten in Rot eine Bischofskrümme, hinten schräggekreuzt ein Kreuz und ein Anker, auf der Kreuzungsstelle mit einem Herz belegt (Farben jeweils unbekannt).[111]

Nachweis: **A. Zelenka**, Wappen 128.

---

110   **A. Zelenka**, Wappen 128.
111   **J. Siebmacher**, Wappen der Bistümer 163.

2. Bischöfe

Bischofsliste

1664–1669	Matthäus Ferdinand Sobeck (Zaubek) **von Bilenburg**
1673–1675	Johann Friedrich **Reichsgraf von Waldstein**
1676–1698	Johann Franz Christoph Freiherr von Talmberg (Thalenberg)
1699–1701	Gottfried Freiherr Kapaun von Swoykow (Svojkov)
1702–1710	**Tobias Johannes Becker**
1711–1721	Johann Adam Reichsgraf Wratislaw von Mitrowitz
1721–1731	Wenzel Franz Karl (seit 1708 Reichsfreiherr) Koschinski von Koschín
1732–1733	Moritz Adolf Karl, Herzog von Sachsen-Zeitz
1733–1753	Johann Joseph Reichsgraf Wratislaw von Mitrowitz
1754–1763	Anton Peter (seit 1759 Graf) von Przichowsky von Przichowitz
1763–1774	Hermann Hannibal Reichsfreiherr (seit 1768 Reichsgraf) von Blümegen
1775–1776	Johann Andreas Kaiser (seit 1775 Ritter von Kaisern)
1776–1780	Joseph Adam Reichsgraf von Arco
1780–1794	Johann Leopold (seit 1775 Ritter) von Hay
1795–1815	Maria Thaddäus Reichsgraf von Trautmannsdorff (Trauttmannsdorff)

Sobeck (Zaubek) **von Bilenburg, Matthäus Ferdinand** (1618–1675)

1664–1669   Bischof von Königgrätz
1669–1675   Fürsterzbischof von Prag

Literatur: **K. A. Huber**, in: Bischöfe 1648–1803, 467 f.

Blasonierung: (Familienwappen Sobeck von Bilenburg) Zweimal gespalten (drei Felder), (1) in Silber ein nach rechts ansteigender grüner Berg, (2) ledig von Silber, (3) in Silber ein roter Balken, alle drei Felder überdeckt durch einen aus dem rechten Schildrand hervorkommenden gepanzerten Arm, der einen schwarzen Anker mit goldenem Ring hält.

Nachweis: **M. Mysliveček**, Erbovnik, Tf. 4. – **J. Kettner**, Dějiny 225.

Waldstein, Johann Friedrich Reichsgraf von (1642–1694)

1673–1675   Bischof von Königgrätz
1675–1694   Fürsterzbischof von Prag

Literatur: **K. A. Huber**, in: Bischöfe 1648–1803, 552–554.

Blasonierung: (Familienwappen Waldstein) Geviert mit Herzschild. – Herzschild: In Gold ein golden bewehrter und rot gezungter doppelköpfiger schwarzer Adler mit einer über den Köpfen schwebenden goldenen rot gefütterten Kaiserkrone, von der zwei blaue Bänder abfliegen. – Hauptschild: (1) und (4) in Gold ein golden bekrönter und rot gezungter nach innen gewendeter blauer Löwe, (2) und (3) in Blau ein golden bekrönter und rot gezungter nach innen gewendeter goldener Löwe.

Anmerkung: Als Varianten des Familienwappens finden sich bei der Darstellung des Doppeladlers (Reichsadlers) zusätzlich noch zwei Heiligenscheine und ein kleines rotes Brustschild mit dem goldenen Namenszug „F. II" (= Kaiser Ferdinand II.). Die Krone kann fehlen. Darüber hinaus kann der Adler in der rechten Klaue einen silbernen Anker, in der linken einen grünen Palmzweig halten. Die Löwen werden vielfach doppelt geschweift dargestellt.[112]

Nachweis: **A. Zelenka**, Wappen 132.

---

[112]   **E. H. Kneschke**, Adels-Lexicon IX, 452 f.

Talmberg (Thalenberg), **Johann Franz Christoph Freiherr von**
(1644–1698)

1676–1698   Bischof von Königgrätz

Literatur: **A. Zelenka**, in: Bischöfe 1648–1803, 500.

Blasonierung: (Familienwappen Talmberg) In Rot zwei silberne bewurzelte Seeblätter.

Nachweis: **M. Mysliveček**, Erbovnik, Tf. 57. – **A. Zelenka**, Wappen 134.

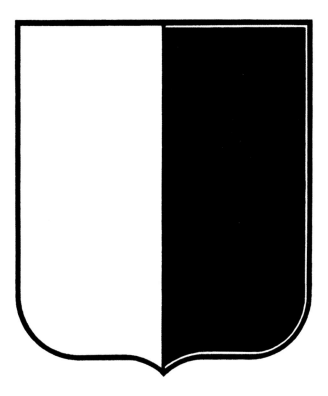

Kapaun von Swoykow (Svojkov), **Gottfried Freiherr** (1636–1701)

1699–1701   Bischof von Königgrätz

Literatur: **A. Zelenka**, in: Bischöfe 1648–1803, 215.

Blasonierung: (Familienwappen Kapaun von Swoykow) Gespalten von Silber und Schwarz.

Anmerkung: Varianten – Gespalten von Rot und Schwarz.[113]

Nachweis: **M. Mysliveček**, Erbovnik, Tf. 25. – **A. Zelenka**, Wappen 135.

---

[113]   **W. v. Hueck**, Adelslexikon VI, 117.

Becker, Tobias Johannes (1649–1710)

1702–1710   Bischof von Königgrätz

Literatur: **K. A. Huber**, in: Bischöfe 1648–1803, 24 f.

Blasonierung: (Familienwappen Becker) In Blau drei gesenkte silberne Schrägbalken, auf dem obersten eine silberne Taube, die einen goldenen Ölzweig im Schnabel hält.

Nachweis: **A. Zelenka**, Wappen 136.

Wratislaw von Mitrowitz, Johann Adam Reichsgraf (1677–1733)

1711–1721   Bischof von Königgrätz
1721–1733   Bischof von Leitmeritz

Literatur: **K. A. Huber**, in: Bischöfe 1648–1803, 575 f.

Blasonierung: (Familienwappen Wratislaw von Mitrowitz) Gespalten von Rot und Schwarz.

Nachweis: **M. Mysliveček**, Erbovnik, Tf. 61. – **A. Zelenka**, Wappen 137.

Koschinski von Koschín, Wenzel Franz Karl (seit 1708 **Reichsfreiherr**) (1673–1731)

    1721–1731   Bischof von Königgrätz

Literatur: **A. Zelenka**, in: Bischöfe 1648–1803, 240 f.

Blasonierung: (Familienwappen Koschinski von Koschín) Unter Schildhaupt geviert mit Herzschild. – Schildhaupt: Gespalten von Gold und Blau, vorne ein golden bewehrter halber schwarzer Adler am Spalt, hinten ein rot-silbern geschachter halber Adler am Spalt. – Herzschild: In Blau hinter silbernem Flechtzaun ein rückwärtsgewendetes silbernes Einhorn, das einen grünen Kranz im Maul hält. – Hauptschild: (1) und (4) in Rot ein goldener achtstrahliger Stern, (2) und (3) über Wellen ein nach innen gewendeter Fisch.

Anmerkung: Die Tingierung bei (2) und (3) ist unbekannt.

Nachweis: **A. Zelenka**, Wappen 138.

Moritz Adolf Karl, Herzog von Sachsen-Zeitz (1702–1759)

1730–1732   Archiep. tit. Pharsaliensis
1732–1733   Bischof von Königgrätz
1733–1759   Bischof von Leitmeritz

Literatur: **K. A. Huber**, in: Bischöfe 1648–1803, 318 f.

Blasonierung: (Familienwappen Sachsen-Zeitz) Zweimal gespalten und siebenmal geteilt (insgesamt 24 Felder – Feld 22 und 24 sind nicht belegt), Feld 5 und 8 als erhöhtes Herzschild gestaltet. – Herzschild: neunmal geteilt von Schwarz und Gold, schräg überdeckt mit einem grünen Rautenkranz (Sachsen). – Hauptschild (20 Felder): (1) in Blau ein linksgewendeter schreitender von Silber und Rot fünfmal geteilter goldgekrönter und golden bewehrter Löwe (Landgrafschaft Thüringen), (2) in Rot eine aus acht goldenen Lilienstäben gebildete Lilienhaspel, überdeckt mit einem silbernen Schildchen (Herzogtum Kleve), (3) in Gold ein schreitender schwarzer rot bewehrter Löwe (Herzogtum Jülich), (4) in Rot schräggekreuzt ein silberner Schlüssel und ein silbernes Schwert (Hochstift Naumburg), (6) in Silber ein blau gekrönter und blau bewehrter schreitender roter Löwe (Herzogtum Berg), (7) in Gold ein linksgewendeter schreitender rot gezungter und silbern bewehrter schwarzer Löwe (Markgrafschaft Meißen), (9) in Schwarz ein goldener rot gezungter Adler (Pfalz Thüringen), (10) in Blau ein linksgewendeter goldener rot gezungter Adler (Pfalz Sachsen), (11) in Blau eine gezinnte goldene Mauer (Oberlausitz), (12) in Silber ein roter Ochse (Niederlausitz), (13) in Blau ein schreitender linksgewendeter von Silber und Gold gespaltener rot gezungter Löwe, (14) in goldenem Feld, das mit roten Herzen bestreut ist, ein schreitender schwarzer rot bewehrter und rot gekrönter Löwe (Orlamünde), (15) in Gold zwei blaue Pfähle (Markgrafschaft Landsberg), (16) in Silber drei rote 2:1 gestellte rote Seeblätter (Herzogtum Engern), (17) in Silber eine rote heraldische Rose mit goldenem Butzen und grünen Kelchblättern (Grafschaft Altenburg), (18) in Silber drei blaue Balken (Grafschaft Eisenberg), (19) in Silber übereinander drei rote Sparren (Grafschaft Ravensberg), (20) in Gold ein in drei Reihen von Rot und Silber geschachter Balken (Grafschaft Mark), (21) ledig von Rot (Regalienfeld), (23) in Gold auf grünem Dreiberg eine schwarze rot bewehrte Henne (Henneberg).

Nachweis: Germanisches Nationalmuseum Nürnberg, Siegelsammlung, Tf. 84, Nr. 11 070 und 12 360. – **J. D. Koehler**, Calender 1740, nach 23. – **A. Zelenka**, Wappen 104.

Wratislaw von Mitrowitz, Johann Joseph Reichsgraf (1694–1753)

1733–1753   Bischof von Königgrätz

Literatur: **A. Zelenka**, in: Bischöfe 1648–1803, 576 f.

Blasonierung: (Familienwappen Wratislaw von Mitrowitz) Gespalten von Rot und Schwarz.

Nachweis: **A. Zelenka**, Wappen 140.

Przichowsky von Przichowitz, Anton Peter (seit 1759 **Graf**) **von**
(1707–1793)

  1752–1763 Koadjutor des Fürsterzbischofs von Prag, Ep. tit. Emessensis
  1754–1763 Bischof von Königgrätz
  1763–1793 Fürsterzbischof von Prag

Literatur: **K. A. Huber**, in: Bischöfe 1648–1803, 352 f.

Blasonierung: (Familienwappen Przichowsky von Przichowitz) In Rot drei im Dreipass (2:1) angeordnete Gänserümpfe.

Nachweis: **M. Mysliveček**, Erbovnik, Tf. 46. – **A. Zelenka**, Wappen 141.

Blümegen, Hermann Hannibal Reichsfreiherr (seit 1768 **Reichsgraf**) **von** (1716–1774)

1763–1774   Bischof von Königgrätz

Literatur: **A. Zelenka**, in: Bischöfe 1648–1803, 34 f.

Blasonierung: (Familienwappen Blümegen) Geviert mit Herzschild. – Herzschild: In Gold auf grünem Boden ein grüner Rosenstrauch mit fünf (1:2:2 angeordneten) blauen Rosen mit goldenen Butzen. – Hauptschild: Geviert, (1) und (4) in Rot ein nach innen gekehrter gekrönter goldener Löwe, (2) und (3) in Silber drei 2:1 bzw. 1:2 gestellte rote heraldische Rosen mit goldenen Butzen und grünen Kelchblättern.

Anmerkung: Der Löwe findet sich auch in Silber.[114]

Nachweis: **J. F. Seyfart**, Handbuch 1768, Tf. 92. – **A. Zelenka**, Wappen 142.

---

[114]   **J. F. Seyfart**, Handbuch 1768, Tf. 92.

Kaiser (seit 1775 **Ritter von Kaisern**), **Johann Andreas** (1716–1776)

    1757–1775   Generalvikar in Prag
    1760–1775   Weihbischof in Prag, Ep. tit. Themiscyrensis
    1775–1776   Bischof von Königgrätz

Literatur: **A. Zelenka**, in: Bischöfe 1648–1803, 214 f.

Blasonierung: (Familienwappen Kaiser) Gespalten von Blau und Silber, vorne ein goldenes Hochkreuz (lateinisches Kreuz) mit kleeblattförmigen Enden, hinten in Silber drei rote Schrägrechtsbalken.

Nachweis: **A. Zelenka**, Wappen 143.

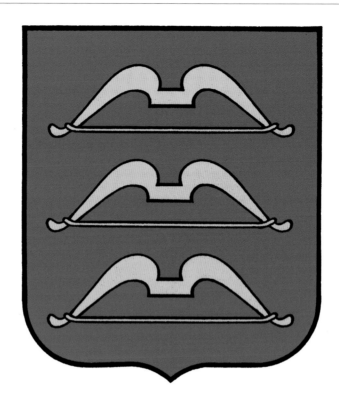

Arco, Joseph Adam Reichsgraf von (1733–1802)

1764–1773   Weihbischof in Passau, Ep. tit. Hipponensis
1776–1780   Bischof von Königgrätz
1780–1802   Fürstbischof von Seckau

Literatur: **M. Liebmann**, in: Bischöfe 1785/1803–1945, 11–13.

Blasonierung: (Familienwappen Arco) In Rot übereinander drei goldene Bogen, die Sehnen abwärts.

Anmerkung: Als Varianten des Familienwappens finden sich auch drei goldene Bogen in Blau.

Nachweis: **A. Zelenka**, Wappen 145.

Hay, Johann Leopold (seit 1775 **Ritter**) **von** (1735–1794)

1780–1794   Bischof von Königgrätz

Literatur: **K. A. Hubert**, in: Bischöfe 1648–1803, 177 f.

Blasonierung: (Familienwappen Hay) In Gold ein blauer Balken, belegt mit einer goldenen heraldischen Lilie.

Nachweis: **A. Zelenka**, Wappen 146.

Trautmannsdorff (Trauttmannsdorff), **Maria Thaddäus Reichsgraf von** (1761–1819)

1795–1815   Bischof von Königgrätz
1815–1819   Erzbischof von Olmütz
1816   Kardinal

Literatur: **K. A. Huber**, in: Bischöfe 1648–1803, 521–523.

Blasonierung: (Familienwappen Trautmannsdorff) Geviert mit Herzschild. – Herzschild: Gespalten von Rot und Silber mit einer aufgelegten heraldischen Rose in verwechselten Farben (Stammwappen Trautmannsdorff). – Hauptschild: (1) von Silber und Rot fünfmal schräggeteilt (Castelalt), (2) und (3) in Silber drei übereinandergestellte eingeschwungene rote Dreiecke (Höltzler), (4) geteilt, oben gespalten von Rot und Silber, unten ledig von Gold (Kirchberg).

Anmerkung: Es finden sich die folgenden Varianten in der Wappengestaltung: (2) und (3) in Silber drei übereinander schwebende rote Hüte mit herabhängenden zugeknöpften Bändern (Höltzler).[115]

Nachweis: **A. Zelenka**, Wappen 148.

---

[115] **E. H. Kneschke**, Adels-Lexicon IX, 259.

Konstanz

Das ins 6. Jahrhundert zurückreichende Bistum Konstanz war das flächenmäßig größte der Reichskirche. Es umfasste im Wesentlichen das Gebiet des alten Herzogtums Schwaben einschließlich der Innerschweiz. Im Gegensatz dazu war das beiderseits des Oberrheins gelegene Hochstift klein, zersplittert und wirtschaftlich schwach. Im Zeitalter der Reformation hatte das Bistum den größten Teil des schweizerischen Anteils, die meisten Reichsstädte einschließlich Konstanz, das Herzogtum Württemberg, die Markgrafschaft Baden und kleinere Territorien verloren. Bischof und Domkapitel residierten seit dem Übergang der Stadt Konstanz zur Reformation 1526 in Meersburg. Nach der Rekatholisierung der Stadt Konstanz und des Münsters kehrte das Domkapitel 1551 dorthin zurück, während Bischof und Hochstiftsregierung in Meersburg blieben. Das Kapitel hatte das Bischofswahlrecht.

Literatur: **D. Burkard**, in: Bistümer bis 1803, 294–314.

1. Hochstift

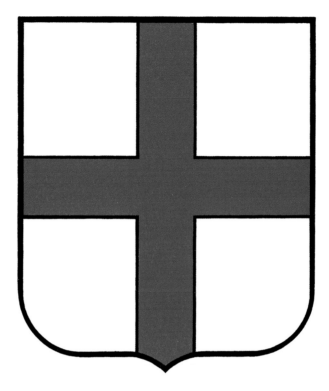

Blasonierung: In Silber ein rotes Kreuz. – In dieser Form findet sich das Wappen bereits in der Züricher Wappenrolle (1340).[116] Erstmals erscheint das Konstanzer Kreuz im Siegel von 1347 des Bischofs Ullrich Pfefferhard (1344–51). Häufiger Bestandteil des Konstanzer Hochstiftswappens sind die beiden Wappen der Abtei Reichenau (in Silber ein rotes Kreuz, identisch mit dem Konstanzer Wappen) und des Augustiner-Chorherrenstifts Öhningen (in Gold zwei aus blauen Wolken hervorkommende silberne Arme, die einen silbernen Schlüssel mit doppeltem Bart halten). Die Propstei Öhningen wurde 1534 dem Bistum inkorporiert. In der gefürsteten Abtei Reichenau verzichtete 1540 der Abt zu Gunsten des Konstanzer Bischofs auf die Abtswürde. Die Abtei wurde in ein Priorat umgewandelt und 1757 endgültig aufgehoben. Rangmäßig und daher auch in der Wappenanordnung stand die gefürstete Abtei Reichenau immer vor der Propstei (Stift) Öhningen. Die Titulatur lautete: EPISCOPUS CONSTANTIENSIS S.R.I. PRINCEPS, DOMINUS AUGIAE MAJORIS ET OENINGAE.

Anmerkung: Es kommen auch silberne Kreuze in Rot vor.[117]

Nachweis: **W. Merz – F. Hegi**, Wappenrolle, Tf. I, Nr. XIV. – **O. Neubecker – W. Rentzmann**, Lexikon 100. – **E. Neukirch**, Erscheinen 136 (Siegelbeschreibung).

---

[116] **W. Merz – F. Hegi**, Wappenrolle, Tf. I, Nr. XIV.
[117] **H. Appuhn**, Siebmacher 1605, Tf. 10. – **J. D. Koehler**, Calender 1740, nach 14.

2. Fürstbischöfe

Bischofsliste

1645–1689	Franz Johann Reichsritter (seit 1674 Reichsfreiherr) Vogt von Altensumerau und Prasberg
1690–1704	Marquard Rudolf Reichsritter von Rodt
1705–1740	Johann Franz Reichsfreiherr (seit 1681 Reichsgraf) Schenk von Stauffenberg
1723–1740	Damian Hugo Philipp Reichsfreiherr (seit 1701 Reichsgraf) von Schönborn, Koadjutor
1740–1743	Ders., Fürstbischof
1744–1750	Kasimir Anton Reichsfreiherr von Sickingen
1751–1775	Franz Konrad Kasimir Ignaz Reichsfreiherr von Rodt
1776–1800	Maximilian Augustinus Christoph Reichsfreiherr von Rodt
1788–1800	Karl Theodor Reichsfreiherr von Dalberg, Koadjutor
1800–1817	Ders., Fürstbischof

Vogt von Altensumerau und Prasberg, Franz Johann Reichsritter (seit 1674 **Reichsfreiherr**) (1611–1689)

1641–1645   Weihbischof in Konstanz, Ep. tit. Megarensis
1645–1689   Fürstbischof von Konstanz

Literatur: **R. Reinhardt**, in: Bischöfe 1648–1803, 538 f.

Blasonierung: Geviert mit Herzschild und einer unten eingepfropften Spitze (fünf Felder). – Herzschild: In Silber ein rotes Kreuz (Hochstift Konstanz). – Hauptschild: (1) und (5) in Silber ein rotes Kreuz (Reichsabtei Reichenau), (2) und (3) in Gold eine auswärts gebogene schwarze Stange eines Hirschgeweihs (Familienwappen Vogt von Altensumerau und Prasberg), (4) (Spitze) in Gold zwei silberne aus blauen Wolken hervorkommende Arme, die einen silbernen Schlüssel mit doppeltem Bart halten (Propstei Öhningen).

Anmerkung: Varianten des Familienwappens: Stange eines Hirschgeweihs mit fünf Enden.[118]

Nachweis: BayHStA München, Siegelsammlung. – **J. Siebmacher**, Wappen der Bistümer, Tf. 190. – Epitaph im Münster Unserer lieben Frau in Konstanz.

---

[118]   **E. H. Kneschke**, Adels-Lexicon IX, 406.

Rodt, Marquard Rudolf Reichsritter von (1644–1704)

1690–1704   Fürstbischof von Konstanz

Literatur: **R. Reinhardt**, in: Bischöfe 1648–1803, 384.

Blasonierung: Geviert mit Herzschild und einer unten eingepfropften Spitze (fünf Felder). – Herzschild: In Silber ein rotes Kreuz (Hochstift Konstanz). – Hauptschild: (1) und (5) in Silber ein rotes Kreuz (Reichsabtei Reichenau), (2) und (3) von Gold und Rot gespalten, hinten ein silberner Balken (Familienwappen Rodt), (4) (Spitze) in Gold zwei silberne aus blauen Wolken hervorkommende Arme, die einen silbernen Schlüssel mit doppeltem Bart halten (Propstei Öhningen).

Nachweis: BayHStA München, Siegelsammlung. – Bauplastik am ehemaligen Rodt'schen Palais in Meersburg (1700).

Schenk von Stauffenberg, Johann Franz Reichsfreiherr
(seit 1681 **Reichsgraf**) (1658–1740)

> 1705–1740   Fürsterzbischof von Konstanz
> 1714–1737   Koadjutor des Fürstbischofs von Augsburg
> 1737–1740   Fürstbischof von Augsburg

Literatur: **R. Reinhardt**, in: Bischöfe 1648–1803, 421 f.

Blasonierung: Geviert mit Herzschild und einer unten eingepfropften Spitze (fünf Felder). – Herzschild: In Silber ein rotes Kreuz (Hochstift Konstanz). – Hauptschild: (1) und (5) in Silber ein rotes Kreuz (Reichsabtei Reichenau), (2) und (3) in Silber ein roter Balken, oben und unten ein schreitender blauer Löwe (Familienwappen Schenk von Stauffenberg), (4) (Spitze) in Gold zwei silberne aus blauen Wolken hervorkommende Arme, die einen silbernen Schlüssel mit doppeltem Bart halten (Propstei Öhningen).

Anmerkung: Ab 1737 führte Stauffenberg das oben bei Augsburg angegebene Wappen.[119]

Nachweis: BayHStA München, Siegelsammlung. – **J. Siebmacher**, Wappen der Bistümer, Tf. 190. – Bauplastik an der Gartenmauer zum Neuen Schloss in Meersburg.

---

[119]   **J. D. Koehler**, Calender 1740, nach 14.

Schönborn, Damian Hugo Philipp Reichsfreiherr (seit 1701 **Reichsgraf**) **von** (1676–1743)

1715	Kardinal
1716–1719	Koadjutor des Fürstbischofs von Speyer
1719–1743	Fürstbischof von Speyer
1723–1740	Koadjutor des Fürstbischofs von Konstanz
1740–1743	Fürstbischof von Konstanz

Literatur: H. **Ammerich**, in: Bischöfe 1648–1803, 430–432.

Blasonierung: Drei 2:1 gestellte Schilde. – Schild I (Hochstift Speyer): Geviert, (1) und (4) in Blau ein silbernes Kreuz (Hochstift Speyer), (2) und (3) in Rot eine zweitürmige silberne Burg, dahinter ein schräg gestellter silberner Prälatenstab, darüber eine schwebende goldene Krone (Fürstpropstei Weißenburg). – Schild II (Familienwappen Schönborn): Zweimal geteilt und zweimal gespalten (acht Felder) mit Herzschild. – Herzschild (Stammwappen Schönborn): In Rot ein auf drei silbernen Spitzen schreitender gekrönter goldener Löwe (darüber eine schwebende fünfblättrige Laubkrone). – Hauptschild: (1) in Rot drei 2:1 gestellte silberne Schildchen (Herrschaft Reichelsberg), (2) in Gold ein golden bewehrter und rot gezungter schwarzer Doppeladler, der in der rechten Klaue ein silbernes Schwert und in der linken Klaue den blauen Reichsapfel mit goldenem Kreuz und goldener Spange hält. Zwischen den Köpfen schwebt eine goldene Kaiserkrone mit zwei abfliegenden blauen Bändern (Reichsadler als Gnadenwappen), (3) in Blau ein silberner Balken, begleitet oben von zwei silbernen Rauten, unten von einer silbernen Raute (Herrschaft Heppenheim), (4) in Schwarz drei 2:1 gestellte goldene Garben (Puchheim), (5) in Gold ein schreitender schwarzer Wolf (Grafschaft Wolfstal), (6) ein Feld von Hermelin mit dem blauen Reichsapfel mit goldenem Kreuz und goldener Spange auf rotem Kissen (Erbtruchsessenamt), (7) in Silber der Bindenschild (in Rot ein silberner Balken) umgeben von einem innen silbernen und außen roten Wappenmantel, bekrönt von einem Herzogshut (Erzherzogtum Österreich als Gnadenwappen), (8) in Silber ein golden gekrönter und rot gezungter blauer Löwe, überdeckt mit zwei roten Balken (Herrschaft Pommersfelden). – Schild III (Hochstift Konstanz): Geteilt, oben in Silber ein rotes Kreuz (Hochstift Konstanz), unten in Silber ein rotes Kreuz (Reichsabtei Reichenau).

Anmerkung: In dieser Form wird das Wappen auf Siegeln geführt. Als Bauplastik (insbesondere in Bruchsal) findet sich das Wappen in drei Kartuschen (wie hier 2:1 gestellt), wobei das Familienwappen vielfach nur aus dem Stammwappen (in Rot ein auf drei silbernen Spitzen schreitender gekrönter goldener Löwe) besteht. Als Variante beim Stammwappen Schönborn findet sich auch ein blau gekrönter und zweischwänziger Löwe.

Nachweis: BayHStA München, Siegelsammlung. – **G. Schön**, Münzkatalog 943, Nr. 2.

Sickingen, Kasimir Anton Reichsfreiherr von (1684–1750)

1744–1750   Fürstbischof von Konstanz

Literatur: **R. Reinhardt**, in: Bischöfe 1648–1803, 460.

Blasonierung: Geviert mit Herzschild und einer unten eingepfropften Spitze (fünf Felder). – Herzschild: In Silber ein rotes Kreuz (Hochstift Konstanz). – Hauptschild: (1) und (5) in Silber ein rotes Kreuz (Reichsabtei Reichenau), (2) und (3) in rotem Schildbord in Schwarz fünf 2:1:2 gestellte silberne Kugeln (Familienwappen Sickingen), (4) (Spitze) in Gold zwei silberne aus blauen Wolken hervorkommende Arme, die einen silbernen Schlüssel mit doppeltem Bart halten (Propstei Öhningen).

Anmerkung: Beim Familienwappen fehlt häufig der rote Schildbord.

Nachweis: BayHStA München, Siegelsammlung. – **J. D. Koehler**, Calender 1749, nach 16 (Variante: silbernes Kreuz in Rot). – **P. Sella**, Sigilli VII, 116 (Beschreibung). – **J. Siebmacher**, Wappen der Bistümer, Tf. 192.

Rodt, Franz Konrad Kasimir Ignaz Reichsfreiherr von (1706–1775)

1751–1775   Fürstbischof von Konstanz
1756   Kardinal

Literatur: **R. Reinhardt**, in: Bischöfe 1648–1803, 382 f.

Blasonierung: Geviert mit Herzschild und einer unten eingepfropften Spitze (fünf Felder). – Herzschild: In Silber ein rotes Kreuz (Hochstift Konstanz). – Hauptschild: (1) und (5) in Silber ein rotes Kreuz (Reichsabtei Reichenau), (2) und (3) von Gold und Rot gespalten, hinten ein silberner Balken (Familienwappen Rodt), (4) (Spitze) in Gold zwei silberne aus blauen Wolken hervorkommende Arme, die einen silbernen Schlüssel mit doppeltem Bart halten (Propstei Öhningen).

Nachweis: BayHStA München, Siegelsammlung. – **J. Siebmacher**, Wappen der Bistümer, Tf. 191. – **P. Sella**, Sigilli V, 33, Tf. XI, Nr. 1369. – **J. F. Seyfart**, Handbuch 1767, 37.

Rodt, Maximilian Augustinus Christoph Reichsfreiherr von (1717–1800)

1776–1800   Fürstbischof von Konstanz

Literatur: **R. Reinhardt**, in: Bischöfe 1648–1803, 384 f.

Blasonierung: Geviert mit Herzschild und einer unten eingepfropften Spitze (fünf Felder). – Herzschild: In Silber ein rotes Kreuz (Hochstift Konstanz). – Hauptschild: (1) und (5) in Silber ein rotes Kreuz (Reichsabtei Reichenau), (2) und (3) von Gold und Rot gespalten, hinten ein silberner Balken (Familienwappen Rodt), (4) (Spitze) in Gold zwei silberne aus blauen Wolken hervorkommende Arme, die einen silbernen Schlüssel mit doppeltem Bart halten (Propstei Öhningen).

Nachweis: BayHStA München, Siegelsammlung. – Fresko in der Pfarrkirche von Orsenhausen.

Dalberg, Karl Theodor Reichsfreiherr von (1744–1817)

1788–1802   Koadjutor des Erzbischofs von Mainz und Fürstbischofs von Worms, Archiep.
tit. Tarsensis

1788–1800   Koadjutor des Fürstbischofs von Konstanz

1800–1817   Fürstbischof von Konstanz

1802–1817   Fürstbischof von Worms

1802   Kurfürst-Erzbischof von Mainz, Erzkanzler des Heiligen Römischen Reiches

1803–1817   Administrator und Erzbischof (1805) von Regensburg

Literatur: **G. Schwaiger,** in: Bischöfe 1785/1803–1945, 110–113.

Blasonierung: Geviert mit Herzschild. – Herzschild (Familienwappen Dalberg): Geviert, (1) und (4) unter dreimal gespitztem goldenen Schildhaupt in Blau sechs 3:2:1 gestellte silberne Lilien, (2) und (3) in Gold ein schwebendes schwarzes Ankerkreuz. – Hauptschild: Geviert, (1) und (4) in Rot ein sechsspeichiges silbernes Rad (Erzstift Mainz), (2) in Schwarz ein schräg gestellter silberner Schlüssel, der oben und unten von jeweils vier goldenen Schindeln begleitet ist (Hochstift Worms), (3) zweifach geteilt (drei Felder), [1] in Silber ein rotes Kreuz (Hochstift Konstanz), [2] in Silber ein rotes Kreuz (Reichsabtei Reichenau), [3] in Gold zwei aus blauen Wolken hervorkommende silberne Arme, die einen silbernen Schlüssel mit doppeltem Bart halten (Propstei Öhningen).

Anmerkung: In dieser Form wird das Wappen ab 1802 geführt.[120] In der abgebildeten Form wurde das Wappen nur 1802/03 geführt. Als Bischof von Konstanz hat Dalberg von 1800 bis 1802 auch ein allein auf Konstanz bezogenes Wappen nach dem Vorbild seines Vorgängers Rodt geführt. Die Felder (2) und (3) zeigen das Familienwappen Dalbergs wie

---

[120]   Variante bei: **J. Siebmacher,** Wappen der Bistümer, Tf. 5 (vier zusammengestellte Schilde).

folgt: Gespalten, vorne unter goldenem Spitzenschildhaupt in Blau sechs 3:2:1 gestellte silberne Lilien, hinten in Gold ein schwebendes schwarzes Ankerkreuz.[121]

Nachweis: BayHStA München, Siegelsammlung. – **O. Posse**, Siegel, Tf. 27, Nr. 2.

---

[121] Abb. bei: **K. M. Färber u. a.** (Hg.), Carl von Dalberg. Erzbischof und Staatsmann (1744–1817) (Regensburg 1994) 88.

Kulm (Chełmno)

Das 1243 zusammen mit den anderen drei Bistümern des Deutschordenslandes gegründete Kulm war das kleinste dieser Bistümer. Es umfasste das zum Deutschordensland gehörende Kulmer und das Löbauer Land. Das Hochstift war zersplittert. Seit 1466 unterstand das Bistum der Krone Polen. Nachdem sich im 16. Jahrhundert die lutherische Reformation weit verbreitet hatte, hatte die alte Kirche seit der Durchführung der tridentinischen Reform viele Gemeinden und Kirchen zurückgewonnen. In Thorn blieb die Stellung der Lutheraner jedoch stark. Der Bischof residierte in Löbau, das Domkapitel in Kulmsee. Der Bischof wurde vom König nominiert.

Literatur: **A. Nadolny**, in: Bistümer bis 1803, 315–323.

1. Hochstift

Blasonierung: In Silber ein schwarzes Tatzenkreuz, eingeschlossen von einem roten Lorbeerkranz mit silberner Binde.

Nachweis: **J. Siebmacher**, Wappen der Bistümer, Tf. 228.

2. Bischöfe

Bischofsliste

1646–1653	**Andrzej Leszczyński**
1653–1655	**Jan Gembicki**
1657–1661	**Adam Kos** (Koss)
1661–1674	**Andrzej Olszowski**
1676–1681	**Jan Małachowski**
1681–1693	**Jan Kazimierz Opaliński** <OCist>
1693–1694	**Kazimierz Szczuka**
1699–1712	**Teodor Andrzej Potocki**
1718–1721	**Jan Kazimierz de Alten Bokum**
1723–1730	**Feliks Ignacy Kretkowski**
1726–1730	**Tomasz Franciszek Czapski** <OCist>, Koadjutor
1730–1733	Ders., Bischof
1736–1739	**Adam Stanisław Grabowski**
1739–1746	**Andrzej Stanisław Załuski**
1747–1758	**Wojciech Stanisław Leski** <OCist>
1759–1785	**Andrzej Ignacy Baier**
1767–1773	Krzysztof Hilary Szembek, Koadjutor
1778–1785	**Johann Carl Reichsgraf von Hohenzollern-Hechingen**, Koadjutor
1785–1795	Ders., Bischof
1795–1814	**Franciszek Ksawery Graf Rydzyński**

Leszczyński, Andrzej (um 1608–1658)

1642–1646   Bischof von Kamieniec Podolski
1646–1653   Bischof von Kulm
1653–1658   Erzbischof von Gnesen

Literatur: **H.-J. Karp**, in: Bischöfe 1648–1803, 269 f.

Blasonierung: (Familienwappen Leszczyński) In Gold ein schwarzer Stierkopf mit goldenem Nasenring (Herb Wieniawa).

Nachweis: **K. Niesiecki**, Herbarz I, 67, Nr. 38. – **P. Sella**, Sigilli VII, 204, Tf. XLV, Nr. 3023.

Gembicki, Jan (um 1602–1675)

    1653–1655   Bischof von Kulm
    1655–1674   Bischof von Płock
    1674–1675   Bischof von Włocławek

Literatur: **H.-J. Karp**, in: Bischöfe 1648–1803, 148 f.

Blasonierung: (Familienwappen Gembicki) In Rot eine kranzförmige silberne Stoffbinde (Herb Nałęcz).

Nachweis: **K. Niesiecki**, Herbarz I, 67, Nr. 39.

Kos (Koss), **Adam** († 1661)

1657–1661   Bischof von Kulm

Literatur: **H.-J. Karp**, in: Bischöfe 1648–1803, 240.

Blasonierung: (Familienwappen Kos) Fünfmal schräggeteilt von Silber und Rot (Herb Kos).

Nachweis: **T. Gajl**, Herby, Tf. 106. – **K. Niesiecki**, Herbarz V, 265.

Olszowski, Andrzej (1621–1677)

1661–1674   Bischof von Kulm
1674–1677   Erzbischof von Gnesen

Literatur: **H.-J. Karp**, in: Bischöfe 1648–1803, 326 f.

Blasonierung: (Familienwappen Olszowski) In Rot zwei aufrechtstehende unten verbundene, einwärts gebogene silberne Sensenblätter, die oben am Schnittpunkt mit einem kleinen lateinischen, ebenfalls silbernen Kreuz mit hinterer erniedrigter Mittelhalbsprosse besteckt sind (Herb Prus II).

Nachweis: **K. Niesiecki**, Herbarz I, 67, Nr. 42.

Małachowski, Jan (1623–1699)

1676–1681   Bischof von Kulm
1681–1699   Bischof von Krakau

Literatur: **H.-J. Karp**, in: Bischöfe 1648–1803, 292 f.

Blasonierung: (Familienwappen Małachowski) In Rot eine kranzförmige silberne Stoffbinde (Herb Nałęcz).

Nachweis: **K. Niesiecki**, Herbarz I, 67, Nr. 43.

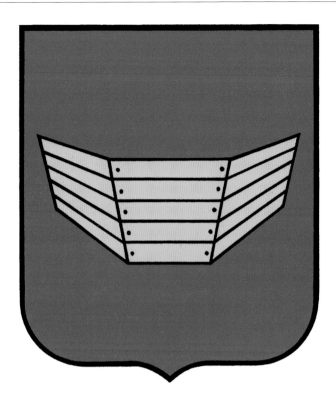

Opaliński, Jan Kazimierz <OCist> (1639–1693)

1680–1681   Koadjutor des Bischofs von Posen, Ep. tit. Diocletianensis
1681–1693   Bischof von Kulm

Literatur: **H.-J. Karp**, in: Bischöfe 1648–1803, 327 f.

Blasonierung: (Familienwappen Opaliński) In Rot ein goldener Kahn (Herb Łodzia).

Nachweis: **K. Niesiecki**, Herbarz I, 67, Nr. 44.

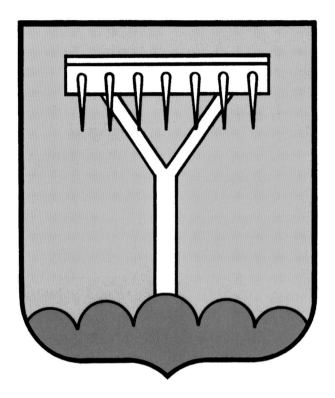

Szczuka, Kazimierz (um 1622–1694)

1693–1694   Bischof von Kulm

Literatur: **H.-J. Karp**, in: Bischöfe 1648–1803, 497.

Blasonierung: (Familienwappen Szczuka) In Gold über fünfbogigem grünem Schildfuß ein wachsender silberner Rechen (Herb Grabie).

Nachweis: **K. Niesiecki**, Herbarz I, 67, Nr. 45.

Potocki, Teodor Andrzej (1664–1738)

1699–1712   Bischof von Kulm
1712–1723   Bischof von Ermland
1723–1738   Erzbischof von Gnesen

Literatur: **A. Triller**, in: Bischöfe 1648–1803, 348 f.

Blasonierung: (Familienwappen Potocki) In Blau ein silbernes Doppelkreuz mit hinterer erniedrigter Mittelhalbsprosse (Herb Pilawa).

Nachweis: **K. Niesiecki**, Herbarz I, 67, Nr. 46.

Bokum, Jan Kazimierz de Alten (um 1660–1721)

1701–1718   Bischof von Przemyśl
1718–1721   Bischof von Kulm

Literatur: **H.-J. Karp**, in: Bischöfe 1648–1803, 36 f.

Blasonierung: (Familienwappen Bokum) In Schwarz ein silberner Mühlstein (Herb Kuszaba).

Nachweis: **K. Niesiecki**, Herbarz I, 67, Nr. 48.

Kretkowski, Feliks Ignacy (1657–1730)

1723–1730   Bischof von Kulm

Literatur: **H.-J. Karp**, in: Bischöfe 1648–1803, 243 f.

Blasonierung: (Familienwappen Kretkowski) In Blau ein gestürzter silberner Pfeil, eingeschlossen von einem gestürzten silbernen Hufeisen, das mit einem goldenen Tatzenkreuz besteckt ist (Herb Dołęga).

Nachweis: **K. Niesiecki**, Herbarz I, 67, Nr. 49.

Czapski, Tomasz Franciszek <OCist> (1688–1733)

1726–1730   Koadjutor des Bischofs von Kulm, Ep. tit. Dianensis
1730–1733   Bischof von Kulm

Literatur: **H.-J. Karp**, in: Bischöfe 1785/1803–1945, 72.

Blasonierung: (Familienwappen Czapski) In Blau ein steigender Halbmond, darüber ein sechsstrahliger goldener Stern (Herb Leliwa).

Nachweis: **K. Niesiecki**, Herbarz I, 67, Nr. 50.

Grabowski, Adam Stanisław (1698–1766)

1733–1736	Weihbischof und Generalvikar in Posen, Ep. tit. Nilopolitanus
1736–1739	Bischof von Kulm
1739–1741	Bischof von Włocławek
1741–1766	Bischof von Ermland

Literatur: **A. Triller**, in: Bischöfe 1648–1803, 156–158.

Blasonierung: (Familienwappen Grabowski) In Blau ein aufrechtes silbernes Schwert mit goldenem Griff, das durch einen steigenden goldenen Halbmond gebohrt ist, darüber drei 1:2 gestellte sechsstrahlige goldene Sterne.

Nachweis: **K. Niesiecki**, Herbarz I, 67, Nr. 51.

Załuski, Andrzej Stanisław (1695–1758)

1723–1736   Bischof von Płock
1736–1739   Bischof von Łuck
1739–1746   Bischof von Kulm
1746–1758   Bischof von Krakau

Literatur: **H.-J. Karp**, in: Bischöfe 1785/1803–1945, 584 f.

Blasonierung: (Familienwappen Załuski) In Rot ein silberner Widder (Herb Junosza).

Nachweis: **K. Niesiecki**, Herbarz I, 67, Nr. 52.

Leski, Wojciech Stanisław \<OCist\> (1702–1758)

1747–1758   Bischof von Kulm

Literatur: **H.-J. Karp**, in: Bischöfe 1785/1803–1945, 267 f.

Blasonierung: (Familienwappen Leski) In Rot zwei voneinander abgewandte aufgerichtete silberne Hunde mit goldenem Halsband (Herb Gonczy).

Nachweis: **T. Gajl**, Herby, Tf. 124. – **K. Niesiecki**, Herbarz VI, 46.

Baier, Andrzej Ignacy (1712–1785)

1759–1785   Bischof von Kulm

Literatur: **H.-J. Karp**, in: Bischöfe 1785/1803–1945, 22.

Blasonierung: (Familienwappen Baier) In Blau ein steigender Halbmond, darüber ein sechsstrahliger goldener Stern (Herb Leliwa).

Nachweis: **K. Niesiecki**, Herbarz II, 42.

Hohenzollern-Hechingen, Johann Carl Reichsgraf von (1732–1803)

1778–1785   Koadjutor des Bischofs von Kulm, Ep. tit. Dibonensis
1785–1795   Bischof von Kulm
1795–1803   Bischof von Ermland

Literatur: A. Triller, in: Bischöfe 1648–1803, 270 f.

Blasonierung: (Familienwappen Hohenzollern-Hechingen) Geviert mit Herzschild. – Herzschild: In Rot zwei gekreuzte goldene Zepter. – Hauptschild: (1) und (4) geviert von Silber und Schwarz, (2) und (3) in Blau auf grünem Boden ein springender goldener Hirsch.

Nachweis: P. Sella, Sigilli VII, 79, Tf. XVII, Nr. 2601.

Rydzyński, Franciszek Ksawery Graf (1734–1814)

    1780–1795   Weihbischof in Posen
    1795–1814   Bischof von Kulm

Literatur: **E. Piszcz**, in: Bischöfe 1785/1803–1945, 638 f.

Blasonierung: (Familienwappen Wrbno-Rydzyński) In Blau ein goldener Balken, begleitet oben und unten von drei goldenen heraldischen Lilien (Herb Wierzbna).

Nachweis: **T. Gajl**, Herby, Tf. 202. – **K. Niesiecki**, Herbarz VIII, 207.

Laibach (Ljubljana)

Das 1461 gegründete, in Innerösterreich gelegene Bistum Laibach war sehr zersplittert. Bei der josephinischen Diözesanregulierung wurde es 1788 auf Krain ausgedehnt und zum Erzbistum erhoben. Es gab kein Hochstift. Seit der Gegenreformation war die gesamte Bevölkerung katholisch. Bischof und Domkapitel hatten ihren Sitz in Laibach. Der Bischof wurde vom Landesherrn nominiert.

Literatur: **F. M. Dolinar**, in: Bistümer bis 1803, 331–334.

1. (Erz-) Bistum

Blasonierung: In Gold ein durch einen silbernen Bischofsstab von Schwarz und Blau gespaltener zweiköpfiger gekrönter Adler, die rechte Seite belegt mit einem gespaltenen Schildchen, das vorne in Gold einen roten Löwen, hinten in Rot einen silbernen Balken zeigt. Die linke Seite des Adlers ist mit einem nur zur Hälfte sichtbaren Halbmond belegt, der in zwei Reihen von Gold und Rot geschacht ist. In der rechten Klaue hält der Adler Schwert und Zepter. – Das Wappen in der vorliegenden Form entstand wohl im 16. Jahrhundert. Bei der Tingierung des Wappens wird auch eine Spaltung von Rot und Blau angegeben, das Wappenschildchen auf der rechten Seite ist ebenso wie Schwert und Zepter weggelassen,[122] der Halbmond wird Rot und Silber geschacht.[123] Der Adler symbolisiert in seiner schwarzen Seite Österreich und in seiner blauen Seite Görz.

Nachweis: **O. Neubecker – W. Rentzmann**, Lexikon, Tf. 256 (Blauer Adler in Silber).

---

[122] **J. F. Seyfart**, Handbuch 1768, 34, Tf. 75.
[123] **J. Siebmacher**, Wappen der Bistümer 140.

2. Fürst-(erz-)bischöfe

Bischofsliste

1641–1664	Otto Friedrich (seit 1633 **Graf) von Puchheim** (Puchaim, Puchaimb, Buchheim)
1664–1683	**Joseph** (seit 1634 **Graf) von Rabatta**
1683–1701	**Sigmund Christoph** (seit 1659 **Graf,** seit 1710 **Reichsgraf) von Herberstein**
1701–1711	**Franz Ferdinand Freiherr** (seit 1669 **Reichsgraf) von Kuenburg** (Küenburg, Khüenburg, Kienburg)
1711–1717	**Franz Karl Reichsgraf von Kaunitz** (Kauniz)**-Rietberg**
1718–1727	**Wilhelm Graf von Leslie**
1727	Leopold Anton Eleutherius Reichsfreiherr von Firmian, ernannter Fürstbischof
1728–1742	**Sigismund Felix Graf von** (1679–1742) **Schrattenbach** (Schrattenpach, Schrottenbach)
1742–1757	**Ernest Amadeus** (Gottlieb) **Thomas Reichsgraf von Attems** (Attemis, Atthembs)
1760–1772	**Leopold Joseph Hannibal Graf Petazzi** (Petaz, Petazi, Pettazzi) **von Castel Nuovo**
1769–1772	**Karl Johann Reichsgraf von Herberstein,** Koadjutor
1772–1787	Ders., Fürstbischof
1788–1807	**Michael Leopold Freiherr Brigido von Marenfels und Bresoviz,** Fürsterzbischof

Puchheim (Puchaim, Puchaimb, Buchheim), **Otto Friedrich** (seit 1633 **Graf**) **von** (1604–1664)

1641–1664   Fürstbischof von Laibach

Literatur: **F. M. Dolinar**, in: Bischöfe 1648–1803, 354 f.

Blasonierung: (Familienwappen Puchheim) Geviert mit Herzschild, der mit einer dreiblättrigen goldenen Laubkrone gekrönt ist. – Herzschild: In Silber ein roter Balken (Stammwappen). – Hauptschild: (1) und (4) in Schwarz drei 2:1 gestellte goldene Ährenbündel (Erbtruchsessenamt), (2) und (3) in Rot ein golden gekrönter silberner Löwe (Raabs).

Nachweis: **J. Siebmacher**, Oberösterreich 282, Tf. 75. – **J. Volčjak,** Listine 13.

Rabatta, Joseph (seit 1634 **Graf**) **von** (um 1620–1683)

1664–1683   Fürstbischof von Laibach

Literatur: **F. M. Dolinar**, in: Bischöfe 1648–1803, 356.

Blasonierung: (Familienwappen Rabatta) Geviert mit Herzschild. – Herzschild: In Silber auf grünem Dreiberg zwei rote Flüge in der Mitte eine schwebende goldene Laubkrone (Stammwappen Rabatta). – Hauptschild: (1) und (4) in Gold ein mit zwei goldenen Kaiserkronen gekrönter golden bewehrter und rot gezungter schwarzer Doppeladler (kaiserliches Gnadenwappen), (2) und (3) in Silber ein roter Karren, dessen Deichsel schräg nach oben zeigt (Carrarra).

Anmerkung: Beim Familienwappen wird oft statt des Karrens nur ein vierrädriges Fahrgestell gezeigt.

Nachweis: **J. Siebmacher**, Oberösterreich 286, Tf. 76.– **J. Volčjak,** Listine 14 (vierrädriges Fahrgestell und ohne Krone im Herzschild). – Deckengemälde im bischöflichen Palais Laibach.

Herberstein, Sigmund Christoph (seit 1659 **Graf**, seit 1710 **Reichsgraf**) **von** (1644–1711)

1683–1701   Fürstbischof von Laibach

Literatur: **F. Dolinar**, in: Bischöfe 1648–1803, 183 f.

Blasonierung: (Familienwappen Herberstein) Gespalten und zweimal geteilt (sechs Felder) mit Herzschild. – Herzschild (Stammwappen Herberstein): In Rot ein silberner Sparren. – Hauptschild (Familienwappen Herberstein): (1) und (4) in mit goldenen Herzen bestreutem schwarzem Feld ein nach links gewendeter silberner Wolf (von Neuberg), (2) und (5) gespalten von Rot und Rot, vorne ein goldenes Kastell mit drei Türmen und offenem Tor und Fenster (Kastilien), hinten ein silberner Balken (Österreich), (3) und (6) in Rot ein goldenes Pferdekummet (von Hag).

Anmerkung: Die Symbole für das Königreich Kastilien und das Erzherzogtum Österreich wurden der Familie Herberstein 1522 als Wappenmehrung von Karl V. verliehen. Beim Familienwappen finden sich die folgenden Varianten: (1) und (4) in Blau ein linksgewendeter silberner Fuchs, (2) und (5) gespalten von Rot und Rot, vorne der Bindenschild, hinten das Kastell, (3) und (6) in Rot ein goldenes Herz.[124] Das zweite und fünfte Feld wird auch mit nur einem Turm dargestellt.[125]

Nachweis: **J. Volčjak,** Listine 15. – Bischöfliches Palais Laibach, Deckengemälde.

---

[124]   **J. F. Seyfart**, Handbuch 1768, 64.
[125]   **J. Siebmacher**, Niederösterreich I, Tf. 27.

Kuenburg (Küenburg, Khüenburg, Kienburg), **Franz Ferdinand Freiherr** (seit 1669 **Reichsgraf**) **von** (1651–1731)

1701–1711   Fürstbischof von Laibach
1711–1731   Fürsterzbischof von Prag

Literatur: **F. M. Dolinar – K. A. Huber**, in: Bischöfe 1648–1803, 244 f.

Blasonierung: Unter Schildhaupt geviert. – Schildhaupt (Bistum Laibach): In Gold ein durch einen silbernen Bischofs-stab von Schwarz und Blau gespaltener zweiköpfiger gekrönter Adler, die rechte Seite belegt mit einem gespaltenen Schildchen, das vorne in Gold einen roten Löwen, hinten in Rot einen silbernen Balken zeigt, die linke Seite des Adlers ist mit einem nur zur Hälfte sichtbaren Halbmond belegt, der in zwei Reihen von Gold und Rot geschacht ist. In der rech-ten Klaue hält der Adler Schwert und Zepter. – Hauptschild (Familienwappen Kuenburg): Geviert, (1) und (4) gespalten von Rot und Silber, belegt mit einer Kugel in verwechselten Farben, (2) und (3) geteilt von Schwarz und Silber, belegt mit einer Türangel (Maueranker) in verwechselten Farben (von Steyerberg).

Nachweis: **J. Siebmacher**, Wappen der Bistümer, Tf. 222 (mit falscher Reihenfolge beim Familienwappen). – **J. Volčjak**, Listine 16.

Kaunitz (Kauniz)-Rietberg, Franz Karl Reichsgraf von (1676–1717)

1711–1717   Fürstbischof von Laibach

Literatur: **F. M. Dolinar**, in: Bischöfe 1648–1803, 220 f.

Blasonierung: Unter Schildhaupt geviert. – Schildhaupt (Bistum Laibach): In Gold ein durch einen silbernen Bischofsstab von Schwarz und Blau gespaltener zweiköpfiger gekrönter Adler, die rechte Seite belegt mit einem gespaltenen
Schildchen, das vorne in Gold einen roten Löwen, hinten in Rot einen silbernen Balken zeigt. Die linke Seite des Adlers
ist mit einem nur zur Hälfte sichtbaren Halbmond belegt, der in zwei Reihen von Gold und Rot geschacht ist. In der rechten Klaue hält der Adler Schwert und Zepter. – Hauptschild (Familienwappen Kaunitz): Geviert, (1) und (4) in Rot zwei
geschrägte bewurzelte silberne Seerosenpflanzen mit herzförmigem Blatt, oben zueinander gebogen und unten ins Kreuz
gelegt, (2) und (3) in Gold eine blaue heraldische Rose mit goldenen Butzen.

Nachweis: **J. Siebmacher**, Wappen der Bistümer, Tf. 224. – **J. Volčjak**, Listine 17.

Leslie, Wilhelm Graf von (um 1650–1727)

1711–1716   Weihbischof in Triest, Ep. tit. Abderitanus
1716–1718   Bischof von Waitzen
1718–1727   Fürstbischof von Laibach

Literatur: **F. M. Dolinar**, in: Bischöfe 1648–1803, 268 f.

Blasonierung: Schildhaupt (Bistum Laibach) In Gold ein durch einen silbernen Bischofsstab von Schwarz und Blau gespaltener zweiköpfiger gekrönter Adler, die rechte Seite belegt mit einem gespaltenen Schildchen, das vorne in Gold einen roten Löwen, hinten in Rot einen silbernen Balken zeigt, die linke Seite des Adler ist mit einem nur zur Hälfte sichtbaren Halbmond belegt, der in zwei Reihen von Gold und Rot geschacht ist. In der rechten Klaue hält der Adler Schwert und Zepter. – Hauptschild (Familienwappen Leslie): In Silber ein mit drei goldenen Schnallen belegter roter Balken.

Nachweis: **J. Volčjak,** Listine 18 (Hauptschild geteilt von Rot und Silber). – Bischöfliches Palais Laibach, Deckengemälde.

Schrattenbach (Schrattenpach, Schrottenbach), **Sigismund Felix Graf von** (1679–1742)

1728–1742   Fürstbischof von Laibach

Literatur: **F. M. Dolinar**, in: Bischöfe 1648–1803, 449 f.

Blasonierung: Unter dem Schildhaupt zweimal gespalten und einmal geteilt (sechs Felder) mit Herzschild. – Schildhaupt (Bistum Laibach): In Gold ein durch einen silbernen Bischofsstab von Schwarz und Blau gespaltener zweiköpfiger gekrönter Adler, die rechte Seite belegt mit einem gespaltenen Schildchen, das vorne in Gold einen roten Löwen, hinten in Rot einen silbernen Balken zeigt. Die linke Seite des Adler ist mit einem nur zur Hälfte sichtbaren Halbmond belegt, der in zwei Reihen von Gold und Rot geschacht ist. In der rechten Klaue hält der Adler Schwert und Zepter. – Herzschild (Stammwappen Schrattenbach): In Schwarz ein silberner Schrägwellenbalken, begleitet oben von einem goldenen Stern, unten auf goldenem Boden ein bewurzelter goldener Baumstumpf, aus dem an der rechten Seite ein mit einem Eichenblatt besetzter Ast wächst. – Hauptschild (Familienwappen Schrattenbach): (1) gespalten, rechts in Gold ein rot gezungter golden bewehrter halber schwarzer Adler am Spalt, links in Silber fünf rote Schräglinksbalken, (2) in Rot nebeneinander zwei aufgerichtete silberne Hände (von der Dörr), (3) von Schwarz und Gold siebenmal geteilt und überdeckt mit einem silbernen Schrägbalken, (4) in Silber ein roter Laubkranz, (5) in Silber ein schwebendes schwarzes Tatzenkreuz, (6) in Rot ein goldener Löwe mit doppeltem Schweif (Kuenring).

Anmerkung: Varianten des Familienwappens Schrattenbach. – Herzschild: Baumstumpf auf grünem oder silbernem Grund oder Hügel. – Hauptschild: (1) rechts roter Adler am Spalt, links neunmal schräglinksgeteilt von Rot und Silber bzw. vier roten Schräglinksbalken, (3) in Gold vier schwarze Balken, überdeckt von einem grünen Schrägbalken, (4) in Silber ein einwärts gekehrtes und oben und unten ineinander verschränktes Hirschgeweih, (5) in Silber ein schwarzes silbern eingefasstes Kreuz mit ausgeschweiften Armen, (6) in Rot ein silberner Löwe bzw. ein goldener Leopard.[126]

Nachweis: Bischöfliches Palais Laibach, Deckengemälde.

---

[126]   Vgl. **W. v. Hueck**, Adelslexikon XIII, 89. – **J. F. Seyfart**, Handbuch 1768, 55. – **J. Volčjak**, Listine 19 (Hauptschild: [3] siebenmal geteilt von Blau und Silber mit einem blauen Schrägbalken).

Attems (Attemis, Atthembs), **Ernest Amadeus** (Gottlieb) **Thomas Reichsgraf von** (1694–1757)

1733–1742   Passauer Generalvikar und Offizial für das Land unter der Enns
1735–1742   Weihbischof in Passau, Ep. tit. Trachonensis
1742–1757   Fürstbischof von Laibach

Literatur: **F. M. Dolinar**, in: Bischöfe 1648–1803, 15 f.

Blasonierung: (Familienwappen Attems) Geviert mit Herzschild. – Herzschild: In Rot ein silberner Brackenrumpf mit goldenem Halsband. – Hauptschild: (1) und (4) in Gold ein rot gezungter und golden bewehrter schwarzer Doppeladler mit darüber schwebender Krone (kaiserliches Gnadenwappen), (2) und (3) in Rot drei silberne Spitzen.

Anmerkung: Als Variante des Familienwappens wird ein rotes Halsband genannt.[127]

Nachweis: **J. Volčjak,** Listine 20. – Bischöfliches Palais Laibach, Deckengemälde.

---

[127]   **F. Gall**, Wappenkunde 301. – **W. v. Hueck**, Adelslexikon I, 144.

Petazzi (Petaz, Petazi, Pettazzi) **von Castel Nuovo, Leopold Joseph Hannibal Graf** (1703–1772)

    1740–1760   Bischof von Triest
    1760–1772   Fürstbischof von Laibach

Literatur: **F. M. Dolinar**, in: Bischöfe 1648–1803, 339 f.

Blasonierung: (Familienwappen Petazzi) Geviert mit Herzschild. – Herzschild: In Blau ein sechsstrahliger goldener Stern. – Hauptschild: (1) und (4) in Gold ein golden gekrönter, golden bewehrter und rot gezungter schwarzer Adler, (2) und (3) in Rot sieben 2:2:2:1 gestellte silberne Münzen.

Anmerkung: Eine Kombination mit dem Bistumswappen ist nicht bekannt. Familien- und Bistumswappen wurden nebeneinander gezeigt.[128]

Nachweis: **J. Volčjak,** Listine 21 (Hauptschild: [1] und [4] Doppeladler). – Bischöfliches Palais Laibach, Deckengemälde.

---

[128]   **J. F. Seyfart**, Handbuch 1768, 34, Tf. 75.

Herberstein, Karl Johann Reichsgraf von (1719–1787)

1769–1772   Koadjutor des Fürstbischofs von Laibach, Ep. tit. Myndiensis
1772–1787   Fürstbischof von Laibach

Literatur: **F. M. Dolinar**, in: Bischöfe 1648–1803, 182 f.

Blasonierung: Unter Schildhaupt gespalten und zweimal geteilt (sechs Felder) mit Herzschild. – Schildhaupt (Bistum Laibach): In Gold ein durch einen silbernen Bischofsstab von Schwarz und Blau gespaltener zweiköpfiger gekrönter Adler, die rechte Seite belegt mit einem gespaltenen Schildchen, das vorne in Gold einen roten Löwen, hinten in Rot einen silbernen Balken zeigt, die linke Seite des Adler ist mit einem nur zur Hälfte sichtbaren Halbmond belegt, der in zwei Reihen von Gold und Rot geschacht ist. In der rechten Klaue hält der Adler Schwert und Zepter. – Herzschild (Stammwappen Herberstein): In Rot ein silberner Sparren. – Hauptschild (Familienwappen Herberstein): (1) und (4) in mit goldenen Herzen bestreutem schwarzem Feld ein nach links gewendeter silberner Wolf (von Neuberg), (2) und (5) gespalten von Rot und Rot, vorne ein goldenes Kastell mit drei Türmen und offenem Tor und Fenstern (Kastilien), hinten ein silberner Balken (Österreich), (3) und (6) in Rot ein goldenes Pferdekummet (von Hag).

Anmerkung: Die Symbole für das Königreich Kastilien und das Erzherzogtum Österreich wurde der Familie Herberstein 1522 als Wappenmehrung von Karl V. verliehen. Beim Familienwappen finden sich die folgenden Varianten: (1) und (4) in Blau ein linksgewendeter silberner Fuchs, (2) und (5) gespalten von Rot und Rot, vorne der Bindenschild, hinten das Kastell, (3) und (6) in Rot ein goldenes Herz.[129] Das zweite und fünfte Feld wird auch mit nur einem Turm dargestellt.[130]

Nachweis: **J. Siebmacher**, Wappen der Bistümer, Tf. 223. – **J. Volčjak**, Listine 22 (ohne Schildhaupt). – Bischöfliches Palais Laibach, Deckengemälde.

---

[129] **J. F. Seyfart**, Handbuch 1768, 64.
[130] **J. Siebmacher**, Niederösterreich I, Tf. 27.

Brigido von Marenfels und Bresoviz, Michael Leopold Freiherr (1742–1816)

1788–1807   Fürsterzbischof von Laibach
1807–1816   Bischof von Zips

Literatur: **F. M. Dolinar**, in: Bischöfe 1648–1803, 48 f.

Blasonierung: (Familienwappen Brigido) In Blau auf silbernem gewelltem Wasser zwei einander zugekehrte silberne Delphine mit erhobenen Schwänzen, dazwischen ein goldener Stern.

Anmerkung: Varianten des Familienwappens: auf grünem gewelltem Wasser.[131]

Nachweis: **J. Siebmacher**, Krain, Tf. 4. – **J. Volčjak,** Listine 23 (ohne „Wasser"-Schildfuß). – Bischöfliches Palais Laibach, Deckengemälde.

---

[131]   **W. v. Hueck**, Adelslexikon II, 111.

Lausanne

Das westschweizerische Bistum Lausanne erstreckte sich bis zur Reformation im Süden den Genfer See entlang von Aubonne bis zur Schwarzwasser, im Norden von Solothurn bis zum Tal von Saint-Imier im Jura, im Westen längs des Neuenburger und Waadtländer Jura, im Osten längs der Aare. Nach der Eroberung der Waadt durch Bern (1536) und der Einführung der Reformation waren nur kleine Teile bei der alte Kirche geblieben. Die Bischöfe waren nach Savoyen ausgewichen und das Domkapitel untergegangen. Seit 1613 residierten die Bischöfe in Freiburg. Es gab kein Domkapitel. Der Bischof wurde vom Hl. Stuhl frei ernannt.

Literatur: **G. Coutaz**, in: Bistümer bis 1803, 335–343.

1. Bistum

Blasonierung: Gespalten von Rot und Silber, vorne und hinten je ein bedeckter Kelch in verwechselter Tinktur. – Statt des Kelches findet sich als Wappenbild auch eine Büchse, die Spaltung erfolgt öfters auch silber und rot.

Nachweis: **F.-Th. Dubois**, Armoiries I, 57, Abb. 47; 58, Abb. 48. – **J. Siebmacher**, Wappen der Bistümer, Tf. 217.

2. Bischöfe

Bischofsliste

1609–1649	**Jean de Watteville** <OCist>
1652–1658	**Jost** (Jodok) **Knab**
1658–1663	Henri Fuchs (gen. Vulpius), Apostolischer Administrator
1662–1684	**Jean Baptiste de Strambino** <OFM>
1684–1688	Josse-Pierre de Reynold, Apostolischer Administrator
1688–1707	**Pierre de Montenach**
1707–1716	**Jacques Duding**
1707,	
1716–1717	Antoine d'Alt, Apostolischer Administrator
1716–1745	**Claude-Antoine Duding**
1746–1758	**Joseph-Hubert de Boccard**
1758	Béat-Nicolas-Ignace d'Amman, Apostolischer Administrator
1758–1782	**Joseph-Nicolas de Montenach**
1782	Jean-Louis de Techtermann, Apostolischer Administrator
1782–1795	**Bernard-Emmanuel de Lenzbourg** <OCist>
1796–1803	**Jean-Baptiste d'Odet**

Watteville, Jean de <OCist> (1574–1649)

    1609–1649   Bischof von Lausanne

Literatur: **P. L. Surchat**, in: Bischöfe 1648–1803, 561 f.

Blasonierung: (Familienwappen Watteville) In Rot drei 2:1 gestellte silberne Flüge.

Nachweis: Berner Wappenbuch 80.

Knab, Jost (Jodok) (1593–1658)

1652–1658   Bischof von Lausanne

Literatur: **P. L. Surchat**, in: Bischöfe 1648–1803, 227 f.

Blasonierung: (Familienwappen Knab) Geviert, (1) in breitem blauem Schildbord zum linken Obereck dreifach geständert von Rot und Silber, (2) und (3) (Farben unbekannt) über Schildfuß mit schräg gekreuzten Linien ein nach innen gewendeter Hahn, (4) in breitem blauem Schildbord zum rechten Obereck dreifach geständert von Silber und Rot.

Nachweis: **F.-Th. Dubois**, Armoiries I, 66.

Strambino, Jean Baptiste de <OFM> (1621–1684)

   1662–1684   Bischof von Lausanne

Literatur: **P. L. Surchat**, in: Bischöfe 1648–1803, 492 f.

Blasonierung: Geviert, (1) und (4) neunmal schräg geschacht von Blau und Gold (Familienwappen Strambino), (2) und (3) gespalten von Rot und Silber, vorne und hinten je ein bedeckter Kelch in verwechselter Tinktur (Bistum Lausanne).

Nachweis: **F.-Th. Dubois**, Armoiries II, 109.

Montenach, Pierre de (1633–1707)

1688–1707   Bischof von Lausanne

Literatur: **P. L. Surchat**, in: Bischöfe 1648–1803, 315 f.

Blasonierung: Geviert, (1) und (4) gespalten von Rot und Silber, vorne und hinten je ein bedeckter Kelch in verwechselter Tinktur (Bistum Lausanne), (2) und (3) gespalten von Blau und Rot in einem breiten goldenen Schildbord (Familienwappen Montenach).

Nachweis: **F.-Th. Dubois**, Armoiries II, 111. – **P. Sella**, Sigilli VII, 123 (Beschreibung, ohne Schildbord).

Duding, Jacques (1641–1716)

1707–1716   Bischof von Lausanne

Literatur: **P. Braun**, in: Bischöfe 1648–1803, 81 f.

Blasonierung: Geviert, (1) und (4) gespalten von Silber und Rot, vorne und hinten je ein bedeckter Kelch in verwechselter Tinktur (Bistum Lausanne), (2) und (3) unter rotem Schildhaupt, darin ein durchgehendes silbernes Kreuz (Malteserorden), in Silber drei 2:1 gestellte rote Rosen an mit zwei Blättern besetzten Stielen (Familienwappen Duding).

Nachweis: **F.-Th. Dubois**, Armoiries II, 112.

Duding, Claude-Antoine (1681–1745)

1716–1745   Bischof von Lausanne

Literatur: **P. Braun**, in: Bischöfe 1648–1803, 80 f.

Blasonierung: Geviert, (1) und (4) gespalten von Silber und Rot, vorne und hinten je ein bedeckter Kelch in verwechselter Tinktur (Bistum Lausanne), (2) und (3) unter rotem Schildhaupt, darin ein durchgehendes silbernes Kreuz (Malteserorden), in Silber drei 2:1 gestellte rote Rosen an mit zwei Blättern besetzten Stielen (Familienwappen Duding).

Nachweis: **F.-Th. Dubois**, Armoiries II, 113. – **P. Sella**, Sigilli VII, 123 (Beschreibung).

Boccard, Joseph-Hubert de (1697–1758)

1730–1745   Generalvikar der Diözese Lausanne
1746–1758   Bischof von Lausanne

Literatur: **P. Braun**, in: Bischöfe 1648–1803, 35 f.

Blasonierung: Geviert mit Herzschild. – Herzschild: Gespalten von Silber und Rot, vorne und hinten je ein bedeckter Kelch in verwechselter Tinktur (Bistum Lausanne). – Hauptschild: (1) und (4) in Blau drei 2:1 gestellte goldene Wecken, (2) und (3) in Schwarz ein rot gezungter goldener Löwe (Familienwappen Boccard).

Nachweis: **F.-Th. Dubois**, Armoiries II, 114.

Montenach, Joseph-Nicolas de (1709–1782)

1758–1782 Bischof von Lausanne

Literatur: **P. Braun**, in: Bischöfe 1648–1803, 314 f.

Blasonierung: Geviert, (1) und (4) gespalten von Blau und Rot (Familienwappen Montenach), (2) und (3) gespalten von Silber und Rot, vorne und hinten je ein bedeckter Kelch in verwechselter Tinktur (Bistum Lausanne).

Nachweis: **F.-Th. Dubois**, Armoiries II, 115. – **J. F. Seyfart**, Handbuch 1768, 34, Tf. 78.

Lenzbourg, Bernard-Emmanuel de <OCist> (1723–1795)

1782–1795   Bischof von Lausanne
1792–1795   Administrator des Erzbistums Besançon und des Bistums Belley

Literatur: **P. Braun**, in: Bischöfe 1648–1803, 264 f.

Blasonierung: Geviert mit einem von einer Mitra bekrönten Herzschild. – Herzschild: Gespalten, vorne in Schwarz ein von Rot und Silber in zwei Reihen geschachter Schrägbalken, hinten in einem mit silbernen Kreuzen bestreuten roten Feld ein goldener Löwe (Abtei Altenryf). – Hauptschild: (1) und (4) in Rot über einem liegenden silbernen Halbmond ein mit der Spitze nach oben zeigender silberner Pfeil (Familienwappen Lenzbourg), (2) und (3) gespalten von Silber und Rot, vorne und hinten je ein bedeckter Kelch in verwechselter Tinktur (Bistum Lausanne).

Nachweis: BayHStA München, Siegelsammlung. – **F.-Th. Dubois**, Armoiries II, 118.

Odet, Jean-Baptiste d' (1752–1803)

1796–1803   Bischof von Lausanne

Literatur: **F. Python**, in: Bischöfe 1785/1803–1945, 539 f.

Blasonierung: Geviert, (1) und (4) in Blau ein silberner rot gezungter Löwe (Familienwappen Odet), (2) und (3) gespalten von Silber und Rot, vorne und hinten je ein bedeckter Kelch in verwechselter Tinktur (Bistum Lausanne).

Nachweis: **F.-Th. Dubois**, Armoiries II, 119.

Lavant

Das 1225 mit dem Sitz zu St. Andrä im Lavanttal gegründete kleine salzburgische Eigenbistum Lavant lag als Enklave im Gebiet des Erzbistums Salzburg. Erst bei der josephinischen Diözesanregulierung wurde es 1785/88 erweitert und den anderen Bistümern rechtlich gleichgestellt. Territorial gehörte es zu den Herzogtümern Kärnten und Steiermark. Seit der Durchführung der Gegenreformation war die Bevölkerung katholisch. Der Bischof, der seit 1591 zugleich Generalvikar des Erzbischofs für Ober- und Unterkärnten war, wurde von diesem nominiert und konfirmiert.

Literatur: **F. M. Dolinar**, in: Bistümer bis 1803, 344–346.

1. Bistum

Blasonierung: Schräggeteilt von Gold und Rot, oben ein schräg nach oben schreitender rot gezungter schwarzer Löwe, unten ein silberner Schräglinksbalken. – Das am Kärntner Landeswappen und am Salzburger Hochstiftswappen orientierte Wappen taucht auf Siegeln erstmals unter Bischof Heinrich (1342–56) auf.[132] Gebräuchlich scheint auch eine Schräglinksteilung des Wappens zu sein.[133] – Das Domkapitel war identisch mit dem Stiftskapitel des Augustiner-Chorherrenstifts St. Andrä im Lavanttal. Es führte das folgende Wappen:[134] In Blau auf einem grünen Hügel der mit einem roten Umhang bekleidete hl. Andreas in natürlichen Farben mit goldenem Heiligenschein, der mit beiden Händen ein hinter seinem Rücken befindliches braunes Andreaskreuz hält.

Nachweis: **H. Appuhn**, Siebmacher 1605, Tf. 12. – **F. Gall**, Wappenkunde 222.

---

132   **E. Neukirch**, Erscheinen 146 (Siegelbeschreibung).
133   **J. F. Seyfart**, Handbuch 1768, Tf. 74.
134   **F. Röhrig**, Stifte 398.

2. Fürstbischöfe

Bischofsliste

1640–1654	Albert von (RA) **Priamis** (Priamus)
1654–1664	Maximilian Gandolf Freiherr (seit 1669 Reichsgraf) **von Kuenburg**
1665–1673	Sebastian Freiherr (seit 1636 Graf) **von Pötting-Persing**
1674–1704	Franz Caspar (seit 1686 Reichsfreiherr) **von Stadion**
1704–1708	Johann Sigmund Freiherr (seit 1669 Reichsgraf) **von Kuenburg**
1709–1718	Philipp Carl Reichsgraf (seit 1716 Fürst) **von Fürstenberg in Mösskirch**
1718–1724	Leopold Anton Eleutherius Reichsfreiherr **von Firmian**
1724–1744	Joseph Oswald Reichsgraf **von Attems** (Atthembs, Attembs)
1744–1753	Vigilius Augustin Maria Reichsfreiherr (seit 1749 Graf) **von Firmian**
1753–1754	Josef Maria Reichsgraf von Thun und Hohenstein, Administrator
1754–1762	Johann Baptist Reichsgraf **von Thurn und Taxis**
1763–1773	Joseph Franz Anton Reichsgraf **von Auersperg**
1773–1777	Franz de Paula Xaver Ludwig Jakob Reichsgraf (seit 1776 Fürst) **von Breuner**
1777–1790	Vinzenz Joseph Franz Sales Graf (seit 1788 Fürst) **von Schrattenbach**
1790–1793	Joseph Ernest Gandolph Reichsgraf **von Kuenburg**
1795–1800	Vinzenz Joseph Franz Sales Graf (seit 1788 Fürst) **von Schrattenbach**
1800–1822	Leopold Maximilian Graf **von Firmian**

Priamis (Priamus), **Albert von** (RA) (um 1605–1654)

1640–1654   Fürstbischof von Lavant und Generalvikar für Ober- und Unterkärnten

Literatur: **F. M. Dolinar**, in: Bischöfe 1648–1803, 351 f.

Blasonierung: Gespalten, vorne schräglinksgeteilt von Gold und Rot, oben ein schräglinks nach oben schreitender schwarzer rot gezungter Löwe, unten ein silberner Schrägbalken (Bistum Lavant), hinten in Blau ein silberner Balken, darin drei rote heraldische Rosen, oben ein wachsender goldener Löwe, der in seinen Pranken eine schwarze Fackel mit roten Flammen hält, unten drei 2:1 gestellte goldene sechsstrahlige Sterne (Familienwappen Priamis).

Anmerkung: Folgende Varianten des Familienwappens Priamis (Priami) werden genannt: Durch einen mit drei silbernen Rosen belegten goldenen Balken geteilt, oben in Rot ein wachsender golden gekrönter silberner Löwe, in der linken Pranke einen grünen Lorbeerzweig haltend[135] bzw.: Im oberen Feld in Rot ein schwarzer Löwe, das Haupt in einer goldenen Aureole und in der linken Pranke einen grünen Palmzweig haltend.[136]

Nachweis: **P. Schindler**, Beiträge 466, Nr. 16. – Siegelabbildung im Erzbischöflichen Archiv Maribor.

---

[135]   **W. v. Hueck**, Adelslexikon XI, 26.
[136]   **P. Schindler**, Beiträge 466.

Kuenburg, Maximilian Gandolf Freiherr (seit 1669 **Reichsgraf**) **von** (1622–1687)

1654–1664 Fürstbischof von Lavant und Generalvikar für Ober- und Unterkärnten

1664–1665 Administrator des Bistums Seckau

1665–1668 Fürstbischof von Seckau und Generalvikar für die Steiermark und den Neustädter Distrikt

1668–1687 Fürsterzbischof von Salzburg

1686 Kardinal

Literatur: **F. Ortner**, in: Bischöfe 1648–1803, 247–249.

Blasonierung: Gespalten, vorne schräglinksgeteilt von Gold und Rot, oben ein schräglinks nach oben schreitender schwarzer rot gezungter Löwe, unten ein silberner Schrägbalken (Bistum Lavant), hinten (Familienwappen Kuenburg) geviert, (1) und (4) gespalten von Rot und Silber, belegt mit einer Kugel in verwechselten Farben, (2) und (3) geteilt von Schwarz und Silber, belegt mit einer Türangel (Maueranker) in verwechselten Farben (von Steyerberg).

Nachweis: **P. Schindler**, Beiträge 461, Nr. 11. – Siegelabbildung im Erzbischöflichen Archiv Maribor.

Pötting-Persing, Sebastian Freiherr (seit 1636 **Graf**) **von** (1628–1689)

1665–1673   Fürstbischof von Lavant und Generalvikar für Ober- und Unterkärnten
1673–1689   Fürstbischof von Passau

Literatur: A. Leidl, in: Bischöfe 1648–1803, 347 f.

Blasonierung: Gespalten, vorne schräglinksgeteilt von Gold und Rot, oben ein schräglinks nach oben schreitender schwarzer rot gezungter Löwe, unten ein silberner Schrägbalken (Bistum Lavant), hinten geviert (Familienwappen Pötting-Persing), (1) und (4) in Rot zwei schräg gekreuzte silberne Nägel, eingeschlossen von einem in der Mitte in zwei Teile zerbrochenen mit den Stollen aufwärts stehenden silbernen Hufeisen, (2) und (3) in Rot eine silberne Dogge mit schwarzem Halsband mit Ring.

Anmerkung: Nachweise für dieses Wappen wurden nicht gefunden. Eine Kombination des Familienwappens mit dem Bistumswappens ist zu vermuten, da eine solche Übung bei fast allen Lavanter Bischöfen zu belegen ist. Das genauere Aussehen des Familienwappens ist unklar, es finden sich als Varianten (etwa bei den Passauer Münzen des Bischofs) statt der Hufeisen auch Büffelhörner (wie sie bei Helmzieren verwendet werden). Statt der gekreuzten Nägel werden auch gekreuzte Bischofsstäbe gezeichnet.

Nachweis: unbekannt.

Stadion, Franz Caspar (seit 1686 **Reichsfreiherr**) **von** (um 1644–1704)

1669–1704   Generalvikar für Ober- und Unterkärnten
1674–1704   Fürstbischof von Lavant

Literatur: **F. M. Dolinar**, in: Bischöfe 1648–1803, 480 f.

Blasonierung: Zwei nebeneinanderstehende Wappen. – Schild I (Bistum Lavant): Schräggeteilt von Gold und Rot, oben ein schräg nach oben schreitender schwarzer rot gezungter Löwe, unten ein silberner Schräglinksbalken. – Wappen II (Familienwappen Stadion): In Schwarz übereinander drei gestürzte goldene Wolfsangeln.

Anmerkung: Das Familienwappen findet sich auch aufgelegt auf dem Hochstiftswappen.[137]

Nachweis: **P. Schindler**, Beiträge 474, Nr. 21. – Siegelabbildung im Erzbischöflichen Archiv Maribor.

---

[137]   **P. Schindler**, Beiträge 478.

Kuenburg, Johann Sigmund Freiherr (seit 1669 **Reichsgraf**) **von** (1656–1711)

1704–1708   Fürstbischof von Lavant und Generalvikar für Ober- und Unterkärnten
1708–1711   Fürstbischof von Chiemsee

Literatur: **E. Naimer**, in: Bischöfe 1648–1803, 245 f.

Blasonierung: Gespalten, vorne schräglinksgeteilt von Gold und Rot, oben ein schräglinks nach oben schreitender schwarzer rot gezungter Löwe, unten ein silberner Schrägbalken (Bistum Lavant), hinten (Familienwappen Kuenburg) geviert, (1) und (4) gespalten von Rot und Silber, belegt mit einer Kugel in verwechselten Farben, (2) und (3) geteilt von Schwarz und Silber, belegt mit einer Türangel (Maueranker) in verwechselten Farben (von Steyerberg).

Nachweis: **P. Schindler**, Beiträge 461, Nr. 10. – Siegelabbildung im Erzbischöflichen Archiv Maribor.

Fürstenberg in Mösskirch, Philipp Carl Reichsgraf (seit 1716 **Fürst**) **von** (1669–1718)

1709–1718   Fürstbischof von Lavant und Generalvikar für Ober- und Unterkärnten

Literatur: **F. M. Dolinar**, in: Bischöfe 1648–1803, 140 f.

Blasonierung: Schräggeteilter Schild mit Mittelschild und Herzschild. – Herzschild (Familienwappen Fürstenberg): Geviert, (1) und (4) in Rot eine silberne Kirchenfahne (Grafschaft Werdenberg), (2) und (3) in Silber ein schrägrechter schwarzer Stufenbalken (Grafschaft Heiligenberg). – Mittelschild (Familienwappen Fürstenberg): In Silber ein mit blauem Wolkenschnitt (Blumeneck) eingefasster Schild, darin in Gold ein blau bewehrter roter Adler. – Hauptschild (Bistum Lavant): Schräggeteilt von Gold und Rot, oben ein schräg nach oben schreitender rot gezungter schwarzer Löwe, unten ein silberner Schräglinksbalken.

Nachweis: **J. Siebmacher**, Wappen der Bistümer, Tf. 220. – Siegelabbildung im Erzbischöflichen Archiv Maribor.

Firmian, Leopold Anton Eleutherius Reichsfreiherr von (1679–1744)

1718–1724   Fürstbischof von Lavant und Generalvikar für Ober- und Unterkärnten
1724–1727   Fürstbischof von Seckau und Generalvikar für die Steiermark und den
             Neustädter Distrikt
1727   Ernannter Bischof von Laibach
1727–1744   Fürsterzbischof von Salzburg

Literatur: **F. Ortner**, in: Bischöfe 1648–1803, 111–113.

Blasonierung: Unter Schildhaupt geviert mit Herzschild. – Schildhaupt (Bistum Lavant): Schräggeteilt von Gold und Rot, oben ein schräg nach oben schreitender rot gezungter schwarzer Löwe, unten ein silberner Schräglinksbalken. – Herzschild (Familienwappen Firmian): In Silber eine goldene Laubkrone auf rotem viereckigem Kissen mit goldenen Quasten. – Hauptschild (Familienwappen Firmian): Geviert, (1) und (4) fünfmal geteilt von Rot und Silber, die drei roten Balken mit sechs 3:2:1 verteilten gestürzten silbernen Halbmonden belegt (Stammwappen Firmian), (2) und (3) in Blau eine schräg gestellte silberne Hirschstange mit Knolle und vier Zinken, die jeweils mit einem goldenen sechsstrahligen Stern besetzt sind (Herrschaft Kronmetz).

Anmerkung: Es finden sich folgende Varianten des Wappens der Familie Firmian: (1) und (4) in Rot zwei silberne Balken, begleitet von sechs 3:2:1 verteilten halben silbernen Ringen, (2) und (3) in Blau eine schräg gestellte goldene Hirschstange mit vier Zinken, die jeweils mit einem goldenen sechsstrahligen Stern belegt sind.[138]

Nachweis: **P. Schindler**, Beiträge 457, Nr. 5. – Siegelabbildung im Erzbischöflichen Archiv Maribor.

---

[138]   **W. v. Hueck**, Adelslexikon III, 278.

Attems (Atthembs, Attembs), **Joseph Oswald Reichsgraf von** (1679–1744)

1724–1744   Fürstbischof von Lavant und Generalvikar für Ober- und Unterkärnten

Literatur: **F. M. Dolinar**, in: Bischöfe 1648–1803, 16 f.

Blasonierung: Unter Schildhaupt geviert mit Herzschild. – Schildhaupt (Bistum Lavant): Schräggeteilt von Gold und Rot, oben ein schräg nach oben schreitender rot gezungter schwarzer Löwe, unten ein silberner Schräglinksbalken. – Herzschild (Familienwappen Attems): In Rot ein silberner Brackenrumpf mit goldenem Halsband. – Hauptschild (Familienwappen Attems): (1) und (4) in Gold ein rot gezungter und golden bewehrter schwarzer Doppeladler mit darüber schwebender Krone (kaiserliches Gnadenwappen), (2) und (3) in Rot drei aufsteigende silberne Spitzen.

Anmerkung: Als Variante des Familienwappens wird ein rotes Halsband genannt.[139]

Nachweis: BayHStA München, Siegelsammlung. – Siegelabbildung im Erzbischöflichen Archiv Maribor.

---

139   **F. Gall**, Wappenkunde 301. – **W. v. Hueck**, Adelslexikon I, 144.

Firmian, Vigilius Augustin Maria Reichsfreiherr (seit 1749 **Graf**) **von** (1714–1788)

1744–1753   Fürstbischof von Lavant und Generalvikar für Ober- und Unterkärnten

Literatur: **F. M. Dolinar**, in: Bischöfe 1648–1803, 117 f.

Blasonierung: Unter Schildhaupt geviert mit Herzschild. – Schildhaupt (Bistum Lavant): Schräggeteilt von Gold und Rot, oben ein schräg nach oben schreitender rot gezungter schwarzer Löwe, unten ein silberner Schräglinksbalken. – Herzschild (Familienwappen Firmian): In Silber eine goldene Laubkrone auf rotem viereckigem Kissen mit goldenen Quasten. – Hauptschild (Familienwappen Firmian): Geviert, (1) und (4) fünfmal geteilt von Rot und Silber, die drei roten Balken mit sechs 3:2:1 verteilten gestürzten silbernen Halbmonden belegt (Stammwappen Firmian), (2) und (3) in Blau eine schräg gestellte silberne Hirschstange mit Knolle und vier Zinken, die jeweils mit einem goldenen sechsstrahligen Stern besetzt sind (Herrschaft Kronmetz).

Anmerkung: Es finden sich folgende Varianten des Wappens der Familie Firmian: (1) und (4) in Rot zwei silberne Balken, begleitet von sechs 3:2:1 verteilten halben silbernen Ringen, (2) und (3) in Blau eine schräg gestellte goldene Hirschstange mit vier Zinken, die jeweils mit einem goldenen sechsstrahligen Stern belegt sind.[140]

Nachweis: **P. Schindler**, Beiträge 457, Nr. 5. – Siegelabbildung im Erzbischöflichen Archiv Maribor.

---

[140]   **W. v. Hueck**, Adelslexikon III, 278.

Thurn und Taxis, Johann Baptist Reichsgraf von (1706–1762)

1754–1762   Fürstbischof von Lavant
1761–1762   Generalvikar für Ober- und Unterkärnten

Literatur: **F. M. Dolinar**, in: Bischöfe 1648–1803, 515 f.

Blasonierung: Zwei nebeneinanderstehende Wappen. – Schild I (Bistum Lavant): Schräggeteilt von Gold und Rot, oben ein schräg nach oben schreitender rot gezungter schwarzer Löwe, unten ein silberner Schräglinksbalken. – Wappen II (Familienwappen Thurn und Valsassina): Geviert mit Herzschild. – Herzschild: Geviert, (1) und (4) in Silber ein roter Turm, hinter dem zwei blaue Lanzen gekreuzt sind, (2) und (3) in Gold ein blau bewehrter roter Löwe. – Hauptschild: Geviert, (1) in Gold drei 2:1 gestellte silberne Hufeisen, mit den Stollen nach oben, (2) (Farben nicht feststellbar) geviert, [1] und [4] ein Adler, [2] und [3] ein lediges Feld, (3) in Rot drei 2:1 gestellte silberne heraldische Rosen, (4) geviert, [1] und [4] ein Turm, [2] und [3] mehrfach schräggeteilt (Farben nicht feststellbar).

Anmerkung: Dieses Wappen ist auf dem Grabstein des Bischofs zu finden.[141] Die Farbgebung und die Zuordnung des Wappens zu einer Linie der Grafen Thurn und Valsassina ist noch offen.

Nachweis: **P. Schindler**, Beiträge 478. – Siegelabbildung im Erzbischöflichen Archiv Maribor.

---

141   Abb. bei: **P. Schindler**, Beiträge 478.

Auersperg, Joseph Franz Anton Reichsgraf von (1734–1795)

1763–1773	Fürstbischof von Lavant
1763–1773	Generalvikar für Ober- und Unterkärnten
1773–1784	Fürstbischof von Gurk
1784–1795	Fürstbischof von Passau
1789	Kardinal

Literatur: A. Leidl, in: Bischöfe 1648–1803, 19–21.

Blasonierung: Zwei nebeneinanderstehende Wappen. – Schild I (Bistum Lavant): Schräggeteilt von Gold und Rot, oben ein schräg nach oben schreitender rot gezungter schwarzer Löwe, unten ein silberner Schräglinksbalken. – Wappen II (Familienwappen Auersperg): Geviert mit Herzschild. – Herzschild: In Silber ein golden gekrönter roter Löwe (Gottschee). – Hauptschild: Geviert, (1) und (4) in Rot auf grünem Boden stehend ein nach innen gewendeter goldener Auerochse mit goldenem Nasenring, (2) und (3) in Gold ein auf einer schwarzen Bank stehender golden gekrönter, rot gezungter und golden bewehrter schwarzer Adler (Schönberg).

Anmerkung: Folgende Varianten des Wappens sind bekannt: der Auerochse im ersten und vierten Feld wird silbern dargestellt, der Adler im zweiten und dritten Feld steht auf einer silbernen Bank mit goldenen Füßen.[142]

Nachweis: Siegelabbildung im Erzbischöflichen Archiv Maribor.

---

[142] W. v. **Hueck**, Adelslexikon I, 151.

Breuner, Franz de Paula Xaver Ludwig Jakob Reichsgraf (seit 1776 **Fürst**) **von** (1723–1797)

1768–1773   Passauer Offizial und Generalvikar für das Land unter der Enns
1773–1777   Fürstbischof von Lavant und Generalvikar für Ober- und Unterkärnten
1786–1797   Fürstbischof von Chiemsee

Literatur: E. **Naimer**, in: Bischöfe 1648–1803, 45 f.

Blasonierung: Unter Schildhaupt geviert mit Herzschild. – Schildhaupt (Bistum Lavant): Schräggeteilt von Gold und Rot, oben ein schräg nach oben schreitender rot gezungter schwarzer Löwe, unten ein silberner Schräglinksbalken. – Herzschild (Familienwappen Breuner): In Silber ein springendes schwarzes Ross (von Roßeck). – Hauptschild (Familienwappen Breuner): Geviert, (1) und (4) in Silber ein in zwei Reihen von Gold und Schwarz geschachter Pfahl mit zehn Plätzen, (2) und (3) in Gold ein natürlicher Biber (von Gnas).

Anmerkung: Varianten beim Familienwappen – Herzschild: In Blau ein rot gezäumtes schwarzes Ross.[143]

Nachweis: Siegelabbildung im Erzbischöflichen Archiv Maribor.

---

[143] **W. v. Hueck**, Adelslexikon II, 106.

Schrattenbach, Vinzenz Joseph Franz Sales Graf (seit 1788 **Fürst**) **von** (1744–1816)

1777–1790,
1795–1800   Fürstbischof von Lavant
1800–1816   Bischof von Brünn

Literatur: **F. M. Dolinar**, in: Bischöfe 1785/1803–1945, 671 f.

Blasonierung: Unter dem Schildhaupt zweimal gespalten und einmal geteilt (sechs Felder) mit Herzschild. – Schildhaupt (Bistum Lavant): Schräggeteilt von Gold und Rot, oben ein schräg nach oben schreitender rot gezungter schwarzer Löwe, unten ein silberner Schräglinksbalken. – Herzschild (Stammwappen Schrattenbach): In Schwarz ein silberner Schräg-wellenbalken, begleitet oben von einem goldenen Stern, unten auf goldenem Boden ein bewurzelter goldener Baum-stumpf, aus dem an der rechten Seite ein mit einem Eichenblatt besetzter Ast wächst. – Hauptschild: (Familienwappen Schrattenbach): (1) gespalten, rechts in Gold ein rot gezungter golden bewehrter halber schwarzer Adler am Spalt, links in Silber fünf rote Schräglinksbalken, (2) in Rot nebeneinander zwei aufgerichtete silberne Hände (von der Dörr), (3) von Schwarz und Gold siebenmal geteilt und überdeckt mit einem silbernen Schrägbalken, (4) in Silber ein roter Laub-kranz, (5) in Silber ein schwebendes schwarzes Tatzenkreuz, (6) in Rot ein goldener Löwe mit doppeltem Schweif (Kuen-ring).

Anmerkung: Varianten des Familienwappens Schrattenbach – Herzschild: Baumstumpf auf grünem oder silbernem Grund oder Hügel. – Hauptschild: (1) rechts roter Adler am Spalt, links neunmal schräglinksgeteilt von Rot und Silber bzw. vier rote Schräglinksbalken, (3) in Gold vier schwarze Balken, überdeckt von einem grünen Schrägbalken, (4) in Sil-ber ein einwärts gekehrtes und oben und unten ineinander geschränktes Hirschgeweih, (5) in Silber ein schwarzes sil-bern eingefasstes Kreuz mit ausgeschweiften Armen, (6) in Rot ein silberner Löwe bzw. ein goldener Leopard.[144]

Nachweis: Siegelabbildung im Erzbischöflichen Archiv Maribor.

---

144   Vgl. **W. v. Hueck**, Adelslexikon XIII, 89. – **J. F. Seyfart**, Handbuch 1768, 55.

Kuenburg, Joseph Ernest Gandolph Reichsgraf von (1737–1793)

1790–1793   Fürstbischof von Lavant

Literatur: **F. M. Dolinar**, in: Bischöfe 1785/1803–1945, 419 f.

Blasonierung: Unter dem Schildhaupt geviert. – Schildhaupt (Bistum Lavant): Schräggeteilt von Gold und Rot, oben ein schräg nach oben schreitender rot gezungter schwarzer Löwe, unten ein silberner Schräglinksbalken. – Hauptschild (Familienwappen Kuenburg): Geviert, (1) und (4) gespalten von Rot und Silber, belegt mit einer Kugel in verwechselten Farben, (2) und (3) geteilt von Schwarz und Silber, belegt mit einer Türangel (Maueranker) in verwechselten Farben (von Steyerberg).

Nachweis: **P. Schindler**, Beiträge 461, Nr. 12. – Siegelabbildung im Erzbischöflichen Archiv Maribor.

Firmian, Leopold Maximilian Graf von (1766–1831)

1797–1800	Weihbischof in Passau, Ep. tit. Tiberiadensis
1800–1822	Fürstbischof von Lavant
1818–1822	Apostolischer Administrator von Salzburg
1822–1831	Fürsterzbischof von Wien

Literatur: **E. Gatz**, in: Bischöfe 1785/1803–1945, 191 f.

Blasonierung: Unter Schildhaupt geviert mit Herzschild. – Schildhaupt (Bistum Lavant): Schräggeteilt von Gold und Rot, oben ein schräg nach oben schreitender rot gezungter schwarzer Löwe, unten ein silberner Schräglinksbalken. – Herzschild (Familienwappen Firmian): In Silber eine goldene Laubkrone auf rotem viereckigen Kissen mit goldenen Quasten. – Hauptschild (Familienwappen Firmian): Geviert, (1) und (4) fünfmal geteilt von Rot und Silber, die drei roten Balken mit sechs 3:2:1 verteilten gestürzten silbernen Halbmonden belegt (Stammwappen Firmian), (2) und (3) in Blau eine schräg gestellte silberne Hirschstange mit Knolle und vier Zinken, die jeweils mit einem goldenen sechsstrahligen Stern besetzt sind (Herrschaft Kronmetz).

Anmerkung: Es finden sich folgende Varianten des Wappens der Familie Firmian: (1) und (4) in Rot zwei silberne Balken, begleitet von sechs 3:2:1 verteilten halben silbernen Ringen, (2) und (3) in Blau eine schräg gestellte goldene Hirschstange mit vier Zinken, die jeweils mit einem goldenen sechsstrahligen Stern belegt sind.[145]

Nachweis: **P. Schindler**, Beiträge 457, Nr. 6. – Siegelabbildung im Erzbischöflichen Archiv Maribor.

---

[145]   **W. v. Hueck**, Adelslexikon III, 278.

Leitmeritz (Litoměřice)

Das nordböhmische Bistum Leitmeritz wurde 1655 aus dem Erzbistum Prag ausgegliedert. Es besaß kein Hochstift. Die Bevölkerung war seit der Gegenreformation katholisch. Bischof und Domkapitel hatten ihren Sitz in Leitmeritz. Der Bischof wurde vom Landesherrn nominiert.

Literatur: **Z. Hledíková**, in: Bistümer bis 1803, 357–359.

1. Bistum

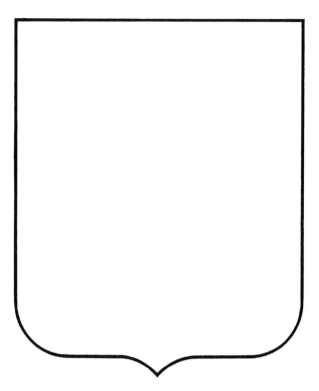

Blasonierung: Die Bischöfe von Leitmeritz haben immer nur ihr persönliches Wappen geführt. Ein Bistumswappen wurde von den im Folgenden genannten Bischöfen nicht verwendet. Als Bistumswappen galt offensichtlich das alte Wappen (Siegelbild?) des Kollegiatskapitels bzw. seit 1655 des Domkapitels: eine figürliche Darstellung des hl. Stephan mit Steinen und Märtyrerpalme.[146]

Nachweis: **A. Zelenka**, Wappen 99.

---

[146]   **J. Siebmacher**, Wappen der Bistümer 164.

2. Bischöfe

Bischofsliste

1655–1675	Maximilian Rudolf Freiherr von Schleinitz
1676–1709	Jaroslaw Ignaz Reichsgraf von Sternberg
1711–1720	Hugo Franz Reichsgraf von Königsegg und Rothenfels
1721–1733	Johann Adam Reichsgraf Wratislaw von Mitrowitz
1733–1759	Moritz Adolf Karl, Herzog von Sachsen-Zeitz
1760–1789	Emmanuel Ernst Reichsgraf von Waldstein
1790–1801	Ferdinand (seit 1777 Ritter von Schulstein) Kindermann
1802–1815	Wenzel Leopold Ritter von Chlumčansky

Schleinitz, Maximilian Rudolf Freiherr von (1606–1675)

vor 1655   Generalvikar und Offizial in Prag
1655–1675   Bischof von Leitmeritz

Literatur: **K. A. Huber**, in: Bischöfe 1648–1803, 424 f.

Blasonierung: (Familienwappen Schleinitz) Gespalten von Rot und Silber, vorne übereinander zwei silberne heraldische Rosen, hinten eine rote heraldische Rose.

Anmerkung: Varianten des Familienwappens. – Gespalten von Silber und Rot, vorne eine rote heraldische Rose, hinten übereinander zwei silberne heraldische Rosen.[147]

Nachweis: **M. Mysliveček**, Erbovnik, Tf. 53. – **A. Zelenka**, Wappen 100.

---

[147] **W. v. Hueck**, Adelslexikon XII, 466.

Sternberg, Jaroslaw Ignaz Reichsgraf von (1641–1709)

1676–1709   Bischof von Leitmeritz

Literatur: **K. A. Huber**, in: Bischöfe 1648–1803, 488 f.

Blasonierung: (Familienwappen Sternberg) In Blau ein achtstrahliger goldener Stern.

Nachweis: Germanisches Nationalmuseum Nürnberg, Siegelsammlung, Tf. 84, Nr. 11 072. – **M. Mysliveček**, Erbovnik, Tf. 56. – **A. Zelenka**, Wappen 101.

Königsegg und Rothenfels, Hugo Franz Reichsgraf von (1660–1720)

  1711–1720   Bischof von Leitmeritz

Literatur: **K. A. Huber**, in: Bischöfe 1648–1803, 230 f.

Blasonierung: (Familienwappen Königsegg) Von Rot und Gold schräglinks gerautet.

Nachweis: **G. Schön**, Münzkatalog 488, Nr. 1. – **P. Sella**, Sigilli III, 120 (Beschreibung). – **A. Zelenka**, Wappen 102.

Wratislaw von Mitrowitz, Johann Adam Reichsgraf (1677–1733)

1711–1721   Bischof von Königgrätz
1721–1733   Bischof von Leitmeritz

Literatur: **K. A. Huber**, in: Bischöfe 1648–1803, 575 f.

Blasonierung: (Familienwappen Wratislaw von Mitrowitz) Gespalten von Rot und Schwarz.

Nachweis: **M. Mysliveček**, Erbovnik, Tf. 61. – **A. Zelenka**, Wappen 103.

Moritz Adolf Karl, Herzog von Sachsen-Zeitz (1702–1759)

    1730–1732   Archiep. tit. Pharsaliensis
    1732–1733   Bischof von Königgrätz
    1733–1759   Bischof von Leitmeritz

Literatur: **K. A. Huber**, in: Bischöfe 1648–1803, 318 f.

Blasonierung: (Familienwappen Sachsen-Zeitz) Zweimal gespalten und siebenmal geteilt (insgesamt 24 Felder – Feld 22 und 24 sind nicht belegt), Feld 5 und 8 als erhöhtes Herzschild gestaltet. – Herzschild: neunmal geteilt von Schwarz und Gold, schräg überdeckt mit einem grünen Rautenkranz (Sachsen). – Hauptschild (20 Felder): (1) in Blau ein linksgewendeter schreitender von Silber und Rot fünfmal geteilter goldgekrönter und golden bewehrter Löwe (Landgrafschaft Thüringen), (2) in Rot eine aus acht goldenen Lilienstäben gebildete Lilienhaspel, überdeckt mit einem silbernen Schildchen (Herzogtum Kleve), (3) in Gold ein schreitender schwarzer rot bewehrter Löwe (Herzogtum Jülich), (4) in Rot schräggekreuzt ein silberner Schlüssel und ein silbernes Schwert (Hochstift Naumburg), (6) in Silber ein blau gekrönter und blau bewehrter schreitender roter Löwe (Herzogtum Berg), (7) in Gold ein linksgewendeter schreitender rot gezungter und silbern bewehrter schwarzer Löwe (Markgrafschaft Meißen), (9) in Schwarz ein goldener rot gezungter Adler (Pfalz Thüringen), (10) in Blau ein linksgewendeter goldener rot gezungter Adler (Pfalz Sachsen), (11) in Blau eine gezinnte goldene Mauer (Oberlausitz), (12) in Silber ein roter Ochse (Niederlausitz), (13) in Blau ein schreitender linksgewendeter von Silber und Gold gespaltener rot gezungter Löwe, (14) in goldenem Feld, das mit roten Herzen bestreut ist, ein schreitender schwarzer rot bewehrter und rot gekrönter Löwe (Orlamünde), (15) in Gold zwei blaue Pfähle (Markgrafschaft Landsberg), (16) in Silber drei rote 2:1 gestellte rote Seeblätter (Herzogtum Engern), (17) in Silber eine rote heraldische Rose mit goldenem Butzen und grünen Kelchblättern (Grafschaft Altenburg), (18) in Silber drei blaue Balken (Grafschaft Eisenberg), (19) in Silber übereinander drei rote Sparren (Grafschaft Ravensberg), (20) in Gold ein in drei Reihen von Rot und Silber geschachter Balken (Grafschaft Mark), (21) Ledig von Rot (Regalienfeld), (23) in Gold auf grünem Dreiberg eine schwarze rot bewehrte Henne (Henneberg).

Nachweis: Germanisches Nationalmuseum Nürnberg, Siegelsammlung, Tf. 84, Nr. 11 070 und 12 360. – **J. D. Koehler**, Calender 1740, nach 23. – **A. Zelenka**, Wappen 104.

Waldstein, Emmanuel Ernst Reichsgraf von (1716–1789)

vor 1760   Generalvikar in Prag
1756–1760   Weihbischof in Prag, Ep. tit. Amyclensis
1760–1789   Bischof von Leitmeritz

Literatur: **K. A. Huber**, in: Bischöfe 1648–1803, 551 f.

Blasonierung: (Familienwappen Waldstein) Geviert, (1) und (4) in Gold ein golden bekrönter und rot gezungter nach innen gewendeter blauer Löwe, (2) und (3) in Blau ein golden bekrönter und rot gezungter nach innen gewendeter goldener Löwe.

Anmerkung: Variante. – Ein Herzschild mit schwarzem Doppeladler und einem kleinen roten Brustschild mit dem goldenen Namenszug „F. II" (= Kaiser Ferdinand II.).[148]

Nachweis: Germanisches Nationalmuseum Nürnberg, Siegelsammlung, Tf. 84, Nr. 7721. – **M. Mysliveček**, Erbovnik, Tf. 59.

---

148   **J. F. Seyfart**, Handbuch 1768, Abb. 91.

Kindermann, Ferdinand (seit 1777 **Ritter von Schulstein**) (1740–1801)

1790–1801   Bischof von Leitmeritz

Literatur: **K. A. Huber**, in: Bischöfe 1648–1803, 224–226.

Blasonierung: (Familienwappen Kindermann von Schulstein) Durch einen blauen Balken geteilt von Silber und Gold, oben auf grünem Hügel ein rückwärts sehender golden bewehrter brauner Specht mit rotem Kamm, der seine rechte Klaue auf ein geöffnetes Buch mit der Beschriftung Rerum Magistra Secundum Normam legt, unten zwei einander zugewandte rote Löwen, die zusammen einen silbernen Grundstein in den Pranken halten.

Nachweis: **A. Zelenka**, Wappen 107.

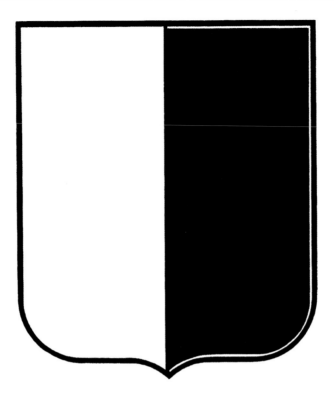

Chlumčansky, Wenzel Leopold Ritter von (1749–1830)

1795–1802	Weihbischof in Prag, Ep. tit. Cydoniensis
1796–1802	Generalvikar in Prag
1802–1815	Bischof von Leitmeritz
1815–1830	Fürsterzbischof von Prag

Literatur: **K. A. Huber**, in: Bischöfe 1648–1803, 60 f.

Blasonierung: (Familienwappen Chlumčansky) Gespalten von Silber und Schwarz.

Nachweis: Germanisches Nationalmuseum Nürnberg, Siegelsammlung, Tf. 84, Nr. 7822. – **M. Mysliveček**, Erbovnik, Tf. 22. – **A. Zelenka**, Wappen 109.

Linz

Das Bistum Linz wurde 1785 im Zuge der josephinischen Diözesanregulierung aus dem Gebiet des Bistums Passau ausgegliedert. Es umfasste Oberösterreich. Die Bevölkerung war seit der Durchführung der Gegenreformation katholisch. Bischof und Domkapitel hatten ihren Sitz in Linz. Der Bischof wurde vom Landesherrn nominiert.

Literatur: **R. Zinnhobler**, in: Bistümer seit 1803, 444–460.

1. Bistum

Blasonierung: Gespalten, vorne geteilt von Blau und Rot, oben ein wachsendes goldenes Kleeblattkreuz, unten zwei silberne Pfähle, hinten in Silber ein blauer Balken, begleitet von drei blauen Flachs- (Lein-) blüten (oben zwei, unten eine) mit goldenen Butzen. – Obwohl das Bistum Linz erst 1784 vom Papst bestätigt wurde, wurde schon am 16. März 1783, gleich nach dem Tode des Passauer Bischofs Kardinal Leopold Ernst Graf von Firmian (gest. 14. März 1783), der erste Linzer Bischof Ernst Johann Nepomuk Graf von Herberstein von Kaiser Joseph II. ernannt (päpstliche Präkonisation 1785). Das Bistumswappen wird, soweit ersichtlich, erstmals von Bischof Gall geführt. – Variante: Roter Balken und Rote Rosen.[149]

Nachweis: **R. Ardelt – H. E. Baumer**, Wappen 98 und Farb-Tf.

---

[149]   **F. Gall**, Wappenkunde 222.

2. Bischöfe

Bischofsliste

1785–1788   Ernest Johann Nep. Reichsgraf von Herberstein
1788–1807   Joseph Anton Gall

Herberstein, Ernest Johann Nep. Reichsgraf von (1731–1788)

1767–1776   Weihbischof in Freising, Ep. tit. Eucarpiensis
1776–1783   Passauer Offizial und Generalvikar für das Land unter der Enns
1785–1788   Bischof von Linz

Literatur: **R. Zinnhobler**, in: Bischöfe 1785/1803–1945, 302–304.

Blasonierung: (Familienwappen Herberstein) Gespalten und zweimal geteilt (sechs Felder) mit Herzschild. – Herzschild (Stammwappen Herberstein): In Rot ein silberner Sparren. – Hauptschild (Familienwappen Herberstein): (1) und (4) in mit goldenen Herzen bestreutem schwarzem Feld ein nach links gewendeter silberner Wolf (von Neuberg), (2) und (5) gespalten von Rot und Rot, vorne ein goldenes Kastell mit drei Türmen und offenem Tor und offenen Fenstern (Kastilien), hinten ein silberner Balken (Österreich), (3) und (6) in Rot ein goldenes Pferdekummet (von Hag).

Anmerkung: Es handelt sich um das gräfliche Familienwappen. Soweit ersichtlich hat Bischof Graf von Herberstein nur dieses Wappen geführt. Die Symbole für das Königreich Kastilien und das Erzherzogtum Österreich wurden der Familie Herberstein 1522 als Wappenmehrung von Karl V. verliehen. Beim Familienwappen finden sich die folgenden Varianten: (1) und (4) in Blau ein linksgewendeter silberner Fuchs, (2) und (5) gespalten von Rot und Rot, vorne der Bindenschild, hinten das Kastell, (3) und (6) in Rot ein goldenes Herz.[150]

Nachweis: **R. Ardelt – H. E. Baumer**, Wappen 96 und Farb-Tf.

---

[150]   **J. F. Seyfart**, Handbuch 1768, 64.

Gall, Joseph Anton (1748–1807)

1788–1807   Bischof von Linz

Literatur: **R. Zinnhobler**, in: Bischöfe 1785/1803–1945, 228 f.

Blasonierung: Gespalten, vorne (Bistum Linz) wieder gespalten, vorne geteilt von Blau und Rot, oben ein wachsendes goldenes Kleeblattkreuz, unten zwei silberne Pfähle, hinten in Silber ein blauer Balken, begleitet von drei blauen Flachs-(Lein-) blüten (oben zwei, unten eine) mit goldenen Butzen. Hinten (Familienwappen Gall) zweimal geteilt, das mittlere Feld gespalten (fünf Felder): (1) in Gold ein rot gezungter und golden bewehrter schwarzer Adler, (2) in Rot zwei goldene schräggekreuzte Schlüssel mit abgewendeten Bärten, (3) in Rot ein blauer Schräglinksbalken mit den goldenen Buchstaben „SPQR", (4) in Gold auf grünem Dreiberg ein schwarzer Hahn mit rotem Kamm und Kinnlappen.

Anmerkung: Die Felder (1) bis (3) im hinteren Feld des gespaltenen Wappens sind dem Wappen der Reichsstadt Weil der Stadt (Geburtsort des Bischofs) entnommen. Der Hahn (lateinisch: gallus) ist ein vom Bischof gewähltes sprechendes Wappen.

Nachweis: **R. Ardelt – H. E. Baumer**, Wappen 97 und Farb-Tf.

Lüttich (Liège, Luik)

Das ins 4. Jahrhundert zurückreichende Bistum Lüttich war 1559 durch die Diözesanregulierung Philipps II. verkleinert worden, aber immer noch sehr ausgedehnt. Es umfasste das Land an der mittleren und unteren Maas. Das Hochstift war das mächtigste im Westen des Reiches. Der Stadt Lüttich war es trotz ihrer wirtschaftlichen Bedeutung nie gelungen, den Status einer Reichsstadt zu erlangen. Die außerhalb des Hochstiftes liegenden Teile des Bistums gehörten größtenteils zu den Herzogtümern Brabant, Geldern, Limburg und Luxemburg sowie zur Grafschaft Namur. Die Reformation hatte im Bistum niemals Fuß gefasst. Bischof und Domkapitel hatten ihren Sitz in Lüttich. Das Kapitel besaß das Bischofswahlrecht. Mehrere Bischöfe gehörten dem Hause Wittelsbach an und hatten Lüttich gleichzeitig mit anderen Bistümern inne.

Literatur: A. Minke, in: Bistümer bis 1803, 370–387.

1. Hochstift

Blasonierung: In Rot eine auf mehrstufigem viereckigem Sockel stehende goldene Säule, auf der sich ein mit einem Kreuz besteckter Pinienzapfen befindet. – Die Züricher Wappenrolle (1340) bringt für Lüttich nur ein rotes Feld.[151] Die Säule als Wappen des Hochstifts scheint erst um 1400 üblich geworden zu sein. Das Konstanzer Konzilienbuch bildet an Stelle der Säule einen
Spinnrocken ab. – Von den Bischöfen zeigt bis hin zu Herzog Ernst von Bayern (1581–1612) keiner dieses Lütticher Hochstiftswappen. Auch bei Ernst ist es nicht integriert, sondern wird separat gezeigt. Wichtiger sind für die Bischöfe – wie etwa noch
bei Herzog Ferdinand von Bayern (1612–50) – die zu Lüttich gehörenden Gebiete und deren Wappenbilder, nämlich immer
das Herzogtum Bouillon, die Markgrafschaft Franchimont und die Grafschaften Loos und Horn und deren Wappenbilder.
Erst unter Max Heinrich von Bayern (1650–88) ist das Lütticher Hochstiftswappen voll rezipiert. Die Darstellung der Säule variiert von Wappen zu Wappen, von Siegel zu Siegel. Seit dem 16. Jahrhundert wird die Säule teilweise sehr kunstvoll gestaltet.
Der Sockel wird in der Regel von Löwen getragen und die Säule ist nicht selten von den Buchstaben „L" und „G" (Liège) flankiert. Besonders variiert wird die Spitze der Säule; neben dem (antiken) Pinienzapfen findet sich beispielsweise auch eine silberne Säule mit goldenem Kranz.[152] Seit Max Heinrich werden im Rang hinter dem Hochstiftswappen die Wappen des
Herzogtums Bouillon (in Rot ein silberner Balken), der Markgrafschaft Franchimont (in Silber drei 2:1 gestellte golden gekrönte grüne Löwen), der Grafschaft Loos (Looz) (in Gold vier rote Balken bzw. neunmal geteilt von Gold und Rot) und der
Grafschaft Horn (in Gold drei 2:1 gestellte rote, in der Mitte und an beiden Enden mit Silber beschlagene Hörner) gezeigt, entweder in eigenen Wappen oder in einem Wappen integriert (Hochstiftswappen als Herzschild). Unter den beiden Grafschaften geht in der Wertigkeit die Grafschaft Loos vor. – Rangmäßig (Sitzordnung auf der geistlichen Fürstenbank des Reichstags)
kommt das Hochstift Lüttich erst hinter den Bistümern der Salzburger Kirchenprovinz, also noch hinter Freising, Regensburg,
Passau, Trient und Brixen. Dies wirkt sich auch auf die Anordnung der Wappenbilder aus (siehe Bischof Johann Theodor von
Bayern).

Nachweis: **F. Boniver**, Armoiries 7. – **J. C. Gatterer**, Handbuch 1765, 31.

---

151   **W. Merz – F. Hegi**, Wappenrolle, Tf. I, Nr. V. – Zur Geschichte des Lütticher Wappens vgl. **F. Boniver**, Armoiries 6 f.
152   **J. D. Koehler**, Calender 1745, nach 1.

2. Fürstbischöfe

Bischofsliste

1602–1612	**Ferdinand, Herzog von Bayern**, Koadjutor
1612–1650	Ders., Fürstbischof
1650	**Max Heinrich, Herzog von Bayern**, Koadjutor
1650–1688	Ders., Fürstbischof
1688–1694	**Jean Louis d'Elderen**
1694–1723	**Joseph Clemens, Herzog von Bayern**
1724–1743	**Georges Louis Reichsgraf de Berghes**
1744–1763	**Johann Theodor, Herzog von Bayern**
1764–1771	**Charles Nicolas Alexandre d'Oultremont**
1772–1784	**Franz Karl Reichsgraf von Velbrück**
1784–1792	**César Constantin François** (seit 1733 **Reichsgraf**) **de Hoensbroeck**
1792–1801	**François Antoine Marie Constantin** (seit 1792 **Reichsgraf**) **de Méan et de Beaurieux**

Ferdinand, Herzog von Bayern (1577–1650)

1591–1595	Koadjutor des Fürstpropstes von Berchtesgaden
1595–1650	Fürstpropst von Berchtesgaden
1596–1612	Koadjutor des Erzbischofs von Köln
1599–1612	Koadjutor des Fürstabtes von Stablo-Malmedy
1602–1612	Koadjutor des Fürstbischofs von Lüttich
1611–1612	Koadjutor des Fürstbischofs von Hildesheim und Münster
1612–1650	Kurfürst-Erzbischof von Köln, Fürstbischof von Lüttich, Hildesheim und Münster, Fürstabt von Stablo-Malmedy
1612–1618	Koadjutor des Fürstbischofs von Paderborn
1618–1650	Fürstbischof von Paderborn

Literatur: E. Gatz, in: Bischöfe 1648–1803, 107–111.

Blasonierung: Zweimal geteilt, oben und in der Mitte viermal, unten dreimal gespalten (14 Felder) mit Herzschild, das achte Feld ist durch das Herzschild verdeckt. – Herzschild (Bayern): Geviert, (1) und (4) die silbernen und blauen bayerischen Rauten, (2) und (3) in Schwarz ein rot bekrönter und rot bewehrter goldener Löwe (Pfalzgrafschaft bei Rhein). – Hauptschild: (1) in Gold ein roter Balken (Hochstift Münster), (2) in Rot ein goldenes Kreuz (Hochstift Paderborn), (3) in Silber ein schwarzes Kreuz (Erzstift Köln), (4) gespalten von Gold und Rot (Hochstift Hildesheim), (5) in Rot eine auf mehrstufigem viereckigem Sockel stehende goldene Säule, auf der sich ein mit einem Kreuz besteckter Pinienzapfen befindet (Hochstift Lüttich), (6) gespalten von Blau und Silber mit einem Balken in verwechselten Farben (Herzogtum Bouillon – zum Hochstift Lüttich), (7) in Rot gekreuzt ein goldener schrägrechts gestellter und ein silberner schräglinks gestellter Schlüssel (Fürstpropstei Berchtesgaden), (9) in Rot ein silbernes Ross (Herzogtum Westfalen – zum Kurfürstentum Köln), (10) in Rot drei 2:1 gestellte goldene Herzen (Herzogtum Engern – zum Kurfürstentum Köln), (11) in Blau ein silberner Adler (Grafschaft Arnsberg – zum Kurfürstentum Köln), (12) neunmal geteilt von Gold und Rot (Grafschaft Loos – zum Hochstift Lüttich), (13) in Silber drei 2:1 gestellte rot bewehrte und golden gekrönte grüne

Löwen (Markgrafschaft Franchimont – zum Hochstift Lüttich), (14) in Gold drei 2:1 gestellte silbern beschlagene und bebandete rote Jagdhörner (Grafschaft Horn – zum Hochstift Lüttich).

Anmerkung: Herzog Ferdinand hat für seine Bistümer jeweils auch separate Wappen (auf Siegel u. ä.) geführt. Für Lüttich ist eine Wappenkombination mit drei 2:1 gestellten Schilden überliefert (erstes Schild: Herzogtum Bouillon, zweites Schild: Grafschaft Loos, drittes Schild: Grafschaft Horn).[153] Die grünen Löwen der Markgrafschaft Franchimont finden sich auch ohne goldene Kronen.

Nachweis: **H. J. Brandt – K. Hengst**, Bischöfe 143, Abb. 150 (Paderborn).

---

[153]   **J. Siebmacher**, Wappen der Bistümer, Tf. 168.

Max Heinrich, Herzog von Bayern (1621–1688)

1630–1650	Koadjutor des Fürstpropstes von Berchtesgaden
1633–1650	Koadjutor des Fürstbischofs von Hildesheim
1642–1650	Koadjutor des Kurfürst-Erzbischofs von Köln
1650	Koadjutor des Fürstbischofs von Lüttich
1650–1688	Kurfürst-Erzbischof von Köln, Fürstbischof von Hildesheim und Lüttich, Fürstpropst von Berchtesgaden
1650–1660	Fürstabt von Stablo-Malmedy

Literatur: E. Gatz, in: Bischöfe 1648–1803, 301 f.

Blasonierung: Zweimal geteilt und zweimal gespalten (neun Felder) mit einem durch einen Fürstenhut gekrönten Herzschild; das fünfte Feld ist durch das Herzschild verdeckt. – Herzschild: Geviert, (1) und (4) die silbernen und blauen bayerischen Rauten (Herzogtum Bayern), (2) und (3) in Schwarz ein rot bekrönter und rot bewehrter goldener Löwe (Pfalzgrafschaft bei Rhein). – Hauptschild: (1) in Silber ein schwarzes Kreuz (Erzstift Köln), (2) gespalten, vorne von Gold und Rot gespalten (Hochstift Hildesheim), hinten in Rot eine auf mehrstufigem viereckigem Sockel stehende goldene Säule, auf der sich ein mit einem Kreuz bestecker Pinienzapfen befindet (Hochstift Lüttich), (3) in Rot gekreuzt ein goldener schrägrechts gestellter und ein silberner schräglinks gestellter Schlüssel (Fürstpropstei Berchtesgaden), (4) in Rot ein silbernes Ross (Herzogtum Westfalen – zum Kurfürstentum Köln), (6) in Rot drei 2:1 gestellte goldene Herzen (Herzogtum Engern – zum Kurfürstentum Köln), (7) in Gold ein roter Balken (Hochstift Münster), (8) geviert, [1] in Silber drei 2:1 gestellte rot bewehrte grüne Löwen (Markgrafschaft Franchimont – zum Hochstift Lüttich), [2] in Blau ein silberner Adler (Grafschaft Arnsberg – zum Kurfürstentum Köln), [3] in Gold vier rote Balken (Grafschaft Loos – zum Hochstift Lüttich), [4] in Gold drei 2:1 gestellte silbern beschlagene rote Jagdhörner (Grafschaft Horn – zum Hochstift Lüttich), (9) in Blau ein silberner Balken (Landgrafschaft Leuchtenberg).

Anmerkung: In dieser Form wird das Wappen von Max Heinrich seit seiner Wahl zum Bischof von Münster 1683 geführt. Für das Hochstift Lüttich ist für Max Heinrich auch ein Wappen überliefert, das neben dem Wittelsbacher Familienwappen (als Herzschild) nur die Lütticher Wappenbilder in einer Vierung zeigt (1. Hochstift Lüttich, 2. Herzogtum Bouillon, 3. Markgrafschaft Franchimont, 4. Grafschaft Loos). Max Heinrich ist der Sohn von Albrecht VI. dem „Leuchtenberger" (1584–1666), der mit der Erbin der Landgrafschaft, Mechthild, verheiratet war und diese 1650 seinem Bruder Kurfürst Maximilian gegen die Herrschaft Wiesensteig überließ. Deshalb führte Max Heinrich, mit dem diese Nebenlinie der Wittelsbacher ausstarb, das Wappen der Landgrafschaft Leuchtenberg. Die grünen Löwen der Markgrafschaft Franchimont finden sich auch golden gekrönt.

Nachweis: BayHStA München, Siegelsammlung. – **W. Ewald**, Siegel I, 26, Tf. 31, Nr. 5.

Elderen, Jean Louis d' (1620–1694)

1688–1694   Fürstbischof von Lüttich

Literatur: **A. Minke**, in: Bischöfe 1648–1803, 89 f.

Blasonierung: Geviert mit Herzschild. – Herzschild: (Familienwappen Elderen) In Silber ein erhöhter goldener Balken, oben vier blaue Eisenhüte, unten fünf 3:2 gestellte blaue Eisenhüte. – Hauptschild (Hochstift Lüttich): Geviert, (1) in Rot eine auf mehrstufigem viereckigem Sockel stehende goldene Säule, auf der sich ein mit einem Kreuz besteckter Pinienzapfen befindet (Hochstift Lüttich), (2) in Rot ein silberner Balken (Herzogtum Bouillon – zum Hochstift Lüttich), (3) in Silber drei 2:1 gestellte rot bewehrte und golden gekrönte grüne Löwen (Markgrafschaft Franchimont – zum Hochstift Lüttich), (4) neunmal geteilt von Gold und Rot (Grafschaft Loos – zum Hochstift Lüttich).

Nachweis: **J. Siebmacher**, Wappen der Bistümer, Tf. 169.

Joseph Clemens, Herzog von Bayern (1671–1723)

1683–1685	Koadjutor des Fürstbischofs von Regensburg
1685	Koadjutor des Fürstbischofs von Freising
1684–1688	Koadjutor des Fürstpropstes von Berchtesgaden
1685–1694	Fürstbischof von Regensburg und Freising
1688–1723	Kurfürst-Erzbischof von Köln, Fürstpropst von Berchtesgaden
1694–1723	Fürstbischof von Lüttich
1694–1714	Koadjutor des Fürstbischofs von Hildesheim
1699–1715	Fürstbischof von Regensburg
1714–1723	Fürstbischof von Hildesheim

Literatur: **E. Gatz**, in: Bischöfe 1648–1803, 210–212.

Blasonierung: Geviert mit Herzschild. – Herzschild: Geviert, (1) und (4) die silbernen und blauen bayerischen Rauten (Herzogtum Bayern), (2) und (3) in Schwarz ein rot bekrönter und rot bewehrter goldener Löwe (Pfalzgrafschaft bei Rhein). – Hauptschild: Geviert, Quartier I (Kurfürstentum Köln) geviert, (1) in Silber ein schwarzes Kreuz, (2) in Rot ein silbernes Ross (Herzogtum Westfalen), (3) in Rot drei 2:1 gestellte goldene Herzen (Herzogtum Engern), (4) in Blau ein silberner Adler (Grafschaft Arnsberg), Quartier II: Gespalten von Gold und Rot (Hochstift Hildesheim), Quartier III (Hochstift Lüttich) geviert mit eingepfropfter Spitze (fünf Felder), (1) in Rot eine auf mehrstufigem viereckigem Sockel stehende goldene Säule, auf der sich ein mit einem Kreuz bestecker Pinienzapfen befindet, (2) in Rot ein silberner Balken (Herzogtum Bouillon), (3) in Silber drei 2:1 gestellte rotbewehrte grüne Löwen (Markgrafschaft Franchimont), (4) in Gold drei 1:2 gestellte silbern beschlagene und bebandete rote Jagdhörner (Grafschaft Horn), (5) in Gold vier rote Balken (Grafschaft Loos), Quartier IV (Fürstpropstei Berchtesgaden): Geviert, (1) und (4) in Rot gekreuzt ein goldener schrägrechts gestellter und ein silberner schräglinks gestellter Schlüssel, (2) und (3) in Blau sechs 3:2:1 gestellte silberne heraldische Lilien.

Anmerkung: Die grünen Löwen der Markgrafschaft Franchimont finden sich auch golden gekrönt.

Nachweis: BayHStA München, Siegelsammlung. – **W. Ewald**, Siegel I, 27 (Beschreibung).

Berghes, Georges Louis Reichsgraf de (1662–1743)

1724–1743   Fürstbischof von Lüttich

Literatur: **A. Minke**, in: Bischöfe 1648–1803, 26–28.

Blasonierung: Geteilt, oben gespalten, unten durch eine eingepfropfte Spitze gespalten (fünf Felder) mit Herzschild. – Herzschild (Familienwappen Berghes): Geteilt, oben gespalten von Schwarz und Gold, vorne ein rot gezungter goldener Löwe, hinten drei rote Pfähle, unten in Grün drei 2:1 gestellte ausgebrochene silberne Rauten. – Hauptschild (Hochstift Lüttich): (1) in Rot eine auf mehrstufigem viereckigem Sockel stehende goldene Säule, auf der sich ein mit einem Kreuz besteckter Pinienzapfen befindet (Hochstift Lüttich), (2) in Rot ein silberner Balken (Herzogtum Bouillon – zum Hochstift Lüttich), (3) in Silber drei 2:1 gestellte rot bewehrte und golden gekrönte grüne Löwen (Markgrafschaft Franchimont – zum Hochstift Lüttich), (4) in Gold drei 2:1 gestellte silbern beschlagene und bebandete rote Jagdhörner (Grafschaft Horn – zum Hochstift Lüttich), (5) neunmal geteilt von Gold und Rot (Grafschaft Loos – zum Hochstift Lüttich).

Anmerkung: Die grünen Löwen der Markgrafschaft Franchimont finden sich auch ohne Kronen.

Nachweis: BayHStA München, Siegelsammlung. – **J. D. Koehler**, Calender 1744, 20. – **J. Siebmacher**, Wappen der Bistümer, Tf. 170.

Johann Theodor, Herzog von Bayern (1703–1763)

1721–1763	Fürstbischof von Regensburg
1726–1727	Koadjutor des Fürstbischofs von Freising
1727–1763	Fürstbischof von Freising
1744–1763	Fürstbischof von Lüttich
1743	Kardinal

Literatur: **E. J. Greipl**, in: Bischöfe 1648–1803, 205–208.

Blasonierung: Zweimal geteilt, oben und in der Mitte in zwei Felder gespalten, das untere Feld mit eingepfropfter Spitze (sieben Felder) und Herzschild. – Herzschild: Geviert, (1) und (4) die silbernen und blauen bayerischen Rauten (Herzogtum Bayern), (2) und (3) in Schwarz ein rot gekrönter und rot bewehrter goldener Löwe (Pfalzgrafschaft bei Rhein). – Hauptschild: (1) in Gold ein rot bekrönter schwarzer Mohrenkopf mit roten Lippen, Ohrring und rotem Kragen (Halskrause) (Hochstift Freising), (2) in Rot ein silberner Schrägbalken (Hochstift Regensburg), (3) in Rot eine auf mehrstufigem viereckigem Sockel stehende goldene Säule, auf der sich ein mit einem Kreuz besteckter Pinienzapfen befindet (Hochstift Lüttich), (4) in Rot ein silberner Balken (Herzogtum Bouillon – zum Hochstift Lüttich), (5) in Silber drei 2:1 gestellte rot bewehrte grüne Löwen (Markgrafschaft Franchimont – zum Hochstift Lüttich), (6) in Gold drei 2:1 gestellte silbern beschlagene und bebandete rote Jagdhörner (Grafschaft Horn – zum Hochstift Lüttich), (7) vier rote Balken in Gold (Grafschaft Loos – zum Hochstift Lüttich).

Anmerkung: In dieser Form wurde das Wappen ab 1744 geführt. Die grünen Löwen der Markgrafschaft Franchimont finden sich auch golden gekrönt.

Nachweis: BayHStA München, Siegelsammlung. – **J. C. Gatterer**, Handbuch 1763, 27. – **J. Siebmacher**, Wappen der Bistümer, Tf. 77.

Oultremont, Charles Nicolas Alexandre d' (1716–1771)

1764–1771   Fürstbischof von Lüttich

Literatur: **A. Minke**, in: Bischöfe 1648–1803, 334 f.

Blasonierung: Geteilt, oben gespalten, unten durch eine eingepfropfte Spitze gespalten (fünf Felder) mit Herzschild. – Herzschild (Familienwappen Oultremont): Geteilt von Rot und Schwarz, bedeckt mit einem bekrönten silbernen Löwen. – Hauptschild (Hochstift Lüttich): (1) in Rot eine auf mehrstufigem viereckigem Sockel stehende goldene Säule, auf der sich ein mit einem Kreuz besteckter Pinienzapfen befindet (Hochstift Lüttich), (2) in Rot ein silberner Balken (Herzogtum Bouillon – zum Hochstift Lüttich), (3) in Silber drei 2:1 gestellte rot bewehrte und golden gekrönte grüne Löwen (Markgrafschaft Franchimont – zum Hochstift Lüttich), (4) in Gold drei 2:1 gestellte silbern beschlagene und bebandete rote Jagdhörner (Grafschaft Horn – zum Hochstift Lüttich), (5) neunmal geteilt von Gold und Rot (Grafschaft Loos – zum Hochstift Lüttich).

Anmerkung: Varianten beim Familienwappen Oultremont (Herzschild): ... bedeckt mit einem golden bekrönten und bewehrten silbernen Löwen.[154] Die grünen Löwen der Markgrafschaft Franchimont finden sich auch ohne Kronen.

Nachweis: BayHStA München, Siegelsammlung. – **J. F. Seyfart**, Handbuch 1767, 46.

---

[154]   **W. v. Hueck**, Adelslexikon X, 103. – Abb.: **J. F. Seyfart**, Handbuch 1772, Tf. 290.

Velbrück, Franz Karl Reichsgraf von (1719–1784)

1772–1784   Fürstbischof von Lüttich

Literatur: **A. Minke**, in: Bischöfe 1648–1803, 532–534.

Blasonierung: Geteilt, oben gespalten, unten durch eine eingepfropfte Spitze gespalten (fünf Felder) mit Herzschild. – Herzschild (Familienwappen Velbrück): In Gold ein blauer Balken. – Hauptschild (Hochstift Lüttich): (1) in Rot eine auf mehrstufigem viereckigem Sockel stehende goldene Säule, auf der sich ein mit einem Kreuz besteckter Pinienzapfen befindet (Hochstift Lüttich), (2) in Rot ein silberner Balken (Herzogtum Bouillon – zum Hochstift Lüttich), (3) in Silber drei 2:1 gestellte rot bewehrte und golden gekrönte grüne Löwen (Markgrafschaft Franchimont – zum Hochstift Lüttich), (4) in Gold drei 2:1 gestellte silbern beschlagene und bebandete rote Jagdhörner (Grafschaft Horn – zum Hochstift Lüttich), (5) neunmal geteilt von Gold und Rot (Grafschaft Loos – zum Hochstift Lüttich).

Anmerkung: Die grünen Löwen der Markgrafschaft Franchimont finden sich auch ohne Kronen.

Nachweis: BayHStA München, Siegelsammlung.

Hoensbroeck, César Constantin François (seit 1733 **Reichsgraf**) de (1724–1792)

1784–1792   Fürstbischof von Lüttich

Literatur: **A. Minke**, in: Bischöfe 1648–1803, 185–188.

Blasonierung: Geteilt, oben gespalten, unten durch eine eingepfropfte Spitze gespalten (fünf Felder) mit Herzschild. – Herzschild (Familienwappen Hoensbroeck): Siebenmal geteilt von Silber und Rot, bedeckt mit einem golden bekrönten und golden bewehrten schwarzen Löwen. – Hauptschild (Hochstift Lüttich): (1) in Rot eine auf mehrstufigem viereckigem Sockel stehende goldene Säule, auf der sich ein mit einem Kreuz besteckter Pinienzapfen befindet (Hochstift Lüttich), (2) in Rot ein silberner Balken (Herzogtum Bouillon – zum Hochstift Lüttich), (3) in Silber drei 2:1 gestellte rot bewehrte und golden gekrönte grüne Löwen (Markgrafschaft Franchimont – zum Hochstift Lüttich), (4) in Gold drei 2:1 gestellte silbern beschlagene und bebandete rote Jagdhörner (Grafschaft Horn – zum Hochstift Lüttich), (5) neunmal geteilt von Gold und Rot (Grafschaft Loos – zum Hochstift Lüttich).

Anmerkung: Die grünen Löwen der Markgrafschaft Franchimont finden sich auch ohne Kronen.

Nachweis: BayHStA München, Siegelsammlung.

Méan et de Beaurieux, François Antoine Marie Constantin (seit 1792 **Reichsgraf**) de (1756–1831)

1785–1792	Weihbischof in Lüttich, Ep. tit. Hippensis
1792–1801	Fürstbischof von Lüttich
1802–1831	Apostolischer Administrator von Megen und Ravenstein
1817–1831	Erzbischof von Mecheln

Literatur: A. Minke, in: Bischöfe 1648–1803, 305–308.

Blasonierung: Geteilt, oben gespalten, unten durch eine eingepfropfte Spitze gespalten (fünf Felder) mit Herzschild. – Herzschild (Familienwappen Méan et de Beaurieux): In Silber ein grüner Baum auf grünem Grund, der mit einem rot gezungten und golden bewehrten schwarzen Adler belegt ist und auf einer roten Querstange steht. – Hauptschild (Hochstift Lüttich): (1) in Rot eine auf mehrstufigem viereckigem Sockel stehende goldene Säule, auf der sich ein mit einem Kreuz besteckter Pinienzapfen befindet (Hochstift Lüttich), (2) in Rot ein silberner Balken (Herzogtum Bouillon – zum Hochstift Lüttich), (3) in Silber drei 2:1 gestellte rot bewehrte und golden gekrönte grüne Löwen (Markgrafschaft Franchimont – zum Hochstift Lüttich), (4) in Gold drei 2:1 gestellte silbern beschlagene und bebandete rote Jagdhörner (Grafschaft Horn – zum Hochstift Lüttich), (5) neunmal geteilt von Gold und Rot (Grafschaft Loos – zum Hochstift Lüttich).

Anmerkung: Varianten des Familienwappens. – In Silber auf grünem Boden ein gold-befruchteter grüner Baum, vor dessen Stamm auf einer roten Querstange ein golden gekrönter, rot gezungter und rot bewehrter schwarzer Adler steht.[155] Die grünen Löwen der Markgrafschaft Franchimont finden sich auch ohne Kronen.

Nachweis: BayHStA München, Siegelsammlung. – **J. Siebmacher**, Wappen der Bistümer, Tf. 170.

---

[155] **W. v. Hueck**, Adelslexikon VIII, 377.

Mainz

Das wohl in die Spätantike zurückreichende Erzbistum Mainz war eines der größten Bistümer im Reich. Es erstreckte sich linksrheinisch von Bingen über den Hunsrück bis zu den Oberläufen von Nahe und Glan und von dort bis Oppenheim. Rechtsrheinisch grenzte es im Süden an Neckar und Tauber. Im Osten reichte es bis an die Unstrut. Die nördliche Grenze verlief südlich von Gandersheim. Im Westen erstreckte es sich bis ins Siegerland. Das sehr zersplitterte Erzstift bzw. spätere Kurfürstentum hatte seine territorialen Schwerpunkte im Unterstift um Mainz mit dem Rheingau und dem unteren Main, im relativ geschlossenen Oberstift Aschaffenburg, dem Spessart und Odenwald, dem Main-, Tauber- und Kinzigtal sowie den Exklaven in Hessen, sodann im Eichsfeld und um Erfurt. Die Stadt Mainz unterstand der Herrschaft des Erzbischofs, der auch dort residierte. Territorial gehörte der außerhalb des Erzstifts liegende Teil des Erzbistums zur Kurpfalz, zur Landgrafschaft Hessen und zu einer Vielzahl kleiner Territorien. Die Reformation hatte dem Erzbistum große Verluste gebracht, doch war im Kurfürstentum und in weiteren Territorien die tridentinische Reform durchgeführt worden. Das Domkapitel besaß das Bischofswahlrecht und hatte seinen Sitz in Mainz. Mit Franz Ludwig Pfalzgraf am Rhein zu Neuburg war nur einmal das Mitglied einer regierenden Dynastie Erzbischof. Acht Erzbischöfe hatten gleichzeitig das kleine Bistum Worms, einer noch Bamberg und Franz Ludwig neben Mainz und Worms noch Breslau und Trier inne.

Literatur: F. Jürgensmeier, in: Bistümer bis 1803, 400–426.

1. Erzstift

Blasonierung: In Rot ein sechsspeichiges silbernes Rad. – Zur Entstehung des Mainzer Wappens existieren zahlreiche Wappensagen, etwa diejenige, dass es sich um das persönliche Wappen des Bischofs Willigis (gest. 1011!) handeln soll, der angeblich ein bürgerlicher Wagner war.[156] Wahrscheinlich ist die Herkunft aus der religiösen Vorstellung vom Wagen Gottes „currum dei (bzw. ecclesiae Moguntinae), quem (episcopi) aurigant" in den Visionen des Propheten Ezechiel zu suchen.[157] Bei den Mainzer Bischöfen sind im 11. und 12. Jahrhundert zahlreiche Urkundenstellen überliefert, in denen sie als „currum … aurigantes" bezeichnet werden. Erstmals nachweisbar ist das Rad in der Gestalt von zwei nebeneinander stehenden Rädern auf Münzen des Erzbischofs Siegfried von Eppstein (1230–49). Als alleinstehendes Rad taucht es auf Siegeln erstmals unter Erzbischof Werner von Eppstein (1259–84) auf. Dieser große Territorialpolitiker führte (vielleicht nach dem Vorbild von Köln 1242) ein achtspeichiges Rad als Rücksiegel seines Thronsiegels (1264). Wie in Köln ist das Rad als Bistumswappen noch nicht in ein Schild gesetzt. Die Züricher Wappenrolle (1340) zeigt das Mainzer Wappen (auf einem Banner) als silbernes (weißes) Kreuz in rotem Feld, begleitet oben von zwei sechsspeichigen silbernen Rädern.[158] In einem Schild und in der dann in der Folgezeit gebräuchlichen Form (einzelnes Rad) findet sich das Wappen erst unter Erzbischof Heinrich Graf von Virneburg (1328/37–46/53)[159] und dessen Nachfolger Gerlach Graf von Nassau (1346/53–71). Bei Erzbischof Johann Graf von Luxemburg–Ligny (1371–73) findet sich erstmals ein geviertes Wappen mit der üblichen Aufteilung (erstes und viertes Feld Erzbistum, zweites und drittes Feld Familienwappen). – Das Domkapitel führte folgendes Wappen: In Silber vier rote Balken.

Nachweis: **E. Neukirch**, Erscheinen 176 (Siegelbeschreibung). – **O. Posse**, Siegel 48, Tf. 7, Nr. 6.

---

156   **J. Siebmacher**, Wappen der Bistümer 1 f.
157   **G. Braun v. Stumm**, Der Münzfund von Merzig. Mit einem heraldischen Exkurs, in: Bericht der staatlichen Denkmalpflege im Saarland 6 (1953) 83–152.
158   **W. Merz – F. Hegi**, Wappenrolle, Tf. I, Nr. III.
159   In seinem ersten Thronsiegel (1329) führt Erzbischof Heinrich von Virneburg (1328/37–46/53) das Bistumswappen im Schildchen rechts und sein persönliches Wappen links neben dem Thron. Als Sekret- bzw. Rücksiegel zu diesem Thronsiegel führte Heinrich ebenfalls das Rad in einem Schildchen (Abb. bei **J. O. Salver**, Proben 106). – Vgl. auch **H. Ph. Cappe**, Beschreibung der Mainzer Münzen des Mittelalters (Dresden 1856) 46.

2. Kurfürst-Erzbischöfe

Bischofsliste

1649–1673	Johann Philipp (seit 1663 Reichsfreiherr) von Schönborn
1671–1673	Lothar Friedrich Reichsritter (seit 1635 Reichsfreiherr) von Metternich-Burscheid, Koadjutor
1673–1675	Ders., Kurfürst-Erzbischof
1676–1678	Damian Hartard Reichsritter (seit 1653 Reichsfreiherr) von der Leyen-Hohengeroldseck
1679	Karl Heinrich Reichsritter (seit 1635 Reichsfreiherr) von Metternich-Winneburg
1680–1695	Anselm Franz (seit 1680 Reichsfreiherr) von Ingelheim
1691–1694	Ludwig Anton Pfalzgraf am Rhein zu Neuburg, Koadjutor
1694–1695	Lothar Franz Reichsfreiherr (seit 1701 Reichsgraf) von Schönborn, Koadjutor
1695–1729	Ders., Kurfürst-Erzbischof
1712–1729	Franz Ludwig Pfalzgraf am Rhein zu Neuburg, Koadjutor
1729–1732	Ders., Kurfürst-Erzbischof
1732–1743	Philipp Karl Reichsfreiherr (seit 1733 Reichsgraf) von Eltz zu Kempenich
1743–1763	Johann Friedrich Karl (seit 1712 Reichsgraf) von Ostein
1763–1774	Emmerich Joseph Reichsfreiherr von Breidbach zu Bürresheim
1775–1802	Friedrich Karl Joseph Reichsfreiherr von Erthal
1788–1802	Karl Theodor Reichsfreiherr von Dalberg, Koadjutor
1802	Ders., Kurfürst-Erzbischof

Schönborn, Johann Philipp (seit 1663 **Reichsfreiherr**) **von** (1605–1673)

1642–1673   Fürstbischof von Würzburg
1649–1673   Kurfürst-Erzbischof von Mainz
1663–1673   Fürstbischof von Worms

Literatur: **F. Jürgensmeier**, in: Bischöfe 1648–1803, 438–442.

Blasonierung: Geteilt und zweimal gespalten (sechs Felder) mit Herzschild. – Herzschild (Familienwappen Schönborn): In Rot ein auf drei silbernen Spitzen schreitender gekrönter goldener Löwe. – Hauptschild: (1) in Rot drei silberne Spitzen (Hochstift Würzburg), (2) und (5) in Rot ein sechsspeichiges silbernes Rad (Erzstift Mainz), (3) und (4) in Schwarz ein schräg gestellter silberner Schlüssel, der oben und unten von jeweils vier goldenen Schindeln begleitet ist (Hochstift Worms), (6) in Blau das schräglinks gestellte von Silber und Rot gevierte und zweimal eingekerbte Würzburger Rennfähnchen mit goldener Lanze (Hochstift Würzburg).

Anmerkung: In dieser Form ist das Wappen ab 1663 geführt worden. Im dritten Feld findet sich auch statt des Wormser Hochstiftswappens eine Wiederholung des Würzburger Rechens (Grabdenkmal in der Schönbornkapelle im Dom zu Würzburg).[160] Als Variante beim Stammwappen Schönborn findet sich auch ein blau gekrönter und zweischwänziger Löwe.

Nachweis: BayHStA München, Siegelsammlung. – **O. Posse**, Siegel, Tf. 20, Nr. 2, 5–6. – **P. Sella**, Sigilli V, 85, Tf. XXIX, Nr. 1537. – **J. Siebmacher**, Wappen der Bistümer, Tf. 197. – Wappenfenster im Dom zu Mainz.

---

[160]   **J. O. Salver**, Proben 626.

Metternich-Burscheid, Lothar Friedrich Reichsritter (seit 1635 Reichsfreiherr) von (1617–1675)

1652–1675	Fürstbischof von Speyer
1671–1673	Koadjutor des Erzbischofs von Mainz
1673–1675	Kurfürst-Erzbischof von Mainz
1674–1675	Fürstbischof von Worms

Literatur: **F. Jürgensmeier**, in: Bischöfe 1648–1803, 309 f.

Blasonierung: Geteilt und zweimal gespalten (sechs Felder) mit Herzschild. – Herzschild (Familienwappen Metternich): In Silber drei 2:1 gestellte schwarze Muscheln. – Hauptschild: (1) und (6) in Schwarz ein schräglinks gestellter silberner Schlüssel, der oben und unten von jeweils vier goldenen Schindeln begleitet ist (Hochstift Worms), (2) und (5) in Rot ein sechsspeichiges silbernes Rad (Erzstift Mainz), (3) in Blau ein silbernes Kreuz (Hochstift Speyer), (4) in Rot eine zweitürmige silberne Burg mit einem senkrecht hinter das Burgtor gestellten silbernen Prälatenstab (Fürstpropstei Weißenburg).

Anmerkung: In dieser Form wurde das Wappen seit 1674 geführt.

Nachweis: **N. D. Nicol – C. R. Bruce**, Catalog 558, Nr. 131. – **O. Posse**, Siegel, Tf. 20, Nr. 13 f. – Wappenfenster im Dom zu Mainz.

Leyen-Hohengeroldseck, Damian Hartard Reichsritter (seit 1653 **Reichsfreiherr**) **von der** (1624–1678)

  1676–1678 Kurfürst-Erzbischof von Mainz
  1676–1678 Fürstbischof von Worms

Literatur: **F. Jürgensmeier**, in: Bischöfe 1648–1803, 272 f.

Blasonierung: Geviert mit Herzschild. – Herzschild (Familienwappen von der Leyen): In Blau ein silberner Pfahl. – Hauptschild: Geviert, (1) und (4) in Rot ein sechsspeichiges silbernes Rad (Erzstift Mainz), (2) und (3) in Schwarz ein schräg gestellter silberner Schlüssel, der oben und unten von jeweils vier goldenen Schindeln begleitet ist (Hochstift Worms).

Nachweis: **O. Posse**, Siegel, Tf. 21, Nr. 3 f. – **J. Siebmacher**, Wappen der Bistümer, Tf. 197. – Wappenfenster im Dom zu Mainz.

Metternich-Winneburg, Karl Heinrich Reichsritter (seit 1635 **Reichsfreiherr**) **von** (1622–1679)

| 1679 | Kurfürst-Erzbischof von Mainz |
| 1679 | Fürstbischof von Worms |

Literatur: F. Jürgensmeier, in: Bischöfe 1648–1803, 310 f.

Blasonierung: Geviert mit geviertem Mittelschild und Herzschild. – Herzschild (Stammwappen Metternich): In Silber drei 2:1 gestellte schwarze Muscheln. – Mittelschild (Familienwappen Metternich): (1) und (4) in Rot ein schrägrechter silberner Stufenbalken, begleitet je von drei goldenen Kreuzchen (Winneburg), (2) und (3) in Rot drei 2:1 gestellte linksgewendete golden bebandete und beschlagene silberne Hörner (Beilstein). – Hauptschild: (1) und (4) in Rot ein sechsspeichiges silbernes Rad (Erzstift Mainz), (2) und (3) in Schwarz ein schräg gestellter silberner Schlüssel, der oben und unten von jeweils vier goldenen Schindeln begleitet ist (Hochstift Worms).

Nachweis: **O. Posse,** Siegel, Tf. 21, Nr. 6. – **J. Siebmacher,** Wappen der Bistümer, Tf. 198. – Wappenfenster im Dom zu Mainz.

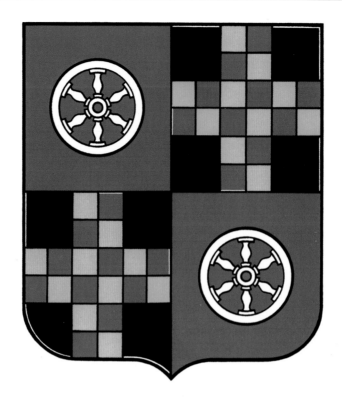

Ingelheim, Anselm Franz (seit 1680 **Reichsfreiherr**) **von** (1634–1695)

   1680–1695   Kurfürst-Erzbischof von Mainz

Literatur: **F. Jürgensmeier**, in: Bischöfe 1648–1803, 201 f.

Blasonierung: Geviert, (1) und (4) in Rot ein sechsspeichiges silbernes Rad (Erzstift Mainz), (2) und (3) in Schwarz ein von Gold und Rot in zwei Reihen geschachtes Kreuz (Familienwappen Ingelheim).

Anmerkung: Varianten des Familienwappens Ingelheim. – Ein von Rot und Gold in zwei Reihen geschachtes Kreuz.[161]

Nachweis: BayHStA München, Siegelsammlung. – **N. D. Nicol** – **C. R. Bruce**, Catalog 555, Nr. 181. – **O. Posse**, Siegel, Tf. 21, Nr. 9–12. – Wappenfenster im Dom zu Mainz.

---

[161]   **W. v. Hueck**, Adelslexikon V, 456.

Schönborn, Lothar Franz Reichsfreiherr (seit 1701 **Reichsgraf**) **von** (1655–1729)

1694–1729   Fürstbischof von Bamberg
1694–1695   Koadjutor des Kurfürst-Erzbischofs von Mainz
1695–1729   Kurfürst-Erzbischof von Mainz

Literatur: **F. Jürgensmeier**, in: Bischöfe 1648–1803, 444–446.

Blasonierung: Zweimal gespalten und einmal geteilt (sechs Felder) mit Herzschild. – Herzschild (Stammwappen Schönborn): In Rot ein auf drei silbernen Spitzen schreitender gekrönter goldener Löwe. – Hauptschild: (1) und (6) in Gold ein schwarzer Löwe, überdeckt mit einer silbernen Schrägleiste (Hochstift Bamberg), (2) und (5) in Rot ein sechsspeichiges silbernes Rad (Erzstift Mainz), (3) in Rot drei 2:1 gestellte silberne Schildchen (Herrschaft Reichelsberg), (4) in Blau ein silberner Balken, begleitet oben von zwei, unten von einem silbernen Wecken (Herrschaft Heppenheim).

Anmerkung: In dieser Form wurde das Wappen seit 1695 geführt. Als Variante beim Stammwappen Schönborn findet sich auch ein blau gekrönter und zweischwänziger Löwe.

Nachweis: BayHStA München, Siegelsammlung. – **O. Posse**, Siegel, Tf. 22, Nr. 2–9. – **G. Schön**, Münzkatalog 60, Nr. 4. – **P. Sella**, Sigilli III, 125, Tf. XVII, Nr. 436. – **J. Siebmacher**, Wappen der Bistümer, Tf. 4. – Denkmal in der Schönbornkapelle des Würzburger Doms. – Germanisches Nationalmuseum, Siegelsammlung, Tf. C, Nr. 12 880. – Bauplastik Kaiserpfalz Pforzheim. – Wappenfenster im Dom zu Mainz.

Franz Ludwig Pfalzgraf am Rhein zu Neuburg (1664–1732)

1683–1732	Fürstbischof von Breslau
1694–1732	Fürstbischof von Worms, Hoch- und Deutschmeister, Fürstpropst von Ellwangen
1712–1729	Koadjutor des Erzbischofs von Mainz
1716–1729	Kurfürst-Erzbischof von Trier
1729–1732	Kurfürst-Erzbischof von Mainz

Literatur: E. Gatz – J. Kopiec, in: Bischöfe 1648–1803, 124–127.

Blasonierung: Unter dem schwarzen mit goldenen Lilienstäben belegten Kreuz (Deutscher Orden) ein Mittelschild und ein Hauptschild. Auf dem Kreuz ein Herzschild, darin in Gold ein rot gezungter schwarzer Adler (Deutscher Orden), dessen Brust mit einem roten Schild mit einem sechsspeichigen silbernem Rad (Erzstift Mainz) belegt ist. – Mittelschild: Geviert, (1) und (4) in Schwarz ein schräglinks gestellter silberner Schlüssel, der oben und unten von jeweils vier goldenen Schindeln begleitet ist (Hochstift Worms), (2) in Silber eine goldene Mitra (Fürstpropstei Ellwangen), (3) geteilt von Gold und Blau, oben ein schwarzer golden bewehrter Adler mit in Kleeblättern endender silberner Brustspange (Schlesien), unten sechs 3:2:1 gestellte goldene Lilien (Breslau). – Hauptschild, Quartier I: zweifach gespalten (drei Felder), (1) in Schwarz ein rot bekrönter und rot bewehrter goldener Löwe (Pfalzgrafschaft bei Rhein), (2) die silbernen und blauen bayerischen Rauten (Herzogtum Bayern), (3) in Gold ein rot bewehrter schwarzer Löwe (Herzogtum Jülich). – Quartier II: Gespalten von Rot und Silber, vorne eine aus acht goldenen Lilienstäben gebildete Lilienhaspel, überdeckt von einem silbernen Schildchen (Herzogtum Kleve), hinten ein blau bekrönter und blau bewehrter roter Löwe (Herzogtum Berg). – Quartier III: Gespalten von Gold und Silber, vorne ein schwarzer Balken (Fürstentum Moers), hinten ein golden bekrönter und golden bewehrter blauer Löwe (Grafschaft Veldenz). – Quartier IV: Gespalten von Gold und Silber, vorne ein in drei Reihen von Rot und Silber geschachter Balken (Grafschaft Mark), hinten drei rote Sparren (Grafschaft Ravensberg).

Anmerkung: In der Vollform wird der Adler des Deutschen Ordens noch golden bewehrt tingiert.

Nachweis: BayHStA München, Siegelsammlung. – **J. D. Koehler**, Calender 1732, vor 8. – **O. Posse**, Siegel, Tf. 23, Nr. 1–3. – **G. Schön**, Münzkatalog 993, Nr. 37. – Bauplastik am Spital zum Hl. Geist in Bad Mergentheim.

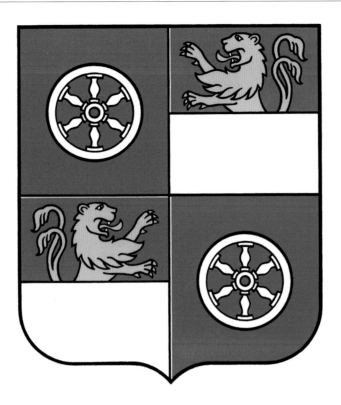

Eltz zu Kempenich, Philipp Karl Reichsfreiherr (seit 1733 **Reichsgraf**) **von** (1665–1743)

1732–1743   Kurfürst-Erzbischof von Mainz

Literatur: **F. Jürgensmeier**, in: Bischöfe 1648–1803, 91–93.

Blasonierung: Geviert, (1) und (4) in Rot ein sechsspeichiges silbernes Rad (Erzstift Mainz), (2) und (3) geteilt von Rot und Silber, oben ein nach innen gewendeter wachsender zweischwänziger goldener Löwe (Familienwappen Eltz).

Nachweis: BayHStA München, Siegelsammlung. – **J. D. Koehler**, Calender 1740, vor 9. – **O. Posse**, Siegel, Tf. 23, Nr. 6–8. – **G. Schön**, Münzkatalog 548, Nr. 22. – **P. Sella**, Sigilli III, 125, Tf. XVII, Nr. 437. – Wappenfenster im Dom zu Mainz.

Ostein, Johann Friedrich Karl (seit 1712 **Reichsgraf**) **von** (1689–1763)

1743–1763   Kurfürst-Erzbischof von Mainz
1749–1756   Koadjutor des Fürstbischofs von Worms
1756–1763   Fürstbischof von Worms

Literatur: **F. Jürgensmeier**, in: Bischöfe 1648–1803, 331–334.

Blasonierung: Geviert mit Herzschild. – Herzschild (Familienwappen Ostein): In Blau ein nach links springender goldener Windhund mit rotem Halsband. – Hauptschild: (1) und (4) in Rot ein sechsspeichiges silbernes Rad (Erzstift Mainz), (2) und (3) in Schwarz ein schräg gestellter silberner Schlüssel, der oben und unten von jeweils vier goldenen Schindeln begleitet ist (Hochstift Worms).

Anmerkung: In dieser Form wird das Wappen ab 1756 geführt. Bis dahin: Geviert, (1) und (4) in Rot ein sechsspeichiges silbernes Rad (Erzstift Mainz), (2) und (3) in Blau ein springender goldener Windhund mit rotem Halsband (Familienwappen Ostein).[162] – Varianten Familienwappen: In Blau ein springender rot gezungter goldener Windhund mit beringtem silbernem Halsband.[163]

Nachweis: BayHStA München, Siegelsammlung. – **J. C. Gatterer**, Handbuch 1763, 14. – **O. Posse**, Siegel, Tf. 24, Nr. 8. – **G. Schön**, Münzkatalog 549, Nr. 38. – **P. Sella**, Sigilli III, 125, Tf. XVIII, Nr. 438. – Wappenfenster im Dom zu Mainz.

---

[162]   **J. D. Koehler**, Calender 1753, vor 12. – Bauplastik am Marstallgebäude in Aschaffenburg.
[163]   **W. v. Hueck**, Adelslexikon X, 69.

Breidbach zu Bürresheim, Emmerich Joseph Reichsfreiherr von (1707–1774)

1763–1774   Kurfürst-Erzbischof von Mainz
1768–1774   Fürstbischof von Worms

Literatur: **F. Jürgensmeier**, in: Bischöfe 1648–1803, 42–44.

Blasonierung: Geviert mit Herzschild. – Herzschild: In Silber ein blau gezungter und blau bekrönter zum Flug geschickter roter Drachen (Familienwappen Breidbach zu Bürresheim). – Hauptschild: (1) und (4) in Rot ein sechsspeichiges silbernes Rad (Erzstift Mainz), (2) und (3) in Schwarz ein schräg gestellter silberner Schlüssel, der oben und unten von jeweils vier goldenen Schindeln begleitet ist (Hochstift Worms).

Anmerkung: In dieser Form wurde das Wappen von Bischof Emmerich Joseph nach seinem Regierungsantritt in Worms (1768) geführt.

Nachweis: BayHStA München, Siegelsammlung. – **O. Posse**, Siegel, Tf. 25, Nr. 4, 6 f. – **J. Siebmacher**, Wappen der Bistümer, Tf. 198. – **G. Schön**, Münzkatalog 552, Nr. 61. – **P. Sella**, Sigilli III, 126, Tf. XVIII, Nr. 439. – Wappenfenster im Dom zu Mainz.

Erthal, Friedrich Karl Joseph Reichsfreiherr von (1719–1802)

1775–1802   Kurfürst-Erzbischof von Mainz
1775–1802   Fürstbischof von Worms

Literatur: F. Jürgensmeier, in: Bischöfe 1648–1803, 95–99.

Blasonierung: Geviert mit geviertem Herzschild. – Herzschild (Familienwappen Erthal): Geviert, (1) und (4) in Rot zwei silberne Balken, (2) und (3) ledig von Blau. – Hauptschild: (1) und (4) in Rot ein sechsspeichiges silbernes Rad (Erzstift Mainz), (2) und (3) ein schräg gestellter silberner Schlüssel, der oben und unten von jeweils vier goldenen Schindeln begleitet ist (Hochstift Worms).

Anmerkung: Varianten bei J. Siebmacher[164] und im Dom zu Mainz (Wappenfenster; mit Hoch- und Deutschmeisterkreuz).

Nachweis: BayHStA München, Siegelsammlung. – O. Posse, Siegel, Tf. 26, Nr. 1.

---

[164] J. Siebmacher, Wappen der Bistümer, Tf. 197.

Dalberg, Karl Theodor Reichsfreiherr von (1744–1817)

1788–1802	Koadjutor des Erzbischofs von Mainz und Fürstbischofs von Worms, Archiep. tit. Tarsensis
1788–1800	Koadjutor des Fürstbischofs von Konstanz
1800–1817	Fürstbischof von Konstanz
1802–1817	Fürstbischof von Worms
1802	Kurfürst-Erzbischof von Mainz, Erzkanzler des Heiligen Römischen Reiches
1803–1817	Administrator und Erzbischof (1805) von Regensburg

Literatur: G. **Schwaiger**, in: Bischöfe 1785/1803–1945, 110–113.

Blasonierung: Geviert mit Herzschild. – Herzschild (Familienwappen Dalberg): Geviert, (1) und (4) unter dreimal gespitztem goldenen Schildhaupt in Blau sechs 3:2:1 gestellte silberne Lilien, (2) und (3) in Gold ein schwebendes schwarzes Ankerkreuz. – Hauptschild: Geviert, (1) und (4) in Rot ein sechsspeichiges silbernes Rad (Erzstift Mainz), (2) in Schwarz ein schräg gestellter silberner Schlüssel, der oben und unten von jeweils vier goldenen Schindeln begleitet ist (Hochstift Worms), (3) zweifach geteilt (drei Felder), [1] in Silber ein rotes Kreuz (Hochstift Konstanz), [2] in Silber ein rotes Kreuz (Reichsabtei Reichenau), [3] in Gold zwei aus blauen Wolken hervorkommende silberne Arme, die einen silbernen Schlüssel mit doppeltem Bart halten (Propstei Öhningen).

Anmerkung: Variante bei J. Siebmacher (vier zusammengestellte Schilde).[165] – In der abgebildeten Form wurde das Wappen nur 1802/03 geführt.

Nachweis: BayHStA München, Siegelsammlung. – **O. Posse**, Siegel, Tf. 27, Nr. 2.

---

[165] **J. Siebmacher**, Wappen der Bistümer, Tf. 5

Meißen

Das 968 gegründete, einst große Bistum Meißen war in der Reformationszeit untergegangen. Nur in der seit 1635 zu Kursachsen gehörenden Oberlausitz waren die dem Stift St. Petri zu Bautzen und einigen Klöstern inkorporierten Pfarreien katholisch geblieben. Seit 1565 übte der von den Kanonikern des Stiftes St. Petri in Bautzen gewählte Stiftsdekan die Jurisdiktion in der Apostolischen Administratur des Bistums Meißen in den Lausitzen aus.

Literatur: **S. Seifert**, in: Bistümer bis 1803, 427–436.

1. Administratur

Blasonierung: In Rot ein auf silbernem Boden stehendes silbernes Gotteslamm, das mit dem rechten Vorderbein eine silberne dreilatzige Kirchenfahne an goldener Kreuzstange schultert. – Das Wappen des ehemaligen Hochstifts Meißen, ein Lamm Gottes mit der Fahne, taucht erstmals in den Siegeln des von 1376 bis 1378 regierenden Bischofs Johann von Jenstein auf und wird in der Regel kombiniert mit dem Familienwappen geführt.[166] Die Apostolischen Administratoren des Bistums haben wohl nur ihr Familienwappen bzw. das ihnen verliehene Wappen geführt.

Nachweis: **E. Neukirch**, Erscheinen 189 (Siegelbeschreibung).

---

[166] **J. Siebmacher**, Wappen der Bistümer 3, Tf. 7.

2. Administratoren

Liste der Administratoren

1644–1650	**Johann Hasius von Lichtenfeld** (seit 1645 kaiserlicher Personaladel)
1650–1655	**Martin Saudrius von Sternfeld** (seit 1652 kaiserlicher Personaladel)
1655–1660	**Bernhard Freiherr** (seit 1649 **Graf**) **von Schrattenbach**, stellvertretender Administrator
1660–1665	**Christophorus Johannes Reinheld von Reichenau** (seit 1646 kaiserlicher Personaladel)
1665–1675	**Peter Franz Longinus von Kieferberg** (1666 Personaladel durch den Prager Erzbischof)
1676–1700	**Martin Ferdinand Brückner von Brückenstein** (seit 1676 kaiserlicher Personaladel)
1700–1713	**Matthäus Joseph Ignaz Vitzki**
1714–1721	**Martin Bernhard Just von Friedenfeld** (seit 1714 kaiserlicher Personaladel)
1721–1743	**Johann Joseph Ignaz Freyschlag von Schmidenthal** (seit 1730 kaiserlicher Personaladel)
1743–1771	**Jakob Johann Joseph Wosky von Bärenstamm** (seit 1744 kaiserlicher Personaladel)
1772–1773	**Carl Laurenz Cardona**
1774–1780	**Martin Nugk von Lichtenhoff** (seit 1774 kaiserlicher Personaladel)
1780–1794	**Johann Joseph Schüller** (kaiserl. Personaladel seit 1782: **von Ehrenthal**)
1795–1796	**Wenzel Kobaltz**
1796–1831	**Georg Franz Lock**

Hasius von Lichtenfeld, Johann (seit 1645 kaiserlicher Personaladel) (1584–1650)

1644–1650   Apostolischer Administrator des Bistums Meißen in der Lausitz

Literatur: **S. Seifert**, in: Bischöfe 1648–1803, 174 f.

Blasionierung: (Familienwappen Hasius von Lichtenfeld) In Rot ein silberner Balken, belegt mit drei nebeneinander stehenden grünen Laubbäumen, oben ein flugbereiter silberner Pelikan.

Nachweis: Bistumsarchiv Dresden-Meißen.

Saudrius von Sternfeld, Martin (seit 1652 kaiserlicher Personaladel) (1600–1660)

1650–1655   Apostolischer Administrator des Bistums Meißen in der Lausitz

Literatur: **S. Seifert**, in: Bischöfe 1648–1803, 413.

Blasonierung: (Familienwappen Saudrius von Sternfeld) In Rot drei silberne Pfeile, die nach oben rechts, links und in die Mitte zielen, begleitet von drei 2:1 gestellten sechsstrahligen goldenen Sternen.

Nachweis: Bistumsarchiv Dresden-Meißen.

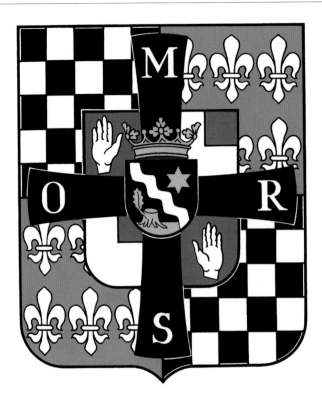

Schrattenbach, Bernhard Freiherr (seit 1649 **Graf**) **von** († 1660)

1655–1660   Stellvertretender Administrator des Bistums Meißen in der Lausitz

Literatur: **S. Seifert**, in: Bischöfe 1648–1803, 447 f.

Blasonierung: Auf geviertem Hauptschild ein geviertes Mittelschild, das mit einem schwarzes Tatzenkreuz überdeckt ist, dessen Tatzen die silbernen Buchstaben „M", „R", „S" und „O" tragen; auf das Tatzenkreuz aufgelegt ein Herzschild, das mit einer goldenen Laubkrone bekrönt ist. – Herzschild (Familienwappen Schrattenbach): In Schwarz ein silberner Schrägwellenbalken, begleitet oben von einem goldenen Stern, unten auf goldenem Boden ein bewurzelter goldener Baumstumpf, aus dem an der rechten Seite ein mit einem Eichenblatt besetzter Ast wächst. – Mittelschild: Geviert, (1) und (4) in Rot eine aufgerichtete silberne Hand, (2) und (3) in Silber ein rotes linkes Obereck. – Hauptschild (Familien-wappen Schrattenbach): Geviert, (1) und (4) geschacht von Schwarz und Silber, (2) und (3) in Blau sechs 3:3 gestellte silberne heraldische Lilien.

Nachweis: Bistumsarchiv Dresden-Meißen. – **H. Theissing**, Äbte 54–56, hier: 54.

Reinheld von Reichenau, Christophorus Johannes (seit 1646 kaiserlicher Personaladel) (1585–1665)

1660–1665   Apostolischer Administrator des Bistums Meißen in der Lausitz

Literatur: **S. Seifert**, in: Bischöfe 1648–1803, 370 f.

Blasonierung: (Familienwappen Reinheld von Reichenau) In Blau eine silberne Sturzkrücke, das Ganze überdeckt von einem goldenen Anker mit einem goldenen Ring.

Nachweis: Bistumsarchiv Dresden-Meißen.

Longinus von Kieferberg, Peter Franz (1666 Personaladel durch den Prager Erzbischof) (1613–1675)

1665–1675   Apostolischer Administrator des Bistums Meißen in der Lausitz

Literatur: **S. Seifert**, in: Bischöfe 1648–1803, 285 f.

Blasonierung: (Familienwappen Longinus von Kieferberg) In Rot auf silbernem Grund ein nach links springender silberner Hirsch.

Nachweis: Bistumsarchiv Dresden-Meißen.

Brückner von Brückenstein, Martin Ferdinand (seit 1676 kaiserlicher Personaladel) (1632–1700)

1676–1700   Apostolischer Administrator des Bistums Meißen in der Lausitz

Literatur: **S. Seifert**, in: Bischöfe 1648–1803, 50 f.

Blasonierung: (Familienwappen Brückner von Brückenstein) In Silber mit blauem Grund eine gemauerte goldene Doppelbogenbrücke mit siebenfach ausgebrochenem Geländer, darüber drei 2:1 gestellt sechsstrahlige goldene Sterne.

Nachweis: Bistumsarchiv Dresden-Meißen.

Vitzki, Matthäus Joseph Ignaz (1660–1713)

1700–1713   Apostolischer Administrator des Bistums Meißen in der Lausitz

Literatur: **S. Seifert**, in: Bischöfe 1648–1803, 536.

Blasonierung: (Familienwappen Vitzki) In Rot ein silberner Storch.

Nachweis: Bistumsarchiv Dresden-Meißen.

Just von Friedenfeld, Martin Bernhard (seit 1714 kaiserlicher Personaladel) (1642–1721)

1714–1721   Apostolischer Administrator des Bistums Meißen in der Lausitz

Literatur: **S. Seifert**, in: Bischöfe 1648–1803, 212 f.

Blasonierung: (Familienwappen Just von Friedenfeld) In goldenem Schildbord in Blau vor silbernem Wellschildfuß ein silberner Anker, durch dessen Öse (Roring) ein goldenes Tau gezogen ist.

Nachweis: Bistumsarchiv Dresden-Meißen.

Freyschlag von Schmidenthal, Johann Joseph Ignaz (seit 1730 kaiserlicher Personaladel)
(1669–1743)

1721–1743   Apostolischer Administrator des Bistums Meißen in der Lausitz

Literatur: **S. Seifert**, in: Bischöfe 1648–1803, 130 f.

Blasonierung: (Familienwappen Freyschlag von Schmidenthal) In Blau auf grünem Hügel ein rot bewehrter silberner
Storch, der eine silberne Schlange im Schnabel hält.

Nachweis: Bistumsarchiv Dresden-Meißen.

Wosky von Bärenstamm, Jakob Johann Joseph (seit 1744 kaiserlicher Personaladel) (1692–1771)

> 1743–1771   Apostolischer Administrator des Bistums Meißen in der Lausitz
> 1753–1771   Ep. tit. Pergamenus

Literatur: **S. Seifert**, in: Bischöfe 1648–1803, 574 f.

Blasonierung: (Familienwappen Wosky von Bärenstamm) Geteilt und oben gespalten (drei Felder), (1) in Blau das silberne Gotteslamm, das mit seinem linken Vorderfuß die silberne Osterfahne mit rotem Kreuz an silberner Kreuzstange schultert, (2) in Rot ein schwarzer Bär, der einen mit fünf Bienen besetzten silbernen Bienenstock zu öffnen versucht, (3) in Blau sechs 3:3 gestellte silberne Kugeln.

Nachweis: Bistumsarchiv Dresden-Meißen.

Cardona, Carl Laurenz (1711–1773)

1772–1773   Apostolischer Administrator des Bistums Meißen in der Lausitz

Literatur: **S. Seifert**, in: Bischöfe 1648–1803, 58 f.

Blasonierung: (Familienwappen Cardona) In Rot ein silberner Balken, begleitet oben von zwei und unten von einem goldenen Kleeblattkreuz.

Nachweis: Bistumsarchiv Dresden-Meißen.

Nugk von Lichtenhoff, Martin (seit 1774 kaiserlicher Personaladel) (1720–1780)

1774–1780   Apostolischer Administrator des Bistums Meißen in der Lausitz
1775–1780   Ep. tit. Cisamensis

Literatur: **S. Seifert**, in: Bischöfe 1648–1803, 324 f.

Blasonierung: (Familienwappen Nugk von Lichtenhoff) In Gold ein roter Schräglinksbalken, belegt mit sechs silbernen Kugeln, begleitet oben und unten von je einem sechsstrahligen blauen Stern.

Nachweis: Bistumsarchiv Dresden-Meißen.

Schüller (kaiserl. Personaladel seit 1782: **von Ehrenthal**), **Johann Joseph** (1738–1794)

1780–1794   Apostolischer Administrator des Bistums Meißen in der Lausitz
1783–1794   Ep. tit. Danabensis

Literatur: **S. Seifert**, in: Bischöfe 1648–1803, 452 f.

Blasonierung: (Familienwappen Schüller von Ehrenthal) Gespalten und vorne geteilt, vorn oben in Blau sechs 1:2:2:1 ge-stellte silberne Kugeln, vorne unten in Schwarz die ineinander verschlungenen goldenen Buchstaben „S" und „O", hin-ten ein halber schwarzer Adler am Spalt, der einen grünen Lorbeerkranz im Schnabel hält.

Nachweis: Bistumsarchiv Dresden-Meißen.

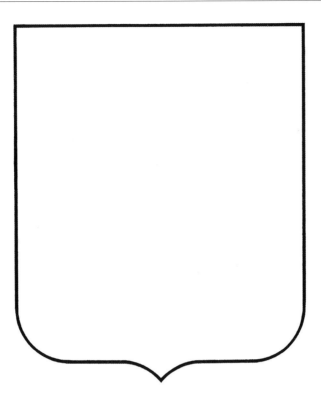

Kobaltz, Wenzel (1732–1796)

1795–1796   Apostolischer Administrator des Bistums Meißen in der Lausitz

Literatur: **S. Seifert**, in: Bischöfe 1648–1803, 229 f.

Blasonierung: kein Wappen bekannt.

Lock, Georg Franz (1751–1831)

    1796–1831   Apostolischer Administrator des Bistums Meißen in der Lausitz
    1801–1831   Ep. tit. Antigonensis

Literatur: **S. Seifert**, in: Bischöfe 1785/1803–1945, 456 f.

Blasonierung: Durch einen silbernen Balken, darin die goldenen Buchstaben „F. G. L." geteilt von Gold und Blau, oben zwei gekreuzte silberne Schlüssel, die Bärte abwärts, unten ein silbernes Gotteslamm, das mit seinem linken Vorderfuß die silberne Osterfahne mit rotem Kreuz an silberner Kreuzstange schultert.

Nachweis: Bistumsarchiv Dresden-Meißen.

Münster

Das 805 gegründete Bistum Münster reichte nach dem Verlust seines friesischen Teils in der Reformationszeit immer noch weit über das Gebiet des Hochstifts hinaus, doch erwarb der Bischof erst 1668 von Osnabrück die geistliche Jurisdiktion über das Niederstift. Die Rekatholisierung der Stiftsgebiete war im 17. Jahrhundert zum Abschluss gekommen. Die Bischöfe residierten auf ihren Landesburgen, das Domkapitel, welches das Bischofswahlrecht hatte, in Münster. Die Bischöfe aus dem Hause Wittelsbach und aus westfälischen Adelsfamilien garantierten den katholischen Besitzstand.

Literatur: **W. Kohl**, in: Bistümer bis 1803, 479–487.

1. Hochstift

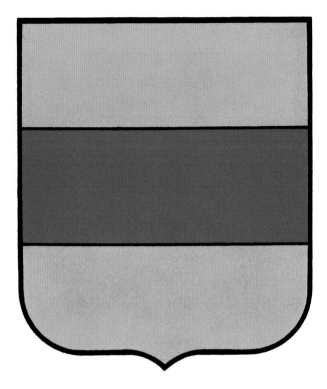

Blasonierung: In Gold ein roter Balken. – Das Wappen erscheint erstmals 1309 auf einem Siegel des Elekten Konrad von Berg (1306–10). Gestaltet ist dieses Siegel als Thronsiegel im Stil der Zeit, auf dem heraldisch rechts ein Schildchen mit dem Hochstiftswappen und heraldisch links ein Schildchen mit dem bergischen Löwen zu sehen ist.[167] Auch auf Münzen dieses Bischofs findet sich nun erstmals das Hochstiftswappen. Der Schild findet sich auf der Brust des auf einem Stuhl sitzenden Bischofs.[168] Seit Kurfürst Clemens August (1719–61) wird das Wappen fälschlicherweise als goldener Balken in Blau wiedergegeben. Dessen Wappenschöpfer folgte dabei wohl einer unrichtigen Angabe der damaligen heraldischen Literatur.[169] – Mit dem Hochstiftswappen[170] verbunden sind in der Regel noch das Wappen der Burggrafschaft Stromberg bei Oelde (geteilt von Silber und Rot, oben nebeneinander drei schwarze Vögel), das seit 1652 durch Bischof Christoph Bernhard von Galen (1651–78) dem Hochstiftswappen hinzugefügt wird. Der streitbare Bischof hatte seit 1654 versucht, für Stromberg, das er als „Burggrafschaft" deklarierte, Sitz und Stimme auf dem Reichstag zu erlangen, was nicht gelang. Nicht gelungen ist auch der Versuch, auf die Herrschaft Borkulo in den Niederlanden (Gelderland) zuzugreifen, die noch 1642 vom Reichskammergericht als einziehbares Lehen des Hochstifts anerkannt worden war. Galen nannte sich zwar ab 1655 Herr von Borkulo, doch musste er nach mehreren militärischen Rückeroberungsversuchen im Frieden von Köln 1674 die Herrschaft (heute: Borcelo) den Niederlanden überlassen. Im Zuge der Auseinandersetzungen übernahm er das Wappen von Borkulo als Anspruchswappen (in Rot drei 2:1 gestellte goldene Kugeln). 1661 führt Galen als Administrator von Corvey auch das Wappen dieser Reichsabtei (geteilt von Rot und Gold). 1709 wurde die Herrschaft Werth bei Bocholt für das Stift erworben, worauf Bischof Clemens August 1720 Werth in seine Titulatur und in sein Wappen aufnahm. Das ursprüngliche Wappen für Werth (in Silber drei schwarze Maueranker) wurde bald nicht mehr verstanden. Sowohl Form und Farben variieren beträchtlich. Der Nachfolger, Max Friedrich Reichsgraf von Königsegg und Rothenfels (1762–84), führt drei Andreaskreuze; es finden sich aber auch drei 2:1 gestellte rote Lilien bzw. Seeblätter.

Nachweis: **O. Neubecker – W. Rentzmann**, Lexikon, Tf. 21. – **J. Siebmacher**, Wappen der Bistümer, Tf. 153.

---

[167] **E. Neukirch**, Erscheinen 220.
[168] **H. Ph. Cappe**, Münzen 39.
[169] **J. Siebmacher**, Wappen der Bistümer 92.
[170] **H. Nottarp**, Titel 689.

2. Fürstbischöfe

Bischofsliste

1611–1612	**Ferdinand, Herzog von Bayern**, Koadjutor
1612–1650	Ders., Fürstbischof von Münster
1651–1678	**Christoph Bernhard von Galen**
1667–1678	**Ferdinand** (seit 1660 **Reichsfreiherr**) **von Fürstenberg**, Koadjutor
1678–1683	Ders., Fürstbischof
1683–1688	Max Heinrich, Herzog von Bayern, Elekt
1688–1706	**Friedrich Christian von Plettenberg zu Lenhausen**
1707–1718	**Franz Arnold Reichsfreiherr Wolff, gen. Metternich zur Gracht**
1719	Philipp Moritz, Herzog von Bayern, Elekt
1719–1761	**Clemens August, Herzog von Bayern**
1719–1721	Franz Ludolf Jobst Freiherr von Landsberg, Apostolischer Administrator
1762–1784	**Max Friedrich Reichsgraf von Königsegg und Rothenfels**
1780–1784	**Max Franz, Erzherzog von Österreich**, Koadjutor
1784–1801	Ders., Fürstbischof
1801–1807	Franz Friedrich Wilhelm Freiherr von Fürstenberg, Kapitularvikar

Ferdinand, Herzog von Bayern (1577–1650)

1591–1595	Koadjutor des Fürstpropstes von Berchtesgaden
1595–1650	Fürstpropst von Berchtesgaden
1596–1612	Koadjutor des Erzbischofs von Köln
1599–1612	Koadjutor des Fürstabtes von Stablo-Malmedy
1602–1612	Koadjutor des Fürstbischofs von Lüttich
1611–1612	Koadjutor des Fürstbischofs von Hildesheim und Münster
1612–1650	Kurfürst-Erzbischof von Köln, Fürstbischof von Lüttich, Hildesheim und Münster, Fürstabt von Stablo-Malmedy
1612–1618	Koadjutor des Fürstbischofs von Paderborn
1618–1650	Fürstbischof von Paderborn

Literatur: **E. Gatz**, in: Bischöfe 1648–1803, 107–111.

Blasonierung: Zweimal geteilt, oben und in der Mitte viermal, unten dreimal gespalten (vierzehn Felder) mit Herzschild, das achte Feld ist durch das Herzschild verdeckt. – Herzschild (Bayern): Geviert, (1) und (4) die silbernen und blauen bayerischen Rauten, (2) und (3) in Schwarz ein rot bekrönter und rot bewehrter goldener Löwe (Pfalzgrafschaft bei Rhein). – Hauptschild: (1) in Gold ein roter Balken (Hochstift Münster), (2) in Rot ein goldenes Kreuz (Hochstift Paderborn), (3) in Silber ein schwarzes Kreuz (Erzstift Köln), (4) gespalten von Gold und Rot (Hochstift Hildesheim), (5) in Rot eine auf mehrstufigem viereckigem Sockel stehende goldene Säule, auf der sich ein mit einem Kreuz besteckter Pinienzapfen befindet (Hochstift Lüttich), (6) gespalten von Blau und Silber mit einem Balken in verwechselter Farbe, (7) in Rot gekreuzt ein goldener schrägrechts gestellter und ein silberner schräglinks gestellter Schlüssel (Fürstpropstei Berchtesgaden), (9) in Rot ein silbernes Ross (Herzogtum Westfalen – zum Kurfürstentum Köln), (10) in Rot drei 2:1 gestellte goldene Herzen (Herzogtum Engern – zum Kurfürstentum Köln), (11) in Blau ein silberner Adler (Grafschaft Arnsberg – zum Kurfürstentum Köln), (12) neunmal geteilt von Gold und Rot (Grafschaft Loos – zum Hochstift Lüttich), (13) in Silber drei 2:1 gestellte rot bewehrte und golden gekrönte grüne Löwen (Markgrafschaft Franchimont – zum Hochstift Lüttich), (14) in Gold drei 2:1 gestellte silbern beschlagene und bebandete rote Jagdhörner (Grafschaft Horn – zum Hochstift Lüttich).

Anmerkung: Wie in seinen anderen Bistümern hat Ferdinand auch ein nur für Münster bestimmtes Wappen geführt, nämlich sein geviertes Hauswappen mit dem Hochstiftswappen als Herzschild.[171] Die grünen Löwen der Markgrafschaft Franchimont finden sich auch ohne Kronen.

Nachweis: **H. J. Brandt – K. Hengst**, Bischöfe 143, Abb. 150.

---

[171]   **J. Siebmacher**, Wappen der Bistümer, Tf. 156.

Galen, Christoph Bernhard von (1606–1678)

1651–1678   Fürstbischof von Münster

Literatur: **E. Gatz**, in: Bischöfe 1648–1803, 144 f.

Blasonierung: Zweimal geteilt und zweimal gespalten (neun Felder) mit Herzschild, das fünfte Feld durch das Herzschild verdeckt. – Herzschild (Familienwappen Galen): In Gold drei 2:1 gestellte aufrecht stehende doppelte Wolfshaken. – Hauptschild: (1) und (6) geteilt von Rot und Gold (Reichsabtei Corvey), (2) und (8) in Gold ein roter Balken (Hochstift Münster), (3) und (7) geteilt von Silber und Rot, oben nebeneinander drei schwarze Vögel (Burggrafschaft Stromberg – zum Hochstift Münster), (4) und (9) in Rot drei 2:1 gestellte goldene Kugeln (Herrschaft Borkulo – zum Hochstift Münster).

Anmerkung: In dieser Form führt Galen das Wappen nach 1661 (als Administrator von Corvey).

Nachweis: BayHStA München, Siegelsammlung. – Germanisches Nationalmuseum, Siegelsammlung, Tf. 90, Nr. 17 184. – **J. Siebmacher**, Wappen der Bistümer, Tf. 158.

Fürstenberg, Ferdinand (seit 1660 Reichsfreiherr) von (1626–1683)

1661–1683   Fürstbischof von Paderborn
1667–1678   Koadjutor des Fürstbischofs von Münster
1678–1683   Fürstbischof von Münster
1680–1683   Apostolischer Vikar eines Teiles der Nordischen Missionen

Literatur: **K. Hengst**, in: Bischöfe 1648–1803, 136–138.

Blasonierung: Zweimal gespalten und zweimal geteilt (neun Felder) mit Herzschild, das fünfte Feld durch das Herzschild verdeckt. – Herzschild (Familienwappen Fürstenberg): In Gold zwei rote Balken. – Hauptschild: (1) und (9) in Gold ein roter Balken (Hochstift Münster), (2) und (8) in Rot ein goldenes Kreuz (Hochstift Paderborn), (3) und (7) geteilt von Silber und Rot, oben nebeneinander drei schwarze Vögel (Burggrafschaft Stromberg – zum Hochstift Münster), (4) in Silber ein rotes Ankerkreuz (Grafschaft Pyrmont), (6) in Rot drei 2:1 gestellte goldene Kugeln (Herrschaft Borkulo – zum Hochstift Münster).

Nachweis: **H. J. Brandt – K. Hengst**, Bischöfe 244, 251, 255.

Plettenberg zu Lenhausen, Friedrich Christian von (1644–1706)

1687–1688　Generalvikar in Münster
1688–1706　Fürstbischof von Münster

Literatur: **E. Gatz**, in: Bischöfe 1648–1803, 345 f.

Blasonierung: Zweimal gespalten und einmal geteilt (sechs Felder) mit Herzschild. – Herzschild (Familienwappen Plettenberg): Gespalten von Gold und Blau. – Hauptschild: (1) und (6) geteilt von Silber und Rot, oben nebeneinander drei schwarze Vögel (Burggrafschaft Stromberg), (2) und (5) in Gold ein roter Balken (Hochstift Münster), (3) und (4) in Rot drei 2:1 gestellte goldene Kugeln (Herrschaft Borkulo).

Nachweis: BayHStA München, Siegelsammlung. – **G. Schön**, Münzkatalog 591, Nr. 1. – **J. Siebmacher**, Wappen der Bistümer, Tf. 158.

Wolff, gen. Metternich zur Gracht, Franz Arnold Reichsfreiherr (1658–1718)

1703–1704   Koadjutor des Fürstbischofs von Paderborn, Ep. tit. Nicopoliensis
1704–1718   Fürstbischof von Paderborn
1707–1718   Fürstbischof von Münster

Literatur: **K. Hengst**, in: Bischöfe 1648–1803, 570 f.

Blasonierung: Zweimal geteilt und zweimal gespalten (neun Felder) mit Herzschild, das fünfte Feld durch das Herzschild verdeckt. – Herzschild (Familienwappen Wolff von Metternich): Unter blauem Schildhaupt, darin ein dreilätziger silberner Turnierkragen, in Silber ein schreitender roter Wolf. – Hauptschild: (1) und (9) in Gold ein roter Balken (Hochstift Münster), (2) und (8) in Rot ein goldenes Kreuz (Hochstift Paderborn), (3) und (7) geteilt von Silber und Rot, oben nebeneinander drei schwarze Vögel (Burggrafschaft Stromberg – zum Hochstift Münster), (4) in Silber ein rotes Ankerkreuz (Grafschaft Pyrmont), (6) in Rot drei 2:1 gestellte goldene Kugeln (Herrschaft Borkulo – zum Hochstift Münster).

Nachweis: BayHStA München, Siegelsammlung. – **G. Schön**, Münzkatalog 592, Nr. 12. – **J. Siebmacher**, Wappen der Bistümer, Tf. 158.

Clemens August, Herzog von Bayern (1700–1761)

1715–1716   Koadjutor des Fürstbischofs von Regensburg
1717–1719   Fürstbischof von Regensburg
1716–1723   Koadjutor des Fürstpropstes von Berchtesgaden
1719–1761   Fürstbischof von Münster und Paderborn
1722–1723   Koadjutor des Erzbischofs von Köln
1723–1761   Kurfürst-Erzbischof von Köln und Fürstpropst von Berchtesgaden
1724–1761   Fürstbischof von Hildesheim
1728–1761   Fürstbischof von Osnabrück
1732–1761   Hoch- und Deutschmeister

Literatur: E. Gatz, in: Bischöfe 1648–1803, 63–66.

Blasonierung: Durch ein schwarzes mit goldenen Lilienstäben belegtes Kreuz in vier Quartiere geteilt. Auf dem Kreuz ein Mittelschild, belegt mit einem Herzschild. – Herzschild: Geviert, (1) und (4) gerautet von Silber und Blau (Herzogtum Bayern), (2) und (3) in Schwarz ein rot bekrönter und rot bewehrter goldener Löwe (Pfalzgrafschaft bei Rhein). – Mittelschild (Deutscher Orden): In Gold ein rot gezungter golden bewehrter schwarzer Adler. – Quartier I: Geviert, (1) in Silber ein schwarzes Kreuz (Erzstift Köln), (2) in Rot ein silbernes springendes Pferd (Herzogtum Westfalen – zum Kurfürstentum Köln), (3) in Rot drei 2:1 gestellte goldene Herzen (Herzogtum Engern – zum Kurfürstentum Köln), (4) in Blau ein silberner Adler (Grafschaft Arnsberg – zum Kurfürstentum Köln). – Quartier II: Gespalten von Gold und Rot (Hochstift Hildesheim). – Quartier III: Geteilt, unten in Silber ein rotes Rad (Hochstift Osnabrück), oben geviert, (1) und (4) in Rot ein goldenes Kreuz (Hochstift Paderborn), (2) und (3) in Silber ein rotes Ankerkreuz (Grafschaft Pyrmont), Quartier IV: Geviert, (1) in Gold ein roter Balken (Hochstift Münster), (2) geteilt von Silber und Rot, oben nebeneinander drei schwarze Vögel (Burggrafschaft Stromberg – zum Hochstift Münster), (3) in Rot drei 2:1 gestellte goldene Kugeln (Herrschaft Borkulo – zum Hochstift Münster), (4) in Silber drei 2:1 gestellte Lilien (Herrschaft Werth – zum Hochstift Münster).

Anmerkung: Es handelt sich um das nach der Erlangung der Hochmeisterwürde 1732 (Administrator des Hochmeistertums in Preußen und Großmeister in deutschen Landen) geführte Wappen, das bis 1761 im Wesentlichen unverändert blieb. Das Wappen wurde nur dann variiert, wenn Clemens August als Bischof von Münster, Paderborn oder Osnabrück handelte. Dann rückte das Wappen des Hochstifts, in dem er tätig war, in der Regel in das zweite Quartier (manchmal auch zusammen mit einem anderen Wappen). Im ersten Quartier bleibt aber immer Köln.[172] Eine interessante Variante findet sich in Paderborn in einem Domkapitelkalender. Dort wird das Kölner Wappen mit den vier Feldern als Mittelschild dem Kreuz des Deutschen Ordens unterlegt.[173] Koehlers Calender von 1756[174] zeigt das für das Hochstift Münster stehende vierte Quartier zweimal gespalten und einmal geteilt (sechs Felder: [1] und [6] Stromberg, [2] und [5] Münster, [3] und [4] Borkulo). Das oft missratene Wappen für Werth (das auch im vorliegenden Fall an Stelle der korrekten schwarzen Maueranker nur Lilien aufweist) ist also weggelassen. Gatterers Handbuch von 1761[175] zeigt und blasoniert[176] das oben beschriebene Wappen; für die Herrschaft Werth finden sich drei kleine Andreaskreuze, wovon die Tinkturen unbekannt sind.

Nachweis: BayHStA München, Siegelsammlung. – **W. Ewald**, Siegel I, 27, Tf. 32, Nr. 1. – **J. D. Koehler**, Calender 1741, vor 11. – **J. Siebmacher**, Wappen der Bistümer, Tf. 159.

---

172 Vgl. im Einzelnen: **H. Nottarp**, Titel 693 f.
173 Abb. ebd. 695.
174 **J. D. Koehler**, Calender 1756, 2.
175 **J. C. Gatterer**, Handbuch 1761, nach 2.
176 Ebd. 106.

Königsegg und Rothenfels, Max Friedrich Reichsgraf von (1708–1784)

1761–1784   Kurfürst-Erzbischof von Köln
1762–1784   Fürstbischof von Münster

Literatur: **E. Gatz,** in: Bischöfe 1648–1803, 231–233.

Blasonierung: Einmal gespalten und dreimal geteilt (acht Felder) mit Herzschild. – Herzschild (Familienwappen Königs-egg): Von Gold und Rot schräglinks gerautet. – Hauptschild: (1) in Silber ein schwarzes Kreuz (Erzstift Köln), (2) in Rot ein silbernes springendes Pferd (Herzogtum Westfalen – zum Kurfürstentum Köln), (3) in Rot drei 2:1 gestellte goldene Herzen (Herzogtum Engern – zum Kurfürstentum Köln), (4) in Blau ein silberner Adler (Grafschaft Arnsberg), (5) in Gold ein roter Balken (Hochstift Münster), (6) geteilt von Silber und Rot, oben drei schwarze nebeneinander stehende Vögel (Burggrafschaft Stromberg – zum Hochstift Münster), (7) in Rot drei 2:1 gestellte goldene Kugeln (Herrschaft Bor-kulo – zum Hochstift Münster), (8) in Silber drei 2:1 gestellte Lilien (richtig: drei schwarze Maueranker) (Herrschaft Werth – zum Hochstift Münster).

Anmerkung: Im achten Feld des Wappens finden sich Lilien bzw. Andreaskreuze, da die ursprüngliche Herkunft dieses Wappenteils nicht mehr bekannt war.

Nachweis: BayHStA München, Siegelsammlung. – **G. Schön,** Münzkatalog 471, Nr. 89. – **J. Siebmacher,** Wappen der Bis-tümer, Tf. 160. – **J. C. Gatterer,** Handbuch 1766, 14.

Max Franz, Erzherzog von Österreich (1756–1801)

1769–1780 Koadjutor des Hoch- und Deutschmeisters
1780–1784 Koadjutor des Erzbischofs von Köln und des Fürstbischofs von Münster
1780–1801 Hoch- und Deutschmeister
1784–1801 Kurfürst-Erzbischof von Köln und Fürstbischof von Münster

Literatur: E. Gatz, in: Bischöfe 1648–1803, 298–300.

Blasonierung: Durch ein schwarzes mit goldenen Lilienstäben belegtes Kreuz (Deutscher Orden) in vier Quartiere geteilt. Auf dem Kreuz ein geviertes Mittelschild, bekrönt mit einer offenen Bügelkrone, belegt mit einem Adler, dieser belegt mit einem von einem Kurfürstenhut bekrönten Herzschild. – Herzschild (Österreich-Lothringen): Gespalten, vorne in Rot ein silberner Balken (Erzherzogtum Österreich), hinten in Gold ein roter Schrägbalken, der mit drei gestümmelten silbernen Adlern belegt ist (Herzogtum Lothringen). – Mittelschild: Geviert, belegt mit einem golden bewehrten schwarzen Adler (Deutscher Orden), (1) (Königreich Ungarn) gespalten, vorne siebenmal geteilt von Rot und Silber, hinten in Rot auf grünem Dreiberg (durch Adler verdeckt) ein silbernes Patriarchenkreuz, (2) in Rot ein gekrönter silberner Löwe mit doppeltem Schweif (Königreich Böhmen), (3) im roten Schildbord fünffach von Gold und Blau schräg geteilt (Herzogtum Burgund), (4) in Gold fünf 2:2:1 gestellte rote Kugeln (Ballen), darüber eine mit einer goldenen heraldischen Lilie belegte größere blaue Kugel (Großherzogtum Toskana). – Quartier I (Erzstift Köln): Geteilt, oben in Silber ein schwarzes Kreuz, unten in Rot drei 2:1 gestellte goldene Herzen (Herzogtum Engern). – Quartier II (Kurfürstentum Köln): Geteilt, oben in Rot ein silbernes springendes Pferd (Herzogtum Westfalen), unten in Blau ein silberner Adler (Grafschaft Arnsberg). – Quartier III (Hochstift Münster): Geteilt, oben in Gold ein roter Balken (Hochstift Münster), unten in Rot drei 2:1 gestellte goldene Kugeln (Herrschaft Borkulo). – Quartier IV (Hochstift Münster): Geteilt, oben geteilt von Silber und Rot, oben nebeneinander drei schwarze Vögel (Burggrafschaft Stromberg), unten in Silber drei 2:1 gestellte Andreaskreuze (Herrschaft Werth).

Anmerkung: Wie bei den vorhergehenden Erzbischöfen haben die Wappenzeichner nicht mehr die richtigen Symbole für die Herrschaft Werth (richtig: schwarze Maueranker) gekannt (Quartier IV). – Varianten: Beim Wappen des Großherzogtums Toskana wird die blaue Kugel auch mit drei goldenen heraldischen Lilien belegt.[177]

Nachweis: BayHStA München, Siegelsammlung. – **W. Ewald**, Siegel I, 28, Tf. 32, Nr. 6. – **G. Schön**, Münzkatalog 248, Nr. 27. – **C. Tyroff**, Wappenwerk I, 111.

---

[177]   **F. Gall**, Wappenkunde 197.

Olmütz (Olomouc)

Das im 11. Jahrhunderte gegründete Bistum, seit 1777 Erzbistum Olmütz umfasste die Markgrafschaft Mähren sowie die schlesischen Herzogtümer Troppau und Jägerndorf. Es gab kein Hochstift, jedoch selbstständige Lehensgüter des Bischofs mit Lehensgericht. Seit dem Abschluss der Gegenreformation war die Bevölkerung wieder katholisch. Bischof und Domkapitel hatten ihren Sitz in Olmütz. Das Domkapitel besaß das Bischofswahlrecht. Die Bischöfe kamen aus dem Hause Habsburg oder waren diesem eng verbunden.

Literatur: **W. Eberhard**, in: Bistümer bis 1803, 510–528.

1. (Erz-) Bistum

Blasonierung: Geviert, (1) und (4) geteilt, oben in Rot vier silberne Spitzen, unten in Rot zwei silberne Spitzen, (2) und (3) in Gold ein rot gezungter schwarzer Adler mit einem goldenen sechsstrahligen Stern auf der Brust. – Die Entstehung des Bischofswappens soll auf Bischof Bruno von Schauenburg (1245–81) zurückgehen.[178] Die Grafen von Schauenburg führten als Urform ihres Wappens einen roten Schild mit vom Schildrand nach innen angeordneten silbernen Spitzen (= Nesselblatt, heute noch im Wappen von Schleswig-Holstein). Im Elektensiegel des Bischofs Bruno von 1247 ist die stehende Figur des Bischofs mit einer Umrahmung zu sehen, die man als Anklang an das Schauenburgische dieses Familienwappens interpretieren kann. Im Bistumswappen werden diese Spitzen in der Folge anders angeordnet: Im ersten nachweisbaren Siegel mit Hochstiftswappen von 1334, geführt von Bischof Hynko Berka von Duba (1326–33), finden sich oben und unten im geteilten Wappen jeweils drei Spitzen. Die dann später beibehaltene Form mit dem geteilten Wappen, das im oberen Feld vier, im unteren zwei silberne Spitzen zeigt, findet sich seit Bischof Johann von Neumarkt (1364–80).[179] Eine Wappenverbesserung genehmigte Kaiser Rudolf II. am 10. August 1588 im Zusammenhang mit der Verleihung des Fürstentitels an den regierenden Bischof Stanislaus Pavlovský von Pavlovitz. Seitdem ist die Vierung von altem Bistumswappen und Adler üblich. – Der Adler im Hochstiftswappen findet sich im 18. Jahrhundert auch mit goldenem Schnabel und goldenen Klauen und silbernem Stern auf der Brust.[180]

Nachweis: BayHStA München, Siegelsammlung. – **A. Zelenka**, Wappen 188.

---

[178]   Vgl. dazu und zum Folgenden: **Z. G. Alexy**, Amtswappen in der Olmützer Erzdiözese, in: **C. D. Bleisteiner** (Hg.), Religiöse Heraldik (Neustadt/Aisch 1999) 86. – **A. Zelenka**, Wappen 182.

[179]   **J. Siebmacher**, Wappen der Bistümer 55.

[180]   **J. D. Koehler**, Calender 1753, 115.

2. Fürstbischöfe

Bischofsliste

1638–1662	**Leopold Wilhelm, Erzherzog von Österreich**
1663–1664	**Karl Joseph, Erzherzog von Österreich**
1665–1695	**Karl Graf von Liechtenstein-Kastelkorn**
1690–1692	Franz Anton Graf (seit 1690 Fürst) von Losenstein, Koadjutor
1695–1711	**Karl Joseph Ignaz von Lothringen**
1695–1703	Karl Julius Orlik Freiherr von Laziska, Administrator
1703–1707	**Raimund Ferdinand Graf Lanthieri Freiherr von Schönhaus und Reffenberg,** Koadministrator in spiritualibus
1711–1738	**Wolfgang Hannibal Graf von Schrattenbach**
1739–1745	**Jakob Ernst Graf von Liechtenstein-Kastelkorn**
1746–1758	**Ferdinand Julius Graf von Troyer**
1758–1760	**Leopold Friedrich Reichsgraf von Egkh** (Egg, Eck) **und Hungersbach**
1761–1776	**Maximilian Reichsgraf von Hamilton**
1778–1811	**Anton Theodor Reichsgraf von Colloredo-Waldsee-Mels,** Fürsterzbischof

Leopold Wilhelm, Erzherzog von Österreich (1614–1662)

1626–1662   Fürstbischof von Passau

1626–1662   Fürstbischof von Straßburg

1627–1662   Fürstbischof von Halberstadt

1635–1645   Bischofsadministrator von Bremen und Magdeburg

1638–1662   Fürstbischof von Olmütz

1639–1662   Hoch- und Deutschmeister

1656–1662   Fürstbischof von Breslau

Literatur: **A. Leidl,** in: Bischöfe 1648–1803, 265–267.

Blasonierung: Durch ein schwarzes mit goldenen Lilienstäben belegtes Kreuz mit Herzschild, darin in Gold ein schwarzer Adler (Deutscher Orden), in vier Quartiere geteilt. – Quartier I: Geteilt, oben siebenmal geteilt von Rot und Silber (Königreich Ungarn), unten zweimal gespalten (drei Felder), (1) in Rot ein goldenes dreitürmiges Kastell mit blauem Tor und blauen Fenstern (Königreich Kastilien), (2) in Silber ein golden bewehrter und golden gekrönter purpurner Löwe (Königreich Leon), (3) in Rot ein silberner Balken (Erzherzogtum Österreich). – Quartier II: Geteilt, oben in Rot ein golden gekrönter und bewehrter silberner Löwe mit doppeltem kreuzweise geschlungenem Schweif (Königreich Böhmen), unten zweimal gespalten (drei Felder), (1) im roten Schildbord fünffach von Gold und Blau schräg geteilt (Herzogtum Burgund), (2) in Grün ein aufrechtes silbernes Pantier mit roten Hörnern, aus dessen Rachen rote Flammen züngeln (Herzogtum Steiermark), (3) geteilt, vorne in Gold übereinander drei schwarze rot bewehrte schreitende Löwen, hinten in Rot ein silberner Balken (Herzogtum Kärnten). – Quartier III: Zweifach geteilt und einmal gespalten (sechs Felder), (1) in Rot ein goldener Schrägbalken, begleitet oben und unten von drei 1:2 bzw. 2:1 gestellten goldenen Kronen (Landgrafschaft Elsass), (2) in Rot ein goldener Schrägbalken, begleitet oben und unten von je einem schreitenden gekrönten goldenen Löwen (Grafschaft Kyburg), (3) in Rot zwei voneinander abgewandte goldene Fische (Grafschaft Pfirt), (4) in Silber ein golden bekrönter und bewehrter roter Adler mit goldenen Kleestengeln (gefürstete Grafschaft Tirol), (5) geviert, [1] und [4] in Blau drei 2:1 gestellte goldene sechsstrahlige Sterne, [2] und [3] in Silber zwei rote Balken (Graf-

schaft Cilli), (6) in Blau fünf 2:2:1 gestellte goldene Adler (Altösterreich/Niederösterreich). – Quartier IV: Zweifach geteilt und einmal gespalten (sechs Felder): (1) in Silber ein rot bewehrter und gezungter blauer Adler mit rot-gold geschachter Brustspange (Herzogtum Krain), (2) schräggeteilt, oben in Blau ein gekrönter goldener Löwe, unten in Silber
zwei rote Schräglinksbalken (Grafschaft Görz), (3) in Gold ein blau gekrönter und blau bewehrter roter Löwe (Grafschaft
Habsburg), (4) in Silber ein schwarzer, rotgefütterter und beschnürter windischer Hut (Windische Mark), (5) über grünem Dreiberg in Rot ein silberner Balken, überdeckt mit einem goldenen Tor mit geöffneten Flügeln (Mark
Portenau/Pordenone), (6) gespalten, vorne in Schwarz ein rot gezungter goldener Adler, hinten dreimal gespalten von
Silber und Rot (Herzogtum Oberösterreich).

Anmerkung: Es handelt sich um das Familienwappen von Leopold Wilhelm von Österreich. Von den spanischen Besitzungen fehlen das Königreich Aragon (in Gold vier rote Pfähle), das Königreich Granada (in Silber ein grüner Granatapfel mit zwei grünen Blättern und roten Kernen) und das Königreich Sizilien (schräg geviert, oben und unten in Gold
vier rote Pfähle, rechts und links in Silber ein schwarzer Adler). Wegen seiner zahlreichen Bistümer hat Leopold Wilhelm
wohl nie eine Kombination der Hochstiftswappen mit seinem Familienwappen versucht. Auf seinem Sarkophag in der
kaiserlichen Gruft der Kapuziner in Wien sind die Hochstiftswappen einzeln abgebildet.[181] Beim Wappen von Görz
(Quartier IV, [2]) findet sich in der österreichischen Heraldik der Löwe auch rot bewehrt. Strittig ist auch die Tingierung
des Krainer Wappens (Quartier IV, [1]): Häufig findet sich eine rot-silber geschachte Brustspange.[182]

Nachweis: C. **Seyfert**, Cronica.

---

[181]   **H. Nottarp**, Heraldik 757 f. und Abb. 15.
[182]   Vgl. dazu **F. Gall**, Wappenkunde 133.

Karl Joseph, Erzherzog von Österreich (1649–1664)

1662	Koadjutor des Fürstbischofs von Passau
1662–1664	Fürstbischof von Passau
1662–1664	Hoch- und Deutschmeister
1663–1664	Fürstbischof von Breslau
1663–1664	Fürstbischof von Olmütz

Literatur: **A. Leidl**, in: Bischöfe 1648–1803, 217 f.

Blasonierung: Geviert mit Herzschild. – Herzschild: In Rot ein silberner Balken (Österreich). – Hauptschild (Bistum Olmütz): (1) und (4) geteilt, oben in Rot vier silberne Spitzen; unten in Rot zwei silberne Spitzen, (2) und (3) in Gold ein schwarzer rot gezungter Adler mit einem goldenen sechsstrahligen Stern auf der Brust (Bistum Olmütz).

Anmerkung: Für die Führung dieses Wappens lassen sich keine gesicherten Nachweise erbringen. In dieser Form wurde das Wappen laut Siebmacher[183] vom Vorgänger Erzherzog Leopold Wilhelm geführt. Eine Übernahme durch Karl Joseph wäre naheliegend. Wahrscheinlich hat Karl Joseph nur das bei Passau und Breslau abgebildete Wappen mit Kreuz des Deutschen Ordens geführt.

Nachweis: **A. Zelenka**, Wappen 236.

---

[183] **J. Siebmacher**, Wappen der Bistümer 56.

Liechtenstein-Kastelkorn, Karl Graf von (1623–1695)

1662–1663   Elekt von Breslau
1665–1695   Fürstbischof von Olmütz
1682–1683   Elekt von Breslau

Literatur: A. Zelenka, in: Bischöfe 1648–1803, 276–278.

Blasonierung: Geviertes Hauptschild mit geviertem Mittelschild und Herzschild. – Herzschild (Stammwappen Liechtenstein-Kastelkorn): In Blau eine eingeschweifte gestürzte silberne Spitze. – Mittelschild (Familienwappen Liechtenstein-Kastelkorn): (1) und (4) in Rot ein nach innen gekehrter zweischwänziger silberner Löwe (Castelbarco), (2) und (3) geteilt von Silber und Schwarz, oben ein nach innen gekehrter wachsender zweischwänziger roter Löwe. – Hauptschild (Bistum Olmütz): (1) und (4) geteilt, oben in Rot vier silberne Spitzen; unten in Rot zwei silberne Spitzen, (2) und (3) in Gold ein schwarzer rot gezungter Adler mit einem goldenen sechsstrahligen Stern auf der Brust.

Nachweis: P. Sella, Sigilli VII, 148 (Beschreibung). – J. Siebmacher, Wappen der Bistümer, Tf. 86. – A. Zelenka, Wappen 237.

Karl Joseph Ignaz von Lothringen (1680–1715)

1695–1711   Fürstbischof von Olmütz
1698–1715   Fürstbischof von Osnabrück
1711–1715   Kurfürst-Erzbischof von Trier

Literatur: **W. Seibrich**, in: Bischöfe 1648–1803, 218–220.

Blasonierung: Über dem gevierten Hauptschild ein einmal geteiltes und dreimal gespaltenes Mittelschild (acht Felder) mit Herzschild. – Herzschild: In Gold ein roter Schrägbalken, der mit drei gestümmelten silbernen Adlern belegt ist (Herzogtum Lothringen). – Mittelschild: (1) siebenmal geteilt von Rot und Silber (Königreich Ungarn), (2) in Blau mit goldenen Lilien besät und mit einem roten dreilatzigen Turnierkragen belegt (Anjou und Königreich Neapel), (3) in Silber ein goldenes Krückenkreuz begleitet von vier goldenen Kreuzen (Königreich Jerusalem), (4) in Gold vier rote Pfähle (Königreich Aragon), (5) in Blau mit rotem Schildbord und mit goldenen Lilien besät (Anjou), (6) in Blau ein nach links gerichteter goldener bekrönter Löwe (Herzogtum Geldern), (7) in Gold ein schwarzer rot gekrönter rot bewehrter Löwe (Herzogtum Jülich), (8) in Blau zwei goldene auswärts gekrümmte Barben, begleitet von vier goldenen Nagelkreuzen (Wieder-Kreuzlein) (Herzogtum Bar). – Hauptschild: geviert, (1) und (4) in Silber ein rotes Rad (Hochstift Osnabrück), (2) geteilt, oben in Rot vier silberne Spitzen; unten in Rot zwei silberne Spitzen (Bistum Olmütz), (3) in Gold ein schwarzer rot gezungter Adler mit einem goldenen sechsstrahligen Stern auf der Brust (Bistum Olmütz).

Anmerkung: Dieses Wappen wurde ab 1698 geführt. Im Lothringer Wappen sind die folgenden Varianten nachweisbar: Feld 2: Das alte Anjouwappen (Königreich Neapel) findet sich auch fünflätzig, Feld 8 (Herzogtum Bar): Es finden sich auch silberne Kreuze, die Anzahl der Kreuze kann auch vier übersteigen (von Kreuzchen bestreuter Schild).

Nachweis: **G. Schön**, Münzkatalog 661, Nr. 13. – **J. Siebmacher**, Wappen der Bistümer, Tf. 86. – **A. Zelenka**, Wappen 239.

Schrattenbach, Wolfgang Hannibal Graf von (1660–1738)

1693–1699?   Konsistorialpräsident in Salzburg
1711–1738   Fürstbischof von Olmütz
1712   Kardinal

Literatur: **A. Zelenka**, in: Bischöfe 1648–1803, 450 f.

Blasonierung: Auf dem gevierten Hauptschild ein zweimal gespaltenes und einmal geteiltes Mittelschild (sechs Felder) mit Herzschild. – Herzschild (Stammwappen Schrattenbach): In Schwarz ein silberner Schrägwellenbalken, begleitet oben von einem goldenen Stern, unten auf goldenem Boden ein bewurzelter goldner Baumstumpf, aus dem an der rechten Seite ein mit einem Eichenblatt besetzter Ast wächst. – Mittelschild (Familienwappen Schrattenbach): (1) gespalten, rechts in Gold ein rot gezungter und golden bewehrter halber schwarzer Adler am Spalt, links in Silber fünf rote Schräglinksbalken, (2) in Rot nebeneinander zwei aufgerichtete silberne Hände, (3) von Schwarz und Gold siebenmal geteilt und überdeckt mit einem silbernen Schrägbalken, (4) in Silber ein roter Laubkranz, (5) in Silber ein schwebendes schwarzes Tatzenkreuz, (6) in Rot ein goldener Löwe mit doppeltem Schweif (Kuenring). – Hauptschild: Geviert, (1) und (4) geteilt, oben in Rot vier silberne Spitzen; unten in Rot zwei silberne Spitzen, (2) und (3) in Gold ein schwarzer rot gezungter Adler mit einem goldenen sechsstrahligen Stern auf der Brust (Bistum Olmütz).

Anmerkung: Varianten des Familienwappens Schrattenbach. – Herzschild: Baumstamm auf grünem oder silbernem Grund oder Hügel. – Mittelschild: (1) rechts ein halber roter Adler am Spalt, links neunmal schräglinksgeteilt von Rot und Silber bzw. vier rote Schräglinksbalken, (3) in Gold vier schwarze Balken, überdeckt von einem grünen Schrägbalken, (4) in Silber ein einwärts gekehrtes und oben und unten ineinander geschränktes Hirschgeweih, (5) in Silber ein schwarzes silbern eingefasstes Kreuz mit ausgeschweiften Armen, (6) in Rot ein silberner Löwe mit doppeltem Schweif bzw. ein goldener Leopard.[184]

Nachweis: BayHStA München, Siegelsammlung. – **A. Zelenka**, Wappen 241.

---

[184]   Vgl. **W. v. Hueck**, Adelslexikon XIII, 89. – **J. F. Seyfart**, Handbuch 1768, 55.

Liechtenstein-Kastelkorn, Jakob Ernst Graf von (1690–1747)

1728–1738   Fürstbischof von Seckau und Generalvikar für die Steiermark und den
            Neustädter Distrikt
1738–1745   Fürstbischof von Olmütz
1745–1747   Fürsterzbischof von Salzburg

Literatur: **F. Ortner**, in: Bischöfe 1648–1803, 275 f.

Blasonierung: Gevierter Hauptschild mit geviertem Mittelschild und Herzschild. – Herzschild (Stammwappen Liechten-stein-Kastelkorn): In Blau eine eingeschweifte gestürzte silberne Spitze. – Mittelschild (Familienwappen Liechtenstein–Kastelkorn): (1) und (4) in Rot ein nach innen gekehrter zweischwänziger silberner Löwe (Castelbarco), (2) und (3) ge-teilt von Silber und Schwarz, oben ein nach innen gekehrter wachsender zweischwänziger roter Löwe. – Hauptschild (Bistum Olmütz): (1) und (4) geteilt, oben in Rot vier silberne Spitzen; unten in Rot zwei silberne Spitzen, (2) und (3) in Gold ein schwarzer rot gezungter Adler mit einem goldenen sechsstrahligen Stern auf der Brust.

Nachweis: Germanisches Nationalmuseum, Siegelsammlung, Tf. 91, Nr. 11 267. – **J. Siebmacher**, Wappen der Bistümer, Tf. 86. – **A. Zelenka**, Wappen 244.

Troyer, Ferdinand Julius Graf von (1698–1758)

1746–1758   Fürstbischof von Olmütz
1747   Kardinal

Literatur: **A. Zelenka**, in: Bischöfe 1648–1803, 526 f.

Blasonierung: Gevierter Hauptschild mit geviertem Mittelschild und Herzschild. – Herzschild (Familienwappen Troyer): In Rot ein silberner Adler. – Mittelschild (Familienwappen Troyer): (1) und (4) in Silber ein nach innen gekehrter roter Widderrumpf mit goldenen Hörnern, (2) und (3) in Schwarz ein goldenes Herz mit den schwarzen Großbuchstaben „FLS". – Hauptschild: (1) und (4) geteilt, oben in Rot vier silberne Spitzen, unten in Rot zwei silberne Spitzen, (2) und (3) in Gold ein schwarzer rot gezungter Adler mit einem goldenen sechsstrahligen Stern auf der Brust (Bistum Olmütz).

Anmerkung: Das „FLS" im zweiten und dritten Feld des Familienwappens der Grafen von Troyer bedeutet „Fidelitate, Labore, Sanguine" (durch Treue, Arbeit und Blut), der Herzschild findet sich auch in Silber mit einem gekrönten roten Adler mit einem silbernen Querbalken auf der Brust[185] bzw. in Silber ein roter Balken, belegt mit einem Adler in verwechselten Farben.[186]

Nachweis: BayHStA München, Siegelsammlung. – **J. D. Koehler**, Calender 1753, 115, Tf. vor 23. – **A. Zelenka**, Wappen 246.

---

185   **J. D. Koehler**, Calender 1753, 115.
186   **E. H. Kneschke**, Adels-Lexicon IX, 282.

Egkh (Egg, Eck) **und Hungersbach, Leopold Friedrich Reichsgraf von** (1696–1760)

1750–1758   Generalvikar in Olmütz
1758–1760   Fürstbischof von Olmütz

Literatur: **A. Zelenka**, in: Bischöfe 1648–1803, 88 f.

Blasonierung: Gevierter Hauptschild mit geviertem Mittelschild und Herzschild. – Herzschild (Stammwappen Egkh): Gespalten, vorne in Schwarz ein silberner Balken, hinten geschacht von Schwarz und Silber. – Mittelschild (Familienwappen Egkh): (1) und (4) gespalten von Silber und Rot mit einem aufgelegten steigenden Halbmond in verwechselten Farben (Hungersbach), (2) und (3) in Silber ein golden gekrönter blauer Wolf (Reichenburg). – Hauptschild (Bistum Olmütz): (1) und (4) geteilt, oben in Rot vier silberne Spitzen, unten in Rot zwei silberne Spitzen, (2) und (3) in Gold ein schwarzer rot gezungter Adler mit einem goldenen sechsstrahligen Stern auf der Brust.

Anmerkung: Varianten beim Familienwappen. – Herzschild: Hinten von Silber und Schwarz geschacht. – Mittelschild, erstes und viertes Feld: In von Silber und Rot geteiltem Feld ein steigender Halbmond in verwechselten Farben.[187]

Nachweis: **J. Siebmacher**, Niederösterreich I, Tf. 36 (Familienwappen). – **A. Zelenka**, Wappen 248.

---

[187]   **W. v. Hueck**, Adelslexikon III, 92.

Hamilton, Maximilian Reichsgraf von (1714–1776)

1758–1760   Generalvikar in Olmütz
1761–1776   Fürstbischof von Olmütz

Literatur: **A. Zelenka**, in: Bischöfe 1648–1803, 169.

Blasonierung: Geviert mit geviertem Herzschild. – Herzschild (Familienwappen Hamilton): (1) und (4) in Rot unter silbernem dreilatzigem Turnierkragen drei 2:1 gestellte silberne Fünfblätter, (2) und (3) in Silber ein schwarzes Segelschiff mit drei Masten, gerefften Segeln und roten Wimpeln. – Hauptschild (Bistum Olmütz): (1) und (4) geteilt, oben in Rot vier silberne Spitzen, unten in Rot zwei silberne Spitzen, (2) und (3) in Gold ein schwarzer rot gezungter Adler mit einem goldenen sechsstrahligen Stern auf der Brust.

Anmerkung: Das Familienwappen der Grafen Hamilton wird im Handbuch der Genealogie von Seyfart[188] wie folgt beschrieben: Im ersten und vierten roten Feld sind drei weiße Rosen, wie 2:1, und im zweiten und dritten silbernen, ein Schiff mit drei Masten, niederhangenden Segeln und roten Flaggen. – Ferner abweichende Beschreibung des Familienwappens.[189]

Nachweis: BayHStA München, Siegelsammlung. – **P. Sella**, Sigilli VII, 148, Tf. XXXI, Nr. 2831. – **J. F. Seyfart**, Handbuch 1768, 44, Tf. 70. – **A. Zelenka**, Wappen 249.

---

188   **J. F. Seyfart**, Handbuch 1768, 44.
189   **W. v. Hueck**, Adelslexikon IV, 410 (Stammwappen: In Rot drei hermelinene Fünfblätter).

Colloredo-Waldsee-Mels, Anton Theodor Reichsgraf von (1729–1811)

1778–1811   Fürsterzbischof von Olmütz
1803   Kardinal

Literatur: **A. Zelenka**, in: Bischöfe 1648–1803, 67 f.

Blasonierung: Geviert mit Herzschild. – Herzschild (Familienwappen Colloredo): In Schwarz ein silberner Balken. – Hauptschild (Bistum Olmütz): (1) und (4) geteilt, oben in Rot vier silberne Spitzen, unten in Rot zwei silberne Spitzen, (2) und (3) in Gold ein schwarzer rot gezungter Adler mit einem goldenen sechsstrahligen Stern auf der Brust.

Nachweis: BayHStA München, Siegelsammlung. – Germanisches Nationalmuseum Nürnberg, Siegelsammlung, Tf. 91, Nr. 11 266. – **A. Zelenka**, Wappen 251.

Osnabrück

In dem seit 803 bezeugten Bistum Osnabrück umfasste das Hochstift etwa ein Viertel des Diözesangebietes. Nach der Reformation blieb das Bistum faktisch auf dieses Gebiet beschränkt, in dem es aber zahlreiche evangelische Gemeinden sowie Simultaneen gab. Im Osnabrücker Friedensinstrument von 1648 war festgelegt worden, dass das gemischtkonfessionelle Domkapitel künftig abwechselnd einen katholischen und einen evangelischen Bischof, letzteren aus dem Hause Braunschweig-Lüneburg, wählte („successio alternativa"). Während der Regierung evangelischer Fürstbischöfe lag die geistliche Jurisdiktion über die Katholiken beim Erzbischof von Köln, der sich durch einen Weihbischof und Generalvikar vertreten ließ. Alle katholischen Osnabrücker Bischöfe der späten Reichskirche hatten neben Osnabrück noch mindesten zwei weitere Bistümer inne. Einer wurde Kardinal.

Literatur: **Th. Scharf-Wrede**, in: Bistümer bis 1803, 529–539.

1. Hochstift

Blasonierung: In Silber ein rotes Rad. – In Sekretsiegeln des Bischofs Konrad von Rietberg (1270/78–97) ist das Osnabrücker Rad für sein ganze Amtszeit nachweisbar. Bei Bischof Gottfried von Arnsberg (1321–48) ist das Hochstiftswappen erstmals 1324 zusammen mit seinem Familienwappen im Hauptsiegel zu sehen.[190] In einer wappenähnlichen Form (in einem Dreieck!) findet es sich erstmals um 1400 auf den Münzen des Bischofs Dietrich von Horne (1376–1402).[191]

Nachweis: BayHStA München, Siegelsammlung. – **H. Appuhn,** Siebmacher 1605, Tf. 10. – **O. Neubecker – W. Rentzmann,** Lexikon, Tf. 366.

---

[190] **E. Neukirch,** Erscheinen 236 (Siegelbeschreibung).
[191] **H. Ph. Cappe,** Münzen 72.

2. Katholische Fürstbischöfe

Bischofsliste

1627–1661	**Franz Wilhelm** (seit 1602 **Reichsgraf**) **von Wartenberg**
1698–1715	**Karl Joseph Ignaz von Lothringen**
1716–1718	Johann Heinrich Naendorf, Metropolitanvikar
1728–1761	**Clemens August, Herzog von Bayern**
1795–1801	Karl Klemens Reichsfreiherr von Gruben, Metropolitanvikar
1801–1827	Ders., Kapitularvikar bzw. Apostolischer Vikar

Wartenberg, Franz Wilhelm (seit 1602 **Reichsgraf**) **von** (1593–1661)

1627–1661	Fürstbischof von Osnabrück
1629–1648	Fürstbischof von Minden
1630–1648	Fürstbischof von Verden
1633	Bistumsadministrator von Hildesheim
1642–1649	Koadjutor des Fürstbischofs von Regensburg
1645–1661	Apostolischer Vikar für Bremen
1649–1661	Fürstbischof von Regensburg
1660	Kardinal

Literatur: **K. Hausberger**, in: Bischöfe 1648–1803, 558–561.

Blasonierung: Geviert mit Herzschild. – Herzschild (Familienwappen Wartenberg): Die silbernen und blauen bayerischen Rauten, belegt mit einem rot gezungten goldenen Löwen. – Hauptschild: (1) in Rot ein silberner Schrägbalken (Hochstift Regensburg), (2) in Silber ein rotes Rad (Hochstift Osnabrück), (3) in Rot zwei schräg gekreuzte silberne Schlüssel (Hochstift Minden), (4) in Silber ein schwebendes schwarzes Nagelspitzkreuz (Hochstift Verden).

Anmerkung: In dieser Form wird das Wappen ab 1649 geführt. Trotz des Verlustes der Hochstifte Verden und Minden im Westfälischen Frieden führte Wartenberg die Wappen weiter.

Nachweis: BayHStA München, Siegelsammlung. – **N. D. Nicol** – **C. R. Bruce**, Catalog 718, Nr. 168. – **J. Siebmacher**, Wappen der Bistümer, Tf. 213.

Karl Joseph Ignaz von Lothringen (1680–1715)

1695–1711   Fürstbischof von Olmütz
1698–1715   Fürstbischof von Osnabrück
1711–1715   Kurfürst-Erzbischof von Trier

Literatur: **W. Seibrich**, in: Bischöfe 1648–1803, 218–220.

Blasonierung: Über dem zweimal gespaltenen und einmal geteilten Hauptschild (sechs Felder) ein einmal geteiltes und dreimal gespaltenes Mittelschild (acht Felder) mit Herzschild. – Herzschild: In Gold ein roter Schrägbalken, der mit drei gestümmelten silbernen Adlern belegt ist (Herzogtum Lothringen). – Mittelschild: (1) siebenmal geteilt von Rot und Silber (Königreich Ungarn), (2) in Blau mit goldenen Lilien besät und mit einem roten dreilatzigen Turnierkragen belegt (Anjou und Königreich Neapel), (3) in Silber ein goldenes Krückenkreuz begleitet von vier goldenen Kreuzen (Königreich Jerusalem), (4) in Gold vier rote Pfähle (Königreich Aragon), (5) in Blau mit rotem Bord und mit goldenen Lilien besät (Anjou), (6) in Blau ein nach links gerichteter goldener bekrönter Löwe (Herzogtum Geldern), (7) in Gold ein rot gekrönter und bewehrter schwarzer Löwe (Herzogtum Jülich), (8) in Blau zwei goldene auswärts gekrümmte Barben, begleitet von vier goldenen Nagelkreuzen (Wieder-Kreuzlein) (Herzogtum Bar). – Hauptschild: (1) und (6) in Silber ein rotes Rad (Hochstift Osnabrück), (2) und (5) in Silber ein rotes Kreuz (Erzstift Trier), (3) und (4) in Rot auf grünem Boden ein zurückschauendes silbernes Osterlamm mit Fahne, die ein rotes Hochkreuz in Silber führt (Fürstabtei Prüm).

Anmerkung: In dieser Form wurde das Wappen nach 1711 geführt (Erwerb von Trier). Für das zwischen 1698 und 1711 geführte Wappen siehe Olmütz. Im Lothringer Wappen sind die folgenden Varianten nachweisbar: Feld 2: Das alte Anjouwappen (Königreich Neapel) findet sich auch fünflätzig, Feld 8 (Herzogtum Bar): Es finden sich auch silberne Kreuze, die Anzahl der Kreuze kann auch vier übersteigen (von Kreuzchen bestreuter Schild).

Nachweis: **W. Ewald**, Siegel II, Tf. 19, Nr. 3. – **G. Schön**, Münzkatalog 991, Nr. 21. – **J. Siebmacher**, Wappen der Bistümer, Tf. 95.

Clemens August, Herzog von Bayern (1700–1761)

1715–1716	Koadjutor des Fürstbischofs von Regensburg
1717–1719	Fürstbischof von Regensburg
1716–1723	Koadjutor des Fürstpropstes von Berchtesgaden
1719–1761	Fürstbischof von Münster und Paderborn
1722–1723	Koadjutor des Erzbischofs von Köln
1723–1761	Kurfürst-Erzbischof von Köln und Fürstpropst von Berchtesgaden
1724–1761	Fürstbischof von Hildesheim
1728–1761	Fürstbischof von Osnabrück
1732–1761	Hoch- und Deutschmeister

Literatur: E. Gatz, in: Bischöfe 1648–1803, 63–66.

Blasonierung: Durch ein schwarzes mit goldenen Lilienstäben belegtes Kreuz (Deutscher Orden) in vier Quartiere geteilt. Auf dem Kreuz ein Mittelschild, belegt mit einem gevierten Herzschild. – Herzschild: (1) und (4) gerautet von Silber und Blau (Herzogtum Bayern), (2) und (3) in Schwarz ein rot bekrönter und rot bewehrter goldener Löwe (Pfalzgrafschaft bei Rhein). – Mittelschild (Deutscher Orden): In Gold ein schwarzer golden bewehrter Adler. – Quartier I: Geviert, (1) in Silber ein schwarzes Kreuz (Erzstift Köln), (2) in Rot ein silbernes springendes Pferd (Herzogtum Westfalen – zum Kurfürstentum Köln), (3) in Rot drei 2:1 gestellte goldene Herzen (Herzogtum Engern – zum Kurfürstentum Köln), (4) in Blau ein silberner Adler (Grafschaft Arnsberg – zum Kurfürstentum Köln). – Quartier II: Gespalten von Gold und Rot (Hochstift Hildesheim). – Quartier III: Geteilt, unten in Silber ein rotes Rad (Hochstift Osnabrück), oben geviert, (1) und (4) in Rot ein goldenes Kreuz (Hochstift Paderborn), (2) und (3) in Silber ein rotes Ankerkreuz (Grafschaft Pyrmont). – Quartier IV: Geviert, (1) in Gold ein roter Balken (Hochstift Münster), (2) geteilt von Silber und Rot, oben nebeneinander drei schwarze Vögel (Burggrafschaft Stromberg – zum Hochstift Münster), (3) in Rot drei 2:1 gestellte goldene Kugeln (Herrschaft Borkulo – zum Hochstift Münster), (4) in Silber drei 2:1 gestellte Lilien (Herrschaft Werth – zum Hochstift Münster).

Anmerkung: Es handelt sich um das nach der Erlangung der Hochmeisterwürde 1732 (Administrator des Hochmeistertums in Preußen und Großmeister in deutschen Landen) geführte Wappen, das bis 1761 im Wesentlichen unverändert blieb. Das Wappen wurde nur dann variiert, wenn Clemens August als Bischof von Münster, Paderborn oder Osnabrück handelte. Dann rückte das Wappen des Hochstifts, in dem er tätig war, in der Regel in das zweite Quartier (manchmal auch zusammen mit einem anderen Wappen). Im ersten Quartier bleibt aber immer Köln.[192] Eine interessante Variante findet sich in Paderborn in einem Domkapitelkalender. Dort wird das Kölner Wappen mit den vier Feldern als Mittelschild dem Kreuz des Deutschen Ordens unterlegt.[193] Koehlers Calender von 1756[194] zeigt das für das Hochstift Münster stehende vierte Quartier zweimal gespalten und einmal geteilt (sechs Felder: [1] und [6] Stromberg, [2] und [5] Münster, [3] und [4] Borkulo). Das oft missratene Wappen für Werth (das auch im vorliegenden Fall an Stelle der korrekten schwarzen Maueranker nur Lilien aufweist) ist also weggelassen. Gatterers Handbuch von 1761[195] zeigt und blasoniert[196] das oben beschriebene Wappen. Für die Herrschaft Werth finden sich drei kleine Andreaskreuze, wovon die Tinkturen unbekannt sind.

Nachweis: BayHStA München, Siegelsammlung. – **W. Ewald**, Siegel, I, 27, Tf. 32, Nr. 1. – **J. Siebmacher**, Wappen der Bistümer, Tf. 159. – **J. C. Gatterer**, Handbuch 1761, nach 2.

---

192 Vgl. im Einzelnen: **H. Nottarp**, Titel 693 f.
193 Abb. ebd. 695.
194 **J. D. Koehler**, Calender 1756, 2.
195 **J. C. Gatterer**, Handbuch 1761, nach 2.
196 Ebd. 106.

Paderborn

Das 799 gegründete Bistum Paderborn war seit der Reformation auf sein Hochstift und auf das Gebiet der Reichsabtei Corvey beschränkt. Seit der Durchführung der tridentinischen Reform um 1600 war die Bevölkerung im Hochstift katholisch. Die Bischöfe residierten in Neuhaus, das Domkapitel, welches das Bischofswahlrecht besaß, in Paderborn. Während die beiden Bischöfe aus dem Hause Wittelsbach gleichzeitig eine Reihe weiterer Bistümer innehatten, waren von den aus westfälischen Adelsfamilien kommenden Bischöfen je zwei zugleich Bischof von Hildesheim bzw. Münster.

Literatur: **W. Kohl**, in: Bistümer bis 1803, 540–546.

1. Hochstift

Blasonierung: In Rot ein goldenes Kreuz. – Erstmals erscheint das Kreuz in einem Sekretsiegel des Bischofs Bernhard, Edelherr zur Lippe (1321–41). Belegt ist das Kreuz mit dem Familienwappen (lippische Rose). Seit 1668 wird auch das Wappen der Grafschaft Pyrmont (in Rot ein goldenes Ankerkreuz; im 18. Jahrhundert dann: in Silber ein rotes Ankerkreuz) zusammen mit dem Hochstiftswappen geführt, nachdem Bischof Ferdinand von Fürstenberg (1661–83) durch einen Vergleich mit den Grafen von Waldeck erreicht hatte, dass die nach dem Aussterben der Grafen von Gleichen 1640 an das Hochstift heimgefallene Grafschaft Pyrmont (an der Lüdgen) zur Hälfte den Grafen von Waldeck verliehen wurde, zur anderen Hälfte aber an das Stift fiel.[197]

Nachweis: **H. Appuhn,** Siebmacher 1605, Tf. 10. – **E. Neukirch,** Erscheinen 243 (Siegelbeschreibung).

---

[197]   **H. Nottarp,** Titel 688, Anm. 3.

2. Fürstbischöfe

Bischofsliste

1612–1618	**Ferdinand, Herzog von Bayern**, Koadjutor
1618–1650	Ders., Fürstbischof
1651–1661	**Dietrich Adolf von der Reck**
1661–1683	**Ferdinand** (seit 1660 **Reichsfreiherr) von Fürstenberg**
1684–1704	**Hermann Werner Reichsfreiherr von Wolff, gen. Metternich zur Gracht**
1703–1704	**Franz Arnold Reichsfreiherr Wolff, gen. Metternich zur Gracht**, Koadjutor
1704–1718	Ders., Fürstbischof
1719	Philipp Moritz, Herzog von Bayern, Elekt
1719–1761	**Clemens August, Herzog von Bayern**
1719–1721	Wilhelm Hermann Ignaz Ferdinand Reichsfreiherr Wolff, gen. Metternich zur Gracht, Apostolischer Administrator
1763–1782	**Wilhelm Anton Ignaz Freiherr von der Asseburg zu Hinnenburg**
1773–1782	**Friedrich Wilhelm Freiherr von Westphalen,** Koadjutor
1782–1789	Ders., Fürstbischof
1786–1789	**Franz Egon Reichsfreiherr von Fürstenberg**, Koadjutor
1789–1825	Ders., Fürstbischof

Ferdinand, Herzog von Bayern (1577–1650)

1591–1595	Koadjutor des Fürstpropstes von Berchtesgaden
1595–1650	Fürstpropst von Berchtesgaden
1596–1612	Koadjutor des Erzbischofs von Köln
1599–1612	Koadjutor des Fürstabtes von Stablo-Malmedy
1602–1612	Koadjutor des Fürstbischofs von Lüttich
1611–1612	Koadjutor des Fürstbischofs von Hildesheim und Münster
1612–1650	Kurfürst-Erzbischof von Köln, Fürstbischof von Lüttich, Hildesheim und Münster, Fürstabt von Stablo-Malmedy
1612–1618	Koadjutor des Fürstbischofs von Paderborn
1618–1650	Fürstbischof von Paderborn

Literatur: **E. Gatz**, in: Bischöfe 1648–1803, 107–111.

Blasonierung: Zweimal geteilt, oben und in der Mitte viermal, unten dreimal gespalten (vierzehn Felder) mit Herzschild, das achte Feld ist durch das Herzschild verdeckt. – Herzschild (Bayern): Geviert, (1) und (4) die silbernen und blauen bayerischen Rauten, (2) und (3) in Schwarz ein rot bekrönter und rotbewehrter goldener Löwe (Pfalzgrafschaft bei Rhein). – Hauptschild: (1) in Gold ein roter Balken (Hochstift Münster), (2) in Rot ein goldenes Kreuz (Hochstift Paderborn), (3) in Silber ein schwarzes Kreuz (Erzstift Köln), (4) gespalten von Gold und Rot (Hochstift Hildesheim), (5) in Rot eine auf mehrstufigem viereckigem Sockel stehende goldene Säule, auf der sich ein mit einem Kreuz besteckter Pinienzapfen befindet (Hochstift Lüttich), (6) gespalten von Blau und Silber mit einem Balken in verwechselten Farben (Herzogtum Bouillon – zum Hochstift Lüttich), (7) in Rot gekreuzt ein goldener schrägrechts gestellter und ein silberner schräglinks gestellter Schlüssel (Fürstpropstei Berchtesgaden), (9) in Rot ein silbernes Ross (Herzogtum Westfalen – zum Kurfürstentum Köln), (10) in Rot drei 2:1 gestellte goldene Herzen (Herzogtum Engern – zum Kurfürstentum Köln), (11) in Blau ein silberner Adler (Grafschaft Arnsberg – zum Kurfürstentum Köln), (12) neunmal geteilt von Gold und Rot (Grafschaft Loos – zum Hochstift Lüttich), (13) in Silber drei 2:1 gestellte rot bewehrte und golden gekrönte grüne Löwen (Markgrafschaft Franchimont – zum Hochstift Lüttich), (14) in Gold drei 2:1 gestellte silbern beschlagene und bebandete rote Jagdhörner (Grafschaft Horn – zum Hochstift Lüttich).

Anmerkung: Die grünen Löwen der Markgrafschaft Franchimont finden sich auch ohne Kronen.

Nachweis: **H. J. Brandt – K. Hengst**, Bischöfe 243.

Reck, Dietrich Adolf von der (1601–1661)

1651–1661   Fürstbischof von Paderborn

Literatur: **K. Hengst**, in: Bischöfe 1648–1803, 363 f.

Blasonierung: Geviert, (1) und (4) in Rot ein goldenes Kreuz (Hochstift Paderborn), (2) und (3) in Blau ein mit drei roten Pfählen belegter silberner Balken (Familienwappen von der Reck).

Nachweis: **H. J. Brandt** – **K. Hengst**, Bischöfe 235, 237, 244. – **N. D. Nicol** – **C. R. Bruce**, Catalog 651, Nr. 5692. – **P. Sella**, Sigilli III, 136, Tf. XXI, Nr. 474.

Fürstenberg, Ferdinand (seit 1660 **Reichsfreiherr**) **von** (1626–1683)

1661–1683   Fürstbischof von Paderborn
1667–1678   Koadjutor des Fürstbischofs von Münster
1678–1683   Fürstbischof von Münster
1680–1683   Apostolischer Vikar eines Teiles der Nordischen Missionen

Literatur: **K. Hengst**, in: Bischöfe 1648–1803, 136–138.

Blasonierung: Zweimal gespalten und zweimal geteilt (neun Felder) mit Herzschild, das fünfte Feld durch das Herzschild verdeckt. – Herzschild (Familienwappen Fürstenberg): In Gold zwei rote Balken. – Hauptschild: (1) und (9) in Gold ein roter Balken (Hochstift Münster), (2) und (8) in Rot ein goldenes Kreuz (Hochstift Paderborn), (3) und (7) geteilt von Silber und Rot, oben nebeneinander drei schwarze Vögel (Burggrafschaft Stromberg – zum Hochstift Münster), (4) in Silber ein rotes Ankerkreuz (Grafschaft Pyrmont), (6) in Rot drei 2:1 gestellte goldene Kugeln (Herrschaft Borkulo – zum Hochstift Münster).

Nachweis: **H. J. Brandt – K. Hengst**, Bischöfe 244, 251, 255.

Wolff, gen. Metternich zur Gracht, Hermann Werner Reichsfreiherr von (1625–1704)

1684–1704   Fürstbischof von Paderborn

Literatur: **K. Hengst**, in: Bischöfe 1648–1803, 571 f.

Blasonierung: Geteilt und zweimal gespalten (sechs Felder) mit Herzschild. – Herzschild (Familienwappen Wolff von Metternich): Unter blauem Schildhaupt, darin ein dreilätziger silberner Turnierkragen, in Silber ein schreitender roter Wolf. – Hauptschild: (1) und (6) schräggeteilt von Gold und Rot (Dompropstei Hildesheim), (2) und (5) in Rot ein goldenes Kreuz (Hochstift Paderborn), (3) und (4) in Silber ein rotes Ankerkreuz (Grafschaft Pyrmont).

Nachweis: BayHStA München, Siegelsammlung. – **H. J. Brandt** – **K. Hengst**, Bischöfe 244, 259, 261. – **J. Siebmacher**, Wappen der Bistümer, Tf. 68.

Wolff, gen. Metternich zur Gracht, Franz Arnold Reichsfreiherr (1658–1718)

1703–1704   Koadjutor des Fürstbischofs von Paderborn, Ep. tit. Nicopoliensis
1704–1718   Fürstbischof von Paderborn
1707–1718   Fürstbischof von Münster

Literatur: **K. Hengst**, in: Bischöfe 1648–1803, 570 f.

Blasonierung: Zweimal geteilt und zweimal gespalten (neun Felder) mit Herzschild, das fünfte Feld durch das Herzschild verdeckt. – Herzschild (Familienwappen Wolff von Metternich): Unter blauem Schildhaupt, darin ein dreilätziger silberner Turnierkragen, in Silber ein schreitender roter Wolf. – Hauptschild: (1) und (9) in Gold ein roter Balken (Hochstift Münster), (2) und (8) in Rot ein goldenes Kreuz (Hochstift Paderborn), (3) und (7) geteilt von Silber und Rot, oben nebeneinander drei schwarze Vögel (Burggrafschaft Stromberg – zum Hochstift Münster), (4) in Silber ein rotes Ankerkreuz (Grafschaft Pyrmont), (6) in Rot drei 2:1 gestellte goldene Kugeln (Herrschaft Borkulo – zum Hochstift Münster).

Nachweis: BayHStA München, Siegelsammlung. – **G. Schön**, Münzkatalog 592, Nr. 12. – **J. Siebmacher**, Wappen der Bistümer, Tf. 158.

Clemens August, Herzog von Bayern (1700–1761)

1715–1716	Koadjutor des Fürstbischofs von Regensburg
1717–1719	Fürstbischof von Regensburg
1716–1723	Koadjutor des Fürstpropstes von Berchtesgaden
1719–1761	Fürstbischof von Münster und Paderborn
1722–1723	Koadjutor des Erzbischofs von Köln
1723–1761	Kurfürst-Erzbischof von Köln und Fürstpropst von Berchtesgaden
1724–1761	Fürstbischof von Hildesheim
1728–1761	Fürstbischof von Osnabrück
1732–1761	Hoch- und Deutschmeister

Literatur: **E. Gatz**, in: Bischöfe 1648–1803, 63–66.

Blasonierung: Durch ein schwarzes mit goldenen Lilienstäben belegtes Kreuz (Deutscher Orden) in vier Quartiere geteilt. Auf dem Kreuz ein Mittelschild, belegt mit einem Herzschild. – Herzschild: Geviert, (1) und (4) gerautet von Silber und Blau (Herzogtum Bayern), (2) und (3) in Schwarz ein rot bekrönter und rot bewehrter goldener Löwe (Pfalzgrafschaft bei Rhein). – Mittelschild (Deutscher Orden): In Gold ein schwarzer golden bewehrter Adler. – Quartier I: Geviert, (1) in Silber ein schwarzes Kreuz (Erzstift Köln), (2) in Rot ein silbernes springendes Pferd (Herzogtum Westfalen – zum Kurfürstentum Köln), (3) in Rot drei 2:1 gestellte goldene Herzen (Herzogtum Engern – zum Kurfürstentum Köln), (4) in Blau ein silberner Adler (Grafschaft Arnsberg – zum Kurfürstentum Köln). – Quartier II: Gespalten von Gold und Rot (Hochstift Hildesheim). – Quartier III: Geteilt, unten in Silber ein rotes Rad (Hochstift Osnabrück), oben geviert, (1) und (4) in Rot ein goldenes Kreuz (Hochstift Paderborn), (2) und (3) in Silber ein rotes Ankerkreuz (Grafschaft Pyrmont). – Quartier IV: Geviert, (1) in Gold ein roter Balken (Hochstift Münster), (2) geteilt von Silber und Rot, oben nebeneinander drei schwarze Vögel (Burggrafschaft Stromberg – zum Hochstift Münster), (3) in Rot drei 2:1 gestellte goldene Kugeln (Herrschaft Borkulo – zum Hochstift Münster), (4) in Silber drei 2:1 gestellte Lilien (Herrschaft Werth – zum Hochstift Münster).

Anmerkung: Es handelt sich um das nach der Erlangung der Hochmeisterwürde 1732 (Administrator des Hochmeistertums in Preußen und Großmeister in deutschen Landen) geführte Wappen, das bis 1761 im Wesentlichen unverändert blieb. Das Wappen wurde nur dann variiert, wenn Clemens August als Bischof von Münster, Paderborn oder Osnabrück handelte. Dann rückte das Wappen des Hochstifts, in dem er tätig war, in der Regel in das zweite Quartier (manchmal auch zusammen mit einem anderen Wappen). Im ersten Quartier bleibt aber immer Köln.[198] Eine interessante Variante findet sich in Paderborn in einem Domkapitelkalender. Dort wird das Kölner Wappen mit den vier Feldern als Mittelschild dem Kreuz des Deutschen Ordens unterlegt.[199] Koehlers Calender von 1756[200] zeigt das für das Hochstift Münster stehende vierte Quartier zweimal gespalten und einmal geteilt (sechs Felder: [1] und [6] Stromberg, [2] und [5] Münster, [3] und [4] Borkulo). Das oft missratene Wappen für Werth (das auch im vorliegenden Fall an Stelle der korrekten schwarzen Maueranker nur Lilien aufweist) ist also weggelassen. Gatterers Handbuch von 1761[201] zeigt und blasoniert[202] das oben beschriebene Wappen. Für die Herrschaft Werth finden sich drei kleine Andreaskreuze, wovon die Tinkturen unbekannt sind.

Nachweis: BayHStA München, Siegelsammlung. – **W. Ewald**, Siegel I, 27, Tf. 32, Nr. 1. – **J. Siebmacher**, Wappen der Bistümer, Tf. 159. – **J. C. Gatterer**, Handbuch 1761, nach 2.

---

198   Vgl. im Einzelnen **H. Nottarp**, Titel 693 f.
199   Abb. ebd. 695.
200   **J. D. Koehler**, Calender 1756, 2.
201   **J. C. Gatterer**, Handbuch 1761, nach 2.
202   Ebd. 106.

Asseburg zu Hinnenburg, Wilhelm Anton Ignaz Freiherr von der (1707–1782)

1749–1761   Provikar in Osnabrück
1761–1763   Kapitularvikar in Osnabrück
1763–1782   Fürstbischof von Paderborn

Literatur: **K. Hengst**, in: Bischöfe 1648–1803, 14 f.

Blasonierung: Geviert mit Herzschild. – Herzschild (Familienwappen Asseburg): In Gold ein liegender rot gezungter schwarzer Wolf. – Hauptschild: (1) und (4) in Rot ein goldenes Kreuz (Hochstift Paderborn), (2) und (3) in Silber ein rotes Ankerkreuz (Grafschaft Pyrmont).

Anmerkung: Varianten des Stammwappens – in Gold ein liegender schwarzer Vielfraß.[203]

Nachweis: BayHStA München, Siegelsammlung. – **H. J. Brandt** – **K. Hengst**, Bischöfe 244, 277, 281. – **G. Schön**, Münzkatalog 679, Nr. 54.

---

[203]   **J. F. Seyfart**, Handbuch 1768, 45.

Westphalen, Friedrich Wilhelm Freiherr von (1727–1789)

1763–1789   Fürstbischof von Hildesheim
1773–1782   Koadjutor des Fürstbischofs von Paderborn
1775–1780   Apostolischer Vikar des Nordens
1780–1789   Apostolischer Vikar der wiedervereinigten Vikariate des Nordens
1782–1789   Fürstbischof von Paderborn

Literatur: **H.-G. Aschoff**, in: Bischöfe 1648–1803, 567 f.

Blasonierung: Einmal gespalten und zweimal geteilt (sechs Felder) mit Herzschild. – Herzschild: In Silber ein roter Balken, darüber ein schwarzer Turnierkragen mit fünf Lätzen (Familienwappen Westphalen). – Hauptschild: (1) und (6) in Rot ein goldenes Kreuz (Hochstift Paderborn), (2) und (5) in Silber ein rotes Ankerkreuz (Grafschaft Pyrmont), (3) und (4) von Gold und Rot gespalten (Hochstift Hildesheim).

Anmerkung: Obwohl auf der geistlichen Fürstenbank des Reichstags das Hochstift Hildesheim dem Hochstift Paderborn vorging, führte Westphalen nach dem Erwerb von Paderborn 1782 das Paderborner Wappen an erster (und sechster) Stelle, offensichtlich auch dann, wenn er in Hildesheim siegelte.

Nachweis: BayHStA München, Siegelsammlung. – **H. J. Brandt – K. Hengst**, Bischöfe 245. – **G. Schön**, Münzkatalog 680, Nr. 68. – **J. Siebmacher**, Wappen der Bistümer, Tf. 69.

Fürstenberg, Franz Egon Reichsfreiherr von (1737–1825)

1776–1789	Generalvikar in Hildesheim
1786–1789	Koadjutor des Fürstbischofs von Hildesheim und Paderborn,
	Ep. tit. Derbensis
1789–1825	Fürstbischof von Hildesheim und Paderborn
1789–1825	Apostolischer Vikar der Nordischen Missionen

Literatur: **K. Hengst**, in: Bischöfe 1785/1803–1945, 221–223.

Blasonierung: Einmal gespalten und zweimal geteilt (sechs Felder) mit Herzschild. – Herzschild: In Gold zwei rote Balken (Familienwappen Fürstenberg). – Hauptschild: (1) und (6) in Rot ein goldenes Kreuz (Hochstift Paderborn), (2) und (5) in Silber ein rotes Ankerkreuz (Grafschaft Pyrmont), (3) und (4) von Gold und Rot gespalten (Hochstift Hildesheim).

Anmerkung: Obwohl auf der geistlichen Fürstenbank des Reichstags das Hochstift Hildesheim dem Hochstift Paderborn vorging, führte Fürstenberg wie sein Vorgänger Westphalen das Paderborner Wappen an erster (und sechster) Stelle, offensichtlich auch dann, wenn er in Hildesheim siegelte.

Nachweis: BayHStA München, Siegelsammlung. – **H. J. Brandt** – **K. Hengst**, Bischöfe 245 (mit veränderter Einteilung).

Passau

Das 739 gegründete Bistum Passau war eines der größten im Reich. Es erstreckte sich von der Isar längs der Donau bis zur March und zur Leitha und vom Böhmerwald im Norden bis in die Hochalpen im Süden. Das Hochstift war dagegen klein. Territorial gehörte das Bistum größtenteils zum Herzogtum Bayern und zum Erzherzogtum Österreich. Seit der Durchführung der Gegenreformation im Erzherzogtum Österreich war es wieder nahezu ganz katholisch. Bischof und Domkapitel hatten ihren Sitz in Passau. Das Kapitel besaß das Bischofswahlrecht. In Passau dominierte habsburgischer Einfluss. Viele Bischöfe hatten ihren Aufstieg im Bereich der Kirchenprovinz Salzburg erlebt. Sechs waren vor ihrer Berufung nach Passau Inhaber eines salzburgischen Eigenbistums. Vier wurden Kardinal.

Literatur: **A. Landersdorfer**, in: Bistümer bis 1803, 547–563.

1. Hochstift

Blasonierung: In Silber ein roter Wolf. – Das Wappen des Hochstifts Passau ist erstmals 1259 als Rücksiegel bzw. Geheim-
siegel (secretum) des Bischofs Otto von Lonsdorf (1254–65) nachweisbar.[204] Ein Eintrag von 1259 in dem von Bischof
Lonsdorf angelegten Passauer Kopialbuch[205] vermerkt zu einer Urkunde vom 23. Januar 1259, sie sei die erste Urkunde,
wo auf der Rückseite des Siegels das Sekretsiegel eingedrückt wurde, das als Zeichen den Wolf im Schild mit der Umschrift: „Hüte das Geheimnis!" zeigt („prima littera ubi in sigillo a tergo secretum nostrum imprimi fecimus, quod
lupum in scuto pro signo insculptum continet et superscriptionem continet: SECRETUM CELA").[206] Alle zukünftigen Urkunden mit einem Hängesiegel ohne Rücksiegel seien als falsch zu betrachten. Seit 1260 haben sich Urkunden mit diesem Sekretsiegel erhalten.[207] Damit gehört der Passauer Wolf zu den ältesten uns überlieferten Hochstiftswappen in
Deutschland. Unklar ist freilich, warum Otto von Lonsdorf den Wolf als Wappensymbol für sein Sekretsiegel gewählt hat.
Belegbar ist der Wolf im Übrigen bereits auf einer Münzprägung (Pfennig) von Ottos Vorgänger, Berthold von Pieten-
gau-Sigmaringen (1249/50–54).[208] Die Nachfolger Bischof Ottos haben den Wolf als Siegelbild übernommen. Die erste
farbige Darstellung (Rot) des Wolfes findet sich in der um 1340 entstandenen Züricher Wappenrolle.[209] – Rangmäßig
steht das Hochstift Passau innerhalb der Salzburger Kirchenprovinz hinter den Bistümern Freising und Regensburg.

Nachweis: **H. Appuhn**, Siebmacher 1605, Tf. 11. – **O. Neubecker** – **W. Rentzmann**, Lexikon, Tf. 213. – **E. Neukirch**, Erscheinen 250 (Siegelbeschreibung).

---

[204]   **E. Kittel**, Siegel 151, Abb. 95.
[205]   BayHStA München, Hochstiftsliteralien Passau 4, fol. 37v.
[206]   Diese Aufforderung zur Geheimhaltung ist als Umschrift auf Sekretsiegeln (besonders in Frankreich seit dem 13. Jahrhun-
        dert) üblich.
[207]   BayHStA München, Klosterurkunden Aldersbach 36/1 (1360), Hochstift Passau 116 (1261 XI 20), Hochstift Passau 120
        (1262 VII 16).
[208]   **H.-J. Kellner**, Die Münzen der niederbayerischen Münzstätten (Grünwald bei München 1958) Nr. 24.
[209]   **W. Merz** – **F. Hegi**, Wappenrolle, Tf. I, Nr. XIII.

2. Fürstbischöfe

Bischofsliste

1626–1662	Leopold Wilhelm, Erzherzog von Österreich
1662	Karl Joseph, Erzherzog von Österreich, Koadjutor
1662–1664	Ders., Fürstbischof
1664–1673	Wenzeslaus Reichsgraf von Thun
1673–1689	Sebastian Freiherr (seit 1636 Graf) von Pötting-Persing
1690–1712	Johann Philipp Reichsfreiherr (seit 1667 Reichsgraf) von Lamberg
1713–1722	Raymund Ferdinand Graf von Rabatta
1723–1761	Joseph Dominikus Reichsgraf von Lamberg
1762–1763	Josef Maria Reichsgraf von Thun und Hohenstein
1763–1783	Leopold Ernst Reichsfreiherr (seit 1749 Graf) von Firmian
1784–1795	Joseph Franz Anton Reichsgraf von Auersperg
1795–1796	Thomas Johann Kaspar Reichsgraf von Thun und Hohenstein
1797–1826	Leopold Leonhard Reichsgraf von Thun

Leopold Wilhelm, Erzherzog von Österreich (1614–1662)

1626–1662	Fürstbischof von Passau
1626–1662	Fürstbischof von Straßburg
1627–1662	Fürstbischof von Halberstadt
1635–1645	Bischofsadministrator von Bremen und Magdeburg
1638–1662	Fürstbischof von Olmütz
1639–1662	Hoch- und Deutschmeister
1656–1662	Fürstbischof von Breslau

Literatur: A. Leidl, in: Bischöfe 1648–1803, 265–267.

Blasonierung: Durch ein schwarzes mit goldenen Lilienstäben belegtes Kreuz mit Herzschild, darin in Gold ein schwarzer Adler (Deutscher Orden), in vier Quartiere geteilt. – Quartier I: Geteilt, oben siebenmal geteilt von Rot und Silber (Königreich Ungarn), unten zweimal gespalten (drei Felder), (1) in Rot ein goldenes dreitürmiges Kastell mit blauem Tor und blauen Fenstern (Königreich Kastilien), (2) in Silber ein golden bewehrter und golden gekrönter purpurner Löwe (Königreich Leon), (3) in Rot ein silberner Balken (Erzherzogtum Österreich). – Quartier II: Geteilt, oben in Rot ein golden gekrönter und bewehrter silberner Löwe mit doppeltem kreuzweise geschlungenem Schweif (Königreich Böhmen), unten zweimal gespalten (drei Felder), (1) im roten Schildbord fünffach von Gold und Blau schräg geteilt (Herzogtum Burgund), (2) in Grün ein aufrechtes silbernes Pantier mit roten Hörnern, aus dessen Rachen rote Flammen züngeln (Herzogtum Steiermark), (3) geteilt, vorne in Gold übereinander drei schwarze rot bewehrte schreitende Löwen, hinten in Rot ein silberner Balken (Herzogtum Kärnten). – Qartier III: Zweifach geteilt und einmal gespalten (sechs Felder), (1) in Rot ein goldener Schrägbalken, begleitet oben und unten von drei 1:2 bzw. 2:1 gestellten goldenen Kronen (Landgrafschaft Elsass), (2) in Rot ein goldener Schrägbalken, begleitet oben und unten von je einem schreitenden gekrönten goldenen Löwen (Grafschaft Kyburg), (3) in Rot zwei voneinander abgewandte goldene Fische (Grafschaft Pfirt), (4) in Silber ein golden bekrönter und bewehrter roter Adler mit goldenen Kleestengeln (gefürstete Grafschaft Tirol), (5) geviert, [1] und [4] in Blau drei 2:1 gestellte goldene sechsstrahlige Sterne, [2] und [3] in Silber zwei rote Balken (Grafschaft

Cilli), (6) in Blau fünf 2:2:1 gestellte goldene Adler (Altösterreich/Niederösterreich). – Quartier IV: Zweifach geteilt und einmal gespalten (sechs Felder): (1) in Silber ein rot bewehrter und gezungter blauer Adler mit rot-gold geschachter Brustspange (Herzogtum Krain), (2) schräggeteilt, oben in Blau ein gekrönter goldener Löwe, unten in Silber zwei rote Schräglinksbalken (Grafschaft Görz), (3) in Gold ein blau gekrönter und blau bewehrter roter Löwe (Grafschaft Habsburg), (4) in Silber ein schwarzer, rotgefütterter und beschnürter windischer Hut (Windische Mark), (5) über grünem Dreiberg in Rot ein silberner Balken, überdeckt mit einem goldenen Tor mit geöffneten Flügeln (Mark Portenau/Pordenone), (6) gespalten, vorne in Schwarz ein rot gezungter goldener Adler, hinten dreimal gespalten von Silber und Rot (Herzogtum Oberösterreich).

Anmerkung: Es handelt sich um das Familienwappen von Leopold Wilhelm. Von den spanischen Besitzungen fehlen das Königreich Aragon (in Gold vier rote Pfähle), das Königreich Granada (in Silber ein grüner Granatapfel mit zwei grünen Blättern und roten Kernen) und das Königreich Sizilien (schräg geviert, oben und unten in Gold vier rote Pfähle, rechts und links in Silber ein schwarzer Adler). Wegen seiner zahlreichen Bistümer hat Leopold Wilhelm wohl nie eine Kombination der Hochstiftswappen mit seinem Familienwappen versucht. Auf seinem Sarkophag in der kaiserlichen Gruft der Kapuziner in Wien sind die Hochstiftswappen einzeln abgebildet.[210] Beim Wappen von Görz (Quartier IV: [2]) findet sich in der österreichischen Heraldik der Löwe auch rot bewehrt. Strittig ist auch die Tingierung des Krainer Wappens (Quartier IV: [1]): Häufig findet sich eine rot-silber geschachte Brustspange.[211]

Nachweis: **C. Seyfert**, Cronica.

---

[210]   **H. Nottarp**, Heraldik 757 f. und Abb. 15.
[211]   Vgl. dazu: **F. Gall**, Wappenkunde 133.

Karl Joseph, Erzherzog von Österreich (1649–1664)

1662   Koadjutor des Fürstbischofs von Passau
1662–1664   Fürstbischof von Passau
1662–1664   Hoch- und Deutschmeister
1663–1664   Fürstbischof von Breslau
1663–1664   Fürstbischof von Olmütz

Literatur: A. Leidl, in: Bischöfe 1648–1803, 217 f.

Blasonierung: Durch ein schwarzes mit goldenen Lilienstäben belegtes Kreuz mit Herzschild, darin in Gold ein rot gezungter schwarzer Adler (Deutscher Orden), in vier Quartiere geteilt. – Quartier I: Siebenmal geteilt von Rot und Silber (Königreich Ungarn). – Quartier II: In Rot ein golden gekrönter und bewehrter silberner Löwe mit doppeltem kreuzweise geschlungenem Schweif (Königreich Böhmen). – Quartier III: Gespalten, vorne in Rot ein silberner Balken (Erzherzogtum Österreich), hinten in Gold drei blaue Schrägbalken (Herzogtum Burgund). – Quartier IV: Gespalten, vorne in Silber ein golden bekrönter und bewehrter roter Adler mit goldenen Kleestengeln (gefürstete Grafschaft Tirol), hinten in Gold ein blaugekrönter und blau bewehrter roter Löwe (Grafschaft Habsburg).

Anmerkung: Es handelt sich um das persönliche Wappen Karl Josephs, der zwar seine Würde als Hoch- und Deutschmeister des Deutschen Ordens (ab 1662), offensichtlich aber keines seiner Bistümer Passau, Breslau und Olmütz heraldisch berücksichtigte.

Nachweis: Porträt-Sammlung der Hoch- und Deutschmeister in Ellingen (Deutschordensschloss).

Thun, Wenzeslaus Reichsgraf von (1629–1673)

1664–1673   Fürstbischof von Passau
1665–1673   Fürstbischof von Gurk

Literatur: **A. Leidl**, in: Bischöfe 1648–1803, 508–510.

Blasonierung: Unter Schildhaupt geviert mit Herzschild. – Schildhaupt: zweifach gespalten (drei Felder), (1) (Bistum Gurk) gespalten, vorne von Rot und Silber geteilt, hinten in Schwarz ein silbern bewehrter goldener Löwe, (2) in Silber ein linksgewendeter roter Wolf (Hochstift Passau), (3) in Rot ein silbernes Kalvarienkreuz auf Stufen (Dompropstei Salzburg). – Herzschild (Familienwappen Thun): In Rot ein silberner Balken (Caldes). – Hauptschild (Familienwappen Thun): Geviert, (1) und (4) in Blau ein goldener Schrägbalken (Stammwappen Thun), (2) und (3) gespalten: vorne in Silber ein halber roter Adler am Spalt, hinten in Schwarz ein silberner Balken (Monreale – Königsberg).

Anmerkung: In dieser Form hat Bischof Wenzeslaus das Wappen nach der Ernennung zum Bischof von Gurk geführt. Die Drehung des Passauer Wolfs im Schildhaupt hängt möglicherweise mit dem Kreuz der Dompropstei Salzburg zusammen, dem dieser sich zuwendet. Doch ist für Passau ein Siegel überliefert,[212] das im Schildhaupt nur den (linksgerichteten!) Wolf zeigt. Das Wappen der Dompropstei Salzburg ist identisch mit dem Wappen des ehemaligen Augustiner-Chorherrenstifts Salzburg, in dem zwischen 1122 und 1514 das Salzburger Domkapitel organisiert war (in Rot ein silbernes Standkreuz mit viereckigem Fuß).[213]

Nachweis: BayHStA München, Siegelsammlung. – Epitaph im Passauer Dom.

---

212   BayHStA München, Siegelsammlung.
213   Vgl. **F. Röhrig**, Stifte 355.

Pötting-Persing, Sebastian Freiherr (seit 1636 **Graf**) **von** (1628–1689)

>   1665–1673   Fürstbischof von Lavant und Generalvikar für Ober- und Unterkärnten
>   1673–1689   Fürstbischof von Passau

Literatur: **A. Leidl**, in: Bischöfe 1648–1803, 347 f.

Blasonierung: Geviert mit einem von einer silbernen Mitra gekrönten Herzschild. – Herzschild: In Silber ein roter Wolf (Hochstift Passau). – Hauptschild (Familienwappen Pötting-Persing): Geviert, (1) und (4) in Rot zwei schräg gekreuzte silberne Nägel, eingeschlossen von dem in der Mitte in zwei Teile zerbrochenen, mit den Stollen aufwärts stehenden silbernen Hufeisen, (2) und (3) in Rot eine silberne Dogge mit schwarzem Halsband mit Ring.

Anmerkung: Es findet sich auch eine einfache Vierung (ohne Herzschild): (1) und (4) Familienwappen (Hufeisen), (2) und (4) Hochstiftswappen. Das Aussehen des Familienwappens ist unklar, es finden sich als Varianten (etwa bei den Münzen des Bischofs) statt der Hufeisen auch Büffelhörner (wie sie bei Helmzieren verwendet werden); statt der gekreuzten Nägel werden auch gekreuzte Bischofsstäbe gezeichnet.

Nachweis: **B. Prokisch u. a.**, Repertorium 57. – **P. Sella**, Sigilli V, 104, Tf. XXXVII, Nr. 1604. – Epitaph im Passauer Dom.

Lamberg, Johann Philipp Reichsfreiherr (seit 1667 Reichsgraf) von (1652–1712)

1690–1712   Fürstbischof von Passau
1700   Kardinal

Literatur: **A. Leidl**, in: Bischöfe 1648–1803, 255–257.

Blasonierung: (Familienwappen Lamberg) Geviert mit Herzschild. – Herzschild: In Rot zwei einander zugekehrte aufgerichtete silberne schwarz gefleckte Hunde, die eine goldene Leiter halten (von der Leiter = Scala). – Hauptschild: Geviert, (1) und (4) gespalten, vorne von Blau und Silber dreimal geteilt, hinten ledig von Rot (Stammwappen Lamberg),
(2) und (3) in Gold eine aufgerichtete rot gezungte schwarze Bracke mit goldenem Halsband (von Potwein).

Anmerkung: Johann Philipp hat fast immer nur das Familienwappen geführt. In seltenen Fällen wird das Passauer Hochstiftswappen (als Herzschild) mit dem Familienwappen kombiniert oder es werden zwei Herzschildchen nebeneinander
gestellt, wie das später in der Regel bei Bischof Joseph Dominikus von Lamberg (1723–61) der Fall ist. Auf den Münzen
Johann Philipps steht das Familienwappen auf der Vorderseite, auf der Rückseite wird das Hochstiftswappen mit der
Figur des hl. Stephans kombiniert. – Varianten: Im Herzschild stehen die beiden gefleckten Hunde oft auch auf einem
grünen Dreiberg. – Beim Stammwappen findet sich folgende Variante: rechts von Silber und Blau fünfmal geteilt. –
Manchmal wird ein zweites Herzschild mit dem Hochstiftswappen auf das Familienwappen gesetzt und zwar über den
Herzschild mit dem Familienwappen (Leiter mit zwei Hunden). Die beiden Herzschildchen sind mit der Infrul bedeckt.

Nachweis: BayHStA München, Siegelsammlung. – **B. Prokisch u. a.**, Repertorium 58. – **G. Schön**, Münzkatalog 682, Nr. 1. –
J. Siebmacher, Wappen der Bistümer, Tf. 80.

Rabatta, Raymund Ferdinand Graf von (1669–1722)

1713–1722   Fürstbischof von Passau

Literatur: **A. Leidl**, in: Bischöfe 1648–1803, 357.

Blasonierung: Geviert mit breitem Schildbord, darin vier 1:2:1 gestellte goldene Büffelköpfe (Foix – zum Familienwappen Rabatta) und mit zwei nebeneinander stehenden Herzschilden. – (1) Herzschild (Hochstift Passau): In Silber ein linksgewendeter roter Wolf, (2) Herzschild: In Silber ein offener roter Flug (Familienwappen Rabatta). – Hauptschild (Familienwappen Rabatta): Geviert, (1) und (4) in Gold ein mit zwei goldenen Kaiserkronen gekrönter golden bewehrter und rot gezungter schwarzer Doppeladler (kaiserliches Gnadenwappen), (2) und (3) in Silber ein roter Karren, dessen Deichsel schräg nach oben zeigt (Carrarra).

Nachweis: BayHStA München, Siegelsammlung. – **B. Prokisch u. a.**, Repertorium 59. – **G. Schön**, Münzkatalog 683, Nr. 10. – **J. Siebmacher**, Wappen der Bistümer, Tf. 80.

Lamberg, Joseph Dominikus Reichsgraf von (1680–1761)

1703–1706   Passauer Offizial und Generalvikar für das Land unter der Enns
1708–1712   Passauer Offizial und Generalvikar für das Land ob der Enns
1712–1723   Fürstbischof von Seckau
1712–1723   Generalvikar für die Steiermark
1723–1761   Fürstbischof von Passau
1737   Kardinal

Literatur: A. Leidl, in: Bischöfe 1648–1803, 257–259.

Blasonierung: Geviert mit zwei nebeneinander stehenden und von einer silbernen Mitra gekrönten Herzschilden. – (1) Herzschild: In Silber ein linksgewendeter roter Wolf (Hochstift Passau). – (2) Herzschild (Familienwappen Lamberg): In Rot zwei einander zugekehrte aufgerichtete silberne schwarz gefleckte Hunde, die eine goldene Leiter halten (von der Leiter = Scala). – Hauptschild (Familienwappen Lamberg): (1) und (4) gespalten, vorn von Blau und Silber dreimal geteilt, hinten ledig von Rot (Stammwappen Lamberg), (2) und (3) in Gold eine aufgerichtete rot gezungte schwarze Bracke mit goldenem Halsband (von Potwein).

Anmerkung: Der Schild liegt in der Regel auf der Brust eines schwarzen Doppeladlers, über dem die Kaiserkrone schwebt. Die Linkswendung des Passauer Wolfs im Wappen Lambergs und anderer Bischöfe ist nicht zu erklären und beruht wohl auf einer Nachlässigkeit der zeitgenössischen Wappengestalter. Möglicherweise haben sich diese an den vor dem Hochaltar stehenden Epitaphien der Passauer Bischöfe orientiert, wo eine Wendung des Wolfes Richtung Hochaltar üblich war.

Nachweis: BayHStA München, Siegelsammlung. – B. Prokisch u. a., Repertorium 59. – G. Schön, Münzkatalog 683, Nr. 13. – J. Siebmacher, Wappen der Bistümer, Tf. 80. – J. D. Koehler, Calender 1756, vor 18. – Epitaph im Passauer Dom.

Thun und Hohenstein, Josef Maria Reichsgraf von (1713–1763)

1742–1762   Fürstbischof von Gurk
1753–1754   Administrator des Bistums Lavant
1753–1761   Generalvikar für Ober- und Unterkärnten
1762–1763   Fürstbischof von Passau

Literatur: A. Leidl, in: Bischöfe 1648–1803, 511–513.

Blasonierung: Unter Schildhaupt geviert mit Herzschild. – Schildhaupt: In Silber ein roter Wolf (Hochstift Passau). – Herzschild (Familienwappen Thun): In Rot ein silberner Balken (Caldes). – Hauptschild (Familienwappen Thun): Geviert, (1) und (4) in Blau ein goldener Schrägbalken (Stammwappen Thun), (2) und (3) gespalten, vorne in Silber ein halber roter Adler am Spalt, hinten in Schwarz ein silberner Balken (Monreale – Königsberg).

Nachweis: BayHStA München, Siegelsammlung. – **J. Siebmacher**, Wappen der Bistümer, Tf. 81. – **J. C. Gatterer**, Handbuch 1763, 28.

Firmian, Leopold Ernst Reichsfreiherr (seit 1749 **Graf**) **von** (1708–1783)

1730–1739	Konsistorialpräsident in Salzburg
1739–1763	Fürstbischof von Seckau
1741–1763	Generalvikar für die Steiermark und den Neustädter Distrikt
1748–1756	Koadjutor des Fürstbischofs von Trient
1763–1783	Fürstbischof von Passau
1772	Kardinal

Literatur: **A. Leidl**, in: Bischöfe 1648–1803, 113–117.

Blasonierung: Unter dem Schildhaupt geviert mit Herzschild. – Schildhaupt: In Silber ein linksgewendeter roter Wolf (Hochstift Passau). – Herzschild (Familienwappen Firmian): In Silber eine goldene Laubkrone auf rotem viereckigem Kissen mit goldenen Quasten. – Hauptschild (Familienwappen Firmian): (1) und (4) fünfmal geteilt von Rot und Silber, die drei roten Balken mit sechs 3:2:1 verteilten gestürzten silbernen Halbmonden belegt (Stammwappen Firmian), (2) und (3) in Blau eine schräg gestellte silberne Hirschstange mit Knolle und vier Zinken, die jeweils mit einem goldenen sechsstrahligen Stern besetzt sind (Herrschaft Kronmetz).

Anmerkung: Wappenvarianten – (1) und (4) in Rot zwei silberne Balken, begleitet von sechs 3:2:1 verteilten halben silbernen Ringen, (2) und (3) in Blau eine schräg gestellte goldene Hirschstange mit vier Zinken, die jeweils mit einem goldenen sechsstrahligen Stern belegt sind.[214] Unklar ist, warum der Wolf im Wappen des Bischofs (unheraldisch) nach links gerichtet ist (siehe oben bei Joseph Dominikus von Lamberg).

Nachweis: BayHStA München, Siegelsammlung. – **B. Prokisch u. a.**, Repertorium 60. – **G. Schön**, Münzkatalog 684, Nr. 21. – **J. C. Gatterer**, Handbuch 1766, 32. – Epitaph im Passauer Dom.

---

[214] **W. v. Hueck**, Adelslexikon III, 278.

Auersperg, Joseph Franz Anton Reichsgraf von (1734–1795)

1763–1773	Fürstbischof von Lavant
1763–1773	Generalvikar für Ober- und Unterkärnten
1773–1784	Fürstbischof von Gurk
1784–1795	Fürstbischof von Passau
1789	Kardinal

Literatur: **A. Leidl**, in: Bischöfe 1648–1803, 19–21.

Blasonierung: Unter Schildhaupt geviert mit Herzschild. – Schildhaupt: In Silber ein roter Wolf (Hochstift Passau). – Herzschild (Familienwappen Auersperg): In Silber ein golden gekrönter roter Löwe (Gottschee). – Hauptschild (Familienwappen Auersperg): Geviert, (1) und (4) in Rot auf grünem Boden stehend ein nach innen gewendeter goldener Auerochse mit goldenem Nasenring, (2) und (3) in Gold ein auf einer schwarzen Bank stehender golden gekrönter, rot gezungter und golden bewehrter schwarzer Adler (Schönberg).

Anmerkung: Folgende Varianten des Wappens sind bekannt. – Der Auerochse im ersten und vierten Feld wird silbern dargestellt, der Adler im zweiten und dritten Feld steht auf einer silbernen Bank mit goldenen Füßen.[215]

Nachweis: BayHStA München, Siegelsammlung. – **B. Prokisch u. a.**, Repertorium 60. – **G. Schön**, Münzkatalog 685, Nr. 23. – Epitaph im Passauer Dom.

---

[215] **W. v. Hueck**, Adelslexikon I, 151.

Thun und Hohenstein, Thomas Johann Kaspar Reichsgraf von (1737–1796)

1776–1795   Weihbischof in Passau, Ep. tit. Thyatirensis
1795–1796   Fürstbischof von Passau

Literatur: **A. Leidl**, in: Bischöfe 1648–1803, 514 f.

Blasonierung: Unter Schildhaupt geviert mit Herzschild. – Schildhaupt: In Silber ein roter Wolf (Hochstift Passau). – Herzschild (Familienwappen Thun): In Rot ein silberner Balken (Caldes). – Hauptschild (Familienwappen Thun): Geviert, (1) und (4) in Blau ein goldener Schrägbalken (Stammwappen Thun), (2) und (3) gespalten: vorne in Silber ein halber roter Adler am Spalt, hinten in Schwarz ein silberner Balken (Monreale – Königsberg).

Nachweis: Passauischer Hofkalender 1796. – **C. Tyroff**, Wappenwerk II, Tf. 43.

Thun, Leopold Leonhard Reichsgraf von (1748–1826)

1796   Ernannter Weihbischof und Generalvikar in Passau
1797–1826   Fürstbischof von Passau

Literatur: **A. Leidl**, in: Bischöfe 1785/1803–1945, 762 f.

Blasonierung: Unter Schildhaupt geviert mit Herzschild. – Schildhaupt: In Silber ein roter linksgewendeter Wolf (Hochstift Passau). – Herzschild (Familienwappen Thun): In Rot ein silberner Balken (Caldes). – Hauptschild (Familienwappen Thun): Geviert, (1) und (4) in Blau ein goldener Schrägbalken (Stammwappen Thun), (2) und (3) gespalten: vorne in Silber ein halber roter Adler am Spalt, hinten in Schwarz ein silberner Balken (Monreale – Königsberg).

Anmerkung: Unklar ist, warum der Wolf im Wappen des Bischofs (unheraldisch) nach links gerichtet ist (siehe oben bei Joseph Dominikus von Lamberg).

Nachweis: BayHStA München, Siegelsammlung. – Bauplastik über dem Eingang zum Bischöflichen Palais in Passau.

Prag (Praha)

Das 973 gegründete und 1344 zum Erzbistum erhobene Prag umfasste bis ins 17. Jahrhundert ganz Böhmen. Im Rahmen der Gegenreformation, die mit der völligen Rekatholisierung endete, wurden 1655 das Bistum Leitmeritz und 1664 das Bistum Königgrätz sowie 1784/85 im Rahmen der josephinischen Diözesanregulierung das Bistum Budweis aus Prag ausgegliedert. Es gab kein Hochstift. Erzbischof und Domkapitel hatten ihren Sitz in Prag. Der Erzbischof wurde vom Landesherrn nominiert. Die Erzbischöfe entstammten meist Beamtenfamilien und hatten oft zuvor schon ein anderes Bistum geleitet.

Literatur: **Z. Hledíková**, in: Bistümer bis 1803, 574–589.

1. Erzbistum

Blasonierung: In Schwarz ein goldener Balken. Dieses Bistumswappen führte neben seinem Familienwappen in Prag erstmalig (Erz-) Bischof Ernst von Pardubice (1343/44–64) in seinem Siegel von 1352.

Nachweis: **H. Appuhn**, Siebmacher 1605, Tf. 9. – **J. Kettner**, Dějiny 169. – **O. Neubecker – W. Rentzmann**, Lexikon, Tf. 21. – **E. Neukirch**, Erscheinen 256 (Siegelbeschreibung).

2. Fürsterzbischöfe

Bischofsliste

1623–1667	**Ernst Adalbert Freiherr** (seit 1623 **Reichsgraf**) **von Harrach zu Rohrau**
1667–1668	Johann Wilhelm Reichsgraf von Kolowrat-Liebsteinsky, ernannter Fürsterzbischof
1669–1675	**Matthäus Ferdinand Sobeck** (Zaubek) **von Bilenburg**
1675–1694	**Johann Friedrich Reichsgraf von Waldstein**
1695–1710	**Johann Josef Reichsfreiherr** (seit 1693 **Reichsgraf**) **von Breuner** (Breiner)
1711–1731	**Franz Ferdinand Freiherr** (seit 1669 **Reichsgraf**) **von Kuenburg** (Küenburg, Khüenburg, Kienburg)
1732–1733	**Daniel Joseph Mayer** (nach 1700 **Edler von Mayern**)
1733	Johann Adam Reichsgraf Wratislaw von Mitrowitz, ernannter Fürsterzbischof
1733–1763	**Johann Moritz Gustav Reichsgraf von Manderscheid-Blankenheim**
1752–1763	**Anton Peter** (seit 1759 **Graf**) **von Przichowsky von Przichowitz**, Koadjutor
1763–1793	Ders., Fürsterzbischof
1793–1810	**Wilhelm Florentin Fürst von Salm-Salm**

Harrach zu Rohrau, Ernst Adalbert Freiherr (seit 1623 **Reichsgraf**) **von** (1598–1667)

1623–1667	Fürsterzbischof von Prag
1626	Kardinal
1665–1667	Fürstbischof von Trient

Literatur: **K. A. Huber**, in: Bischöfe 1648–1803, 169–172.

Blasonierung: Geviert, belegt mit einer goldenen Kugel, die mit drei 2:1 gestellten silbernen Pfauenfedern besteckt ist (Familienwappen Harrach), (1) und (4) in Schwarz ein goldener Balken (Erzbistum Prag), (2) und (3) in Silber über einem sechsstrahligen roten Stern ein schwebendes rotes Tatzenkreuz (Orden der Kreuzherren mit dem roten Stern).

Anmerkung: Ernst Adalbert war General-Großmeister der Kreuzherren mit dem roten Stern.

Nachweis: **J. Kettner**, Dějiny 179 (Variante!). – **P. Sella**, Sigilli III, 39, Tf. VII, Nr. 201 (Variante wie bei Kettner). – **A. Zelenka**, Wappen 51.

Sobeck (Zaubek) **von Bilenburg, Matthäus Ferdinand** (1618–1675)

1664–1669   Bischof von Königgrätz
1669–1675   Fürsterzbischof von Prag

Literatur: **K. A. Huber**, in: Bischöfe 1648–1803, 467 f.

Blasonierung: In Schwarz ein goldener Balken (Erzbistum Prag), bedeckt mit einem zweimal gespaltenen Schild (drei Felder), der mit einer dreiblättrigen goldenen Laubkrone bedeckt ist, (1) in Silber ein nach rechts ansteigender grüner Berg, (2) ledig von Silber, (3) in Silber ein roter Balken, alle drei Felder überdeckt durch einen aus dem rechten Schildrand hervorkommenden gepanzerten Arm, der einen schwarzen Anker mit goldenem Ring hält.

Anmerkung: Varianten beim Familienwappen. – Im ersten Feld statt eines schräg ansteigenden Berges eine aus dem rechten Schildrand brechende Wolke, der Anker ganz schwarz.

Nachweis: **J. Kettner**, Dějiny 225. – **A. Zelenka**, Wappen 53.

Waldstein, Johann Friedrich Reichsgraf von (1642–1694)

1673–1675   Bischof von Königgrätz
1675–1694   Fürsterzbischof von Prag

Literatur: **K. A. Huber**, in: Bischöfe 1648–1803, 552–554.

Blasonierung: Hauptschild mit aufgelegtem und mit einer fünfblättrigen goldenen Laubkrone gekröntem Mittelschild und Herzschild. – Herzschild: In Gold ein golden bewehrter und rot gezungter doppelköpfiger schwarzer Adler mit silbernem Schwert in der rechten und dem blauen Reichsapfel in der linken Klaue und mit einer über den Köpfen schwebenden goldenen rot gefütterten Kaiserkrone, von der zwei blaue Bänder abfliegen (kaiserliches Gnadenwappen). – Mittelschild (Familienwappen Waldstein): (1) und (4) in Gold ein golden bekrönter und rot gezungter nach innen gewendeter blauer Löwe, (2) und (3) in Blau ein golden bekrönter und rot gezungter nach innen gewendeter goldener Löwe. – Hauptschild (Erzbistum Prag): In Schwarz ein goldener Balken mit aufgelegtem roten Ankerkreuz, im Schildfuß ein sechsstrahliger roter Stern (Orden der Kreuzherren mit dem roten Stern).

Anmerkung: Als Varianten des Familienwappens finden sich bei der Darstellung des Doppeladlers (Reichsadlers) zusätzlich noch zwei Heiligenscheine und ein kleines rotes Brustschild mit dem goldenen Namenszug „F. II" (= Kaiser Ferdinand II.). Die Krone kann fehlen. Darüber hinaus kann der Adler in der rechten Klaue einen silbernen Anker, in der linken einen grünen Palmzweig halten. Die Löwen werden vielfach doppelt geschweift dargestellt.[216]

Nachweis: **J. Kettner**, Dějiny 229.

---

[216]   **W. v. Hueck**, Adelslexikon XV, 403–407. – **E. H. Kneschke**, Adels-Lexicon IX, 452 f. – Vgl. auch die Varianten bei: **A. Zelenka**, Wappen 55.

Breuner (Breiner), **Johann Josef Reichsfreiherr** (seit 1693 **Reichsgraf**) **von** (1641–1710)

1670–1695   Weihbischof in Olmütz, Ep. tit. Nicopolitanus
1672–1695   Generalvikar in Olmütz
1695–1710   Fürsterzbischof von Prag

Literatur: **K. A. Huber**, in: Bischöfe 1648–1803, 46 f.

Blasonierung: Geviert mit Herzschild. – Herzschild (Familienwappen Breuner): In Silber ein springendes schwarzes Ross (von Roßeck). – Hauptschild: Geviert, (1) und (4) gespalten, vorne in Schwarz ein goldener Balken (Erzbistum Prag), hinten in Silber ein in zwei Reihen von Gold und Schwarz geschachter Pfahl (Familienwappen Breuner), (2) und (3) in Gold ein natürlicher Biber (von Gnas).

Anmerkung: Varianten beim Familienwappen. – Herzschild: In Blau ein rotgezäumtes schwarzes Ross.[217]

Nachweis: **J. Kettner**, Dějiny 175. – **A. Zelenka**, Wappen 56.

---

[217]   **W. v. Hueck**, Adelslexikon II, 106.

Kuenburg (Küenburg, Khüenburg, Kienburg), **Franz Ferdinand Freiherr** (seit 1669 **Reichsgraf**) **von** (1651–1731)

1701–1711   Fürstbischof von Laibach
1711–1731   Fürsterzbischof von Prag

Literatur: **F. M. Dolinar – K. A. Huber,** in: Bischöfe 1648–1803, 244 f.

Blasonierung: Geviert, (1) und (4) gespalten, vorne in Schwarz ein goldener Balken (Erzbistum Prag), hinten von Rot und Silber gespalten, belegt mit einer Kugel in verwechselter Tinktur (Familienwappen Kuenburg), (2) und (3) von Schwarz und Silber geteilt, belegt mit einer Türangel (Maueranker) in verwechselten Farben (Familienwappen Kuenburg = von Steyerberg).

Nachweis: **J. Kettner,** Dějiny 191. – **P. Sella,** Sigilli V, 110, Tf. XXXIX, Nr. 1625. – **A. Zelenka,** Wappen 58.

Mayer (nach 1700 **Edler von Mayern**), **Daniel Joseph** (1656–1733)

1702–1732   Generalvikar in Prag
1712–1732   Weihbischof in Prag, Ep. tit. Tiberiensis
1732–1733   Fürsterzbischof von Prag

Literatur: **K. A. Huber**, in: Bischöfe 1648–1803, 302 f.

Blasonierung: Geviert, (1) und (4) in Schwarz ein goldener Balken (Erzbistum Prag), (2) und (3) (Familienwappen Mayer): In Blau über roter fünfzinniger Ziegelmauer eine goldene heraldische Rose.

Nachweis: **J. Kettner**, Dějiny 207. – **A. Zelenka**, Wappen 59 (nur Familienwappen).

Manderscheid-Blankenheim, Johann Moritz Gustav Reichsgraf von (1676–1763)

1722–1733   Bischof von Wiener Neustadt
1733–1763   Fürsterzbischof von Prag

Literatur: **K. A. Huber**, in: Bischöfe 1648–1803, 293 f.

Blasonierung: Unter Schildhaupt gespalten und zweimal geteilt (sechs Felder). – Schildhaupt (Erzbistum Prag): In Schwarz ein goldener Balken. – Hauptschild (Familienwappen Manderscheid-Blankenheim): (1) in Gold ein roter Zickzackbalken (Stammwappen Manderscheid), (2) in Gold ein rot gezungter schwarzer Löwe, überdeckt mit einem fünflätzigen roten Turnierkragen (Blankenheim), (3) in mit goldenen heraldischen Lilien besätem blauen Feld ein rot gezungter silberner Löwe, überdeckt mit einem fünflätzigen roten Turnierkragen (Schleiden), (4) in Silber ein roter Adler (Kronenburg), (5) in Silber ein blauer Schrägwellenbalken, begleitet je von vier aufrecht stehenden roten Schwertern (Bettingen), (6) in Gold ein rotes Schrägflechtgitter (Daun).

Anmerkung: Varianten – im zweiten Feld ein vierlätziger roter Turnierkragen, im dritten Feld mit silbernen Lilien bestreut, im fünften Feld in Silber ein blauer Schrägwellenbalken, begleitet je von drei aufrecht stehenden blauen Schwertern, im sechsten Feld in Silber ein rotes Schräggeflechtgitter.[218]

Nachweis: BayHStA München, Siegelsammlung. – **J. Kettner**, Dějiny 205. – **A. Zelenka**, Wappen 61.

---

[218] **W. v. Hueck**, Adelslexikon VIII, 218.

Przichowsky von Przichowitz, Anton Peter (seit 1759 **Graf**) **von** (1707–1793)

1752–1763   Koadjutor des Fürsterzbischofs von Prag, Ep. tit. Emessensis
1754–1763   Bischof von Königgrätz
1763–1793   Fürsterzbischof von Prag

Literatur: **K. A. Huber**, in: Bischöfe 1648–1803, 352 f.

Blasonierung: Unter Schildhaupt, darin in Schwarz ein goldener Balken (Erzbistum Prag), in Rot drei im Dreipass gestellte silberne Gänserümpfe (Familienwappen Przichowsky).

Anmerkung: Varianten des Familienwappens. – Entenköpfe, Bistumswappen Gold in Blau.[219]

Nachweis: BayHStA München, Siegelsammlung. – **J. Kettner**, Dějiny 213. – **J. F. Seyfart**, Handbuch 1768, Tf. 67. – **A. Zelenka**, Wappen 62.

---

[219]   **J. F. Seyfart**, Handbuch 1768, 47.

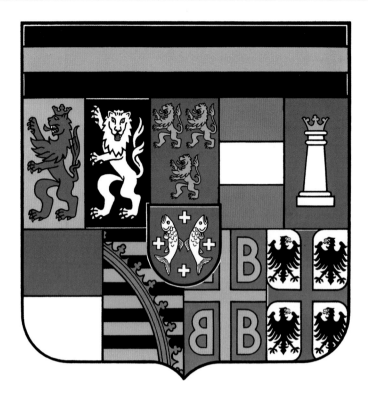

Salm-Salm, Wilhelm Florentin Fürst von (1745–1810)

1776–1793   Bischof von Tournai
1793–1810   Fürsterzbischof von Prag

Literatur: **K. A. Huber,** in: Bischöfe 1648–1803, 410 f.

Blasonierung: Unter Schildhaupt, geteilt, oben viermal gespalten (fünf Felder), unten dreimal gespalten (vier Felder) mit Herzschild. – Schildhaupt (Erzbistum Prag): In Schwarz ein goldener Balken. – Herzschild (Stammwappen Salm-Salm): In Rot zwei nach außen gebogene silberne Fische (Niedersalm), begleitet von vier silbernen Kreuzchen. – Hauptschild (Familienwappen Salm-Salm): (1) in Gold ein blau gekrönter roter Löwe (Rheingrafschaft), (2) in Schwarz ein herschauender rot gezungter silberner Löwe (Leopard) (Wildgrafschaft), (3) in Rot drei 2:1 gestellte goldene Löwen (Kyburg), (4) in Blau ein silberner Balken (Vinstingen), (5) in Rot eine golden bekrönte silberne Säule (Anholt), (6) von Rot und Silber geteilt (Montferrat), (7) neunmal geteilt von Schwarz und Gold, schräg überdeckt mit einem grünen Rautenkranz (Sachsen), (8) in Rot ein goldenes Kreuz, bewinkelt von vier gegeneinander gestellten Buchstaben „B", (9) in Silber ein rotes Tatzenkreuz, bewinkelt von gegeneinander gekehrten schwarzen Adlern (Mantua).

Nachweis: BayHStA München, Siegelsammlung. – **J. Kettner,** Dějiny 215 (nur Stammwappen). – **J. Siebmacher,** Wappen der Bistümer, Tf. 176. – **C. Tyroff,** Wappenwerk I, 250. – **A. Zelenka,** Wappen 64.

Regensburg

Das 739 gegründete Bistum Regensburg erstreckte sich von Niederbayern über die Obere Pfalz bis ins Egerland. Das Hochstift war eines der kleinsten im Reich. Regensburg war Reichsstadt. Die außerhalb des Hochstiftes liegenden Teile des Bistums gehörten zum Herzogtum Bayern sowie zu den Fürstentümern der Oberen Pfalz und Pfalz-Neuburg, dem Königreich Böhmen und zu kleineren Herrschaften. Seit der Gegenreformation war das Bistum bis auf die Stadt Regensburg und kleine Gebiete in der Oberen Pfalz wieder katholisch. Bischof und Domkapitel hatten ihren Sitz in Regensburg, obwohl die Stadt sich der Reformation zugewandt hatte. Das Kapitel besaß das Bischofswahlrecht. Zwischen 1648 und 1803 kamen vier Bischöfe aus dem Hause Wittelsbach. Für sie war Regensburg meist Sprungbrett auf dem Weg zu größeren Zielen.

Literatur: **A. Schmid**, in: Bistümer bis 1803, 599–613.

1. Hochstift

Blasonierung: In Rot ein silberner Schrägbalken. – Das Wappen des Hochstifts Regensburg ist erstmals auf einem Sekretsiegel (Rücksiegel) des Bischofs Leo Tundorfer (1262–77)[220] aus dem Jahre 1267[221] nachweisbar. Nach dem offensichtlichen Vorbild Passaus wählte Tundorfer als Umschrift für das Sekretsiegel: SECRETUM CELA. Für diese Übernahme einer modernen Verwaltungspraxis, aber auch für die Schaffung eines eigenen Wappens ist daher wohl der Einfluss Otto von Lonsdorfs bestimmend gewesen. – Unklar ist freilich, warum Tundorfer als Wappenbild einen Schrägbalken wählte. Mangels weiterer Belege müssen wir davon ausgehen, dass es sich um eine Umgestaltung (Differenzierung) der offensichtlich bei Bistümern üblichen rot-weißen Lehensfahne handelt, die schon 1227 als Zeichen des Bistums geführt wurde, wie wir aus einer Schilderung des Dichters Ulrich von Lichtenstein wissen: Damals wurde beim Einzug des Domvogts mit dem Heeresaufgebot in Regensburg ein von Weiß und Rot geteiltes Banner („gehalbet wiz und rot") vorangetragen. In der Züricher Wappenrolle (1340) ist der silberne Schrägbalken in Rot unter ein gespitztes silbernes Schildhaupt gesetzt.[222] – Auf Sekretsiegeln scheint das Regensburger Hochstiftswappen von den Nachfolgern Tundorfers weitergeführt worden zu sein. Es findet sich etwa 1336[223] auf einem Sekretsiegel des Bischofs Nikolaus von Ybbs (1313–40). Auf den großen Siegeln taucht das Wappen vergleichsweise spät auf. Noch Bischof Friedrich von Zollern (1340/42–65) führt in seinem Thronsiegel ebenso wie in seinem Sekretsiegel lediglich sein Familienwappen, die Hohenzollernvierung (geviert von Silber und

220 **P. Mai**, Leo Tundorfer, in: Neue Deutsche Biographie 14 (Berlin 1985) 239 f. – **Ders.**, Leo Tundorfer. Ein Regensburger Patriziersohn auf der Kathedra des hl. Wolfgang (1262–1277), in: Beiträge zur Geschichte des Bistums Regensburg 10 (Regensburg 1976) 69–95.

221 BayHStA München, Regensburg Hochstift 75 (29. April 1267), Regensburg St. Emmeram 115 (25. Juni 1267). – Schon 1263 benutzt Tundorfer ein Rücksiegel, allerdings ist das Bild nicht erkennbar (BayHStA München, Regensburg Hochstift 70, 13. Oktober 1263).

222 **W. Merz – F. Hegi**, Wappenrolle, Tf. I, Nr. VIII.

223 BayHStA München, Regensburg St. Emmeram 472 (1. Februar 1336).

Schwarz).[224] Erst unter Bischof Konrad von Haimburg (1368–81) findet das Hochstiftswappen seinen Weg in das bischöfliche Hauptsiegel und wird dort im Schild neben dem Thron plaziert. In einem Siegel von 1370[225] steht es freilich (heraldisch) links vom Bischofsthron, also in der heraldisch minderen Rangordnung, während das Familienwappen den besseren (heraldisch) rechten Platz einnimmt. Zu sehen ist das Wappen auch auf dem Grabdenkmal des folgenden Bischofs Theoderich von Abensberg (1381–83) in der Mittelhalle des Domkreuzgangs. – Rangmäßig nimmt das Hochstift Regensburg unter den Hochstiften der Kirchenprovinz Salzburg nach Freising den zweiten Platz ein, sein Wappenbild findet sich daher immer dem Freisinger nachgeordnet (Reihenfolge auf der Fürstenbank des Reichstags: 16. Freising, 17. Regensburg, 18. Passau, 19. Trient, 20. Brixen). Vor den Hochstiften der Salzburger stehen rangmäßig diejenigen der Mainzer Kirchenprovinz.

Nachweis: **H. Appuhn**, Siebmacher 1605, Tf. 11. – **O. Neubecker** – **W. Rentzmann**, Lexikon, Tf. 43 – **J. Siebmacher**, Wappen der Bistümer, Tf. 8.

2. Fürstbischöfe

Bischofsliste

1614–1649	**Albert Reichsfreiherr** (seit 1630 **Reichsgraf**) **von Törring**
1642–1649	**Franz Wilhelm** (seit 1602 **Reichsgraf**) **von Wartenberg**, Koadjutor
1649–1661	Ders., Fürstbischof
1663	**Johann Georg** (seit 1644 **Graf**) **von Herberstein**
1664–1666	**Adam Lorenz Reichsfreiherr** (seit 1630 **Reichsgraf**) **von Törring-Stein**
1667–1668	**Guidobald Reichsfreiherr** (seit 1629 **Reichsgraf**) **von Thun**
1669–1685	**Albrecht Sigmund, Herzog von Bayern**
1683–1685	**Joseph Clemens, Herzog von Bayern**, Koadjutor
1685–1694	Ders., Fürstbischof
1690–1694	Ignaz Wilhelm Plebst, Coadministrator in spiritualibus
1695–1699	**Joseph Clemens, Herzog von Bayern**, Elekt
1699–1715	Ders., Fürstbischof
1699–1715	Franz Peter (seit 1697 Freiherr) von Wämpl, Bistumsadministrator
1716–1719	**Clemens August, Herzog von Bayern**
1716–1730	Gottfried Reichsritter Langwerth von Simmern, Bistumsadministrator
1721–1763	**Johann Theodor, Herzog von Bayern**
1763–1768	**Clemens Wenzeslaus, Herzog von Sachsen**
1764–1766	Johann Anton Reichsfreiherr von Wolframsdorf, Coadministrator in spiritualibus
1769–1787	**Anton Ignaz Reichsgraf Fugger-Glött von Kirchberg und Weissenhorn**
1787–1789	**Max Prokop Reichsgraf von Törring-Jettenbach**
1790–1803	**Joseph Konrad Reichsfreiherr von Schroffenberg**
1803–1817	**Karl Theodor Reichsfreiherr von Dalberg**, Administrator und Erzbischof (1805)

---

[224] BayHStA München, Regensburg Hochstift 439 (1358): Heraldisch rechts vom Thron steht ein „F" (für Friedrich), links ein „B" (für Bischof), das Hohenzollernschild ist unterhalb des Throns plaziert. Das Sekretsiegel zeigt ein Brustbild des Bischofs, darunter das Hohenzollernschild. – Vgl. BayHStA München, Regensburg Hochstift 400 (1350).

[225] BayHStA München, Regensburg Hochstift 485 (24. März 1370).

Törring, Albert Reichsfreiherr (seit 1630 **Reichsgraf**) **von** (1578–1649)

1614–1649   Fürstbischof von Regensburg

Literatur: **K. Hausberger**, in: Bischöfe 1648–1803, 517 f.

Blasonierung: Unter Schildhaupt geviert mit Herzschild. – Schildhaupt (Hochstift Regensburg): In Rot ein silberner Schrägbalken. – Herzschild (Familienwappen Törring): In Rot eine schräg gestellte silberne Zange (Mödling). – Hauptschild (Familienwappen Törring): Geviert, (1) und (4) in Silber drei 2:1 gestellte rote, golden besamte heraldische Rosen (Törring), (2) und (3) in Gold drei anstoßende schräg gestellte schwarze Wecken (Seefeld).

Nachweis: BayHStA München, Siegelsammlung. – BayHStA München– Kolorierte Handzeichnungen 1380–1755: Grabdenkmale im Regensburger Dom. – **J. Siebmacher**, Wappen der Bistümer, Tf. 214.

Wartenberg, Franz Wilhelm (seit 1602 **Reichsgraf**) **von** (1593–1661)

1627–1661	Fürstbischof von Osnabrück
1629–1648	Fürstbischof von Minden
1630–1648	Fürstbischof von Verden
1633	Bistumsadministrator von Hildesheim
1642–1649	Koadjutor des Fürstbischofs von Regensburg
1645–1661	Apostolischer Vikar für Bremen
1649–1661	Fürstbischof von Regensburg
1660	Kardinal

Literatur: **K. Hausberger**, in: Bischöfe 1648–1803, 558–561.

Blasonierung: Geviert mit Herzschild. – Herzschild (Familienwappen Wartenberg): Die silbernen und blauen bayerischen Rauten, belegt mit einem rot gezungten goldenen Löwen. – Hauptschild: (1) in Rot ein silberner Schrägbalken (Hochstift Regensburg), (2) in Silber ein rotes Rad (Hochstift Osnabrück), (3) in Rot zwei schräg gekreuzte silberne Schlüssel (Hochstift Minden), (4) in Silber ein schwebendes schwarzes Nagelspitzkreuz (Hochstift Verden).

Anmerkung: In dieser Form wird das Wappen ab 1649 geführt. Trotz des Verlustes der Hochstifte Verden und Minden im Westfälischen Frieden führte Wartenberg die Wappen weiter.

Nachweis: BayHStA München, Siegelsammlung. – **N. D. Nicol** – **C. R. Bruce**, Catalog 718, Nr. 168. – **J. Siebmacher**, Wappen der Bistümer, Tf. 213.

Herberstein, Johann Georg (seit 1644 **Graf**) **von** (1591–1663)

1663   Fürstbischof von Regensburg

Literatur: **K. Hausberger**, in: Bischöfe 1648–1803, 181 f.

Blasonierung: Unter Schildhaupt geviert mit Herzschild. – Schildhaupt (Hochstift Regensburg): In Rot ein silberner Schrägbalken. – Herzschild (Stammwappen Herberstein): In Rot ein silberner Sparren. – Hauptschild (Familienwappen Herberstein): (1) in mit goldenen Herzen bestreutem schwarzem Feld ein nach links gewendeter silberner Wolf (von Neuberg), (2) und (3) gespalten von Rot und Rot, vorne ein goldenes Kastell mit drei Türmen und offenem Tor und Fenster (Kastilien), hinten ein silberner Balken (Österreich), (4) in Silber ein goldenes Pferdekummet (von Hag).

Anmerkung: Die Symbole für das Königreich Kastilien und das Erzherzogtum Österreich wurden der Familie Herberstein 1522 als Wappenmehrung von Karl V. verliehen. Beim Familienwappen finden sich die folgenden Varianten: (1) und (4) in Blau ein linksgewendeter silberner Fuchs, (2) und (5) gespalten von Rot und Rot, vorne der Bindenschild, hinten das Kastell, (3) und (6) in Rot ein goldenes Herz[226] bzw. ein heidnischer Hut.

Nachweis: BayHStA München – Kolorierte Handzeichnungen 1380–1755: Grabdenkmale im Regensburger Dom.

---

226   **J. F. Seyfart**, Handbuch 1768, 64.

Törring-Stein, Adam Lorenz Reichsfreiherr (seit 1630 **Reichsgraf**) **von** (1614–1666)

1664–1666   Fürstbischof von Regensburg

Literatur: **K. Hausberger**, in: Bischöfe 1648–1803, 520 f.

Blasonierung: Unter Schildhaupt geviert mit Herzschild. – Schildhaupt (Hochstift Regensburg): In Rot ein silberner Schrägbalken. – Herzschild (Familienwappen Törring): In Rot eine schräg gestellte silberne Zange (Mödling). – Hauptschild (Familienwappen Törring): Geviert, (1) und (4) in Silber drei 2:1 gestellte rote, golden besamte heraldische Rosen (Törring), (2) und (3) in Gold drei anstoßende schräg gestellte schwarze Wecken (Seefeld).

Nachweis: BayHStA München, Siegelsammlung.

Thun, Guidobald Reichsfreiherr (seit 1629 **Reichsgraf**) **von** (1616–1668)

1645–1654	Generalvikar in Salzburg
1654–1668	Fürsterzbischof von Salzburg
1667	Kardinal
1667–1668	Fürstbischof von Regensburg

Literatur: **F. Ortner**, in: Bischöfe 1648–1803, 503 f.

Blasonierung: Unter Schildhaupt geviert mit Herzschild. – Schildhaupt (Hochstift Regensburg): In Rot ein silberner Schrägbalken. – Herzschild (Familienwappen Thun): In Rot ein silberner Balken (Caldes). – Hauptschild (Familienwappen Thun): Geviert, (1) und (4) in Blau ein goldener Schrägbalken (Stammwappen Thun), (2) und (3) gespalten, vorne in Silber ein halber roter Adler am Spalt, hinten in Schwarz ein silberner Balken (Monreale – Königsberg).

Anmerkung: Ob es für die kurze Zeit seines Pontifikats in Regensburg zu dieser Wappenschöpfung kam, ist nicht (auch nicht auf Siegeln) festzustellen, aber angesichts der Regensburger Praxis zu vermuten.

Nachweis: nicht bekannt.

Albrecht Sigmund, Herzog von Bayern (1623–1685)

1642–1651	Koadjutor des Fürstbischofs von Freising
1651–1685	Fürstbischof von Freising
1669–1685	Fürstbischof von Regensburg

Literatur: **E. J. Greipl**, in: Bischöfe 1648–1803, 6 f.

Blasonierung: Geviert mit geviertem Herzschild. – Herzschild: Geviert, (1) und (4) die silbernen und blauen bayerischen Rauten (Herzogtum Bayern), (2) und (3) in Schwarz ein rot gekrönter und rot bewehrter goldener Löwe (Pfalzgrafschaft bei Rhein). – Hauptschild: Geviert, (1) und (4) in Gold ein rot bekrönter schwarzer Mohrenkopf mit roten Lippen, Ohrring und rotem Kragen (Halskrause) (Hochstift Freising), (2) und (3) in Rot ein silberner Schrägbalken (Hochstift Regensburg).

Nachweis: BayHStA München, Siegelsammlung – **H. Glaser**, Grabsteinbuch, Nr. 51.

Joseph Clemens, Herzog von Bayern (1671–1723)

1683–1685	Koadjutor des Fürstbischofs von Regensburg
1685	Koadjutor des Fürstbischofs von Freising
1684–1688	Koadjutor des Fürstpropstes von Berchtesgaden
1685–1694	Fürstbischof von Regensburg und Freising
1688–1723	Kurfürst-Erzbischof von Köln, Fürstpropst von Berchtesgaden
1694–1723	Fürstbischof von Lüttich
1694–1714	Koadjutor des Fürstbischofs von Hildesheim
1699–1715	Fürstbischof von Regensburg
1714–1723	Fürstbischof von Hildesheim

Literatur: E. Gatz, in: Bischöfe 1648–1803, 210–212.

Blasonierung: Zweimal geteilt, oben und in der Mitte in zwei Felder gespalten, das untere Feld mit eingepfropfter Spitze (sieben Felder) und Herzschild. – Herzschild: Geviert, (1) und (4) die silbernen und blauen bayerischen Rauten (Herzogtum Bayern), (2) und (3) in Schwarz ein rot bekrönter und rot bewehrter goldener Löwe (Pfalzgrafschaft bei Rhein). – Hauptschild: (1) in Silber ein schwarzes Kreuz (Erzstift Köln), (2) in Gold ein rot bekrönter schwarzer Mohrenkopf mit roten Lippen, rotem Ohrring und rotem Kragen (Halskrause) (Hochstift Freising), (3) in Rot ein silberner Schrägbalken (Hochstift Regensburg), (4) in Rot ein silbernes Ross (Herzogtum Westfalen – zum Kurfürstentum Köln), (5) in Rot drei 2:1 gestellte goldene Herzen (Herzogtum Engern – zum Kurfürstentum Köln), (6) in Rot zwei schräg gekreuzte Schlüssel, von denen der schrägrechte golden, der schräglinke silbern ist (Fürstpropstei Berchtesgaden), (7) in Blau ein silberner Adler (Grafschaft Arnsberg – zum Kurfürstentum Köln).

Anmerkung: Dieses Wappen wurde zwischen 1688 und 1694 in Köln, Freising und Regensburg geführt. 1694 resignierte Joseph Clemens in Freising und Regensburg zu Gunsten von Lüttich. – Abweichende Reihenfolge:[227] Berchtesgaden vor

---

[227]   **W. Ewald**, Siegel I, 26, Tf. 32, Nr. 3. – **J. Siebmacher**, Wappen der Bistümer, Tf. 214.

Westfalen, Engern und Arnsberg. Im Wappen, das er in Regensburg zwischen 1699 und 1715 führte, fehlte neben Freising noch das Hildesheimer Wappen. Sonst entspricht es dem Wappen, das er bis zu seinem Lebensende 1723 führte (Köln mit Westfalen, Engern und Arnsberg, Regensburg, Lüttich, Berchtesgaden).

Nachweis: BayHStA München, Siegelsammlung.

Clemens August, Herzog von Bayern (1700–1761)

1715–1716	Koadjutor des Fürstbischofs von Regensburg
1717–1719	Fürstbischof von Regensburg
1716–1723	Koadjutor des Fürstpropstes von Berchtesgaden
1719–1761	Fürstbischof von Münster und Paderborn
1722–1723	Koadjutor des Erzbischofs von Köln
1723–1761	Kurfürst-Erzbischof von Köln und Fürstpropst von Berchtesgaden
1724–1761	Fürstbischof von Hildesheim
1728–1761	Fürstbischof von Osnabrück
1732–1761	Hoch- und Deutschmeister

Literatur: E. Gatz, in: Bischöfe 1648–1803, 63–66.

Blasonierung: Geviert mit Herzschild. – Herzschild (Hochstift Regensburg): In Rot ein silberner Schrägbalken. – Hauptschild: Geviert, (1) und (4) die silbernen und blauen bayerischen Rauten (Herzogtum Bayern), (2) und (3) in Schwarz ein rot gekrönter und rot bewehrter goldener Löwe (Pfalzgrafschaft bei Rhein).

Nachweis: BayHStA München, Siegelsammlung.

Johann Theodor, Herzog von Bayern (1703–1763)

1721–1763 Fürstbischof von Regensburg
1726–1727 Koadjutor des Fürstbischofs von Freising
1727–1763 Fürstbischof von Freising
1744–1763 Fürstbischof von Lüttich
1743   Kardinal

Literatur: **E. J. Greipl**, in: Bischöfe 1648–1803, 205–208.

Blasonierung: Zweimal geteilt, oben in zwei Felder gespalten, das untere Feld mit eingepfropfter Spitze (sieben Felder) und Herzschild. – Herzschild: Geviert, (1) und (4) die silbernen und blauen bayerischen Rauten (Herzogtum Bayern), (2) und (3) in Schwarz ein rot gekrönter und rot bewehrter goldener Löwe (Pfalzgrafschaft bei Rhein). – Hauptschild: (1) in Gold ein rot bekrönter schwarzer Mohrenkopf mit roten Lippen, Ohrring und rotem Kragen (Halskrause) (Hochstift Freising), (2) in Rot ein silberner Schrägbalken (Hochstift Regensburg), (3) in Rot eine auf mehrstufigem viereckigem Sockel stehende goldene Säule, auf der sich ein mit einem Kreuz bezteckter Pinienzapfen befindet (Hochstift Lüttich), (4) in Rot ein silberner Balken (Herzogtum Bouillon – zum Hochstift Lüttich), (5) in Silber drei 2:1 gestellte rot bewehrte grüne Löwen (Markgrafschaft Franchimont – zum Hochstift Lüttich), (6) in Gold drei 2:1 gestellte silbern beschlagene und bebandete rote Jagdhörner (Grafschaft Horn – zum Hochstift Lüttich), (7) vier rote Balken in Gold (Grafschaft Loos – zum Hochstift Lüttich).

Anmerkung: In dieser Form wurde das Wappen ab 1744 geführt. Die grünen Löwen der Markgrafschaft Franchimont finden sich auch golden gekrönt.

Nachweis: BayHStA München, Siegelsammlung. – **J. C. Gatterer**, Handbuch 1763, 27. – **J. Siebmacher**, Wappen der Bistümer, Tf. 77.

Clemens Wenzeslaus, Herzog von Sachsen (1739–1812)

1763–1768   Fürstbischof von Regensburg und Freising
1765–1768   Koadjutor des Fürstbischofs von Augsburg
1768–1801   Kurfürst-Erzbischof von Trier
1768–1812   Fürstbischof von Augsburg

Literatur: **E. Gatz**, in: Bischöfe 1785/1803–1945, 388–391.

Blasonierung: Geviert mit Mittelschild auf dem eine goldene Königskrone ruht und Herzschild. – Herzschild (Sachsen): Neunmal geteilt von Schwarz und Gold, schräg überdeckt mit einem grünen Rautenkranz. – Mittelschild: Geviert, (1) und (4) in Rot ein golden gekrönter silberner Adler (Königreich Polen), (2) und (3) in Rot ein silberner geharnischter Reiter mit bloßem Schwert auf silbernem Pferd mit goldenem Zügel und Zaumzeug, blauem Sattel und blauem Schild, darin ein goldenes Patriarchenkreuz (Großherzogtum Litauen). – Hauptschild: (1) und (4) in Gold ein rot bekrönter schwarzer Mohrenkopf mit roten Lippen, Ohrring und rotem Kragen (Halskrause) (Hochstift Freising), (2) und (3) in Rot ein silberner Schrägbalken (Hochstift Regensburg).

Anmerkung: Dieses Wappen führte Clemens Wenzeslaus bis 1768 in Regensburg und Freising.

Nachweis: BayHStA München, Siegelsammlung. – **B. Prokisch u. a.**, Repertorium 35. – **G. Schön**, Münzkatalog 294, Nr. 7. – **J. F. Seyfart**, Handbuch 1767, Tf. 41. – **J. Siebmacher**, Wappen der Bistümer, Tf. 76.

Fugger-Glött von Kirchberg und Weissenhorn, Anton Ignaz Reichsgraf (1711–1787)

1756–1787   Fürstpropst von Ellwangen
1769–1787   Fürstbischof von Regensburg

Literatur: **K. Hausberger**, in: Bischöfe 1648–1803, 134–136.

Blasonierung: Geviert mit eingepfropfter Spitze (fünf Felder) und Herzschild. – Herzschild: Gespalten, vorne in Rot ein silberner Schrägbalken (Hochstift Regensburg), hinten in Silber eine goldene Bischofsmütze (Fürstpropstei Ellwangen). – Hauptschild (Familienwappen Fugger): (1) und (5) gespalten, vorne in Gold eine blaue Lilie, hinten in Blau eine goldene Lilie (Stammwappen Fugger), (2) in Silber eine schwarzgekleidete golden gekrönte Mohrin (Mohrenjungfrau), in der rechten Hand eine rote Bischofsmütze mit goldenen Borten haltend (Grafschaft Kirchberg), (3) in Rot drei übereinander liegende silberne Jagdhörner mit goldenen Beschlägen und Bändern (Herrschaft Weißenhorn), (5) in Blau ein silberner Pfahl, der mit drei gestürzten roten Sparren belegt ist (Polweil).

Nachweis: BayHStA München, Siegelsammlung. – **B. Prokisch u. a.**, Repertorium 76. – **G. Schön**, Münzkatalog 731, Nr. 4. – **J. Siebmacher**, Wappen der Bistümer, Tf. 215 (Varianten). – Deckenfresko in der Pfarrkirche St. Nikolaus in Oberndorf.

Törring-Jettenbach, Max Prokop Reichsgraf von (1739–1789)

1787–1789   Bischof des Hausritterordens vom Hl. Georg
1787–1789   Fürstbischof von Regensburg
1788–1789   Fürstbischof von Freising

Literatur: **K. Hausberger**, in: Bischöfe 1648–1803, 518–520.

Blasonierung: Geviert mit Mittelschild und Herzschild. – Herzschild (Familienwappen Törring): In Rot eine schräg gestellte silberne Zange (Mödling). – Mittelschild (Familienwappen Törring): Geviert, (1) und (4) in Silber drei 2:1 gestellte rote, golden besamte heraldische Rosen (Stammwappen Törring), (2) und (3) in Gold drei anstoßende schräg gestellte schwarze Wecken (Seefeld). – Hauptschild: (1) und (4) in Gold ein rot bekrönter schwarzer Mohrenkopf mit roten Lippen, Ohrring und rotem Kragen (Halskrause) (Hochstift Freising), (2) und (3) in Rot ein silberner Schrägbalken (Hochstift Regensburg).

Anmerkung: Dieses Wappen wurde ab 1788 geführt.

Nachweis: BayHStA München, Siegelsammlung. – Hochfürstlich-freysingischer Hof- und Kirchenkalender auf das Jahr … 1790.

Schroffenberg, Joseph Konrad Reichsfreiherr von (1743–1803)

1780–1803   Fürstpropst von Berchtesgaden
1790–1803   Fürstbischof von Regensburg und Freising

Literatur: **G. Schwaiger**, in: Bischöfe 1785/1803–1945, 677 f.

Blasonierung: Einmal gespalten und zweimal geteilt (sechs Felder) mit Mittelschild (auf diesem eine siebenperlige Frei-herrnkrone) und Herzschild. – Herzschild: In Gold ein rot bewehrter schwarzer Adler. – Mittelschild (Familienwappen Schroffenberg): Geviert, (1) und (4) in Blau ein goldener Sparren, begleitet oben von zwei goldenen Sternen, unter von einer silbernen Lilie, (2) und (3) gespalten, vorne in Gold eine silberne Lilie, hinten in Rot ein silberner Zinnenturm. – Hauptschild: (1) und (6) in Gold ein rot bekrönter schwarzer Mohrenkopf mit roten Lippen, rotem Ohrring und rotem Kragen (Halskrause) (Hochstift Freising), (2) und (5) in Rot ein silberner Schrägbalken (Hochstift Regensburg), (3) in Rot zwei schräg gekreuzte Schlüssel, von denen der schrägrechte golden, der schräglinke silbern ist (Fürstpropstei Berch-tesgaden), (4) in Blau sechs 3:2:1 gestellte silberne Lilien (Fürstpropstei Berchtesgaden).

Nachweis: BayHStA München, Siegelsammlung. – **H. Glaser**, Grabsteinbuch, Nr. 55. – **B. Prokisch u. a.**, Repertorium 35. – **J. Siebmacher**, Wappen der Bistümer, Tf. 216.

Dalberg, Karl Theodor Reichsfreiherr von (1744–1817)

1788–1802	Koadjutor des Erzbischofs von Mainz und Fürstbischofs von Worms, Archiep. tit. Tarsensis
1788–1800	Koadjutor des Fürstbischofs von Konstanz
1800–1817	Fürstbischof von Konstanz
1802–1817	Fürstbischof von Worms
1802	Kurfürst-Erzbischof von Mainz, Erzkanzler des Heiligen Römischen Reiches
1803–1817	Administrator und Erzbischof (1805) von Regensburg

Literatur: **G. Schwaiger**, in: Bischöfe 1785/1803–1945, 110–113.

Blasonierung: Das Hauptschild durch ein schwarzes silbern bordiertes und mit goldenen Lilienstäben belegtes Kreuz (Deutscher Orden) geviert. Auf dem Kreuz ein Mittelschild und ein Herzschild. – Herzschild: (Familienwappen Dalberg): Geviert, (1) und (4) unter dreimal gespitztem goldenen Schildhaupt in Blau sechs 3:2:1 gestellte silberne Lilien, (2) und (3) in Gold ein schwebendes schwarzes Ankerkreuz. – Mittelschild (Deutscher Orden): In Gold ein schwarzer rot gezungter Adler. – Hauptschild: (1) und (4) in Rot ein sechsspeichiges silbernes Rad (Erzstift Mainz), (2) in Rot ein silberner Schrägbalken (Hochstift Regensburg), (3) in Rot ein schwarzer, golden bewehrter und golden bekrönter Adler mit einem schwarzen Kreuz, das zwischen Hals und rechtem Flügel schwebt (Grafschaft Wetzlar).

Anmerkung: Zum Wappen Dalbergs 1802/03 siehe unter Mainz. Das hier abgebildete Wappen ist das Ergebnis des Reichsdeputationshauptschlusses von 1803, der u. a. die Hochstifte Konstanz und Worms beseitigte und „den Stuhl von Mainz auf die Domkirche Regensburg" (§ 25) übertrug. Als weltliche Territorien erhielt Dalberg aus dem Mainzer Gebiet das Fürstentum Aschaffenburg, dann das Hochstift Regensburg samt Reichsstadt (Sitz des Reichstags!) und die Reichsstadt Wetzlar als Grafschaft (Sitz des Reichskammergerichts!). Als Dalberg Regensburg erhielt, lebte der Regensburger Bischof Joseph Konrad von Schroffenberg noch, der somit von seinem geistlichen Kollegen säkularisiert wurde. Nach dessen Tod (4. April 1803) erhielt Dalberg auch dessen geistliche Würden. – Das Kreuzchen im Wappen der Grafschaft Wetzlar kommt auch golden bzw. silbern vor.

Nachweis: BayHStA München, Siegelsammlung. – Germanisches Nationalmuseum Nürnberg, Siegelsammlung, Tf. 88, Nr. 6602. – **J. Siebmacher**, Wappen der Bistümer, Tf. 9.

Salzburg

Das um 700 gegründete Bistum, seit 798 Erzbistum Salzburg war eines der größten im Reich. Es erstreckte sich vom Zillertal bis zum Plattensee und vom Innbogen bis zur Drau im Süden. Die große Ausdehnung hatte seit dem 11. Jahrhundert zur Bildung von sonst in der lateinischen Kirche unbekannten Eigenbistümern, nämlich Chiemsee, Gurk, Lavant und Seckau geführt, die als Enklaven im Gebiet des Erzbistums lagen. Das Erzstift war territorial geschlossen und das größte im Reich. Es besaß auswärtige Besitzungen in Kärnten und in der Steiermark. Territorial gehörten die nicht erzstiftischen Teile des Erzbistums zu den Herzogtümern Kärnten und Steiermark, in kleineren Teilen auch zum Herzogtum Bayern und zur Grafschaft Tirol. Die Bevölkerung war seit der Durchführung der tridentinischen Reform katholisch. Erzbischof und Domkapitel hatten ihren Sitz in Salzburg. Das Kapitel hatte das Bischofswahlrecht und suchte, die Selbstständigkeit des Erzstiftes zwischen Österreich und Bayern zu wahren. Von den zwölf Erzbischöfen zwischen 1648 und 1803 hatten vier zuvor ein salzburgisches Eigenbistum und zwei andere Bistümer inne gehabt. Zwei wurden Kardinal.

Literatur: **F. Ortner**, in: Bistümer bis 1803, 631–654.

1. Erzstift

Blasonierung: Gespalten, vorne in Gold ein rot gezungter schwarzer Löwe, hinten in Rot ein silberner Balken. – Da das Wappen (Kombination des Hohenstaufenlöwen und des österreichischen Bindenschildes) eine starke Verwandtschaft mit den Wappen Kärntens aufweist, geht man davon aus, dass es auf Erzbischof Philipp von Spanheim (1246/49–57) zurückgeht, den Sohn des Herzogs Bernhard von Kärnten. Philipp wurde 1247 gewählt und 1257 wieder vom Papst seines Amts enthoben, weil er sich nicht weihen lassen wollte: Er konnte hoffen, nach dem Tode seines kinderlosen Bruders Ulrich III. (Herzog von Kärnten 1256–69) das Herzogtum Kärnten zu erben. Die Absetzung und die Wahl eines neues Bischofs durch das Domkapitel hinderten Philipp nicht daran, sich weiter als Landesherr zu sehen, erst 1264 konnte er endgültig aus der Stadt Salzburg vertrieben werden. Für Salzburg betrieb Philipp eine energische und erfolgreiche Territorialpolitik im Stil eines weltlichen Landesherrn. Die Führung des Kärntner Wappens, in dem der Bindenschild wohl den Anspruch auf Österreich symbolisieren soll (wo 1246 die Babenberger ausstarben),[228] hätte für Philipp auch als Administrator des Erzstifts Sinn gemacht, vor allem, wenn man die Stellung Salzburgs zwischen den Konkurrenten Ottokar von Böhmen und König Rudolf I. in Rechnung stellt. – Nach einer anderen (eher romantischen) Meinung geht das Wappen auf den Erzbischof Eberhard von Regensberg (1200–46) zurück, der vom Papst gebannt wurde, da er sich weigerte Herzog Friedrich von Österreich zu exkommunizieren.[229] – Erstmals nachweisbar als Salzburger Hoheitszeichen sind Löwe und Bindenschild auf einem Friesacher Pfennig des Erzbischofs Rudolf von Hoheneck (1284–90). Eine erste farbige Darstellung findet sich angeblich in einem Fresko in Axams bei Innsbruck, das in die Zeit um 1300 datiert wird.[230] Zum dauernden Landeswappen wird die Kombination Löwe und Bindenschild offensichtlich erst seit der Regie-

---

228   Der Bindenschild wurde erst vom letzten Babenberger Friedrich II. (1230–46) geführt und wohl um 1230 von den Grafen von Poigen-Hohenburg-Wildberg übernommen. – Vgl. 1000 Jahre Babenberger, Katalog der Niederösterreichischen Landesausstellung in Stift Lilienfeld (Wien 1976) 412 f.; 439 f.

229   **J. Siebmacher**, Wappen der Bistümer 287.

230   **F.-H. v. Hye**, Wappen 152.

rungszeit Pilgrims von Puchheim (1365–96).[231] Sein Vorgänger Ortolf von Weißeneck (1343–65) führte 1363[232] noch ein Thronsiegel ohne Wappen, eine für diese Zeit schon ungewöhnliche Erscheinung. Bei Pilgrim findet sich das Wappen erstmals in einem prächtigen spitzovalen Thronsiegel von 1366, das in seiner prunkvollen Ausgestaltung typisch ist für einen Bischof, der eine der „glänzendsten Epochen Salzburger Geschichte" verkörpert.[233] Typischerweise hat sich Pilgrim auch den Titel „des heiligen römischen Reichs Erzkaplan" zugelegt, der seit über 300 Jahren außer Gebrauch gekommen war. – Im Wappen der Fürsterzbischöfe wird das Wappen des Erzstifts in der Regel mit dem persönlichen Wappen kombiniert. Zunächst werden Erzstiftswappen und Familienwappen in zwei getrennten Schilden nebeneinandergestellt oder die beiden Wappen werden in einem Schild kombiniert, wobei das Erzstiftswappen immer rechts steht. Die Verwendung einer Vierung ist seit dem 16. Jahrhundert die Regel. Im ersten und vierten Feld steht das Erzstiftswappen, im zweiten und dritten Feld das Familienwappen. Seit Fürsterzbischof Markus Sittikus von Hohenems (1612–19) führen die Erzbischöfe das Erzstiftswappen im Schildhaupt, was wohl damit zusammenhängt, dass seit 1599 nur noch freiherrliche und gräfliche Familien in das Domkapitel aufgenommen wurden, deren Wappen in der Regel mehrere Felder umfasste und daher viel Platz beanspruchte. – Die Dompropstei führt in Salzburg ein eigenes Wappen, ein seltener Fall in der kirchlichen Heraldik (vgl. noch Hildesheim). Als Wappenbild führen die Dompröpste ein (schon für 1529 überliefertes)[234] silbernes Kalvarienkreuz mit kleeblattförmigen (lilienartigen) Enden. Von den in diesem Band behandelten Bischöfen führten der Chiemseer Bischof Karl Joseph von Kuenburg (1723–29), die Gurker Bischöfe Wenzeslaus Graf von Thun (1665–73) und Polykarp Graf von Kuenburg (1673–75) dieses Wappen.

Nachweis: **H. Appuhn**, Siebmacher 1605, Tf. 9. – **F. Gall**, Wappenkunde 224. – **W. Merz** – **F. Hegi**, Wappenrolle, Tf. I, Nr. IV. – **O. Neubecker** – **W. Rentzmann**, Lexikon, Tf. 155.

2. Fürsterzbischöfe

Bischofsliste

1621–1653	**Paris Reichsgraf von Lodron**
1654–1668	**Guidobald Reichsfreiherr** (seit 1629 **Reichsgraf**) **von Thun**
1668–1687	**Maximilian Gandolf Freiherr** (seit 1669 **Reichsgraf**) **von Kuenburg**
1687–1709	**Johann Ernst Reichsgraf von Thun**
1706–1709	**Franz Anton Reichsgraf** (seit 1706 **Fürst**) **von Harrach zu Rorau**, Koadjutor
1709–1727	Ders., Fürsterzbischof
1727–1744	**Leopold Anton Eleutherius Reichsfreiherr von Firmian**
1745–1747	**Jakob Ernst Graf von Liechtenstein-Kastelkorn**
1749–1753	**Andreas Jakob Reichsgraf von Dietrichstein**
1753–1771	**Siegmund Christoph Graf von Schrattenbach**
1772–1812	**Hieronymus Joseph Franz de Paula Reichsgraf von Colloredo-Waldsee-Mels**

---

[231] **E. Neukirch**, Erscheinen 278 (Siegelbeschreibung). – **Fr. Wagner**, Die Siegelbilder der Salzburger Erzbischöfe des Spätmittelalters, in: Alte und moderne Kunst 23 (1978) 12–18 (mit Abb.).

[232] BayHStA München, Berchtesgaden 122 (1363).

[233] **H. Klein**, Erzbischof Pilgrim von Puchheim (1365–1396), in: Mitteilungen der Gesellschaft für Salzburger Landeskunde 112/113 (1972/73) 13–71.

[234] **J. Siebmacher**, Wappen der Bistümer 165.

Lodron, Paris Reichsgraf von (1586–1653)

1621–1653   Fürsterzbischof von Salzburg

Literatur: **F. Ortner**, in: Bischöfe 1648–1803, 282–285.

Blasonierung: Schildhaupt (Erzstift Salzburg) Gespalten, vorne in Gold ein rot gezungter schwarzer Löwe, hinten in Rot ein silberner Balken. – Hauptschild (Familienwappen Lodron): In Rot ein herschauender rot gezungter silberner Löwe mit einem zu einem „S" verschlungenem Schweif.

Nachweis: BayHStA München, Siegelsammlung. – **B. Prokisch u. a.**, Repertorium 119. – Bauplastik am Marienbrunnen in Altötting.

Thun, Guidobald Reichsfreiherr (seit 1629 **Reichsgraf**) **von** (1616–1668)

1645–1654	Generalvikar in Salzburg
1654–1668	Fürsterzbischof von Salzburg
1667	Kardinal
1667–1668	Fürstbischof von Regensburg

Literatur: **F. Ortner**, in: Bischöfe 1648–1803, 503 f.

Blasonierung: Unter Schildhaupt geviert mit Herzschild. – Schildhaupt (Erzstift Salzburg): Gespalten, vorne in Gold ein rot gezungter schwarzer Löwe, hinten in Rot ein silberner Balken. – Herzschild (Familienwappen Thun): In Rot ein silberner Balken (Caldes). – Hauptschild (Familienwappen Thun): Geviert, (1) und (4) in Blau ein goldener Schrägbalken (Stammwappen Thun), (2) und (3) gespalten, vorne in Silber ein halber roter Adler am Spalt, hinten in Schwarz ein silberner Balken (Monreale – Königsberg).

Nachweis: BayHStA München, Siegelsammlung. – **B. Prokisch u. a.**, Repertorium 125. – **J. Siebmacher**, Wappen der Bistümer, Tf. 45. – Bauplastiken in Salzburg und Tittmoning.

Kuenburg, Maximilian Gandolf Freiherr (seit 1669 **Reichsgraf**) **von** (1622–1687)

1654–1664   Fürstbischof von Lavant und Generalvikar für Ober- und Unterkärnten
1664–1665   Administrator des Bistums Seckau
1665–1668   Fürstbischof von Seckau und Generalvikar für die Steiermark und den Neu-
            städter Distrikt
1668–1687   Fürsterzbischof von Salzburg
1686   Kardinal

Literatur: **F. Ortner**, in: Bischöfe 1648–1803, 247–249.

Blasonierung: Unter Schildhaupt geviert. – Schildhaupt (Erzstift Salzburg): Gespalten, vorne in Gold ein rot gezungter schwarzer Löwe, hinten in Rot ein silberner Balken. – Hauptschild (Familienwappen Kuenburg): Geviert, (1) und (4) gespalten von Rot und Silber mit einer Kugel in verwechselten Farben, (2) und (3) geteilt von Schwarz und Silber mit einer Türangel (Maueranker) in verwechselten Farben (von Steyerberg).

Nachweis: BayHStA München, Siegelsammlung. – **B. Prokisch u. a.**, Repertorium 126. – **J. Siebmacher**, Wappen der Bistümer, Tf. 45. – Bauplastiken in Salzburg.

Thun, Johann Ernst Reichsgraf von (1643–1709)

1679–1687	Fürstbischof von Seckau und Generalvikar für die Steiermark und den Neustädter Distrikt
1687–1709	Fürsterzbischof von Salzburg

Literatur: **F. Ortner**, in: Bischöfe 1648–1803, 505 f.

Blasonierung: Unter Schildhaupt geviert mit Herzschild. – Schildhaupt (Erzstift Salzburg): Gespalten, vorne in Gold ein rot gezungter schwarzer Löwe, hinten in Rot ein silberner Balken. – Herzschild (Familienwappen Thun): In Rot ein silberner Balken (Caldes). – Hauptschild (Familienwappen Thun): Geviert, (1) und (4) in Blau ein goldener Schrägbalken (Stammwappen Thun), (2) und (3) gespalten: vorne in Silber ein halber roter Adler am Spalt, hinten in Schwarz ein silberner Balken (Monreale – Königsberg).

Nachweis: BayHStA München, Siegelsammlung. – **B. Prokisch u. a.**, Repertorium 129. – **G. Schön**, Münzkatalog 852, Nr. 6. – **P. Sella**, Sigilli 116, Tf. XLI, Nr. 1645.

Harrach zu Rorau, Franz Anton Reichsgraf (seit 1706 **Fürst**) **von** (1663–1727)

1692–1696	Passauer Generalvikar für das Land ob der Enns
1701–1702	Koadjutor des Fürstbischofs von Wien, Ep. tit. Epiphaniensis
1702–1706	Fürstbischof von Wien
1706–1709	Koadjutor des Erzbischofs von Salzburg
1709–1727	Fürsterzbischof von Salzburg

Literatur: **F. Ortner**, in: Bischöfe 1648–1803, 172–174.

Blasonierung: Schildhaupt (Erzstift Salzburg): Gespalten, vorne in Gold ein rot gezungter schwarzer Löwe, hinten in Rot ein silberner Balken. – Hauptschild (Familienwappen Harrach): In Rot eine mit drei 2:1 gestellten silbernen Straußenfedern besteckte goldene Kugel.

Nachweis: BayHStA München, Siegelsammlung. – **B. Prokisch u. a.**, Repertorium 130. – **G. Schön**, Münzkatalog 853, Nr. 17. – **J. Siebmacher**, Wappen der Bistümer, Tf. 45. – Bauplastik an der Residenz Salzburg.

Firmian, Leopold Anton Eleutherius Reichsfreiherr von (1679–1744)

1718–1724	Fürstbischof von Lavant und Generalvikar für Ober- und Unterkärnten
1724–1727	Fürstbischof von Seckau und Generalvikar für die Steiermark und den Neu- städter Distrikt
1727	Ernannter Bischof von Laibach
1727–1744	Fürsterzbischof von Salzburg

Literatur: **F. Ortner**, in: Bischöfe 1648–1803, 111–113.

Blasonierung: Unter Schildhaupt geviert mit Herzschild. – Schildhaupt (Erzstift Salzburg): Gespalten, vorne in Gold ein rot gezungter schwarzer Löwe, hinten in Rot ein silberner Balken. – Herzschild (Familienwappen Firmian): In Silber eine goldene Laubkrone auf rotem viereckigen Kissen mit goldenen Quasten. – Hauptschild (Familienwappen Firmian): Ge- viert, (1) und (4) fünfmal geteilt von Rot und Silber, die drei roten Balken mit sechs 3:2:1 verteilten gestürzten silbernen Halbmonden belegt (Stammwappen Firmian), (2) und (3) in Blau eine schräg gestellte silberne Hirschstange mit Knolle und vier Zinken, die jeweils mit einem goldenen sechsstrahligen Stern besetzt sind (Herrschaft Kronmetz).

Anmerkung: Wappenvarianten. – (1) und (4) in Rot zwei silberne Balken, begleitet von sechs 3:2:1 verteilten halben sil- bernen Ringen, (2) und (3) in Blau eine schräg gestellte goldene Hirschstange mit vier Zinken, die jeweils mit einem gol- denen sechsstrahligen Stern belegt sind.[235]

Nachweis: BayHStA München, Siegelsammlung. – **B. Prokisch u. a.**, Repertorium 131. – **G. Schön**, Münzkatalog 856, Nr. 48. – **J. Siebmacher**, Wappen der Bistümer, Tf. 45. – **J. D. Koehler**, Calender 1732, vor 11. – Epitaph im Salzburger Dom.

---

[235] **W. v. Hueck**, Adelslexikon III, 278.

Liechtenstein-Kastelkorn, Jakob Ernst Graf von (1690–1747)

1728–1738	Fürstbischof von Seckau und Generalvikar für die Steiermark und den Neustädter Distrikt
1738–1745	Fürstbischof von Olmütz
1745–1747	Fürsterzbischof von Salzburg

Literatur: **F. Ortner**, in: Bischöfe 1648–1803, 275 f.

Blasonierung: Unter Schildhaupt geviert mit Herzschild. – Schildhaupt (Erzstift Salzburg): Gespalten, vorne in Gold ein rot gezungter schwarzer Löwe, hinten in Rot ein silberner Balken. – Herzschild (Stammwappen Liechtenstein-Kastelkorn): In Blau eine eingeschweifte gestürzte silberne Spitze. – Hauptschild (Familienwappen Liechtenstein-Kastelkorn): (1) und (4) in Rot ein nach innen gewendeter zweischwänziger silberner Löwe (Castelbarco), (2) und (3) geteilt von Silber und Schwarz, oben ein nach innen gewendeter wachsender zweischwänziger roter Löwe.

Anmerkung: Zahlreiche Varianten beim Familienwappen.[236]

Nachweis: **J. D. Koehler**, Calender 1746, vor 16. – **B. Prokisch u. a.**, Repertorium 132. – **G. Schön**, Münzkatalog 858, Nr. 73. – **J. Siebmacher**, Wappen der Bistümer, Tf. 86. – **G. Tabarelli de Fatis – L. Borelli**, Stemmi, Tabelle 33g (nur Familienwappen). – Epitaph im Salzburger Dom.

---

[236]   **G. Tabarelli de Fatis – L. Borelli**, Stemmi 169.

Dietrichstein, Andreas Jakob Reichsgraf von (1689–1753)

1749–1753   Fürsterzbischof von Salzburg

Literatur: **F. Ortner**, in: Bischöfe 1648–1803, 78 f.

Blasonierung: Schildhaupt (Erzstift Salzburg) gespalten, vorne in Gold ein rot gezungter schwarzer Löwe, hinten in Rot ein silberner Balken. – Hauptschild (Familienwappen Dietrichstein): Schräg geteilt von Gold und Rot, belegt mit zwei aufwärts und auswärts gerichteten silbernen Winzermessern mit goldenen Griffen.

Nachweis: BayHStA München, Siegelsammlung. – **J. D. Koehler**, Calender 1746, vor 16; 1749, nach 13. – **B. Prokisch u. a.**, Repertorium 132. – **G. Schön**, Münzkatalog 859, Nr. 82. – Epitaph im Salzburger Dom.

Schrattenbach, Siegmund Christoph Graf von (1698–1771)

1753–1771   Fürsterzbischof von Salzburg

Literatur: **F. Ortner**, in: Bischöfe 1648–1803, 448 f.

Blasonierung: Unter Schildhaupt zweimal gespalten und einmal geteilt (sechs Felder) mit Herzschild. – Schildhaupt (Erzstift Salzburg): Gespalten, vorne in Gold ein rot gezungter schwarzer Löwe, hinten in Rot ein silberner Balken. – Herzschild (Stammwappen Schrattenbach): In Schwarz ein silberner Schrägwellenbalken, begleitet oben von einem goldenen Stern, unten auf goldenem Boden ein bewurzelter goldener Baumstumpf, aus dem an der rechten Seite ein mit einem Eichenblatt besetzter Ast wächst. – Hauptschild (Familienwappen Schrattenbach): (1) gespalten, rechts in Gold ein rot gezungter und golden bewehrter halber schwarzer Adler am Spalt, links in Silber fünf rote Schräglinksbalken, (2) in Rot nebeneinander zwei aufgerichtete silberne Hände (von der Dörr), (3) von Schwarz und Gold siebenmal geteilt und überdeckt mit einem silbernen Schrägbalken, (4) in Silber ein roter Laubkranz, (5) in Silber ein schwebendes schwarzes Tatzenkreuz, (6) in Rot ein goldener Löwe mit doppeltem Schweif (Kuenring).

Anmerkung: Varianten des Familienwappens Schrattenbach. – Herzschild: Baumstamm auf grünem oder silbernem Grund oder Hügel. – Hauptschild: (1) rechts ein roter Adler am Spalt, links neunmal schräglinksgeteilt von Rot und Silber bzw. vier rote Schräglinksbalken, (3) in Gold vier schwarze Balken, überdeckt von einem grünen Schrägbalken, (4) in Silber ein einwärts gekehrtes und oben und unten ineinander geschränktes Hirschgeweih, (5) in Silber ein schwarzes silbern eingefasstes Kreuz mit ausgeschweiften Armen, (6) in Rot ein silberner Löwe bzw. ein goldener Leopard.[237]

Nachweis: BayHStA München, Siegelsammlung. – **J. C. Gatterer**, Handbuch 1766, 19. – **F.-H. v. Hye**, Wappen, Abb. 487. – **B. Prokisch u. a.**, Repertorium 133. – **G. Schön**, Münzkatalog 860, Nr. 99. – **J. Siebmacher**, Wappen der Bistümer, Tf. 46. – Epitaph im Salzburger Dom.

---

[237]   Vgl. **W. v. Hueck**, Adelslexikon XIII, 89. – **J. F. Seyfart**, Handbuch 1768, 55.

Colloredo-Waldsee-Mels, Hieronymus Joseph Franz de Paula Reichsgraf von (1732–1812)

1762–1772   Fürstbischof von Gurk
1772–1812   Fürsterzbischof von Salzburg

Literatur: E. Gatz, in: Bischöfe 1785/1803–1945, 99–103.

Blasonierung: Geviert mit Herzschild. – Herzschild (Familienwappen Colloredo) gekrönt mit einer goldenen Grafen-krone mit neun Perlen: In Schwarz ein silberner Balken, belegt mit einem golden bewehrten und golden gekrönten schwarzen Doppeladler. – Hauptschild (Erzstift Salzburg): (1) und (4) in Gold ein rot gezungter schwarzer Löwe, (2) und (3) in Rot ein silberner Balken.

Anmerkung: Wappenvarianten. – Zwischen den beiden Köpfen des Doppeladlers zusätzlich eine schwebende Kaiser-krone.

Nachweis: BayHStA München, Siegelsammlung. – B. Prokisch u. a., Repertorium 135. – G. Schön, Münzkatalog 867, Nr. 180. – J. Siebmacher, Wappen der Bistümer, Tf. 47.

Sankt Pölten

Das Bistum Sankt Pölten wurde 1785 im Zuge der josephinischen Diözesanregulierung aus dem Bistum Passau ausgegliedert. Es umfasste das westliche Niederösterreich. Die Bevölkerung war seit der Durchführung der Gegenreformation katholisch. Bischof und Domkapitel hatten ihren Sitz in Sankt Pölten. Der Bischof wurde vom Landesherrn nominiert.

Literatur: **F. Schragl**, in: Bistümer seit 1803, 670–681.

1. Bistum

Blasonierung: In Blau der goldene unziale Buchstabe „Y". – Überliefert ist auch das folgende erweiterte Wappen: Geteilt von Blau und Silber, oben der goldene unziale Buchstabe „Y", unten zwei abgewendete verschränkte rote Löwen mit ver- schlungenen Schweifen. Der Buchstabe „Y" steht für den hl. Hippolyt. Es handelt sich um das Wappen des 1784 aufge- hobenen Augustiner-Chorherrenstifts Sankt Pölten. Die beiden Löwen im erweiterten Wappen stehen für die legendä- ren Stifter des Chorherrenstiftes.[238] Dieses Chorherrenstift bildete die Grundlage für das 1784/85 neu eingerichtete Bistum Sankt Pölten.

Nachweis: **J. Siebmacher**, Wappen der Bistümer, Tf. 225. – Epitaph im Dom Mariä Himmelfahrt in St. Pölten.

---

[238]   **F. Röhrig**, Stifte 484.

Blasonierung: Im 19. Jahrhundert führte das Bistum das folgende Wappen: In Gold ein schwebendes rotes Tatzenkreuz, eingeschlossen von zwei grünen Lorbeerzweigen. – Der erste Bischof Heinrich Johann von Kerens führte sein Wappen, das er als Bischof von Wiener Neustadt angenommen hat, auch in Sankt Pölten weiter.

Nachweis: **O. Neubecker – W. Rentzmann**, Lexikon, Tf. 88. – Freundliche Mitteilung von Dr. Thomas Aigner, Diözesanarchiv St. Pölten, Dezember 2003.

2. Bischöfe

Bischofsliste

1785–1792   **Heinrich Johann von Kerens**
1794–1803   **Sigismund Anton** (seit 1767 **Graf**) **von Hohenwart**

Kerens, Heinrich Johann von (1725–1792)

1769–1775   Bischof von Roermond
1775–1785   Bischof von Wiener Neustadt
1773–1792   Apostolischer Feldvikar der k. k. österreichischen Heere
1785–1792   Bischof von Sankt Pölten

Literatur: **E. Schragl**, in: Bischöfe 1785/1803–1945, 373–376.

Blasonierung: Geteilt und oben gespalten (drei Felder): (1) in Blau ein zweitürmiges gezinntes silbernes Tor mit goldenem halb aufgezogenem Fallgitter, darüber schwebend ein golden gekrönter rot gezungter und golden bewehrter schwarzer Doppeladler (Stadtwappen Wiener Neustadt), (2) in Rot ein goldenes Kreuz (Bistum Wiener Neustadt), (3) in Silber auf grünem Boden nebeneinander drei grüne Laubbäume mit braunem Stamm, links vor dem mittleren Baum stehend ein rotes Eichhörnchen mit einer braunen Nuss in den Pfoten.

Anmerkung: Dieses Wappen hat Kerens schon als Bischof von Wiener Neustadt geführt.

Nachweis: 200 Jahre Diözese St. Pölten. AK (Krems 1985) 80, Nr. 1.22. – Heinrich Johann von Kerens. Erster Bischof von St. Pölten 1725/1785–1792. AK (St. Pölten 1992) 80.

Hohenwart, Sigismund Anton (seit 1767 **Graf**) **von** (1730–1820)

1791–1794	Bischof von Triest
1794–1803	Bischof von Sankt Pölten und Apostolischer Feldvikar der österreichisch-ungarischen k. k. Heere
1803–1820	Fürsterzbischof von Wien

Literatur: **E. Gatz**, in: Bischöfe 1785/1803–1945, 324–326.

Blasonierung: (Familienwappen Hohenwart) Geviert mit Herzschild. – Herzschild: In Silber auf rotem Dreiberg ein blauer Zinnenturm (Stammwappen Hohenwart). – Hauptschild: Geviert, (1) und (4) in Gold zwei auswärts gebogene schwarze Steinbockshörner, (2) und (3) in Rot eine silberne Doppelschüssel (Erblandtruchseß von Krain).

Nachweis: **V. & H. V. Rolland**, Illustrations III, Tf. CCXIII. – **J. Siebmacher**, Niederösterreich I, 199, Tf. 93.

Seckau

Das 1218 gegründete salzburgische Eigenbistum Seckau lag in der Steiermark als Enklave im Gebiet des Erzbistums Salzburg. Es gab kein Hochstift. Die Bevölkerung war seit dem Abschluss der Gegenreformation katholisch. Der Bischof residierte in Seggau über Leibnitz, das Domkapitel, dessen Mitglieder Augustiner-Chorherren waren, hatte seinen Sitz in Seckau. 1786 endete der Status als Eigenbistum und der Sitz von Bischof und Domkapitel wurde nach Graz verlegt. Die Bischöfe wurden vom Erzbischof von Salzburg nominiert und konfirmiert und waren seit 1591 zugleich Generalvikare für die Steiermark und den Neustädter Distrikt. Für viele war Seckau Station auf dem Weg zu einem bedeutenderen Bistum. Von 14 Bischöfen unseres Zeitraumes starben vier als Bischof von Seckau, vier stiegen zum Erzbischof von Salzburg, zwei zum Bischof von Passau und Kardinal, zwei zum Bischof von Chiemsee und einer zum Bischof von Brixen auf.

Literatur: **M. Kronthaler**, in: Bistümer bis 1803, 676–687.

1. Bistum

Blasonierung: In Rot eine aus dem linken Schildrand hervorkommende bekleidete silberne segnende Hand mit gestrecktem Zeige- und Mittelfinger. – Das Seckauer Bistumswappen ist seit dem 13. Jahrhundert nachweisbar[239] und wird ab Bischof Ulrich von Weißeneck (1355–72)[240] in die Siegel aufgenommen. Es handelt sich dabei wohl um einen Segensgestus, wie er auch auf den Thronsiegeln der Bischöfe üblich war. In der Züricher Wappenrolle (um 1340)[241] ist die Hand mit einem Ring versehen. In der Folgezeit wechselt die Darstellung zwischen offener Hand und Segenshand (Schwurhand). Eine Variante aus dem 16. Jahrhundert (Schrotsches Wappenbuch) zeigt ein von Silber und Blau gespaltenes Feld und den Arm in verwechselten Farben.[242] – Das Domkapitel, das identisch ist mit dem Stiftskapitel des Augustiner-Chorherrenstifts Seckau, führte das Wappen: Geteilt von Kürsch (Hermelin) und Rot.[243]

Nachweis: **H. Appuhn**, Siebmacher 1605, Tf. 12. – **F. Gall**, Wappenkunde 221. – **O. Neubecker – W. Rentzmann**, Lexikon, Tf. 142.

239   **K. Amon** (Hg.), Die Bischöfe von Graz-Seckau 1218–1968 (Graz 1969) nach 24, Tf. 1.
240   **L. Freidinger**, Siegelbrauch und Wappenführung der Bischöfe von Seckau in Mittelalter und früher Neuzeit II: 1337–1452, in: Mitteilungen des Steiermärkischen Landesarchivs 49 (Graz 1999) 72 f.
241   **W. Merz – F. Hegi**, Wappenrolle, Tf. I, Nr. XXV.
242   **J. Siebmacher**, Wappen der Bistümer 108, 168.
243   **F. Röhrig**, Stifte 557.

2. Fürstbischöfe

Bischofsliste

1633–1664	Johannes Markus Freiherr von Aldringen (Altringen)
1664–1665	Maximilian Gandolf Freiherr (seit 1669 Reichsgraf) von Kuenburg, Administrator
1665–1668	Ders., Fürstbischof
1670–1679	Wenzel Wilhelm Reichsfreiherr (seit 1663 Reichsgraf) von Hofkirchen
1679–1687	Johann Ernst Reichsgraf von Thun
1690–1702	Rudolf Joseph Reichsgraf von Thun
1702–1712	Franz Anton Adolph Graf von Wagensperg
1712–1723	Joseph Dominikus Reichsgraf von Lamberg
1723	Karl Joseph Reichsgraf von Kuenburg
1724–1727	Leopold Anton Eleutherius Reichsfreiherr von Firmian
1728–1738	Jakob Ernst Graf von Liechtenstein-Kastelkorn
1739–1763	Leopold Ernst Reichsfreiherr (seit 1749 Graf) von Firmian
1763–1780	Joseph Philipp Franz Reichsgraf von Spaur
1780–1802	Joseph Adam Reichsgraf von Arco
1802–1812	Johann Friedrich Reichsgraf von Waldstein-Wartenberg

Aldringen (Altringen), **Johannes Markus Freiherr von** (1592–1664)

1633–1664   Fürstbischof von Seckau und Generalvikar für die Steiermark und den Neu-
                    städter Distrikt

Literatur: **M. Liebmann**, in: Bischöfe 1648–1803, 7 f.

Blasonierung: Durch eine rechte Flanke gespalten, vorne in Rot eine aus dem rechten Schildrand hervorkommende bekleidete silberne segnende Hand mit gestrecktem Zeige- und Mittelfinger (Bistum Seckau), hinten geviert (Familienwappen Aldringen): (1) und (4) in Gold eine goldene Laubkrone, durch die zwei gekreuzte schwarze Doppelhaken gesteckt
sind, (2) und (3) in Blau drei 2:1 gestellte achtstrahlige silberne Sterne.

Nachweis: **J. Siebmacher's** grosses Wappenbuch, Bd. 4: Die Wappen des deutschen Adels, Tl. 2: Die Fürsten des Heiligen
Römischen Reiches Deutscher Nation (ND Neustadt/Aisch 1974) 41 f., Tf. 45.

Kuenburg, Maximilian Gandolf Freiherr (seit 1669 **Reichsgraf**) **von** (1622–1687)

1654–1664	Fürstbischof von Lavant und Generalvikar für Ober- und Unterkärnten
1664–1665	Administrator des Bistums Seckau
1665–1668	Fürstbischof von Seckau und Generalvikar für die Steiermark und den Neustädter Distrikt
1668–1687	Fürsterzbischof von Salzburg
1686	Kardinal

Literatur: **F. Ortner**, in: Bischöfe 1648–1803, 247–249.

Blasonierung: Durch eine rechte Flanke gespalten, vorne in Rot eine aus dem rechten Schildrand hervorkommende bekleidete silberne segnende Hand mit gestrecktem Zeige- und Mittelfinger (Bistum Seckau), hinten geviert (Familienwappen Kuenburg): (1) und (4) gespalten von Rot und Silber, belegt mit einer Kugel in verwechselten Farben, (2) und (3) geteilt von Schwarz und Silber, belegt mit einer Türangel (Maueranker) in verwechselten Farben (von Steyerberg).

Nachweis: **J. Siebmacher's**, Niederösterreich I, 25, Tf. 129 (Familienwappen).

Hofkirchen, Wenzel Wilhelm Reichsfreiherr (seit 1663 **Reichsgraf**) **von** († 1679)

1670–1679   Fürstbischof von Seckau
1671–1679   Generalvikar für die Steiermark und den Neustädter Distrikt

Literatur: **M. Liebmann**, in: Bischöfe 1648–1803, 188 f.

Blasonierung: Unter dem Schildhaupt, darin in Rot eine bekleidete silberne segnende Hand mit gestrecktem Zeige- und Mittelfinger (Bistum Seckau), in Rot ein golden gekrönter bärtiger blauer Männerrumpf mit silbernen Knöpfen, goldenem Kragen und zwei von der Krone abfliegenden silbernen Bändern (Familienwappen Hofkirchen).

Nachweis: **J. Siebmacher**, Niederösterreich I, 192, Tf. 91 (Familienwappen).

Thun, Johann Ernst Reichsgraf von (1643–1709)

1679–1687	Fürstbischof von Seckau und Generalvikar für die Steiermark und den Neustädter Distrikt
1687–1709	Fürsterzbischof von Salzburg

Literatur: **F. Ortner**, in: Bischöfe 1648–1803, 505 f.

Blasonierung: Unter dem Schildhaupt geviert mit Herzschild. – Schildhaupt: In Rot eine bekleidete silberne segnende Hand mit gestrecktem Zeige- und Mittelfinger (Bistum Seckau). – Herzschild (Familienwappen Thun): In Rot ein silberner Balken (Caldes). – Hauptschild (Familienwappen Thun): Geviert, (1) und (4) in Blau ein goldener Schrägbalken (Stammwappen Thun), (2) und (3) gespalten, vorne in Silber ein halber roter Adler am Spalt, hinten in Schwarz ein silberner Balken (Monreale – Königsberg).

Nachweis: **J. Siebmacher**, Oberösterreich 464, Tf. 112 (Familienwappen).

Thun, Rudolf Joseph Reichsgraf von (1652–1702)

1690–1702   Fürstbischof von Seckau und Generalvikar für die Steiermark und den
             Neustädter Distrikt

Literatur: **M. Liebmann,** in: Bischöfe 1648–1803, 507.

Blasonierung: Unter dem Schildhaupt geviert mit Herzschild. – Schildhaupt: In Rot eine bekleidete silberne segnende Hand mit gestrecktem Zeige- und Mittelfinger (Bistum Seckau). – Herzschild (Familienwappen Thun): In Rot ein silberner Balken (Caldes). – Hauptschild (Familienwappen Thun): Geviert, (1) und (4) in Blau ein goldener Schrägbalken (Stammwappen Thun), (2) und (3) gespalten: vorne in Silber ein halber roter Adler am Spalt, hinten in Schwarz ein silberner Balken (Monreale – Königsberg).

Nachweis: Entwürfe von Aleš Zelenka.

Wagensperg, Franz Anton Adolph Graf von (1675–1723)

1702–1712   Fürstbischof von Seckau und Generalvikar für die Steiermark und den
            Neustädter Distrikt
1712–1723   Fürstbischof von Chiemsee

Literatur: E. Naimer, in: Bischöfe 1648–1803, 543.

Blasonierung: Unter Schildhaupt geviert mit Herzschild. – Schildhaupt: In Rot eine bekleidete silberne segnende Hand mit gestrecktem Zeige- und Mittelfinger (Bistum Seckau). – Herzschild (Familienwappen Wagensperg): Gespalten von Rot und Silber, vorne drei silberne Sicheln mit gezackten Schärfen und goldenen Griffen nebeneinander (Stammwappen Wagensperg), hinten auf grünem Dreiberg ein golden gekrönter roter Adler (Lichtenberg). – Hauptschild (Familienwappen Wagensperg): (1) und (4) in Silber ein wachsendes silbern gezäumtes nach innen schauendes rotes Pferd (Pötschach), (2) und (3) in Rot eine goldene Hundskoppel mit Leine (Pausach).

Nachweis: J. Siebmacher, Niederösterreich II, 487, Tf. 236 (Familienwappen).

Lamberg, Joseph Dominikus Reichsgraf von (1680–1761)

1703–1706   Passauer Offizial und Generalvikar für das Land unter der Enns
1708–1712   Passauer Offizial und Generalvikar für das Land ob der Enns
1712–1723   Fürstbischof von Seckau und Generalvikar für die Steiermark und den
             Neustädter Distrikt
1723–1761   Fürstbischof von Passau
1737   Kardinal

Literatur: A. Leidl, in: Bischöfe 1648–1803, 257–259.

Blasonierung: Unter Schildhaupt geviert mit Herzschild. – Schildhaupt: In Rot eine bekleidete silberne segnende Hand mit gestrecktem Zeige- und Mittelfinger (Bistum Seckau). – Herzschild (Familienwappen Lamberg): In Rot zwei einander zugekehrte aufgerichtete silberne schwarz gefleckte Hunde, die eine goldene Leiter halten (von der Leiter = Scala). – Hauptschild: Geviert, (1) und (4) gespalten, vorne von Blau und Silber dreimal geteilt, hinten ledig von Rot (Stammwappen Lamberg), (2) und (3) in Gold eine aufgerichtete rot gezungte schwarze Bracke mit goldenem Halsband (von Potwein).

Nachweis: Entwürfe von Aleš Zelenka.

Kuenburg, Karl Joseph Reichsgraf von (1686–1729)

1713–1723 Konsistorialpräsident in Salzburg
1723 Fürstbischof von Seckau und Generalvikar für die Steiermark und den Neustädter Distrikt
1723–1729 Fürstbischof von Chiemsee

Literatur: E. Naimer, in: Bischöfe 1648–1803, 246 f.

Blasonierung: Unter Schildhaupt geviert. – Schildhaupt: In Rot eine bekleidete silberne segnende Hand mit gestrecktem Zeige- und Mittelfinger (Bistum Seckau). – Hauptschild (Familienwappen Kuenburg): Geviert, (1) und (4) gespalten von Rot und Silber, belegt mit einer Kugel in verwechselten Farben, (2) und (3) geteilt von Schwarz und Silber, belegt mit einer Türangel (Maueranker) in verwechselten Farben.

Nachweis: J. Siebmacher, Niederösterreich I, 251, Tf. 129 (Familienwappen).

Firmian, Leopold Anton Eleutherius Reichsfreiherr von (1679–1744)

1718–1724	Fürstbischof von Lavant und Generalvikar für Ober- und Unterkärnten
1724–1727	Fürstbischof von Seckau und Generalvikar für die Steiermark und den Neustädter Distrikt
1727	Ernannter Bischof von Laibach
1727–1744	Fürsterzbischof von Salzburg

Literatur: **F. Ortner**, in: Bischöfe 1648–1803, 111–113.

Blasonierung: Unter Schildhaupt geviert mit Herzschild. – Schildhaupt: In Rot eine bekleidete silberne segnende Hand mit gestrecktem Zeige- und Mittelfinger (Bistum Seckau). – Herzschild (Familienwappen Firmian): In Silber eine goldene Laubkrone auf rotem viereckigem Kissen mit goldenen Quasten. – Hauptschild (Familienwappen Firmian): (1) und (4) fünfmal geteilt von Rot und Silber, die drei roten Balken mit sechs 3:2:1verteilten gestürzten silbernen Halbmonden belegt (Familienwappen Firmian), (2) und (3) in Blau eine schräg gestellte silberne Hirschstange mit Knolle und vier Zinken, die jeweils mit einem goldenen sechsstrahligen Stern besetzt sind (Herrschaft Kronmetz).

Anmerkung: Es finden sich folgende Varianten des Wappens der Familie Firmian: (1) und (4) in Rot zwei silberne Balken, begleitet von sechs 3:2:1 verteilten halben silbernen Ringen, (2) und (3) in Blau eine schräg gestellte goldene Hirschstange mit vier Zinken, die jeweils mit einem goldenen sechsstrahligen Stern belegt sind.[244]

Nachweis: Entwürfe von Aleš Zelenka.

---

[244]   **W. v. Hueck**, Adelslexikon III, 278.

Liechtenstein-Kastelkorn, Jakob Ernst Graf von (1690–1747)

1728–1738   Fürstbischof von Seckau und Generalvikar für die Steiermark und den
                    Neustädter Distrikt
1738–1745   Fürstbischof von Olmütz
1745–1747   Fürsterzbischof von Salzburg

Literatur: **F. Ortner**, in: Bischöfe 1648–1803, 275 f.

Blasonierung: Unter Schildhaupt geviert mit Herzschild. – Schildhaupt: In Rot eine bekleidete silberne segnende Hand mit gestrecktem Zeige- und Mittelfinger (Bistum Seckau). – Herzschild (Stammwappen Liechtenstein-Kastelkorn): In Blau eine eingeschweifte gestürzte silberne Spitze. – Hauptschild (Familienwappen Liechtenstein-Kastelkorn): (1) und (4) in Rot ein nach innen gewendeter zweischwänziger silberner Löwe (Castelbarco), (2) und (3) geteilt von Silber und Schwarz, oben ein nach innen gewendeter wachsender zweischwänziger roter Löwe.

Nachweis: **J. Siebmacher**, Die Wappen des schlesischen Adels, Abt. Österreichisch-Schlesien, Bd. 17 (Neustadt/Aisch 1977) 42, Tf. 22 (Familienwappen).

Firmian, Leopold Ernst Reichsfreiherr (seit 1749 **Graf**) **von** (1708–1783)

1730–1739	Konsistorialpräsident in Salzburg
1739–1763	Fürstbischof von Seckau
1741–1763	Generalvikar für die Steiermark und den Neustädter Distrikt
1748–1756	Koadjutor des Fürstbischofs von Trient
1763–1783	Fürstbischof von Passau
1772	Kardinal

Literatur: A. Leidl, in: Bischöfe 1648–1803, 113–117.

Blasonierung: Unter Schildhaupt geviert mit Herzschild. – Schildhaupt: In Rot eine bekleidete silberne segnende Hand mit gestrecktem Zeige- und Mittelfinger (Bistum Seckau). – Herzschild (Familienwappen Firmian): In Silber eine goldene Laubkrone auf rotem viereckigem Kissen mit goldenen Quasten. – Hauptschild (Familienwappen Firmian): (1) und (4) fünfmal geteilt von Rot und Silber, die drei roten Balken mit sechs 3:2:1 verteilten gestürzten silbernen Halbmonden belegt (Stammwappen Firmian), (2) und (3) in Blau eine schräg gestellte silberne Hirschstange mit Knolle und vier Zinken, die jeweils mit einem goldenen sechsstrahligen Stern besetzt sind (Herrschaft Kronmetz).

Anmerkung: Es finden sich folgende Varianten des Wappens der Familie Firmian: (1) und (4) in Rot zwei silberne Balken, begleitet von sechs 3:2:1 verteilten halben silbernen Ringen, (2) und (3) in Blau eine schräg gestellte goldene Hirschstange mit vier Zinken, die jeweils mit einem goldenen sechsstrahligen Stern belegt sind.[245]

Nachweis: BayHStA München, Siegelsammlung. – P. Sella, Sigilli VII, 171, Tf. XXXVII, Nr. 2910.

---

[245]   W. v. Hueck, Adelslexikon III, 278.

Spaur, Joseph Philipp Franz Reichsgraf von (1719–1791)

1763–1780   Fürstbischof von Seckau und Generalvikar für die Steiermark
1780–1791   Fürstbischof von Brixen

Literatur: **J. Gelmi**, in: Bischöfe 1648–1803, 473–475.

Blasonierung: Unter Schildhaupt, darin in Rot eine bekleidete silberne segnende Hand mit gestrecktem Zeige- und Mittelfinger (Bistum Seckau), in Silber ein roter Löwe, der in seinen Pranken einen goldenen Doppelbecher (Schenkenamt) hält (Familienwappen Spaur).

Nachweis: **J. F. Seyfart**, Handbuch 1768, 59, Tf. 72 (Das Hochstiftswappen zeigt eine offene Hand, keine Schwurhand!).

Arco, Joseph Adam Reichsgraf von (1733–1802)

1764–1773   Weihbischof in Passau, Ep. tit. Hipponensis
1776–1780   Bischof von Königgrätz
1780–1802   Fürstbischof von Seckau

Literatur: **M. Liebmann**, in: Bischöfe 1785/1803–1945, 11–13.

Blasonierung: Unter dem Schildhaupt, darin in Rot eine bekleidete silberne segnende Hand mit gestrecktem Zeige- und Mittelfinger (Bistum Seckau), in Gold drei blaue Bogen mit den Sehnen nach unten (Familienwappen Arco).

Anmerkung: Als Varianten des Familienwappens Arco finden sich auch in Rot drei silberne bzw. in Blau drei goldene Bogen.

Nachweis: **J. Siebmacher**, Wappen der Bistümer, Tf. 182. – **C. Tyroff**, Wappenwerk I, 278.

Waldstein-Wartenberg, Johann Friedrich Reichsgraf von (1756–1812)

1802–1812   Fürstbischof von Seckau
1808–1812   Administrator von Leoben

Literatur: **M. Liebmann**, in: Bischöfe 1785/1803–1945, 792.

Blasonierung: Unter Schildhaupt geviert mit Herzschild. – Schildhaupt: In Rot eine bekleidete silberne segnende Hand mit gestrecktem Zeige- und Mittelfinger (Bistum Seckau). – Herzschild (Familienwappen Waldstein-Wartenberg): In Gold ein schwarzer golden bewehrter und rot gezungter doppelköpfiger Adler mit einer über den Köpfen schwebenden goldenen rot gefütterten Kaiserkrone, von der zwei blaue Bänder abfliegen. – Hauptschild (Familienwappen Waldstein-Wartenberg): (1) und (4) in Gold ein rot gezungter und golden bekrönter nach innen gewendeter blauer Löwe, (2) und (3) in Blau ein rot gezungter und golden bekrönter nach innen gewendeter goldener Löwe.

Anmerkung: Als Varianten des Familienwappens finden sich bei der Darstellung des Doppeladlers (Reichsadlers) zusätzlich noch zwei Heiligenscheine und ein kleines rotes Brustschild mit dem goldenen Namenszug „F. II" (= Kaiser Ferdinand II.). Darüber hinaus kann der Adler in der rechten Klaue einen silbernen Anker, in der linken einen grünen Palmzweig halten. Die Löwen werden vielfach doppelt geschweift dargestellt.[246]

Nachweis: BayHStA München, Siegelsammlung.

---

[246]   **W. v. Hueck**, Adelslexikon XV, 403–407. – **E. H. Kneschke**, Adels-Lexicon IX, 452 f.

Sitten

Das ins 4. Jahrhundert zurückreichende Bistum Sitten umfasst das Tal der oberen Rhone von der Quelle bis zur Einmündung in den Genfer See. Die Bischöfe führten zwar den Titel Graf und Präfekt, doch war ihre weltliche Herrschaft seit dem Anfang des 17. Jahrhunderts an die Herzöge von Savoyen übergegangen. Die Bevölkerung war katholisch. Bischof und Domkapitel hatten ihren Sitz in Sitten. Der Bischof wurde vom Landesrat aus einem Vierervorschlag des Domkapitels gewählt. Alle Bischöfe stammten aus dem Wallis und waren zuvor Domherren in Sitten gewesen.

Literatur: **L. Carlen – E. Gatz**, in: Bistümer bis 1803, 690–694.

1. Bistum

Blasonierung: In Rot ein silberner Bischofsstab und ein gestürztes silbernes Schwert, kreuzweise gestellt. – Das genaue Wappenbild ist schwer zu bestimmen,[247] da die Bischöfe von Sitten ihr Familienwappen nie mit dem Bischofswappen kombinierten. Als weiteres Bistumswappen scheint noch das Wappen des Wallis (gespalten von Silber und Rot, belegt mit sieben 1:2:2:2 gestellten fünfstrahligen Sternen in verwechselten Farben) in Frage zu kommen, das aber die Bischöfe offensichtlich nicht immer führten bzw. nicht zu führen wagten. Das hängt damit zusammen, dass sich die Bischöfe seit dem Mittelalter den Titel eines Grafen von Wallis zwar mehrfach bestätigen ließen, aber die daraus resultierenden Ansprüche gegen die Landgemeinde von Wallis nie richtig durchsetzen konnten. Nachdem sich Kardinal Matthäus Schiner (1499–1522) auf dem Reichstag zu Worms 1521 das Prädikat eines Grafen von Wallis von Kaiser Karl V. noch einmal bestätigen ließ, führte sein Nachfolger Philipp von Platen (1522–29) das gespaltene Schild auf seinen Münzen. Dessen Nachfolger Andrian von Riedmatten (1529–48) führte ein geviertes Wappen, das im ersten und vierten Feld das Wappen des Wallis und im zweiten und dritten Feld das Familienwappen Riedmatten zeigte.[248] Welche Bedeutung die Wappenführung im Rahmen der Auseinandersetzung zwischen Bischof und Landgemeinde führte, bedarf einer näheren Untersuchung.

Nachweis: **Café Hag AG** (Hg.), Die Wappen der Schweiz. Die Wappen der Bistümer, Collegiats-Stifte und Klöster. Sammelbuch für Kaffee Hag Wappenmarken, H. 1 (Feldmeilen – Zürich o. J. [1936]) 11, Nr. 7.

---

[247] **J. Siebmacher**, Wappen der Bistümer 96 hält das Wappen der Riedmatten für das Hochstiftswappen und das Walliser Wappen für das Familienwappen Riedmatten.

[248] Ebd.

2. Fürstbischöfe

Bischofsliste

1650–1672	Adrian von Riedmatten
1673–1701	Adrian von Riedmatten
1702–1734	Franz Joseph Supersaxo
1734–1752	Johann Joseph Arnold Blatter
1752–1760	Johann Hildebrand Roten
1761–1780	Franz Joseph Friedrich Ambuel
1780–1790	Franz Melchior Joseph Zen-Ruffinen
1790–1807	Joseph Anton Blatter

Riedmatten, Adrian von (1613–1672)

1650–1672   Fürstbischof von Sitten

Literatur: **L. Carlen**, in: Bischöfe 1648–1803, 375 f.

Blasonierung: (Familienwappen Riedmatten) In Blau ein dreiblättriges bewurzeltes rotes Kleeblatt, darüber zwei goldene Sterne.

Nachweis: **L. Mühlemann**, Wappen 143. – **V. & H. V. Rolland**, Illustrations V, Tf. CLX.

Riedmatten, Adrian von (1641–1701)

1673–1701   Fürstbischof von Sitten

Literatur: **L. Carlen**, in: Bischöfe 1648–1803, 376 f.

Blasonierung: (Familienwappen Riedmatten) In Blau ein dreiblättriges bewurzeltes rotes Kleeblatt, darüber zwei goldene Sterne.

Nachweis: **L. Mühlemann**, Wappen 143. – **V. & H. V. Rolland**, Illustrations V, Tf. CLX.

Supersaxo, Franz Joseph (1665–1734)

1698–1702   Generalvikar in Sitten
1702–1734   Fürstbischof von Sitten

Literatur: **L. Carlen**, in: Bischöfe 1648–1803, 496.

Blasonierung: (Familienwappen Supersaxo) Geviert, (1) und (4) über Spickelschildfuß eine schwebende Laubkrone, (2) und (3) über dreibogigem Schildfuß ein schreitender Löwe.

Anmerkung: Eine Tingierung konnte nicht ermittelt werden.

Nachweis: **G. Schön**, Münzkatalog 928, Nr. 3. – **J. Siebmacher**, Wappen der Bistümer, Tf. 163 (ohne Farbe).

Blatter, Johann Joseph Arnold (1684–1752)

1734–1752   Fürstbischof von Sitten

Literatur: **L. Carlen**, in: Bischöfe 1648–1803, 31 f.

Blasonierung: (Familienwappen Blatter) Geteilt, oben in Silber eine rote heraldische Rose mit goldenem Butzen und grünen Kelchblättern, unten von Silber und Blau schräg gewürfelt.

Nachweis: BayHStA München, Siegelsammlung. – **V. & H. V. Rolland**, Illustrations I, Tf. CCXXVII (Familienwappen). – **J. Siebmacher**, Wappen der Bistümer, Tf. 163.

Roten, Johann Hildebrand (1722–1760)

1752–1760   Fürstbischof von Sitten

Literatur: **L. Carlen**, in: Bischöfe 1648–1803, 406.

Blasonierung: (Familienwappen Roten) Zweimal gespalten von Blau, Silber und Rot, überdeckt von einem bewurzelten grünen Weinstock mit zwei Blättern und einer silbernen Traube.

Nachweis: **V. & H. V. Rolland**, Illustrations V, Tf. CXCV (Familienwappen).

Ambuel, Franz Joseph Friedrich (1704–1780)

1761–1780   Fürstbischof von Sitten

Literatur: **L. Carlen**, in: Bischöfe 1648–1803, 11.

Blasonierung: (Familienwappen Ambuel) Geviert, (1) und (4) in Blau eine goldene Lilie, (2) und (3) in Silber ein erniedrigter blauer Sparren, oben begleitet von je einem goldenen sechsstrahligem Stern, unten ein grüner Dreiberg.

Nachweis: **G. Schön**, Münzkatalog 928, Nr. A6. – **P. Sella**, Sigilli VII, 179 (Beschreibung). – **J. F. Seyfart**, Handbuch 1768, 60, Tf. 77.

Zen-Ruffinen, Franz Melchior Joseph (1729–1790)

    1764–1780   Generalvikar in Sitten
    1780–1790   Fürstbischof von Sitten

Literatur: **L. Carlen**, in: Bischöfe 1648–1803, 589.

Blasonierung: (Familienwappen Zen-Ruffinen) In Blau auf nach rechts ansteigendem silbernem Gebirge ein silberner Steinbock, darüber drei 1:2 gestellte goldene sechsstrahlige Sterne.

Nachweis: **V. & H. V. Rolland**, Illustrations VI, Tf. CCX. – **P. Sella**, Sigilli VII, 179 (Beschreibung).

Blatter, Joseph Anton (1745–1807)

1790–1807   Fürstbischof von Sitten

Literatur: **L. Carlen**, in: Bischöfe 1785/1803–1945, 55 f.

Blasonierung: (Familienwappen Blatter) Geteilt, oben in Silber eine rote heraldische Rose mit goldenem Butzen und grünen Kelchblättern, unten von Silber und Blau schräg gewürfelt.

Nachweis: **P. Sella**, Sigilli VII, 179 (Beschreibung). – **C. Tyroff**, Wappenwerk I, 171. – **J. Siebmacher**, Wappen der Bistümer, Tf. 163.

Speyer

Das ins 4. Jahrhundert zurückreichende Bistum Speyer erstreckte sich vom Pfälzerwald bis zum Neckar. Sein größter Teil lag rechts des Rheins. Auch das zersplitterte Hochstift verteilte sich auf beide Rheinseiten. Speyer war Reichsstadt. Territorial gehörte das Bistum größtenteils zur Kurpfalz. In der Reformationszeit hatte es etwa zwei Drittel seines Bestandes, darunter die Stadt Speyer, verloren. Der Dom war jedoch katholisch geblieben. Die Bischöfe residierten meist in Udenheim, dem späteren Philippsburg und seit 1720 in Bruchsal. Das Domkapitel hatte seinen Sitz in Speyer. Es besaß das Bischofswahlrecht. Von den acht Bischöfen zwischen 1648 und 1803 hatten vier gleichzeitig andere Bistümer inne. Einer wurde Kardinal.

Literatur: **H. Ammerich**, in: Bistümer bis 1803, 695–707.

1. Hochstift

Blasonierung: In Blau ein silbernes Kreuz. – In dieser Farbgebung findet sich das Wappen des Hochstifts schon in der Zürcher Wappenrolle (1340).[249] Bischof Gerhard von Erenberg (1336/50–63) führte als erster neben seinem Familienwappen das speyerische Kreuz als Hochstiftswappen (nachweisbar 1336). Seit dem 16. Jahrhundert wird zusätzlich noch das Wappen der Fürstpropstei Weißenburg im Elsass geführt (in Rot eine zweitürmige silberne Burg, dahinter ein schräg gestellter silberner Prälatenstab, darüber eine schwebende goldene Krone).[250] Weißenburg war 1526 von einem Benediktinerkloster in eine Propstei umgewandelt und 1546 dem Hochstift einverleibt worden. 1789 wurde die Propstei, die ihren weltlichen Besitz schon vorher an Frankreich verloren hatte, aufgehoben. Beim Wappen von Weißenburg begegnen verschiedene Varianten: Der Prälatenstab kann gerade hinter der silbernen Burg stehen, er kann auch fehlen (vgl. Bischof Philipp Christoph von Sötern). Manchmal fehlt auch die goldene Krone über der silbernen (weißen!) Burg.

Nachweis: **H. Appuhn**, Siebmacher 1605, Tf. 9. – **O. Neubecker – W. Rentzmann**, Lexikon, Tf. 100. – **E. Neukirch**, Erscheinen 296 (Siegelbeschreibung).

---

[249] **W. Merz – F. Hegi**, Wappenrolle, Tf. I, Nr. VII.
[250] **J. D. Koehler**, Calender 1734, vor 9.

2. Fürstbischöfe

Bischofsliste

1609–1610	**Philipp Christoph Reichsritter von Sötern**, Koadjutor
1610–1652	Ders., Fürstbischof
1652–1675	**Lothar Friedrich Reichsritter** (seit 1635 **Reichsfreiherr**) **von Metternich-Burscheid**
1675–1711	**Johann Hugo von Orsbeck**
1712–1719	**Heinrich Hartard Freiherr von Rollingen**
1716–1719	**Damian Hugo Philipp Reichsfreiherr** (seit 1701 **Reichsgraf**) **von Schönborn**, Koadjutor
1719–1743	Ders., Fürstbischof
1744–1770	**Franz Christoph Reichsfreiherr von Hutten**
1770–1797	**Damian August Philipp Karl Reichsgraf von Limburg-Styrum**
1797–1810	**Philipp Franz Wilderich Nepomuk Graf von** (1767 Erhebung in den Reichsgrafenstand) **Walderdorff**

Sötern, Philipp Christoph Reichsritter von (1567–1652)

    1609–1610   Koadjutor des Fürstbischofs von Speyer
    1610–1652   Fürstbischof von Speyer
    1624–1652   Kurfürst-Erzbischof von Trier

Literatur: **W. Seibrich**, in: Bischöfe 1648–1803, 468–471.

Blasonierung: Geviert mit Herzschild. – Herzschild: Geteilt, oben in Rot ein zurückschauendes silbernes Osterlamm mit Fahne, darin in Silber ein rotes Hochkreuz (Fürstabtei Prüm), unten in Rot eine zweitürmige silberne Burg, darüber eine schwebende goldene Krone (Fürstpropstei Weißenburg). – Hauptschild: Geviert, (1) in Silber ein rotes Kreuz (Erzstift Trier), (2) und (3) in Gold ein roter Doppelhaken (Familienwappen Sötern), (4) in Blau ein silbernes Kreuz (Hochstift Speyer).

Anmerkung: In dieser Form wird das Wappen ab 1624 geführt.

Nachweis: **W. Ewald**, Siegel II, 21, Tf. 18, Nr. 2. – **J. Siebmacher**, Wappen der Bistümer, Tf. 92. – Bauplastik am Torbogen zum kurfürstlichen Schloss Trier.

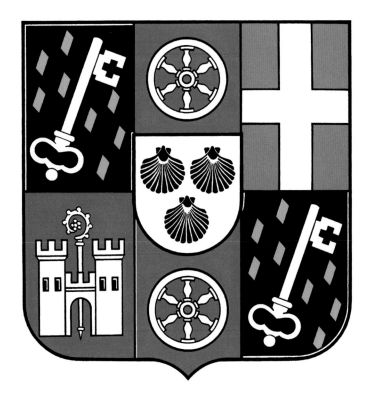

Metternich-Burscheid, Lothar Friedrich Reichsritter (seit 1635 **Reichsfreiherr**) **von** (1617–1675)

1652–1675	Fürstbischof von Speyer
1671–1673	Koadjutor des Erzbischofs von Mainz
1673–1675	Kurfürst-Erzbischof von Mainz
1674–1675	Fürstbischof von Worms

Literatur: **F. Jürgensmeier**, in: Bischöfe 1648–1803, 309 f.

Blasonierung: Geteilt und zweimal gespalten (sechs Felder) mit Herzschild. – Herzschild (Familienwappen Metternich): In Silber drei 2:1 gestellte schwarze Muscheln. – Hauptschild: (1) und (6) in Schwarz ein schräglinks gestellter silberner Schlüssel, der oben und unten von jeweils vier goldenen Schindeln begleitet ist (Hochstift Worms), (2) und (5) in Rot ein sechsspeichiges silbernes Rad (Erzstift Mainz), (3) in Blau ein silbernes Kreuz (Hochstift Speyer), (4) in Rot eine zweitürmige silberne Burg mit einem senkrecht hinter das Burgtor gestellten silbernen Prälatenstab (Fürstpropstei Weißenburg).

Anmerkung: In dieser Form wurde das Wappen seit 1674 geführt.

Nachweis: **O. Posse**, Siegel, Tf. 20, Nr. 13 f.

Orsbeck, Johann Hugo von (1634–1711)

1672–1676   Koadjutor des Erzbischofs von Trier, Ep. tit. Lerinensis
1675–1711   Fürstbischof von Speyer
1676–1711   Kurfürst-Erzbischof von Trier

Literatur: **W. Seibrich**, in: Bischöfe 1648–1803, 329–331.

Blasonierung: Geviert mit Herzschild. – Herzschild (Familienwappen Orsbeck): In Gold ein rotes Andreaskreuz, begleitet von vier grünen Seeblättern. – Hauptschild: (1) in Silber ein rotes Kreuz (Erzstift Trier), (2) in Rot ein zurückschauendes silbernes Osterlamm mit Fahne, darin in Silber ein rotes Hochkreuz (Fürstabtei Prüm), (3) in Rot eine zweitürmige silberne Burg, dahinter ein schräg gestellter silberner Prälatenstab, darüber eine schwebende goldene Krone (Fürstpropstei Weißenburg), (4) in Blau ein silbernes Kreuz (Hochstift Speyer).

Anmerkung: Verwendet wurde auch eine Kombination der drei Wappen Trier, Speyer und des Familienwappens.

Nachweis: BayHStA München, Siegelsammlung. – **W. Ewald**, Siegel II, 21, Tf. 18, Nr. 6. – **J. Siebmacher**, Wappen der Bistümer, Tf. 94. – Bauplastik am Schloss Montabaur.

Rollingen, Heinrich Hartard Freiherr von (1633–1719)

1692–1711   Generalvikar in Speyer
1712–1719   Fürstbischof von Speyer

Literatur: **H. Ammerich**, in: Bischöfe 1648–1803, 398 f.

Blasonierung: Geviert mit Herzschild. – Herzschild (Familienwappen Rollingen): Geviert, (1) und (4) in Rot drei silberne Sparren, (2) und (3) in Rot ein schwebendes silbernes Ankerkreuz. – Hauptschild: (1) und (4) in Blau ein silbernes Kreuz (Hochstift Speyer), (2) und (3) in Rot eine zweitürmige silberne Burg, dahinter ein schräg gestellter silberner Prälatenstab, darüber eine schwebende goldene Krone (Fürstpropstei Weißenburg).

Nachweis: **G. Schön**, Münzkatalog 943, Nr. 1. – **J. Siebmacher**, Wappen der Bistümer, Tf. 137.

Schönborn, Damian Hugo Philipp Reichsfreiherr (seit 1701 Reichsgraf) von (1676–1743)

1715	Kardinal
1716–1719	Koadjutor des Fürstbischofs von Speyer
1719–1743	Fürstbischof von Speyer
1723–1740	Koadjutor des Fürstbischofs von Konstanz
1740–1743	Fürstbischof von Konstanz

Literatur: H. Ammerich, in: Bischöfe 1648–1803, 430–432.

Blasonierung: Drei 2:1 gestellte Schilde. – Schild I (Hochstift Speyer): Geviert, (1) und (4) in Blau ein silbernes Kreuz (Hochstift Speyer), (2) und (3) in Rot eine zweitürmige silberne Burg, dahinter ein schräg gestellter silberner Prälatenstab, darüber eine schwebende goldene Krone (Fürstpropstei Weißenburg). – Schild II (Familienwappen Schönborn): Zweimal geteilt und zweimal gespalten (acht Felder) mit Herzschild. – Herzschild (Stammwappen Schönborn): In Rot ein auf drei silbernen Spitzen schreitender gekrönter goldener Löwe, darüber eine fünfblättrige goldene Laubkrone. – Hauptschild: (1) in Rot drei 2:1 gestellte silberne Schildchen (Herrschaft Reichelsberg), (2) in Gold ein golden bewehrter und rot gezungter schwarzer Doppeladler, der in der rechten Klaue ein silbernes Schwert und in der linken Klaue den blauen Reichsapfel mit goldenem Kreuz und goldener Spange hält. Zwischen den Köpfen schwebt eine goldene Kaiserkrone mit zwei abfliegenden blauen Bändern (Reichsadler als Gnadenwappen), (3) in Blau ein silberner Balken, begleitet oben von zwei silbernen Rauten, unten von einer silbernen Raute (Herrschaft Heppenheim), (4) in Schwarz drei 2:1 gestellte goldene Garben (Puchheim), (5) in Gold ein schreitender schwarzer Wolf (Grafschaft Wolfstal), (6) ein Feld von Hermelin mit dem blauen Reichsapfel mit goldenem Kreuz und goldener Spange auf rotem Kissen (Erbtruchsessenamt), (7) in Silber der Bindenschild (in Rot ein silberner Balken) umgeben von einem innen silbernen und außen roten Wappenmantel, bekrönt von einem Herzogshut (Erzherzogtum Österreich als Gnadenwappen), (8) in Silber ein golden gekrönter und rot gezungter blauer Löwe, überdeckt mit zwei roten Balken (Herrschaft Pommersfelden). – Schild III (Hochstift Konstanz): Geteilt, oben in Silber ein rotes Kreuz (Hochstift Konstanz), unten in Silber ein rotes Kreuz (Reichsabtei Reichenau).

Anmerkung: In dieser Form wird das Wappen auf Siegeln geführt. Als Bauplastik (insbesondere in Bruchsal) findet sich das Wappen in drei Kartuschen (wie hier 2:1 gestellt), wobei das Familienwappen vielfach nur aus dem Stammwappen (in Rot ein auf drei silbernen Spitzen schreitender gekrönter goldener Löwe) besteht. Als Variante beim Stammwappen Schönborn findet sich auch ein blau gekrönter und zweischwänziger Löwe.

Nachweis: BayHStA München, Siegelsammlung. – **G. Schön**, Münzkatalog 943, Nr. 2.

Hutten, Franz Christoph Reichsfreiherr von (1706–1770)

1744–1770   Fürstbischof von Speyer
1761   Kardinal

Literatur: **H. Ammerich**, in: Bischöfe 1648–1803, 199 f.

Blasonierung: Geviert mit Herzschild. – Herzschild: In Rot zwei goldene Schrägbalken (Familienwappen Hutten). – Hauptschild: Geviert, (1) und (4) in Blau ein silbernes Kreuz (Hochstift Speyer), (2) und (3) in Rot eine zweitürmige silberne Burg, dahinter ein schräg gestellter silberner Prälatenstab, darüber eine schwebende goldene Krone (Fürstpropstei Weißenburg).

Nachweis: BayHStA München, Siegelsammlung. – **J. Siebmacher**, Wappen der Bistümer, Tf. 139. – **J. F. Seyfart**, Handbuch 1767, 35.

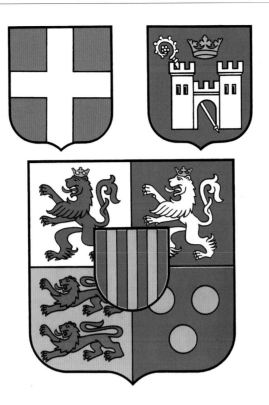

Limburg-Styrum, Damian August Philipp Karl Reichsgraf von (1721–1797)

1770–1797   Fürstbischof von Speyer

Literatur: **H. Ammerich**, in: Bischöfe 1648–1803, 279–281.

Blasonierung: Drei 2:1 gestellte Wappenschilde. – Schild I (Hochstift Speyer): In Blau ein silbernes Kreuz. – Schild II (Fürstpropstei Weißenburg): In Rot eine zweitürmige silberne Burg, dahinter ein schräg gestellter silberner Prälatenstab, darüber eine schwebende goldene Krone. – Schild III (Familienwappen Limburg-Styrum): Geviert mit Herzschild. – Herzschild: In Rot drei goldene Pfähle. – Hauptschild: Geviert, (1) in Silber ein golden gekrönter roter Löwe, (2) in Rot ein golden gekrönter silberner Löwe, (3) in Gold übereinander zwei rote Löwen (Leoparden), (4) in Rot drei 2:1 gestellte goldene Kugeln.

Nachweis: BayHStA München, Siegelsammlung. – **J. Siebmacher**, Wappen der Bistümer, Tf. 140.

Walderdorff, Philipp Franz Wilderich Nepomuk Graf von
(1767 Erhebung in den Reichsgrafenstand) (1739–1810)

1797–1810   Fürstbischof von Speyer

Literatur: E. Gatz, in: Bischöfe 1785/1803–1945, 791 f.

Blasonierung: Geviert mit Herzschild. – Herzschild (Familienwappen Walderdorff): Geviert, (1) und (4) in Schwarz ein golden gekrönter und rot bewehrter silberner Löwe mit rotem Kopf und roter Mähne, (2) und (3) in Silber zwei rote Balken (Nieder-Isenburg). – Hauptschild: (1) und (4) in Blau ein silbernes Kreuz (Hochstift Speyer), (2) und (3) in Rot eine zweitürmige silberne Burg, dahinter ein schräg gestellter silberner Prälatenstab, darüber eine schwebende goldene Krone (Fürstpropstei Weißenburg).

Anmerkung: Varianten des Familienwappens: Der Löwe findet sich im roten Feld und doppelt geschweift, auch mit roten Pranken.[251] Im zweiten Familienwappen (Nieder-Isenburg) werden die zwei Balken (in Silber) als blau bordiert beschrieben.[252] Das unter der Lehenshoheit von Trier stehende Nieder-Isenburg (Isenburg-Grenzau) erhielten die Walderdorff nach dem Aussterben der gerlachschen Linie der Grafen von Isenburg 1664.

Nachweis: BayHStA München, Siegelsammlung. – Bemalte Gusseisenplatte am Gebäude der Graf von Walderdorff'schen Verwaltung auf Schloss Molsberg (Familienwappen). – Bauplastik am Walderdorffer Hof in Limburg (Familienwappen).

---

[251] E. H. Kneschke, Adels-Lexicon IX, 445 f.
[252] J. C. Gatterer, Handbuch 1763, 64; 1768, 64.

Straßburg

Das in die Spätantike zurückreichende Bistum Straßburg umfasste den größten Teil des Unter-elsass, ein kleines Gebiet um Rufach im Oberelsass sowie rechts des Rheins das Gebiet zwischen Elz und Baden-Baden bis zum Kamm des Schwarzwaldes. Das zersplitterte Hochstift lag z. T. im Elsass, z. T. rechts des Rheins. Straßburg war Reichsstadt. Außer dem Hochstift gehörten noch weitere Reichsstädte sowie kleinere Territorien zum Bistum. Straßburg und andere Städte bzw. Territorien hatten sich im 16. Jahrhundert der Reformation zugewandt. Die tridentinische Reform setzte erst im 17. Jahrhundert ein. Nach der französischen Besetzung Straßburgs 1681 wurde das Straßburger Münster wieder Kathedrale. Der Bischof residierte in Zabern. Das Dom-kapitel hatte seinen Sitz in Straßburg. Es besaß das Bischofswahlrecht. Nach Erzherzog Leopold Wilhelm von Österreich fiel die Wahl stets auf Kandidaten der französischen Krone, die das Bis-tum in die Kirche Frankreichs eingliedern sollten. Vier von ihnen wurden Kardinal.

Literatur: **M. Albert,** in: Bistümer bis 1803, 708–724.

1. Hochstift

Blasonierung: Geviert, (1) und (4) in Rot ein silberner Schrägbalken, (2) und (3) in Rot ein silberner Schrägbalken, beiderseits besetzt mit einer Rautenkranzleiste. – Die Züricher Wappenrolle (1340) zeigt in Silber einen roten Schrägbalken, darüber ein „gespitztes rotes Schildhaupt".[253] Das ursprüngliche Straßburger Wappen war ein silberner Schrägbalken in Rot, ein mit dem Regensburger Hochstiftswappen identisches Wappen. Erstmals erscheint der Schrägbalken auf einem Siegel von Bischof Johann von Lichtenberg (1353/54–65) neben seinem Familienwappen. Vielleicht hat sich deshalb der Maler der Züricher Wappenrolle diese Variante erlaubt. – Im 17. und 18. Jahrhundert wird zusätzlich (in einer Vierung im zweiten und dritten Feld), wohl auch zur Abgrenzung vom identischen Regensburger Wappen, noch für die Landgrafschaft Elsass ein weiteres Wappen geführt: In Rot ein silberner Schrägbalken, beiderseits besetzt mit einer Rautenkranzleiste. Die Landgrafschaft im Unterelsass kam 1359/62 an das Hochstift.

Nachweis: **H. Appuhn**, Siebmacher 1605, Tf. 9 (in Feld 1 und 4 fälschlicherweise ein roter Schrägbalken in Silber). – **E. Neukirch**, Erscheinen 302 (Siegelbeschreibung).

---

[253] **W. Merz – F. Hegi**, Wappenrolle, Tf. I, Nr. XXI.

2. Fürstbischöfe

Bischofsliste

1626–1662	Leopold Wilhelm, Erzherzog von Österreich
1663–1682	Franz Egon Reichsgraf (seit 1664 Fürst) von Fürstenberg
1683–1704	Wilhelm Egon Reichsgraf (seit 1664 Fürst) von Fürstenberg
1701–1704	Armand Gaston Maximilien de Rohan Prince de Soubise, Koadjutor
1704–1749	Ders., Fürstbischof
1742–1749	François Armand Auguste de Rohan Prince de Soubise, Koadjutor
1749–1756	Ders., Fürstbischof
1757–1779	Louis César Constantin de Rohan Prince de Guéméné
1760–1779	Louis René Edouard de Rohan Prince de Guéméné, Koadjutor
1779–1803	Ders., Fürstbischof

Leopold Wilhelm, Erzherzog von Österreich (1614–1662)

1626–1662	Fürstbischof von Passau
1626–1662	Fürstbischof von Straßburg
1627–1662	Fürstbischof von Halberstadt
1635–1645	Bischofsadministrator von Bremen und Magdeburg
1638–1662	Fürstbischof von Olmütz
1639–1662	Hoch- und Deutschmeister
1656–1662	Fürstbischof von Breslau

Literatur: **A. Leidl**, in: Bischöfe 1648–1803, 265–267.

Blasonierung: Durch ein schwarzes mit goldenen Lilienstäben belegtes Kreuz mit Herzschild, darin in Gold ein schwarzer Adler (Deutscher Orden), in vier Quartiere geteilt. – Quartier I: Geteilt, oben siebenmal geteilt von Rot und Silber (Königreich Ungarn), unten zweimal gespalten (drei Felder), (1) in Rot ein goldenes dreitürmiges Kastell mit blauem Tor und blauen Fenstern (Königreich Kastilien), (2) in Silber ein golden bewehrter und golden gekrönter purpurner Löwe (Königreich Leon), (3) in Rot ein silberner Balken (Erzherzogtum Österreich). – Quartier II: Geteilt, oben in Rot ein golden gekrönter und bewehrter silberner Löwe mit doppeltem kreuzweise geschlungenem Schweif (Königreich Böhmen), unten zweimal gespalten (drei Felder), (1) im roten Schildbord fünffach von Gold und Blau schräg geteilt (Herzogtum Burgund), (2) in Grün ein aufrechtes silbernes Pantier mit roten Hörnern, aus dessen Rachen rote Flammen züngeln (Herzogtum Steiermark), (3) gespalten, vorne in Gold übereinander drei schwarze rot bewehrte schreitende Löwen, hinten in Rot ein silberner Balken (Herzogtum Kärnten). – Quartier III: Zweifach geteilt und einmal gespalten (sechs Felder), (1) in Rot ein goldener Schrägbalken, begleitet oben und unten von drei 1:2 bzw. 2:1 gestellten goldenen Kronen (Landgrafschaft Elsass), (2) in Rot ein goldener Schrägbalken, begleitet oben und unten von je einem schreitenden gekrönten goldenen Löwen (Grafschaft Kyburg), (3) in Rot zwei voneinander abgewandte goldene Fische (Grafschaft Pfirt), (4) in Silber ein golden bekrönter und bewehrter roter Adler mit goldenen Kleestengeln (gefürstete Grafschaft Tirol), (5) geviert, [1] und [4] in Blau drei 2:1 gestellte goldene sechsstrahlige Sterne, [2] und [3] in Silber zwei rote Balken (Grafschaft Cilli), (6) in Blau fünf 2:2:1 gestellte goldene Adler (Altösterreich/Niederösterreich). – Quartier IV: Zweifach geteilt und einmal gespalten (sechs Felder): (1) in Silber ein rot bewehrter und gezungter blauer Adler mit rot-gold geschachter Brustspange (Herzogtum Krain), (2) schräggeteilt, oben in Blau ein gekrönter goldener Löwe, unten in Silber zwei rote Schräglinksbalken (Grafschaft Görz), (3) in Gold ein blau gekrönt und blau bewehrter roter Löwe (Grafschaft Habsburg), (4) in Silber ein schwarzer, rotgefütterter und beschnürter windischer Hut (Windische Mark), (5) über grünem Dreiberg in Rot ein silberner Balken, überdeckt mit einem goldenen Tor mit geöffneten Flügeln (Mark Portenau/Pordenone), (6) gespalten, vorne in Schwarz ein rot gezungter goldener Adler, hinten dreimal gespalten von Silber und Rot (Herzogtum Oberösterreich).

Anmerkung: Es handelt sich um das Familienwappen von Leopold Wilhelm. Von den spanischen Besitzungen fehlen das Königreich Aragon (in Gold vier rote Pfähle), das Königreich Granada (in Silber ein grüner Granatapfel mit zwei grünen Blättern und roten Kernen) und das Königreich Sizilien (schräg geviert, oben und unten in Gold vier rote Pfähle, rechts und links in Silber ein schwarzer Adler). Wegen seiner zahlreichen Bistümer hat Leopold Wilhelm wohl nie eine Kombination der Hochstiftswappen mit seinem Familienwappen versucht. Auf seinem Sarkophag in der kaiserlichen Gruft der Kapuziner in Wien sind die Hochstiftswappen einzeln abgebildet.[254] Beim Wappen von Görz (Quartier IV, 2) findet sich in der österreichischen Heraldik der Löwe auch rot bewehrt. Strittig ist auch die Tingierung des Krainer Wappens (Quartier IV, 1). Häufig findet sich eine rot-silber geschachte Brustspange.[255]

Nachweis: C. **Seyfert**, Cronica.

---

254   H. **Nottarp**, Heraldik 757 f. und Abb. 15.
255   Vgl. dazu F. **Gall**, Wappenkunde 133.

Fürstenberg, Franz Egon Reichsgraf (seit 1664 **Fürst**) **von** (1626–1682)

    1663–1682   Fürstbischof von Straßburg
    1668–1682   Fürstabt von Stablo-Malmedy

Literatur: **L. Châtellier**, in: Bischöfe 1648–1803, 138–140.

Blasonierung: Geviert, (1) in Silber ein roter Schrägbalken (Hochstift Straßburg), (2) in einem mit Wolkenschnitt von Silber und Blau geteilten Bord (Blumeneck) in Gold ein blau bewehrter roter Adler (Familienwappen Fürstenberg), (3) geviert, [1] und [4] in Rot eine silberne Kirchenfahne (Werdenberg), [2] und [3] in Silber ein schrägrechter schwarzer Stufenbalken (Grafschaft Heiligenberg), (4) in Rot ein silberner Schrägbalken, beiderseits besetzt mit einer Rautenkranzleiste (zu Hochstift Straßburg = Landgrafschaft Elsass).

Nachweis: **P. Sella**, Sigilli VII, 182, Tf. XL, Nr. 2946. – **J. Siebmacher**, Wappen der Bistümer, Tf. 144.

Fürstenberg, Wilhelm Egon Reichsgraf (seit 1664 **Fürst**) **von** (1629–1704)

1683–1704	Fürstbischof von Straßburg
1683–1704	Fürstabt von Stablo-Malmedy
1686	Kardinal

Literatur: **L. Châtellier**, in: Bischöfe 1648–1803, 141–143.

Blasonierung: Geviert mit Herzschild, welcher mit dem Fürstenhut bedeckt ist. – Herzschild: In einem mit Wolkenschnitt von Silber und Blau geteilten Bord (Blumeneck) in Gold ein blau bewehrter roter Adler (Familienwappen Fürstenberg). – Hauptschild: Geviert, (1) in Silber ein roter Schrägbalken (Hochstift Straßburg), (2) in Gold auf grünem Boden vor einem grünem Baum ein linksgewendetes silbernes Lamm, das mit seinem rechten Vorderfuß einen silbernen Prälatenstab hält (Reichsabtei Stablo), (3) auf grünem Boden ein linksgewendeter schwarzer Drache (Reichsabtei Malmedy), (4) in Rot ein silberner Schrägbalken, beiderseits besetzt mit einer Rautenkranzleiste (zu Hochstift Straßburg = Landgrafschaft Elsass).

Anmerkung: Variante – Mittelschild mit aufgelegtem Herzschild.[256]

Nachweis: BayHStA München, Siegelsammlung. – Siegelsammlung des Germanischen Nationalmuseums Nürnberg, Tf. 94, Nr. 1292. – Armoiries communales en Belgique. Communes wallones, bruxelloises et germanophones II (Brüssel 2002) 527. – **J. Siebmacher**, Wappen der Bistümer, Tf. 145.

---

[256] **J. Siebmacher**, Wappen der Bistümer, Tf. 145.

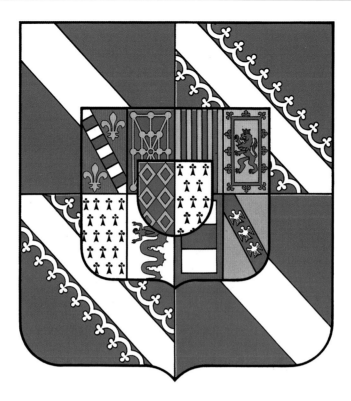

Rohan Prince de Soubise, Armand Gaston Maximilien de (1674–1749)

1701–1704   Koadjutor des Fürstbischofs von Straßburg, Ep. tit. Tiberiadensis
1704–1749   Fürstbischof von Straßburg
1712   Kardinal

Literatur: L. Châtellier, in: Bischöfe 1648–1803, 394–396.

Blasonierung: Geviert mit Mittelschild und Herzschild. – Herzschild (Familienwappen Rohan): Gespalten, vorne in Rot sechs 2:2:2 gestellte anstoßende ausgebrochene goldene Rauten (Stammwappen Rohan), hinten Hermelin (Bretagne). – Mittelschild (Familienwappen Rohan): Dreimal gespalten und einmal geteilt (acht Felder), (1) in Blau ein silber-rot gestückter Schrägbalken, begleitet oben und unten von einer goldenen Lilie (Evreux), (2) in Rot ein goldenes Münzenschnurgeflecht (Navarra), (3) in Gold vier rote Pfähle (Aragon), (4) in Gold ein gekrönter roter Löwe mit einem roten, außen mit halben Lilien besteckten Innenbord (Schottland), (5) Hermelin (Bretagne), (6) in Silber eine blaue aufgerichtete Schlange, die ein rotes Kind verschlingt (Mailand), (7) in blauem Bord in Silber ein roter Balken (Sanseverino), (8) in Gold ein roter Schrägbalken, belegt mit drei silbernen gestümmelten Adlern (Lothringen). – Hauptschild (Hochstift Straßburg): (1) und (4) in Rot ein silberner Schrägbalken, (2) und (3) in Rot ein silberner Schrägbalken, beiderseits besetzt mit einer Rautenkranzleiste (Landgrafschaft Elsass).

Anmerkung: In der Vollform zählt das Stammwappen Rohan neun 3:3:3 gestellte durchbrochene goldene Rauten, der Schrägbalken (Evreux) ist silber-rot geschacht.

Nachweis: J. Siebmacher, Wappen der Bistümer, Tf. 146. – J. D. Koehler, Calender 1749, vor 19.

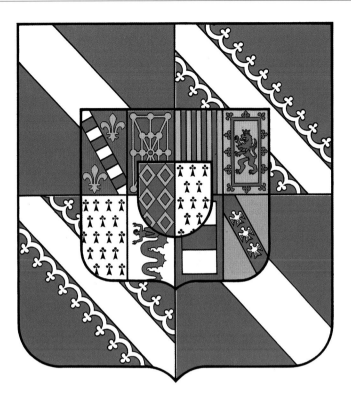

Rohan Prince de Soubise, François Armand Auguste de (1717–1756)

1742–1749 Koadjutor des Fürstbischofs von Straßburg, Ep. tit. Ptolemaidensis
1747   Kardinal
1749–1756 Fürstbischof von Straßburg

Literatur: **L. Châtellier**, in: Bischöfe 1648–1803, 396 f.

Blasonierung: Geviert mit Mittelschild und Herzschild. – Herzschild (Familienwappen Rohan): Gespalten, vorne in Rot sechs 2:2:2 gestellte anstoßende ausgebrochene goldene Rauten (Stammwappen Rohan), hinten Hermelin (Bretagne). – Mittelschild (Familienwappen Rohan): Dreimal gespalten und einmal geteilt (acht Felder), (1) in Blau ein silber-rot gestückter Schrägbalken, begleitet oben und unten je von einer goldenen Lilie (Evreux), (2) in Rot ein goldenes Münzenschnurgeflecht (Navarra), (3) in Gold vier rote Pfähle (Aragon), (4) in Gold ein gekrönter roter Löwe mit einem roten, außen mit halben Lilien besteckten Innenbord (Schottland), (5) Hermelin (Bretagne), (6) in Silber eine blaue aufgerichtete Schlange, die ein rotes Kind verschlingt (Mailand), (7) in blauem Bord in Silber ein roter Balken (Sanseverino), (8) in Gold ein roter Schrägbalken, belegt mit drei silbernen gestümmelten Adlern (Lothringen). – Hauptschild (Hochstift Straßburg): (1) und (4) in Rot ein silberner Schrägbalken, (2) und (3) in Rot ein silberner Schrägbalken, beiderseits besetzt mit einer Rautenkranzleiste (Landgrafschaft Elsass).

Anmerkung: Das Wappen ist identisch mit dem des Vorgängers. In der Vollform zählt das Stammwappen Rohan neun 3:3:3 gestellte durchbrochene goldene Rauten, der Schrägbalken (Evreux) ist silber-rot geschacht.

Nachweis: **J. D. Koehler**, Calender 1753, vor 19.

Rohan Prince de Guéméné, Louis César Constantin de (1697–1779)

1757–1779   Fürstbischof von Straßburg
1761   Kardinal

Literatur: **L. Châtellier**, in: Bischöfe 1648–1803, 390 f.

Blasonierung: Geviert mit Mittelschild und Herzschild. – Herzschild (Familienwappen Rohan): Gespalten, vorne in Rot sechs 2:2:2 gestellte anstoßende ausgebrochene goldene Rauten (Stammwappen Rohan), hinten Hermelin (Bretagne). – Mittelschild (Familienwappen Rohan-Montbazon): Geviert, (1) und (4) in Rot ein goldenes Münzenschnurgeflecht (Navarra), (2) und (3) in Blau drei 2:1 gestellte goldene Lilien (Frankreich). – Hauptschild (Hochstift Straßburg): (1) und (4) in Rot ein silberner Schrägbalken, (2) und (3) in Rot ein silberner Schrägbalken, beiderseits besetzt mit einer Rautenkranzleiste (Landgrafschaft Elsass).

Anmerkung: In der Vollform zählt das Stammwappen Rohan neun 3:3:3 gestellte durchbrochene goldene Rauten.

Nachweis: **G. Schön**, Münzkatalog 971, Nr. 5. – **J. F. Seyfart**, Handbuch 1767, 36. – **J. Siebmacher**, Wappen der Bistümer, Tf. 145.

Rohan Prince de Guéméné, Louis René Edouard de (1734–1803)

1760–1779   Koadjutor des Fürstbischofs von Straßburg, Ep. tit. Canopensis
1778   Kardinal
1779–1803   Fürstbischof von Straßburg

Literatur: L. Châtellier, in: Bischöfe 1648–1803, 392–394.

Blasonierung: Geviert mit Mittelschild und Herzschild. – Herzschild (Familienwappen Rohan): Gespalten, vorne in Rot sechs 2:2:2 gestellte anstoßende ausgebrochene goldene Rauten (Stammwappen Rohan), hinten Hermelin (Bretagne). – Mittelschild (Familienwappen Rohan-Montbazon): Geviert, (1) und (4) in Rot ein goldenes Münzenschnurgeflecht (Navarra), (2) und (3) in Blau drei 2:1 gestellte goldene Lilien (Frankreich). – Hauptschild (Hochstift Straßburg): (1) und (4) in Rot ein silberner Schrägbalken, (2) und (3) in Rot ein silberner Schrägbalken, beiderseits besetzt mit einer Rautenkranzleiste (Landgrafschaft Elsass).

Nachweis: BayHStA München, Siegelsammlung.

Trient (Trento)

Das ins 4. Jahrhundert zurückreichende Bistum Trient umfasste das mittlere Tal der Etsch von Ala im Süden bis vor Meran im Norden mit den Nebentälern außer der Valsugana, ferner die Judikarien. Das Hochstift erstreckte sich etwa über die Hälfte des Bistumsgebietes. Es ragte in kleineren Teilen auch in die Bistümer Feltre und Verona hinein. Das außerhalb des Hochstiftes liegende Gebiet des Bistums gehörte größtenteils zur Grafschaft Tirol. Die Reformation hatte im Bistum nicht dauerhaft Fuß fassen können. Bischof und Domkapitel hatten ihren Sitz in Trient. Das Kapitel besaß das Bischofswahlrecht.

Literatur: **S. Vareschi**, in: Bistümer bis 1803, 738–746.

1. Hochstift

Blasonierung: In Silber ein golden bewehrter und rot gezungter schwarzer Adler, dessen Flügel mit goldenen Kleestengeln belegt sind. – Für das Hochstiftswappen[257] von Trient ist uns eine Verleihungsurkunde vom Jahre 1339 überliefert. Ausgestellt ist sie vom böhmischen König Johann für den aus Mähren stammenden Trienter Bischof Nikolaus von Brünn. Die Verbindung zu Böhmen erklärt sich aus der Tatsache, dass der Sohn des böhmischen Königs, Markgraf Karl von Mähren (der spätere Kaiser Karl IV.), damals Regent in Tirol war. Er hatte 1338 Nikolaus als Bischof nach Tirol geholt. Nikolaus, der aus Brünn stammte (Bischof von 1336/38–47) und zuvor Domdechant zu Olmütz und Kanzler des Markgrafen Karl von Mähren gewesen war, wandte sich 1339 mit der Bitte an König Johann, ihm ein Wappen zu verleihen. Bisher habe das Hochstift kein Wappen gehabt, aber die Ministerialen, Ritter und Vasallen müssten ein solches sowie ein Banner führen. Dies sei üblich und notwendig. König Johann verlieh daraufhin mit Urkunde vom 9. August 1339 einen schwarzen Adler im silbernen Feld, das alte böhmische Wappen, das frei geworden war, seitdem man Mitte des 13. Jahrhunderts den silbernen Löwen zum Wappen des Königs von Böhmen gewählt hatte.[258] – Nach der Abbildung, die dem noch erhaltenen Wappenbrief beigefügt war, ist der Adler rotgeflammt, also von roten Flammen umgeben. Manche Darstellungen zeigen die Schwanzfedern von einem goldenen Band umflochten. Heute dient der Adler als Wappen des Erzbistums, der Provinz und der Stadt Trient. – Im 18. Jahrhundert wird das Wappen wie folgt blasoniert: Ein schwarzer mit roten Flämmlein (Tropfen) bestreuter Adler, mit goldenen Kleestengeln in den Flügeln und goldenen Waffen, auch mit einem goldenen Bande um den Schwanz, im silbernen Felde.[259] Vielfach fehlen aber auch die goldenen Flämmlein.[260]

Nachweis: **H. Appuhn**, Siebmacher 1605, Tf. 12. – **F.-H. v. Hye**, Landeswappen 15, Tf. 7. – **S. Weber**, Stemmi 42 f.

---

257   Zur Geschichte des Trienter Wappens vgl.: **P. Frumenzio Ghetta**, L'Aquila stemma di Trento e del'Trentino (Trento 1973). – **F.-H. v. Hye**, Wappen 161.

258   **J. Siebmacher**, Wappen der Bistümer 15.

259   **J. F. Seyfart**, Handbuch 1768, 63.

260   **F.-H. v. Hye**, Wappen, Abb. 515. – **J. F. Seyfart**, Handbuch 1767, Tf. 43.

2. Fürstbischöfe

Bischofsliste

1622–1630	Carlo Emanuele Freiherr von Madruzzo, Koadjutor
1630–1658	Ders., Fürstbischof
1660–1665	Sigmund Franz, Erzherzog von Österreich, Elekt
1665–1667	**Ernst Adalbert Freiherr** (seit 1623 **Reichsgraf**) **von Harrach zu Rohrau**
1669–1677	**Sigmund Alphons Reichsfreiherr** (seit 1629 **Reichsgraf**) **von Thun**
1677–1689	**Francesco** (RA) **Alberti di Poja**
1691–1695	**Giuseppe Vittorio** (RA) **Alberti d'Enno**
1696–1725	**Johann Michael Reichsgraf von Spaur und Valör**
1725	Johann Benedikt Gentilotti (seit 1685 Ritter von Engelsbrunn), Elekt
1726–1730	**Anton Dominikus Reichsgraf von Wolkenstein-Trostburg**
1730–1758	**Dominikus Anton Reichsgraf von Thun**
1748–1756	Leopold Ernst Reichsfreiherr (seit 1749 Graf) von Firmian, Koadjutor
1756–1758	**Francesco Felice** (RA) **Alberti d'Enno**, Koadjutor
1758–1762	Ders., Fürstbischof
1763–1776	**Cristoforo Sizzo de Noris**
1776–1800	**Peter Michael Vigil Reichsgraf von Thun und Hohenstein**
1800–1818	**Emanuel Maria Reichsgraf von Thun**

Madruzzo, Carlo Emanuele Freiherr von (1599–1658)

1622–1630   Koadjutor des Fürstbischofs von Trient
1627–1630   Ep. tit. Aureliopolitanus
1630–1658   Fürstbischof von Trient

Literatur: J. Gelmi, in: Bischöfe 1648–1803, 290 f.

Blasonierung: Geviert, (1) und (4) (Hochstift Trient) in Silber ein golden bewehrter und rot gezungter schwarzer Adler, dessen Flügel mit goldenen Kleestengeln belegt sind, (2) und (3) (Familienwappen Madruzzo): Geviert mit Herzschild, darin in Rot zwei erniedrigte goldene Schildfußpfähle, [1] und [4] in Blau zwei silberne Schrägbalken, [2] und [3] über silbernem Schildfuß in Schwarz ein silberner Dreiberg, der mit einem roten Sparren belegt ist.

Anmerkung: Beim Familienwappen zahlreiche Varianten,[261] das erste und vierte Feld etwa zeigt mehr oder weniger zahlreiche Schrägbalken bzw. Schrägteilungen von Silber und Blau, beim zweiten und dritten Feld findet sich auch ein Fünfberg, beim Herzschild in Silber eine dreilatzige rote Fahne (Gonfanon).

Nachweis: BayHStA München, Siegelsammlung. – F.-H. v. Hye, Wappen, Abb. 517. – J. Siebmacher, Wappen der Bistümer, Tf. 32. – S. Weber, Stemmi 45.

---

[261] G. Tabarelli de Fatis – L. Borelli, Stemmi 176.

Harrach zu Rohrau, Ernst Adalbert Freiherr (seit 1623 **Reichsgraf**) **von** (1598–1667)

1623–1667   Fürsterzbischof von Prag
1626   Kardinal
1665–1667   Fürstbischof von Trient

Literatur: **K. A. Huber**, in: Bischöfe 1648–1803, 169–172.

Blasonierung: Geviert, (1) und (4) (Hochstift Trient) in Silber ein golden bewehrter und rot gezungter schwarzer Adler, dessen Flügel mit goldenen Kleestengeln belegt sind, (2) und (3) (Familienwappen Harrach) in Rot eine mit drei 2:1 gestellten silbernen Straußenfedern besteckte goldene Kugel.

Nachweis: **S. Weber**, Stemmi 45.

Thun, Sigmund Alphons Reichsfreiherr (seit 1629 **Reichsgraf**) **von** (1621–1677)

1663–1677   Fürstbischof von Brixen
1669–1677   Fürstbischof von Trient

Literatur: J. **Gelmi**, in: Bischöfe 1648–1803, 507 f.

Blasonierung: Geviert mit Mittelschild und Herzschild. – Herzschild (Familienwappen Thun): In Rot ein silberner Balken (Caldes). – Mittelschild (Familienwappen Thun): Geviert, (1) und (4) in Blau ein goldener Schrägbalken (Stammwappen Thun), (2) und (3) gespalten: vorne in Silber ein halber roter Adler am Spalt, hinten in Schwarz ein silberner Balken (Monreale – Königsberg). – Hauptschild: (1) und (4) (Hochstift Trient) in Silber ein golden bewehrter und rot gezungter schwarzer Adler, dessen Flügel mit goldenen Kleestengeln belegt sind, (2) in Rot ein golden nimbiertes zurückblickendes silbernes Gotteslamm, das mit dem rechten Vorderbein ein silbernes Banner (Osterfahne) mit rotem Hochkreuz an silberner Kreuzstange schultert (Hochstift Brixen), (3) in Silber ein roter Adler, dem auf die Brust ein goldener Bischofsstab aufgelegt ist (Hochstift Brixen).

Nachweis: Germanisches Nationalmuseum Nürnberg, Siegelsammlung, Tf. 106, Nr. 893. – S. **Weber**, Stemmi 45.

Alberti di Poja, Francesco (RA) (1610–1689)

1644–1658   Generalvikar in Trient
1677–1689   Fürstbischof von Trient

Literatur: **J. Gelmi**, in: Bischöfe 1648–1803, 5 f.

Blasonierung: Geviert, (1) und (4) (Hochstift Trient) in Silber ein golden bewehrter und rot gezungter schwarzer Adler, dessen Flügel mit goldenen Kleestengeln belegt sind, (2) und (3) durch einen goldenen Balken geteilt, oben in Blau ein golden gekrönter und golden bewehrter silberner Adler, unten fünfmal gespalten von Rot und Grün (Familienwappen Alberti di Poja).

Anmerkung: Beim Familienwappen zahlreiche Varianten[262], etwa: Oben ein silberner Adler mit goldenen Flügeln, unten von Rot und Grün sechsfach gespalten. Die Adler im ersten und im zweiten Feld werden vielfach links gewendet dargestellt, etwa in den Amtsdrucksachen des Hochstifts.

Nachweis: BayHStA München, Siegelsammlung (nur Familienwappen). – **J. Siebmacher**, Wappen der Bistümer, Tf. 33. – **G. Tabarelli de Fatis – L. Borelli**, Stemmi 17 f., Tf. 1 e. – **S. Weber**, Stemmi 45.

---

[262]   **W. v. Hueck**, Adelslexikon II, 41. – **G. Tabarelli de Fatis – L. Borelli**, Stemmi 18.

Alberti d'Enno, Giuseppe Vittorio (RA) (1623–1695)

1658–1673   Generalvikar in Trient
1691–1695   Fürstbischof von Trient

Literatur: **J. Gelmi**, in: Bischöfe 1648–1803, 4 f.

Blasonierung: Unter Schildhaupt geviert. – Schildhaupt (Hochstift Trient): In Silber ein golden bewehrter und rot gezungter schwarzer Adler, dessen Flügel mit goldenen Kleestengeln belegt sind. – Hauptschild (Familienwappen Alberti d'Enno): (1) und (4) in Gold ein golden gekrönter, golden bewehrter und rot gezungter halber schwarzer Adler am Spalt, (2) und (3) in Silber ein blauer Schrägbalken, der mit einem sechsstrahligen goldenen Stern belegt ist.

Nachweis: **G. Tabarelli de Fatis – L. Borelli**, Stemmi 17, Tf. 1 d. – **S. Weber**, Stemmi 46.

Spaur und Valör, Johann Michael Reichsgraf von (1638–1725)

1696–1725   Fürstbischof von Trient

Literatur: **J. Gelmi**, in: Bischöfe 1648–1803, 477 f.

Blasonierung: Geviert; (1) und (4) (Hochstift Trient) in Silber ein golden bewehrter und rot gezungter schwarzer Adler, dessen Flügel mit goldenen Kleestengeln belegt sind, (2) und (3) (Familienwappen Spaur) in Silber ein nach innen gewendeter roter Löwe, der einen goldenen Doppelbecher (Schenkenamt) in den Pranken hält.

Anmerkung: Der Adler des Hochstifts im ersten Feld wird (wie der Löwe im dritten Feld) häufig nach links gewendet dargestellt.

Nachweis: BayHStA München, Siegelsammlung. – **P. Sella**, Sigilli V, 132, Tf. XLVI, Nr. 1697. – **G. Tabarelli de Fatis – L. Borelli**, Stemmi 17 f., Tf. 54 g. – **S. Weber**, Stemmi 46.

Wolkenstein-Trostburg, Anton Dominikus Reichsgraf von (1662–1730)

1726–1730   Fürstbischof von Trient

Literatur: **J. Gelmi**, in: Bischöfe 1648–1803, 572 f.

Blasonierung: Geviert, (1) und (4) (Hochstift Trient) in Silber ein golden bewehrter und rot gezungter schwarzer Adler, dessen Flügel mit goldenen Kleestengeln belegt sind, (2) und (3) (Familienwappen Wolkenstein): Geviert, [1] und [4] im Wolkenschnitt schräggeteilt von Silber und Rot (Stammwappen Wolkenstein), [2] und [3] über rotem Schildfuß in Blau drei silberne durchgehende Spitzen (Villanders).

Anmerkung: Das Wolkensteinwappen findet sich auch mit einem Herzschild (in Blau eine silberne Spitze bzw. ein silberner Sparren) für Rodenegg.

Nachweis: BayHStA München, Siegelsammlung. – **G. Tabarelli de Fatis – L. Borelli**, Stemmi 302, Tf. 61 g. – **S. Weber**, Stemmi 46.

Thun, Dominikus Anton Reichsgraf von (1686–1758)

1730–1758   Fürstbischof von Trient

Literatur: **J. Gelmi**, in: Bischöfe 1648–1803, 502 f.

Blasonierung: Geviert, (1) und (4) (Hochstift Trient) in Silber ein golden bewehrter und rot gezungter schwarzer Adler, dessen Flügel mit goldenen Kleestengeln belegt sind, (2) und (3) (Familienwappen Thun) geviert, mit Herzschild, darin in Rot ein silberner Balken (Caldes), [1] und [4] in Blau ein goldener Schrägbalken (Stammwappen Thun), [2] und [3] gespalten: vorne in Silber ein halber roter Adler am Spalt, hinten in Schwarz ein silberner Balken (Monreale – Königsberg).

Nachweis: BayHStA München, Siegelsammlung. – **J. Siebmacher**, Wappen der Bistümer, Tf. 34 (zwei Wappenschilde). – **G. Tabarelli de Fatis – L. Borelli**, Stemmi 279 f. – **S. Weber**, Stemmi 46.

Alberti d'Enno, Francesco Felice (RA) (1701–1762)

    1756–1758   Koadjutor des Fürstbischofs von Trient, Ep. tit. Miletopolitanus
    1758–1762   Fürstbischof von Trient

Literatur: **J. Gelmi**, in: Bischöfe 1648–1803, 3 f.

Blasonierung: Unter Schildhaupt geviert. – Schildhaupt (Hochstift Trient): In Silber ein golden bewehrter und rot gezungter schwarzer Adler, dessen Flügel mit goldenen Kleestengeln belegt sind. – Hauptschild (Familienwappen Alberti d'Enno): Geviert, (1) und (4) in Gold ein golden gekrönter, golden bewehrter und rot gezungter halber schwarzer Adler am Spalt, (2) und (3) in Silber ein blauer Schrägbalken, der mit einem sechsstrahligen goldenen Stern belegt ist.

Nachweis: BayHStA München, Siegelsammlung. – **G. Tabarelli de Fatis** – **L. Borelli**, Stemmi 17, Tf. 1 d. – **S. Weber**, Stemmi 46.

Sizzo de Noris, Cristoforo (1706–1776)

1763–1776   Fürstbischof von Trient

Literatur: **J. Gelmi**, in: Bischöfe 1648–1803, 466 f.

Blasonierung: Geviert; (1) und (4) (Hochstift Trient) in Silber ein golden bewehrter und rot gezungter schwarzer Adler, dessen Flügel mit goldenen Kleestengeln belegt sind, (2) und (3) (Familienwappen Sizzo de Noris) durch einen roten Balken geteilt; oben in Gold ein rot gezungter schwarzer Adler, unten in Blau auf grünen Wellen ein silbernes Boot mit silbernem Segel, in dem sich zwei nackte Knaben gegenübersitzen.

Anmerkung: Beim Familienwappen mehrere Farb- und Gestaltungsvarianten.[263] – Wappen 1774:[264] Geviert, belegt mit einem roten Balken und darauf mit einem schwarzen Herzschild, darin ein aufgerichteter schwarzer Anker, (1) und (4) in Gold ein golden bewehrter schwarzer Adler, (2) und (3) in Blau auf bewegter See zwei nackte Knaben sitzend in einem natürlichen Boot mit abflatternder weißer Fahne am Mast.

Nachweis: BayHStA München, Siegelsammlung. – **J. Siebmacher**, Wappen der Bistümer, Tf. 35. – **G. Tabarelli de Fatis** – **L. Borelli**, Stemmi, Tf. 53 c, d (Familienwappen). – **S. Weber**, Stemmi 46.

---

[263]   **G. Tabarelli de Fatis** – **L. Borelli**, Stemmi 263.
[264]   **W. v. Hueck**, Adelslexikon XIII, 375.

Thun und Hohenstein, Peter Michael Vigil Reichsgraf von (1724–1800)

1776–1800   Fürstbischof von Trient

Literatur: **J. Gelmi**, in: Bischöfe 1648–1803, 513 f.

Blasonierung: Unter Schildhaupt geviert mit Herzschild. – Schildhaupt (Hochstift Trient): In Silber ein golden bewehrter und rot gezungter schwarzer Adler, dessen Flügel mit goldenen Kleestengeln belegt sind. – Herzschild (Familienwappen Thun): In Rot ein silberner Balken (Caldes). – Hauptschild (Familienwappen Thun): Geviert, (1) und (4) in Blau ein goldener Schrägbalken (Stammwappen Thun), (2) und (3) gespalten: vorne in Silber ein halber roter Adler am Spalt, hinten in Schwarz ein silberner Balken (Monreale – Königsberg).

Nachweis: BayHStA München, Siegelsammlung. – **G. Schön**, Münzkatalog 989, Nr. 1. – **J. Siebmacher**, Wappen der Bistümer, Tf. 36. – **G. Tabarelli de Fatis – L. Borelli**, Stemmi 279 f. – **C. Tyroff**, Wappenwerk, Bd. 2, Tf. 34.

Thun, Emanuel Maria Reichsgraf von (1763–1818)

   1797–1800   Weihbischof in Trient, Ep. tit. Iassensis
   1800–1818   Fürstbischof von Trient

Literatur: **E. Gatz**, in: Bischöfe 1785/1803–1945, 760–762.

Blasonierung: Geviert; (1) und (4) (Hochstift Trient) in Silber ein golden bewehrter und rot gezungter schwarzer Adler, dessen Flügel mit goldenen Kleestengeln belegt sind, (2) und (3) (Familienwappen Thun) geviert mit Herzschild, darin in Rot ein silberner Balken (Caldes), [1] und [4] in Blau ein goldener Schrägbalken (Stammwappen Thun), [2] und [3] gespalten: vorne in Silber ein halber roter Adler am Spalt, hinten in Schwarz ein silberner Balken (Monreale – Königsberg).

Nachweis: **G. Tabarelli de Fatis – L. Borelli**, Stemmi 279 f. – **S. Weber**, Stemmi 46.

Trier

Das in römische Zeit zurückreichende Bistum, seit dem 6. Jahrhundert Erzbistum Trier erstreckte sich vom französisch-sprachigen Lothringen über Luxemburg, den Raum an Mosel und Saar in das Gebiet rechts des Rheins bis in den Westerwald und in den Taunus. Im Norden reichte es bis weit in die Eifel, im Süden in den Hunsrück. Die zentralen Gebiete des bedeutenden Erzstiftes waren das Ober- und das Niederstift mit den Hauptorten Trier und Koblenz. Die wichtigsten weltlichen Territorien im Gebiet des Erzbistums waren die Herzogtümer Luxemburg und Nassau sowie die Kurpfalz. Die Reformation hatte nur in einigen weltlichen Territorien Fuß fassen können. Die Erzbischöfe residierten in Koblenz, während das Domkapitel seinen Sitz in Trier hatte. Es besaß das Bischofswahlrecht. Zwischen 1648 und 1803 hatten drei aus regierenden Dynastien kommende Erzbischöfe gleichzeitig noch weitere bedeutende Bistümer inne, zwei waren gleichzeitig Bischof von Speyer und drei von Worms.

Literatur: **B. Schneider**, in: Bistümer bis 1803, 747–768.

1. Erzstift

Blasonierung: In Silber ein rotes Kreuz. – Das älteste Zeichen des Erzbistums war das auf Münzbildern des 11. Jahrhunderts erstmals auftauchende Schlüsselsymbol des hl. Petrus. Ein durchgehendes Kreuz im Schild[265] erscheint erstmals 1273 auf einem Sekretsiegel (Rücksiegel) des Erzbischofs Heinrich von Finstingen (1260–86). Der Nachfolger Boemond von Warmsberg (1286–99) lässt dieses Wappen bereits auf Münzen anbringen. Erzbischof Balduin von Luxemburg (1307–54) führte in seinem Thronsiegel den Schild mit dem Wappen des Erzstifts rechts von seinem Thron, in seinem Sekretsiegel wird dem Kreuz das Familienwappen im Schild aufgelegt. Die Farben (in Silber bzw. Weiß ein rotes Kreuz) sind im Codex Balduini Trevirensis (1340/45) überliefert. Erzbischof Graf Werner von Falkenstein und Königstein (1388–1418) scheint als erster ein geviertes Wappen geführt zu haben. – Das Hochstiftswappen wird seit dem Ende des 16. Jahrhunderts immer mit dem Wappen der Fürstabtei Prüm verbunden (in Rot auf grünem Boden ein silbernes Lamm mit Nimbus und Fahne; das Fahnentuch zeigt ein rotes Kreuz in Silber; in zahlreichen Darstellungen und Bauplastiken findet sich das Osterlamm auch ohne Nimbus und ohne grünen Boden). Diese Kombination beruht auf der 1576 geschlossenen ewigen Union der Fürstabtei Prüm mit Trier: Der Erzbischof war seit diesem Zeitpunkt in Personalunion immer gleichzeitig auch Fürstabt von Prüm. Das Kloster selbst wurde von einem Prior verwaltet. Auf der geistlichen Bank des Fürstenrats saß Prüm am Ende des Reichs auf Platz 33.

Nachweis: **H. Appuhn**, Siebmacher 1605, Tf. 9. – **O. Neubecker – W. Rentzmann**, Lexikon, Tf. 100. – **E. Neukirch**, Erscheinen 311 (Siegelbeschreibung). – **W. Merz – F. Hegi**, Wappenrolle, Tf. I, Nr. 2 (silbernes Kreuz in Schwarz!).

---

[265]   Zum Folgenden vgl.: **J. Siebmacher**, Wappen der Bistümer 59.

2. Kurfürst-Erzbischöfe

Bischofsliste

1624–1652	Philipp Christoph Reichsritter von Sötern
1651–1652	Karl Kaspar Reichsritter (seit 1653 Reichsfreiherr) von der Leyen-Hohengeroldseck, Koadjutor
1652–1676	Ders., Kurfürst-Erzbischof
1672–1676	Johann Hugo von Orsbeck, Koadjutor
1676–1711	Ders., Kurfürst-Erzbischof
1711–1715	Karl Joseph Ignaz von Lothringen
1716–1729	Franz Ludwig Pfalzgraf am Rhein zu Neuburg
1729–1756	Franz Georg Reichsfreiherr (seit 1701 Reichsgraf) von Schönborn
1754–1756	Johann Philipp Reichsfreiherr (seit 1767 Reichsgraf) von Walderdorff, Koadjutor
1756–1768	Ders., Kurfürst-Erzbischof
1768–1801	Clemens Wenzeslaus, Herzog von Sachsen

Sötern, Philipp Christoph Reichsritter von (1567–1652)

    1609–1610   Koadjutor des Fürstbischofs von Speyer
    1610–1652   Fürstbischof von Speyer
    1624–1652   Kurfürst-Erzbischof von Trier

Literatur: **W. Seibrich**, in: Bischöfe 1648–1803, 468–471.

Blasonierung: Geviert mit Herzschild. – Herzschild: Geteilt, oben in Rot ein zurückschauendes silbernes Osterlamm mit Fahne, darin in Silber ein rotes Hochkreuz (Fürstabtei Prüm), unten in Rot eine zweitürmige silberne Burg, darüber eine schwebende goldene Krone (Fürstpropstei Weißenburg). – Hauptschild: Geviert, (1) in Silber ein rotes Kreuz (Erzstift Trier), (2) und (3) in Gold ein roter Doppelhaken (Familienwappen Sötern), (4) in Blau ein silbernes Kreuz (Hochstift Speyer).

Anmerkung: In dieser Form wird das Wappen ab 1624 geführt.

Nachweis: **W. Ewald**, Siegel II, 21, Tf. 18, Nr. 2. – **J. Siebmacher**, Wappen der Bistümer, Tf. 92. – Bauplastik am Torbogen zum kurfürstlichen Schloss Trier.

Leyen-Hohengeroldseck, Karl Kaspar Reichsritter (seit 1653 **Reichsfreiherr**) **von der** (1618–1676)

    1651–1652   Koadjutor des Erzbischofs von Trier, Archiep. tit. Rhodiensis
    1652–1676   Kurfürst-Erzbischof von Trier

Literatur: **W. Seibrich**, in: Bischöfe 1648–1803, 273–275.

Blasonierung: Geviert mit Herzschild. – Herzschild (Fürstabtei Prüm): In Rot auf grünem Boden ein zurückschauendes silbernes Osterlamm mit Fahne, darin in Silber ein rotes Hochkreuz. – Hauptschild: Geviert, (1) und (4) in Silber ein rotes Kreuz (Erzstift Trier), (2) und (3) in Blau ein silberner Pfahl (Familienwappen von der Leyen).

Nachweis: BayHStA München, Siegelsammlung. – **W. Ewald**, Siegel II, 21, Tf. 18, Nr. 5. – **J. Siebmacher**, Wappen der Bistümer, Tf. 92.

Orsbeck, Johann Hugo von (1634–1711)

1672–1676   Koadjutor des Erzbischofs von Trier, Ep. tit. Lerinensis
1675–1711   Fürstbischof von Speyer
1676–1711   Kurfürst-Erzbischof von Trier

Literatur: **W. Seibrich**, in: Bischöfe 1648–1803, 329–331.

Blasonierung: Geviert mit Herzschild. – Herzschild (Familienwappen Orsbeck): In Gold ein rotes Andreaskreuz, begleitet von vier grünen Seeblättern. – Hauptschild: (1) in Silber ein rotes Kreuz (Erzstift Trier), (2) in Rot ein zurückschauendes silbernes Osterlamm mit Fahne, darin in Silber ein rotes Hochkreuz (Fürstabtei Prüm), (3) in Rot eine zweitürmige silberne Burg, dahinter ein schräg gestellter silberner Prälatenstab, darüber eine schwebende goldene Krone (Fürstpropstei Weißenburg), (4) in Blau ein silbernes Kreuz (Hochstift Speyer).

Anmerkung: Verwendet wurde auch eine Kombination der drei Wappen Trier, Speyer und des Familienwappens.

Nachweis: BayHStA München, Siegelsammlung. – **W. Ewald**, Siegel II, 21, Tf. 18, Nr. 6. – **J. Siebmacher**, Wappen der Bistümer, Tf. 94. – Bauplastik am Schloss Montabaur.

Karl Joseph Ignaz von Lothringen (1680–1715)

1695–1711   Fürstbischof von Olmütz
1698–1715   Fürstbischof von Osnabrück
1711–1715   Kurfürst-Erzbischof von Trier

Literatur: **W. Seibrich**, in: Bischöfe 1648–1803, 218–220.

Blasonierung: Über dem zweimal gespaltenen und einmal geteilten Hauptschild (sechs Felder) ein einmal geteiltes und dreimal gespaltenes Mittelschild (acht Felder) mit Herzschild. – Herzschild: In Gold ein roter Schrägbalken, der mit drei gestümmelten silbernen Adlern belegt ist (Herzogtum Lothringen). – Mittelschild: (1) siebenmal geteilt von Rot und Silber (Königreich Ungarn), (2) in Blau mit goldenen Lilien besät und mit einem roten dreilatzigen Turnierkragen belegt (Anjou und Königreich Neapel), (3) in Silber ein goldenes Krückenkreuz begleitet von vier goldenen Kreuzen (Königreich Jerusalem), (4) in Gold vier rote Pfähle (Königreich Aragon), (5) in Blau mit rotem Bord und mit goldenen Lilien besät (Anjou), (6) in Blau ein nach links gerichteter goldener bekrönter Löwe (Herzogtum Geldern), (7) in Gold ein rot gekrönter und bewehrter schwarzer Löwe (Herzogtum Jülich), (8) in Blau zwei goldene auswärts gekrümmte Barben, begleitet von vier goldenen Nagelkreuzen (Wieder-Kreuzlein) (Herzogtum Bar). – Hauptschild: (1) und (6) in Silber ein rotes Rad (Hochstift Osnabrück), (2) und (5) in Silber ein rotes Kreuz (Erzstift Trier), (3) und (4) in Rot auf grünem Boden ein zurückschauendes silbernes Osterlamm mit Fahne, die ein rotes Hochkreuz in Silber führt (Fürstabtei Prüm).

Anmerkung: In dieser Form wurde das Wappen nach 1711 geführt (Erwerb von Trier). – Für das zwischen 1698 und 1711 geführte Wappen siehe Olmütz. Im Lothringer Wappen sind die folgenden Varianten nachweisbar. – Feld 2: Das alte Anjouwappen (Königreich Neapel) findet sich auch fünflätzig. – Feld 8 (Herzogtum Bar): Es finden sich auch silberne Kreuze, die Anzahl der Kreuze kann auch vier übersteigen (von Kreuzchen bestreuter Schild).

Nachweis: **W. Ewald**, Siegel II, 22, Tf. 19, Nr. 3. – **G. Schön**, Münzkatalog 991, Nr. 21. – Bauplastik am Schloss Daun.

Franz Ludwig Pfalzgraf am Rhein zu Neuburg (1664–1732)

1683–1732	Fürstbischof von Breslau
1694–1732	Fürstbischof von Worms, Hoch- und Deutschmeister, Fürstpropst von Ellwangen
1712–1729	Koadjutor des Erzbischofs von Mainz
1716–1729	Kurfürst-Erzbischof von Trier
1729–1732	Kurfürst-Erzbischof von Mainz

Literatur: **E. Gatz – J. Kopiec**, in: Bischöfe 1648–1803, 124–127.

Blasonierung: Unter dem schwarzen mit goldenen Lilienstäben belegten Kreuz (Deutscher Orden) ein Mittelschild und ein Hauptschild. Auf dem Kreuz ein Herzschild, darin in Gold ein rot gezungter schwarzer Adler (Deutscher Orden), dessen Brust mit einem silbernen Schild mit rotem Kreuz (Erzstift Trier) belegt ist. – Mittelschild: Geviert, (1) in Schwarz ein schräglinks gestellter silberner Schlüssel, der oben und unten von jeweils vier goldenen Schindeln begleitet ist (Hochstift Worms), (2) in Silber eine goldene Mitra (Fürstpropstei Ellwangen), (3) geteilt von Gold und Blau, oben ein schwarzer golden bewehrter Adler mit in Kleeblättern endender silberner Brustspange (Schlesien), unten sechs 3:2:1 gestellte goldene Lilien (Breslau), (4) in Rot ein silbernes Osterlamm mit Fahne, die ein rotes Kreuz in Silber führt (Fürstabtei Prüm). – Hauptschild, Quartier I: zweifach gespalten (drei Felder), (1) in Schwarz ein rot bekrönter und rot bewehrter goldener Löwe (Pfalzgrafschaft bei Rhein), (2) die silbernen und blauen bayerischen Rauten (Herzogtum Bayern), (3) in Gold ein rot bewehrter schwarzer Löwe (Herzogtum Jülich). – Quartier II: Gespalten von Rot und Silber, vorne eine aus acht goldenen Lilienstäben gebildete Lilienhaspel, überdeckt mit einem silbernen Schildchen (Herzogtum Kleve), hinten in Silber ein blau bekrönter und blau bewehrter roter Löwe (Herzogtum Berg). – Quartier III: Gespalten von Gold und Silber, vorne ein schwarzer Balken (Fürstentum Moers), hinten ein golden bekrönter und golden bewehrter blauer Löwe (Grafschaft Veldenz). – Quartier IV: Gespalten von Gold und Silber, vorne ein in drei Reihen von Rot und Silber geschachter Balken (Grafschaft Mark), hinten drei rote Sparren (Grafschaft Ravensberg).

Anmerkung: In dieser Form wurde das Wappen von Franz Ludwig zwischen 1716 und 1729 geführt, wobei es mehrere Varianten gibt, insbesondere was die Reihenfolge im Hauptschild betrifft, etwa die Stellung von Breslau. Staatsrechtlich gehört das Wappen des Bistums Breslau an die vierte Stelle, da es wegen seiner böhmischen Lehensabhängigkeit kein Reichsstand war und daher seinen Rang hinter allen Fürstentümern (auch der Fürstabtei Prüm) hatte. Das preußische Moers wurde 1707 vom Kaiser von einer Grafschaft zu einem Fürstentum erhoben. Seitdem rückte es in den Wappen der Pfälzer Wittelsbacher vor Veldenz, Mark und Ravensberg. Der Adler des Deutschen Ordens wird auch golden bewehrt tingiert.

Nachweis: BayHStA München, Siegelsammlung. – **W. Ewald**, Siegel II, 23, Tf. 19, Nr. 7. – **G. Schön**, Münzkatalog 993, Nr. 37. – **J. Siebmacher**, Wappen der Bistümer, Tf. 58. – Kirchenfenster in der Abtei Prüm.

Schönborn, Franz Georg Reichsfreiherr (seit 1701 **Reichsgraf**) von (1682–1756)

1729–1756   Kurfürst-Erzbischof von Trier
1732–1756   Fürstbischof von Worms
1732–1756   Fürstpropst von Ellwangen

Literatur: **W. Seibrich**, in: Bischöfe 1648–1803, 432–435.

Blasonierung: Hauptschild zweifach gespalten und zweifach geteilt (acht Felder) mit Mittelschild und Herzschild. – Herzschild gekrönt von einer goldenen Laubkrone (Stammwappen Schönborn): In Rot ein auf drei silbernen Spitzen schreitender gekrönter goldener Löwe. – Mittelschild: Geviert, (1) in Silber ein rotes Kreuz (Erzstift Trier), (2) in Schwarz ein schräglinks gestellter silberner Schlüssel, der oben und unten von jeweils vier goldenen Schindeln begleitet ist (Hochstift Worms), (3) in Silber eine goldene Mitra (Fürstpropstei Ellwangen), (4) in Rot ein silbernes Osterlamm mit der Fahne, die in Silber ein rotes Hochkreuz führt (Fürstabtei Prüm). – Hauptschild: (1) in Rot drei 2:1 gestellte silberne Schildchen (Herrschaft Reichelsberg), (2) in Gold ein golden bewehrter und rot gezungter schwarzer Doppeladler, der in der rechten Klaue ein silbernes Schwert und in der linken Klaue den blauen Reichsapfel mit goldenem Kreuz und goldener Spange hält. Zwischen den Köpfen schwebt eine goldene Kaiserkrone mit zwei abfliegenden blauen Bändern (Reichsadler als Gnadenwappen), (3) in Blau ein silberner Balken, begleitet oben von zwei, unten von einem silbernen Wecken (Herrschaft Heppenheim), (4) ein Feld von Hermelin mit dem blauen Reichsapfel mit goldenem Kreuz und goldener Spange auf rotem Kissen (Erbtruchsessenamt), (5) in Schwarz drei 2:1 gestellte goldene Garben (Puchheim), (6) in Gold ein linksgewendeter schreitender schwarzer Wolf (Grafschaft Wolfstal), (7) in Silber der Bindenschild (in Rot ein silberner Balken) umgeben von einem innen silbernen und außen roten Wappenmantel, bekrönt von einem Herzogshut (Erzherzogtum Österreich als Gnadenwappen), (8) in Silber ein golden gekrönter und rot gezungter blauer Löwe, überdeckt mit zwei roten Balken (Herrschaft Pommersfelden).

Anmerkung: Das Erbtruchsessenamt bezieht sich auf Österreich ob und unter der Enns, das die Schönborn nach dem Aussterben der Grafen von Puchheim 1711 erhielten. Als Variante beim Stammwappen Schönborn findet sich auch ein blau gekrönter und zweischwänziger Löwe. In dieser Form wurde das Wappen ab 1732 geführt.

Nachweis: BayHStA München, Siegelsammlung. – **W. Ewald**, Siegel II, 24, Tf. 20, Nr. 2–4. – **J. Siebmacher**, Wappen der Bistümer, Tf. 96. – **G. Schön**, Münzkatalog 995, Nr. 64. – Bauplastik an der Abtei Prüm.

Walderdorff, Johann Philipp Reichsfreiherr (seit 1767 **Reichsgraf**) **von** (1701–1768)

1739–1742   Generalvikar für das Obererzstift Trier in Trier
1754–1756   Koadjutor des Erzbischofs von Trier, Archiep. tit. Patracensis
1756–1768   Kurfürst-Erzbischof von Trier
1763–1768   Fürstbischof von Worms

Literatur: **W. Seibrich**, in: Bischöfe 1648–1803, 547–550.

Blasonierung: Geviert, mit goldener Laubkrone gekröntes Herzschild. – Herzschild: In Schwarz ein golden gekrönter und rot bewehrter silberner Löwe mit rotem Kopf und roter Mähne (Familienwappen Walderdorff). – Hauptschild: Geviert, (1) in Silber ein rotes Kreuz (Erzstift Trier), (2) in Schwarz ein schräg gestellter silberner Schlüssel, der oben und unten von jeweils vier goldenen Schindeln begleitet ist (Hochstift Worms), (3) in Rot ein zurückschauendes silbernes Osterlamm mit der Osterfahne (Fürstabtei Prüm), (4) in Silber zwei rote Balken (Nieder-Isenburg, zum Familienwappen Walderdorff).

Anmerkung: In dieser Form führte der Bischof das Wappen ab 1763. Bis dahin und auch später wird für Trier ein separates Wappen gezeigt (Herzschild wie oben, erstes und viertes Feld Trier, zweites Feld Prüm, drittes Feld Walderdorff = Balken).[266] – Varianten des Familienwappens: Der Löwe findet sich im roten Feld und doppelt geschweift, auch mit roten Pranken.[267] Im zweiten Familienwappen (Nieder-Isenburg) werden die zwei Balken (in Silber) als blau bordiert beschrieben.[268] Das unter der Lehenshoheit von Trier stehende Nieder-Isenburg (Isenburg-Grenzau) erhielten die Walderdorff nach dem Aussterben der gerlachschen Linie der Grafen von Isenburg 1664.

Nachweis: **G. Schön**, Münzkatalog 999, Nr. 117. – **W. Ewald**, Siegel II, 25, Tf. 20, Nr. 1. – **J. Siebmacher**, Wappen der Bistümer, Tf. 95. – Bauplastik an der Liebfrauenkirche Koblenz.

---

266   Vgl. **J. C. Gatterer**, Handbuch 1763, 14.
267   **E. H. Kneschke**, Adels-Lexicon IX, 445 f.
268   **J. C. Gatterer**, Handbuch 1763, 64; 1768, 64.

Clemens Wenzeslaus, Herzog von Sachsen (1739–1812)

1763–1768 Fürstbischof von Regensburg und Freising
1765–1768 Koadjutor des Fürstbischofs von Augsburg
1768–1801 Kurfürst-Erzbischof von Trier
1768–1812 Fürstbischof von Augsburg

Literatur: **E. Gatz**, in: Bischöfe 1785/1803–1945, 388–391.

Blasonierung: Geviert mit geviertem Mittelschild, auf dem eine goldene Königskrone ruht, und Herzschild. – Herzschild: Neunmal geteilt von Schwarz und Gold, schräg überdeckt mit einem grünen Rautenkranz (Sachsen). – Mittelschild: Geviert, (1) und (4) in Rot ein golden gekrönter silberner Adler (Königreich Polen), (2) und (3) in Rot ein silberner geharnischter Reiter mit bloßem Schwert auf silbernem Pferd mit goldenem Zügel und Zaumzeug, blauem Sattel und blauem Schild, darin ein goldenes Patriarchenkreuz (Großherzogtum Litauen). – Hauptschild: Geviert, (1) in Silber ein rotes durchgehendes Kreuz (Erzstift Trier), (2) gespalten von Rot und Silber (Hochstift Augsburg), (3) in Silber eine goldene Mitra (Fürstpropstei Ellwangen), (4) in Rot auf grünem Boden ein silbernes Osterlamm und eine Fahne mit rotem durchgehendem Kreuz (Fürstabtei Prüm).

Anmerkung: Das Wappen wurde in dieser Form nach dem Erwerb der Fürstpropstei Ellwangen 1787 geführt, die im Fürstenrat des Reichstags auf Platz 29 rangmäßig vor der Fürstabtei Prüm (Platz 33) stand. Bis 1787 führte Clemens Wenzeslaus das folgende Wappen: (1) und (4) in Silber ein rotes durchgehendes Kreuz (Erzstift Trier), (2) gespalten von Rot und Silber (Hochstift Augsburg), (3) in Rot auf grünem Boden ein linksgewendetes silbernes Osterlamm mit Nimbus und Fahne mit rotem durchgehenden Hochkreuz (Fürstabtei Prüm). – Das Osterlamm im Wappen der Fürstabtei Prüm wird auch mit Nimbus gezeigt

Nachweis: BayHStA München, Siegelsammlung. – **W. Ewald**, Siegel II, 25, Tf. 21, Nr. 2–4. – **G. Schön**, Münzkatalog 41, Nr. 16 und 1001, Nr. 129. – **J. Siebmacher**, Wappen der Bistümer, Tf. 97. – **C. Tyroff**, Wappenwerk I, 167.

Wien

Das 1469 aus dem Diözesangebiet von Passau ausgegliederte Bistum, seit 1722 Erzbistum Wien umfasste nur die Stadt mit ihrem Umland. Erst 1728 und 1782/85 wurde es auf seinen heutigen Umfang erweitert. Es gab kein Hochstift. Seit der Durchführung der tridentinischen Reform war die Bevölkerung katholisch. Bischof und Domkapitel hatten ihren Sitz in Wien. Der Landesherr besaß das Recht zur Nomination des Bischofs bzw. Erzbischofs.

Literatur: **J. Weißensteiner**, in: Bistümer bis 1803, 809–815.

1. (Erz-) Bistum

Blasonierung: In Rot ein silberner mit einem Tatzenkreuz besetzter Balken. – Das erstmals 1484 nachweisbare Wappenbild stellt nach Siebmacher[269] eine „Besserung" des Wappens (Bindenschild) der Propstei St. Stephan dar. 1522 erscheint
es auf einem Grabdenkmal des Bischofs Georg Slatkonia.[270]

Nachweis: BayHStA München, Siegelsammlung. – **F. Gall**, Wappenkunde 225. – **O. Neubecker – W. Rentzmann**, Lexikon,
Tf. 25. – **J. Siebmacher**, Wappen der Bistümer, Tf. 11.

---

[269] **J. Siebmacher**, Wappen der Bistümer 41.
[270] Ebd. 6.

2. Fürstbischöfe/Fürsterzbischöfe

Bischofsliste

Fürstbischöfe

1639–1669	**Philipp Friedrich Reichsfreiherr von Breuner** (Breiner)
1669–1680	**Wilderich Reichsritter** (seit 1663 **Reichsfreiherr**) **von Walderdorff**
1681–1685	**Emerich** (Taufname: Johann Anton) **Sinelli** <OFMCap>
1685–1702	**Ernst Reichsgraf von Falkenstein Trautson**
1701–1702	**Harrach zu Rorau, Franz Anton Reichsgraf** (seit 1706 **Fürst**) **von**, Koadjutor
1702–1706	Ders., Fürstbischof
1706–1716	**Franz Ferdinand** (seit 1705 **Freiherr**) **von Rummel**
1716–1722	**Sigismund Graf von Kollonitsch** (Kollonitz)

Fürsterzbischöfe

1722–1751	**Sigismund Graf von Kollonitsch** (Kollonitz)
1750–1751	**Johann Joseph Reichsgraf von Falkenstein Trautson**, Koadjutor
1751–1757	Ders., Fürsterzbischof
1757–1803	**Christoph Bartholomäus Anton Reichsgraf von Migazzi zu Wall und Sonnenthurn**
1803–1820	**Sigismund Anton** (seit 1767 **Graf**) **von Hohenwart**

Breuner (Breiner), **Philipp Friedrich Reichsfreiherr von** (1597–1669)

1630–1639   Weihbischof in Olmütz, Ep. tit. Joppensis
1639–1669   Fürstbischof von Wien

Literatur: **J. Weißensteiner**, in: Bischöfe 1648–1803, 47 f.

Blasonierung: Geviert mit Herzschild. – Herzschild (Familienwappen Breuner): In Silber ein schwarzes Ross (von Roß-eck). – Hauptschild: (1) und (4) gespalten, vorne in Rot ein silberner mit einem Tatzenkreuz besetzter Balken (Bistum Wien), hinten in Silber ein von Gold und Schwarz in zwei Reihen geschachter Pfahl (Familienwappen Breuner), (2) und (3) in Gold ein natürlicher Biber (von Gnas).

Anmerkung: Varianten beim Familienwappen. – Herzschild: In Blau ein rotgezäumtes schwarzes Ross.[271]

Nachweis: **A. Fenzl**, Wappen 127–130.

---

[271] **W. v. Hueck**, Adelslexikon II, 106.

Walderdorff, Wilderich Reichsritter (seit 1663 **Reichsfreiherr**) **von** (1617–1680)

1647–1659   Generalvikar in Mainz
1669–1680   Fürstbischof von Wien

Literatur: **J. Weißensteiner**, in: Bischöfe 1648–1803, 550 f.

Blasonierung: Geviert, (1) und (4) in Rot ein silberner mit einem Tatzenkreuz besetzter Balken (Bistum Wien), (2) und (3) in Schwarz ein golden bekrönter und rot bewehrter silberner Löwe mit rotem Kopf und roter Mähne (Familienwappen Walderdorff).

Anmerkung: Bischof Wilderich erhielt für seine Familie von Kaiser Leopold das Freiherrendiplom. – Varianten des Familienwappens: Der Löwe findet sich im roten Feld und doppelt geschweift, auch mit roten Pranken.[272]

Nachweis: **A. Fenzl**, Wappen 131–133.

---

[272]   **E. H. Kneschke**, Adels-Lexicon IX, 445 f.

Sinelli, Emerich (Taufname: Johann Anton) <OFMCap> (1622–1685)

1681–1685   Fürstbischof von Wien

Literatur: **J. Weißensteiner**, in: Bischöfe 1648–1803, 462 f.

Blasonierung: Gespalten, vorne in Rot ein silberner mit einem Tatzenkreuz besetzter Balken (Bistum Wien), hinten eine Madonna mit Kaiserkrone, in der rechten Hand einen Lilienstab haltend und mit dem rechten Fuß auf einer sich um eine Kugel windenden Schlange stehend.

Anmerkung: Das Wappen wurde von Kaiser Leopold 1681 verliehen, die Tingierung ist nicht bekannt.

Nachweis: **A. Fenzl**, Wappen 134–136.

Trautson, Ernst Reichsgraf von Falkenstein (1633–1702)

1685–1702   Fürstbischof von Wien

Literatur: **J. Weißensteiner**, in: Bischöfe 1648–1803, 523 f.

Blasonierung: Durch eine rechte Flanke gespalten, vorn in Rot ein silberner mit einem Tatzenkreuz besetzter Balken (Bistum Wien), hinten geviert mit Herzschild. – Herzschild: In Blau ein gestürztes silbernes Hufeisen (Stammwappen Trautson). – Hauptschild (Familienwappen Trautson): (1) in Gold ein schwarzer Doppeladler mit goldener Kaiserkrone und zwei abflatternden blauen Bändern und einem goldenen Buchstaben „R" auf der Brust, (2) in Rot ein silberner Balken, überdeckt von einem silbernen Falken, der auf einem silbernen dreispitzigen Felsen sitzt (Falkenstein), (3) in Silber auf schwarzem Dreiberg ein linksgerichteter rot bewehrter schwarzer Hahn (Matrei), (4) in Gold ein halber schwarzer Steinbock mit silbernen Hörnern, der aus fünf roten Flammen aufwächst (Schroffenstein).

Anmerkung: Das goldene „R" im Familienwappen der Trautson stellt ein Gnadenzeichen Kaiser Rudolfs II. dar, der schwarze Hahn wird auch für die Herrschaft Sprechenstein (bei Sterzing) geführt. – Varianten des Familienwappens, zweites Feld: Falke in natürlicher Farbe, viertes Feld: Steinbock, der von der linken Seite des Schildesfuß aus roter Feuerfalle aufsteigt.[273]

Nachweis: Bauplastik am Stephansplatz Wien.

---

[273]   **E. H. Kneschke**, Adels-Lexicon IX, 258. – **J. C. Gatterer**, Handbuch 1763, 63; 1768, 69.

Harrach zu Rorau, Franz Anton Reichsgraf (seit 1706 **Fürst**) **von** (1663–1727)

1692–1696   Passauer Generalvikar für das Land ob der Enns
1701–1702   Koadjutor des Fürstbischofs von Wien, Ep. tit. Epiphaniensis
1702–1706   Fürstbischof von Wien
1706–1709   Koadjutor des Erzbischofs von Salzburg
1709–1727   Fürsterzbischof von Salzburg

Literatur: **F. Ortner**, in: Bischöfe 1648–1803, 172–174.

Blasonierung: Gespalten, vorne in Rot ein silberner mit einem Tatzenkreuz besetzter Balken (Bistum Wien), hinten in Rot eine mit drei 2:1 gestellten Straußenfedern besteckte goldene Kugel (Familienwappen Harrach).

Nachweis: **A. Fenzl**, Wappen 140–142.

Rummel, Franz Ferdinand (seit 1705 **Freiherr**) **von** (1644–1716)

> 1696–1706   Ep. tit. Tiniensis
> 1706–1716   Fürstbischof von Wien

Literatur: **J. Weißensteiner**, in: Bischöfe 1648–1803, 407–409.

Blasonierung: Durch eine rechte Flanke gespalten, vorne in Rot ein silberner mit einem Tatzenkreuz besetzter Balken (Bistum Wien), hinten geviert mit Herzschild. – Herzschild (Familienwappen Rummel): In Rot auf grünem Boden eine silberne Wölfin, zwei silberne nackte Knaben (Romulus und Remus) säugend. – Hauptschild (Familienwappen Rummel): Geviert, (1) und (4) in Silber auf grünem Dreiberg ein links gewendeter rot bewehrter schwarzer Hahn, (2) und (3) in Silber ein mit drei silbernen Sternen belegter blauer Balken.

Anmerkung: Varianten des Familienwappens, in Feld (2) und (3) ein mit drei goldenen Sternen belegter blauer Balken.[274]

Nachweis: **J. Siebmacher**, Wappen der Bistümer, Tf. 71.

---

[274]   **W. v. Hueck**, Adelslexikon XII, 126.

Kollonitsch (Kollonitz), **Sigismund Graf von** (1677–1751)

1705–1709	Titularbischof von Skutari
1709–1716	Bischof von Waitzen
1716–1722	Fürstbischof von Wien
1722–1751	Fürsterzbischof von Wien
1727	Kardinal

Literatur: **J. Weißensteiner**, in: Bischöfe 1648–1803, 236–239.

Blasonierung: Durch eine rechte Flanke gespalten, vorn in Rot ein silberner mit einem Tatzenkreuz besetzter Balken (Erzbistum Wien), hinten einmal geteilt und zweimal gespalten sechs Felder mit Herzschild. – Herzschild (Stammwappen Kollonitsch): Geviert, (1) und (4) in Silber ein natürlicher Wolf, (2) und (3) in Rot ein achtspeichiges goldenes Wagenrad. – Hauptschild (Familienwappen Kollonitsch): (1) und (6) in Rot ein oben mit drei Lindenblättern besetzter silberner Schrägbalken, (2) in Schwarz eine silberne Pyramide, (3) und (4) in Rot ein silberner Panther, (5) in Rot ein goldenes Fischgerippe.

Nachweis: **A. Fenzl**, Wappen 146–149. – **J. Siebmacher**, Oberösterreich 157, Tf. 47 (Familienwappen). – Bauplastik am Erzbischöflichen Palais Wien.

Trautson, Johann Joseph Reichsgraf von Falkenstein (1704–1757)

1743–1750   Passauer Generalvikar und Offizial für das Land unter der Enns
1750–1751   Koadjutor des Fürsterzbischofs von Wien, Archiep. tit. Carthaginensis
1751–1757   Fürsterzbischof von Wien
1756   Kardinal

Literatur: **J. Weißensteiner**, in: Bischöfe 1648–1803, 524–526.

Blasonierung: Durch eine rechte Flanke gespalten, vorne in Rot ein silberner mit einem Tatzenkreuz besetzter Balken (Erzbistum Wien), hinten geviert mit Herzschild. – Herzschild: In Blau ein gestürztes silbernes Hufeisen (Stammwappen Trautson). – Hauptschild (Familienwappen Trautson): (1) in Gold ein schwarzer Doppeladler mit goldener Kaiserkrone mit zwei abflatternden blauen Bändern und einem goldenen Buchstaben „R" auf der Brust, (2) in Rot ein silberner Balken, überdeckt von einem silbernen Falken, der auf einem silbernen dreispitzigen Felsen sitzt (Falkenstein), (3) in Silber auf schwarzem Dreiberg ein linksgerichteter rot bewehrter schwarzer Hahn (Matrei), (4) in Gold ein halber schwarzer Steinbock mit silbernen Hörnern, der aus fünf roten Flammen aufwächst (Schroffenstein).

Anmerkung: Das goldene „R" im Familienwappen der Trautson stellt ein Gnadenzeichen Kaiser Rudolfs II. dar, der schwarze Hahn wird auch für die Herrschaft Sprechenstein (bei Sterzing) geführt. – Varianten des Familienwappens, zweites Feld: Falke in natürlicher Farbe, viertes Feld: Steinbock, der von der linken Seite des Schildesfußes aus roter Feuerfalle aufsteigt.[275]

Nachweis: Bauplastik am Stephansplatz Wien.

---

[275]   **E. H. Kneschke**, Adels-Lexicon IX, 258. – **J. C. Gatterer**, Handbuch 1763, 63; 1768, 69.

Migazzi zu Wall und Sonnenthurn, Christoph Bartholomäus Anton Reichsgraf von
(1714–1803)

1751–1756	Koadjutor des Erzbischofs von Mecheln, Ep. tit. Carthaginensis
1756–1757	Bischof von Waitzen
1757–1803	Fürsterzbischof von Wien
1762–1786	Administrator von Waitzen
1761	Kardinal

Literatur: E. Gatz, in: Bischöfe 1785/1803–1945, 505–508.

Blasonierung: Durch eine rechte Flanke gespalten, vorne in Rot ein silberner mit einem Tatzenkreuz besetzter Balken (Erzbistum Wien), hinten geviert (Familienwappen Migazzi), die Vierung überdeckt mit einem blauen Schrägbalken, darin drei goldene Lilien, (1) und (4) in Schwarz eine goldene Sonne, oben oberhalb, unten unterhalb des Schrägbalkens, (2) und (3) in Silber ein schwarzer Zinnenturm.

Anmerkung: Überliefert ist auch ein Wappen mit dem Hochstiftswappen im Schildhaupt (unter Schildhaupt geviert, überdeckt mit Schrägbalken)[276] bzw. eine Spaltung zwischen Bistums- und Familienwappen.[277] – Varianten des Familienwappens, zweites und drittes Feld, in Gold ein schwarzer Zinnenturm.[278]

Nachweis: BayHStA München, Siegelsammlung. – **J. Siebmacher**, Wappen der Bistümer, Tf. 12. – **J. F. Seyfart**, Handbuch 1768, Tf. 68.

---

[276] **C. Tyroff**, Wappenwerk I, 103.
[277] **J. F. Seyfart**, Handbuch 1768, Tf. 68.
[278] **W. v. Hueck**, Adelslexikon IX, 59.

Hohenwart, Sigismund Anton (seit 1767 **Graf**) **von** (1730–1820)

1791–1794   Bischof von Triest
1794–1803   Bischof von Sankt Pölten und Apostolischer Feldvikar der österreichisch-
             ungarischen k. k. Heere
1803–1820   Fürsterzbischof von Wien

Literatur: E. Gatz, in: Bischöfe 1785/1803–1945, 324–326.

Blasonierung: Durch eine rechte Flanke gespalten, vorne in Rot ein silberner mit einem Tatzenkreuz besetzter Balken (Erzbistum Wien), hinten geviert mit Herzschild. – Herzschild (Familienwappen Hohenwart): In Silber auf rotem Dreiberg ein blauer Zinnenturm. – Hauptschild (Familienwappen Hohenwart): Geviert, (1) und (4) in Gold zwei auswärts gebogene schwarze Steinbockshörner, (2) und (3) in Rot eine silberne Doppelschüssel (Erblandtruchsess von Krain).

Nachweis: BayHStA München, Siegelsammlung. – Bauplastik am Stephansplatz Wien.

Wiener Neustadt

Das 1469 aus dem Gebiet des Erzbistums Salzburg ausgegliederte Bistum Wiener Neustadt umfasste nur die Stadt. Es gab kein Hochstift. Bischof und Domkapitel hatten ihren Sitz in Wiener Neustadt. Der Landesherr besaß das Recht zur Nomination des Bischofs. 1785 wurde das Bistum aufgehoben und sein Gebiet dem Erzbistum Wien zugewiesen.

Literatur: **J. Weißensteiner**, in: Bistümer bis 1803, 816–819.

1. Bistum

Blasonierung: In Rot ein silbernes offenes Torhaus mit blauem Dach und seitlichen Zinnentürmen mit je drei 2:1 gestellten Fenstern, darüber ein schmales schwebendes silbernes Tatzenkreuz. – In dieser Form begegnet uns das Wappen im 18. Jahrhundert.[279] Eine ähnliche Beschreibung liegt für das 16. Jahrhundert vor.[280] Als Variante taucht auch das Stadtwappen von Wiener Neustadt auf (Torturm im blauen Feld, darüber ein Doppeladler). Eine weitere Variante des Bistumswappens führte der letzte Bischof Heinrich Johann von Kerens: Er kombinierte das Stadtwappen von Wiener Neustadt mit einem goldenen Kreuz in Rot.

Nachweis: **H. Appuhn**, Siebmacher 1605, Tf. 11. – **J. F. Seyfart**, Handbuch 1768, Tf. 93. – **J. Siebmacher**, Wappen der Bistümer, Tf. 224.

---

279 **J. F. Seyfart**, Handbuch 1768, Tf 93.
280 **J. Siebmacher**, Wappen der Bistümer 165 f.

2. Bischöfe

Bischofsliste

1639–1666	Johannes Thuanus
1666–1669	Laurenz Aidinger
1670–1685	Leopold Karl Reichsfreiherr (seit 1638 Graf) von Kollonitsch (Kollonich, Kollonitz)
1687–1695	Christoph de Rojas y Spinola
1695–1718	Franz Anton Graf von Puchheim (Bucheim)
1719–1720	Ignaz von Lovina
1722–1733	Johann Moritz Gustav Reichsgraf von Manderscheid-Blankenheim
1734–1740	Johann Franz Anton Graf (seit 1725 Reichsgraf) von Khevenhüller
1741–1773	Ferdinand Michael Cyriakus Graf von Hallweil
1775–1785	Heinrich Johann von Kerens

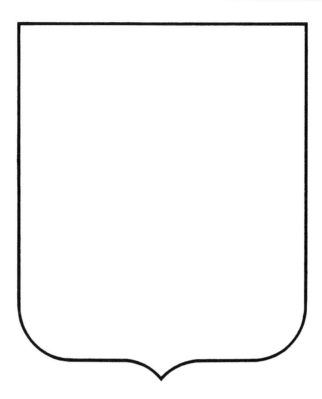

Thuanus, Johannes (1599–1666)

1639–1666   Bischof von Wiener Neustadt

Literatur: **A. Kolaska**, in: Bischöfe 1648–1803, 502.

Blasonierung: Ein Familien- oder Bischofswappen konnte nicht ermittelt werden.

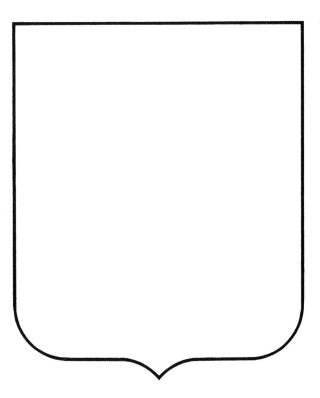

Aidinger, Laurenz (um 1615–1669)

1665–1666   Generalvikar in Wien
1666–1669   Bischof von Wiener Neustadt

Literatur: **A. Kolaska**, in: Bischöfe 1648–1803, 2 f.

Blasonierung: Ein Familien- oder Bischofswappen konnte nicht ermittelt werden.

Kollonitsch (Kollonich, Kollonitz), **Leopold Karl Reichsfreiherr** (seit 1638 **Graf**) **von**
(1631–1707)

1668–1670	Bischof von Neutra
1670–1685	Bischof von Wiener Neustadt
1686–1690	Bischof von Raab
1686	Kardinal
1690–1695	Erzbischof von Kolocsa und Administrator von Raab
1695–1707	Erzbischof von Gran

Literatur: **A. Kolaska,** in: Bischöfe 1648–1803, 234–236.

Blasonierung: (Familienwappen Kollonitsch) Zweimal gespalten und einmal geteilt (sechs Felder) mit Herzschild. – Herzschild: Geviert, (1) und (4) in Silber ein natürlicher Wolf, (2) und (3) in Rot ein goldenes achtspeichiges Wagenrad (Stammwappen Kollonitsch). – Hauptschild (Familienwappen Kollonitsch): (1) und (6) in Rot ein oben mit drei Lindenblättern besetzter silberner Schrägbalken, (2) in Schwarz eine silberne Pyramide, (3) und (4) in Rot ein silberner Panther, (5) in Rot ein goldenes Fischgerippe.

Nachweis: **J. Siebmacher,** Niederösterreich I, 239, Tf. 120 (Familienwappen). – Entwürfe von Aleš Zelenka. – Bauplastik am Alten Rathaus in Pressburg (Wappen aufgelegt auf Malteserkreuz).

Rojas y Spinola, Christoph de <OFMObs> (um 1626–1695)

1668–1687   Ep. tit. Tiniensis
1687–1695   Bischof von Wiener Neustadt

Literatur: E. Gatz – A. Kolaska, in: Bischöfe 1648–1803, 397 f.

Blasonierung: Geviert, (1) in Blau ein gezinntes silbernes Stadttor mit zwei Türmen mit aufgezogenem goldenen Fallgitter, darüber ein golden bewehrter rot gezungter und golden gekrönter Doppeladler (Stadt Wiener Neustadt), (2) fünf schräglinks liegende ovale 2:1:2 gestellte Ringe, aus deren unterem Rand neun 3:3:3 gestellte Tropfen hervorkommen, (3) ein schwebendes facettiertes Tatzenkreuz, (4) fünf 2:1:2 gestellte sechsstrahlige Sterne.

Anmerkung: Die Tingierung der Felder (2)–(4) ist nicht bekannt. Das Stadtwappen Feld (1) steht hier für das Bistum Wiener Neustadt.

Nachweis: Entwürfe von Aleš Zelenka.

Puchheim (Bucheim), **Franz Anton Graf von** (1664–1718)

1695–1718   Bischof von Wiener Neustadt

Literatur: **A. Kolaska**, in: Bischöfe 1648–1803, 353 f.

Blasonierung: (Familienwappen Puchheim) Geviert mit Herzschild, der mit einer dreiblättrigen goldenen Laubkrone gekrönt ist. – Herzschild: In Silber ein roter Balken (Stammwappen). – Hauptschild: (1) und (4) in Schwarz drei 2:1 gestellte goldene Ährenbündel (Erbtruchsessenamt), (2) und (3) in Rot ein golden gekrönter silberner Löwe (Raabs).

Nachweis: **J. Siebmacher**, Oberösterreich 282, Tf. 75.

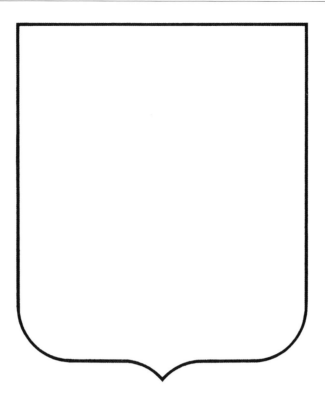

Lovina, Ignaz von (1660–1720)

1719–1720   Bischof von Wiener Neustadt

Literatur: **A. Kolaska**, in: Bischöfe 1648–1803, 286 f.

Blasonierung: Ein Familien- oder Bischofswappen konnte nicht ermittelt werden.

Manderscheid-Blankenheim, Johann Moritz Gustav Reichsgraf von (1676–1763)

1722–1733   Bischof von Wiener Neustadt
1733–1763   Fürsterzbischof von Prag

Literatur: **K. A. Huber**, in: Bischöfe 1648–1803, 293 f.

Blasonierung: (Familienwappen Manderscheid-Blankenheim) Gespalten und zweimal geteilt (sechs Felder), (1) in Gold ein roter Zickzackbalken (Stammwappen Manderscheid), (2) in Gold ein rot gezungter schwarzer Löwe, überdeckt mit einem fünflätzigen roten Turnierkragen (Blankenheim), (3) in mit goldenen heraldischen Lilien besätem blauem Feld ein rot gezungter silberner Löwe, überdeckt mit einem fünflätzigen roten Turnierkragen (Schleiden), (4) in Silber ein roter Adler (Kronenburg), (5) in Silber ein blauer Schrägwellenbalken, begleitet je von vier aufrecht stehenden roten Schwertern (Bettingen), (6) in Gold ein rotes Schrägflechtgitter (Daun).

Anmerkung: Varianten – im zweiten Feld ein vierlätziger roter Turnierkragen, im dritten Feld mit silbernen Lilien besät, im fünften Feld in Silber ein blauer Schrägwellenbalken, begleitet je von drei aufrecht stehenden blauen Schwertern, im sechsten Feld in Silber ein rotes Schrägflechtgitter.[281]

Nachweis: **J. Siebmachers** grosses Wappenbuch, Bd. 3: Die Wappen des hohen deutschen Adels, Tl. 1 (Nürnberg 1878, ND Neustadt/Aisch 1972) Tf. 38 und 40.

---

[281]   **W. v. Hueck**, Adelslexikon VIII, 218.

Khevenhüller, Johann Franz Anton Graf (seit 1725 **Reichsgraf**) von (1707–1762)

1734–1740   Bischof von Wiener Neustadt

Literatur: **A. Kolaska**, in: Bischöfe 1648–1803, 223.

Blasonierung: (Familienwappen Khevenhüller) Geteilt und dreimal gespalten (acht Felder) mit Herzschild. – Herzschild: Gespalten, vorne in Blau eine mit goldener Krone, die mit drei grünen Pfauenfedern besteckt ist, gekrönte linksgewendete silberne Eule auf grünem Dreiberg (Aufenstein), hinten geteilt, oben ledig von Schwarz, unten in drei Reihen geschacht von Schwarz und Gold (Mannsdorf). – Hauptschild: (1) und (8) geteilt, oben in Schwarz ein goldener Eichenzweig mit einer Eichel und zwei Blättern, unten in Gold ein schwarzer Wellenbalken (Stammwappen), (2) und (7) gespalten, vorne in Schwarz fünf aus dem linken Rande hervorkommende silberne Spitzen, hinten ledig von Schwarz (Weisspriach), (3) und (6) gespalten von Rot und Silber, vorne und hinten ein offener Flug in verwechselten Farben (Kellerberg), (4) und (5) in Silber ein nach innen gewendeter golden gekrönter und bewehrter schwarzer Adler, dessen Brust mit einer goldenen Mondsichel belegt ist (Forchtenstein).

Nachweis: **J. Siebmacher**, Niederösterreich I, Tf. 11, Nr. VIII. – Grabmal im Augsburger Dom.

Hallweil, Ferdinand Michael Cyriakus Graf von (1706–1773)

1741–1773   Bischof von Wiener Neustadt

Literatur: **A. Kolaska**, in: Bischöfe 1648–1803, 168 f.

Blasonierung: (Familienwappen Hallweil) In Gold ein offener schwarzer Flug.

Nachweis: **J. Siebmacher**, Oberösterreich, Tf. 31.

Kerens, Heinrich Johann von (1725–1792)

1769–1775	Bischof von Roermond
1775–1785	Bischof von Wiener Neustadt
1773–1792	Apostolischer Feldvikar der k. k. österreichischen Heere
1785–1792	Bischof von Sankt Pölten

Literatur: E. **Schragl**, in: Bischöfe 1785/1803–1945, 373–376.

Blasonierung: Geteilt und oben gespalten (drei Felder) (1) in Blau ein zweitürmiges gezinntes silbernes Tor mit golde-nem halb aufgezogenen Fallgitter, darüber schwebend ein golden gekrönter rot gezungter und golden bewehrter schwar-zer Doppeladler (Stadtwappen Wiener Neustadt), (2) in Rot ein goldenes Kreuz (Bistum Wiener Neustadt), (3) in Silber auf grünem Boden nebeneinander drei grüne Laubbäume mit braunem Stamme, links vor dem mittleren Baum stehend ein rotes Eichhörnchen mit einer braunen Nuss in den Pfoten (Familienwappen Kerens).

Anmerkung: Dieses Wappen führte Kerens seit 1785 auch als Bischof von Sankt Pölten.

Nachweis: 200 Jahre Diözese St. Pölten. AK (Krems 1985) 80, Nr. 1.22. – Heinrich Johann von Kerens. Erster Bischof von St. Pölten 1725/1785–1792. AK (St. Pölten 1992) 80.

Worms

Das in die Spätantike zurückreichende Bistum Worms erstreckte sich beiderseits des Oberrheins von Landstuhl im Westen bis zum unteren Neckar. Das kleine und zersplitterte Hochstift lag um Worms. Worms selbst war Reichsstadt. Das bedeutendste weltliche Territorium im Bistum war die Kurpfalz. Nach großen Verlusten in der Reformationszeit, darunter die Stadt Worms, wo der Dom allerdings katholisch blieb, konnte sich das Bistum seit dem Übergang der pfälzischen Kurwürde auf die katholische Linie Pfalz-Neuburg (1685) wieder konsolidieren. Der Bischof residierte meist in Ladenburg. Das Domkapitel hatte seinen Sitz in Worms. Es besaß das Bischofswahlrecht. Das Bistum war meist in Personalunion mit den Erzbistümern Mainz oder Trier verbunden.

Literatur: **B. Keilmann**, in: Bistümer bis 1803, 820–830.

1. Hochstift

Blasonierung: In Schwarz ein schräg gestellter silberner Schlüssel, der oben und unten von jeweils vier goldenen Schindeln (Rauten, Kreuzchen, Sternen) begleitet ist. – Der silberne Schlüssel als Hochstiftssymbol taucht schon in der Züricher Wappenrolle auf, allerdings geradestehend und vor blauem Hintergrund.[282] Bischof Salmann Cleman (1329–59) verwendete neben seinem Familienwappen als erster den Schlüssel als Hochstiftswappen im Siegel. Der Schlüssel wird im 17. und 18. Jahrhundert in der Regel mit Griff unten und Bart (Schließblatt) abwärts dargestellt, wobei der Bart nach rechts gewendet ist. Der Schlüssel wird von vier Schindeln begleitet (oder steht in einem von Schindeln bestreuten Feld), im 16. Jahrhundert und früher finden sich statt der Schindeln meistens Kreuzchen.[283] Statt goldener Schindeln (Kreuzchen) finden sich auch silberne.

Nachweis: **H. Appuhn**, Siebmacher 1605, Tf. 9. – **O. Neubecker – W. Rentzmann**, Lexikon, Tf. 380 (ohne Farbangabe). – **E. Neukirch**, Erscheinen 332 (Siegelbeschreibung).

---

[282] **W. Merz – F. Hegi**, Wappenrolle, Tf. I, Nr. VI.
[283] **J. Siebmacher**, Wappen der Bistümer 118, 167.

2. Fürstbischöfe

Bischofsliste

1630–1652	Georg Anton Reichsritter von Rodenstein
1662–1663	Hugo Eberhard Freiherr (seit 1630 Graf) Cratz von Scharffenstein
1663–1673	Johann Philipp (seit 1663 Reichsfreiherr) von Schönborn
1674–1675	Lothar Friedrich Reichsritter (seit 1635 Reichsfreiherr) von Metternich-Burscheid
1676–1678	Damian Hartard Reichsritter (seit 1653 Reichsfreiherr) von der Leyen-Hohengeroldseck
1679	Karl Heinrich Reichsritter (seit 1635 Reichsfreiherr) von Metternich-Winneburg
1681–1683	Waldbott von Bassenheim, Franz Emmerich Kaspar (seit 1638 Reichsfreiherr) von, Elekt
1688–1691	Johannes Karl (seit 1670 Reichsfreiherr) von Franckenstein
1693–1694	Ludwig Anton Pfalzgraf am Rhein zu Neuburg
1694–1732	Franz Ludwig Pfalzgraf am Rhein zu Neuburg
1732–1756	Franz Georg Reichsfreiherr (seit 1701 Reichsgraf) von Schönborn
1749–1756	Johann Friedrich Karl (seit 1712 Reichsgraf) von Ostein, Koadjutor
1756–1763	Ders., Fürstbischof
1763–1768	Johann Philipp Reichsfreiherr (seit 1767 Reichsgraf) von Walderdorff
1768–1774	Emmerich Joseph Reichsfreiherr von Breidbach zu Bürresheim
1775–1802	Friedrich Karl Joseph Reichsfreiherr von Erthal
1788–1802	Karl Theodor Reichsfreiherr von Dalberg, Koadjutor
1802–1817	Ders., Fürstbischof

Rodenstein, Georg Anton Reichsritter von (1579–1652)

1630–1652   Fürstbischof von Worms

Literatur: **H. Ammerich**, in: Bischöfe 1648–1803, 381 f.

Blasonierung: Geviert, (1) und (4) in Schwarz ein schräg gestellter silberner Schlüssel, der oben und unten von jeweils vier goldenen Schindeln begleitet ist (Hochstift Worms), (2) und (3) gespalten von Silber und Rot mit einem Balken in verwechselten Farben (Familienwappen Rodenstein).

Nachweis: BayHStA München, Siegelsammlung.

Cratz von Scharffenstein, Hugo Eberhard Freiherr (seit 1630 **Graf**) (um 1590–1663)

1662–1663   Fürstbischof von Worms

Literatur: H. **Ammerich**, in: Bischöfe 1648–1803, 68 f.

Blasonierung: Geviert, (1) und (4) in Schwarz ein schräg gestellter silberner Schlüssel, der oben und unten von jeweils vier goldenen Schindeln begleitet ist (Hochstift Worms), (2) und (3) in Silber ein roter Balken, oben und unten begleitet von je sieben 4:3 gestellten schwarzen Schindeln (Familienwappen Cratz von Scharffenstein).

Anmerkung: Varianten im Familienwappen, unten sechs Schindeln in drei Reihen.[284]

Nachweis: J. **Schalk**, Gräber, Grabsteine und Epitaphien in der Liebfrauenkirche zu Worms, in: Archiv für mittelrheinische Kirchengeschichte 36 (1984) 195–254, hier: 227, Nr. 18.

---

[284]   E. H. **Kneschke**, Adels-Lexicon II, 352.

Schönborn, Johann Philipp (seit 1663 **Reichsfreiherr**) von (1605–1673)

1642–1673	Fürstbischof von Würzburg
1649–1673	Kurfürst-Erzbischof von Mainz
1663–1673	Fürstbischof von Worms

Literatur: F. **Jürgensmeier**, in: Bischöfe 1648–1803, 438–442.

Blasonierung: Geteilt und zweimal gespalten (sechs Felder) mit Herzschild. – Herzschild (Familienwappen Schönborn): In Rot ein auf drei silbernen Spitzen schreitender gekrönter goldener Löwe. – Hauptschild: (1) in Rot drei silberne Spitzen (Hochstift Würzburg), (2) und (5) in Rot ein sechsspeichiges silbernes Rad (Erzstift Mainz), (3) und (4) in Schwarz ein schräg gestellter silberner Schlüssel, der oben und unten von jeweils vier goldenen Schindeln begleitet ist (Hochstift Worms), (6) in Blau das schräglinks gestellte, von Silber und Rot gevierte und zweimal eingekerbte Würzburger Rennfähnchen mit goldener Lanze (Hochstift Würzburg).

Anmerkung: In dieser Form wurde das Wappen ab 1663 geführt. Im dritten Feld findet sich auch statt des Wormser Hochstiftswappens eine Wiederholung des Würzburger Rechens (Grabdenkmal in der Schönbornkapelle im Dom zu Würzburg).[285] Als Variante beim Stammwappen Schönborn findet sich auch ein blau gekrönter und zweischwänziger Löwe.

Nachweis: BayHStA München, Siegelsammlung. – P. **Kolb**, Wappen 129. – O. **Posse**, Siegel, Tf. 20, Nr. 2, 5 f. – P. **Sella**, Sigilli V, 85, Tf. XXIX, Nr. 1537. – J. **Siebmacher**, Wappen der Bistümer, Tf. 197. – Bauplastik am Kirchenportal von Stift Haug in Würzburg.

---

[285]   **J. O. Salver**, Proben 626.

Metternich-Burscheid, Lothar Friedrich Reichsritter (seit 1635 **Reichsfreiherr**) **von** (1617–1675)

    1652–1675   Fürstbischof von Speyer
    1671–1673   Koadjutor des Erzbischofs von Mainz
    1673–1675   Kurfürst-Erzbischof von Mainz
    1674–1675   Fürstbischof von Worms

Literatur: **F. Jürgensmeier**, in: Bischöfe 1648–1803, 309 f.

Blasonierung: Geteilt und zweimal gespalten (sechs Felder) mit Herzschild. – Herzschild (Familienwappen Metternich): In Silber drei 2:1 gestellte schwarze Muscheln. – Hauptschild: (1) und (6) in Schwarz ein schräglinks gestellter silberner Schlüssel, der oben und unten von jeweils vier goldenen Schindeln begleitet ist (Hochstift Worms), (2) und (5) in Rot ein sechsspeichiges silbernes Rad (Erzstift Mainz), (3) in Blau ein silbernes Kreuz (Hochstift Speyer), (4) in Rot eine zweitürmige silberne Burg mit einem senkrecht hinter das Burgtor gestellten silbernen Prälatenstab (Fürstpropstei Weißenburg).

Anmerkung: In dieser Form wurde das Wappen seit 1674 geführt.

Nachweis: **O. Posse**, Siegel, Tf. 20, Nr. 13 f. – Wappenfenster im Dom zu Mainz.

Leyen-Hohengeroldseck, Damian Hartard Reichsritter (seit 1653 **Reichsfreiherr**) **von der** (1624–1678)

    1676–1678   Kurfürst-Erzbischof von Mainz
    1676–1678   Fürstbischof von Worms

Literatur: **F. Jürgensmeier,** in: Bischöfe 1648–1803, 272 f.

Blasonierung: Geviert mit Herzschild. – Herzschild (Familienwappen von der Leyen): In Blau ein silberner Pfahl. – Hauptschild: Geviert, (1) und (4) in Rot ein sechsspeichiges silbernes Rad (Erzstift Mainz), (2) und (3) in Schwarz ein schräg gestellter silberner Schlüssel, der oben und unten von jeweils vier goldenen Schindeln begleitet ist (Hochstift Worms).

Nachweis: **O. Posse,** Siegel, Tf. 21, Nr. 3 f. – **J. Siebmacher,** Wappen der Bistümer, Tf. 197.

Metternich-Winneburg, Karl Heinrich Reichsritter (seit 1635 **Reichsfreiherr**) von (1622–1679)

1679	Kurfürst-Erzbischof von Mainz
1679	Fürstbischof von Worms

Literatur: **F. Jürgensmeier**, in: Bischöfe 1648–1803, 310 f.

Blasonierung: Geviert mit geviertem Mittelschild und Herzschild. – Herzschild (Stammwappen Metternich): In Silber drei 2:1 gestellte schwarze Muscheln. – Mittelschild (Familienwappen Metternich): (1) und (4) in Rot ein schrägrechter silberner Stufenbalken, begleitet je von drei goldenen Kreuzchen (Winneburg), (2) und (3) in Rot drei 2:1 gestellte links-gewendete golden bebandete und beschlagene silberne Hörner (Beilstein). – Hauptschild: (1) und (4) in Rot ein sechs-speichiges silbernes Rad (Erzstift Mainz), (2) und (3) in Schwarz ein schräg gestellter silberner Schlüssel, der oben und unten von jeweils vier goldenen Schindeln begleitet ist (Hochstift Worms).

Nachweis: **J. Siebmacher**, Wappen der Bistümer, Tf. 198. – **O. Posse**, Siegel, Tf. 21, Nr. 6. – Wappenfenster im Dom zu Mainz.

Franckenstein, Johannes Karl (seit 1670 **Reichsfreiherr**) **von** (1610–1691)

1688–1691   Fürstbischof von Worms

Literatur: **H. Ammerich**, in: Bischöfe 1648–1803, 121 f.

Blasonierung: Geviert, (1) und (4) in Schwarz ein schräg gestellter silberner Schlüssel, der oben und unten von jeweils vier goldenen Schindeln begleitet ist (Hochstift Worms), (2) und (3) (Familienwappen Franckenstein) geviert, [1] und [4] in Gold ein schräglinks liegendes rotes Beileisen, [2] und [3] in Gold ein dreiblättriges rotes Kleeblatt.

Nachweis: BayHStA München, Siegelsammlung.

Ludwig Anton Pfalzgraf am Rhein zu Neuburg (1660–1694)

1679–1684   Koadjutor des Hoch- und Deutschmeisters
1684–1694   Hoch- und Deutschmeister
1689–1694   Fürstpropst von Ellwangen
1691–1694   Koadjutor des Erzbischofs von Mainz
1693–1694   Fürstbischof von Worms

Literatur: H. **Ammerich**, in: Bischöfe 1648–1803, 287 f.

Blasonierung: Unter dem schwarzen mit goldenen Lilienstäben belegten Kreuz (Deutscher Orden) ein Mittelschild und ein Hauptschild. Auf dem Kreuz ein Herzschild, darin in Gold ein rot gezungter golden bewehrter schwarzer Adler (Deutscher Orden). – Mittelschild: Geviert, (1) und (4) in Schwarz ein schräglinks gestellter (1) bzw. schrägrechts gestellter (4) silberner Schlüssel, der oben und unten von jeweils vier goldenen Schindeln begleitet ist (Hochstift Worms), (2) und (3) in Silber eine goldene Mitra (Fürstpropstei Ellwangen). – Hauptschild, Quartier I: zweifach gespalten (drei Felder), (1) in Schwarz ein rot bekrönter und rot bewehrter goldener Löwe (Pfalzgrafschaft bei Rhein), (2) die silbernen und blauen bayerischen Rauten (Herzogtum Bayern), (3) in Gold ein rot bewehrter schwarzer Löwe (Herzogtum Jülich). – Quartier II: Gespalten von Rot und Silber, vorne eine aus acht goldenen Lilienstäben gebildete Lilienhaspel, überdeckt mit einem silbernen Schildchen (Herzogtum Kleve), hinten in Silber ein blau bekrönter und blau bewehrter roter Löwe (Herzogtum Berg). – Quartier III: Gespalten von Silber und Gold, vorne ein golden bekrönter und golden bewehrter blauer Löwe (Grafschaft Veldenz), hinten ein in drei Reihen von Rot und Silber geschachter Balken (Grafschaft Mark). – Quartier IV: Gespalten von Silber und Gold, vorn drei rote Sparren (Grafschaft Ravensberg), hinten ein schwarzer Balken (Grafschaft Moers).

Nachweis: U. **Arnold**, AK Deutscher Orden, Münzabbildung 215. – Gemälde in der Porträtgalerie Schloss Ellingen.

Franz Ludwig Pfalzgraf am Rhein zu Neuburg (1664–1732)

1683–1732	Fürstbischof von Breslau
1694–1732	Fürstbischof von Worms, Hoch- und Deutschmeister, Fürstpropst von Ellwangen
1712–1729	Koadjutor des Erzbischofs von Mainz
1716–1729	Kurfürst-Erzbischof von Trier
1729–1732	Kurfürst-Erzbischof von Mainz

Literatur: **E. Gatz – J. Kopiec,** in: Bischöfe 1648–1803, 124–127.

Blasonierung: Unter dem schwarzen mit goldenen Lilienstäben belegten Kreuz (Deutscher Orden) ein Mittelschild und ein Hauptschild. Auf dem Kreuz ein Herzschild, darin in Gold ein rot gezungter schwarzer Adler (Deutscher Orden), dessen Brust mit einem roten Schild mit einem sechsspeichigen silbernen Rad (Erzstift Mainz) belegt ist. – Mittelschild: Geviert, (1) und (4) in Schwarz ein schräglinks gestellter silberner Schlüssel, der oben und unten von jeweils vier goldenen Schindeln begleitet ist (Hochstift Worms), (2) in Silber eine goldene Mitra (Fürstpropstei Ellwangen), (3) geteilt von Gold und Blau, oben ein schwarzer golden bewehrter Adler mit in Kleeblättern endender silberner Brustspange (Schlesien), unten sechs 3:2:1 gestellte goldene Lilien (Breslau). – Hauptschild, Quartier I: zweifach gespalten (drei Felder), (1) in Schwarz ein rot bekrönter und rot bewehrter goldener Löwe (Pfalzgrafschaft bei Rhein), (2) die silbernen und blauen bayerischen Rauten (Herzogtum Bayern), (3) in Gold ein rot bewehrter schwarzer Löwe (Herzogtum Jülich). – Quartier II: Gespalten von Rot und Silber, vorne eine aus acht goldenen Lilienstäben gebildete Lilienhaspel, überdeckt von einem silbernen Schildchen (Herzogtum Kleve), hinten ein blau bekrönter und blau bewehrter roter Löwe (Herzogtum Berg). – Quartier III: Gespalten von Gold und Silber, vorne ein schwarzer Balken (Fürstentum Moers), hinten ein golden bekrönter und golden bewehrter blauer Löwe (Grafschaft Veldenz). – Quartier IV: Gespalten von Gold und Silber, vorne ein in drei Reihen von Rot und Silber geschachter Balken (Grafschaft Mark), hinten drei rote Sparren (Grafschaft Ravensberg).

Anmerkung: In dieser Form wurde das Wappen von Franz Ludwig am Ende seiner Regierung in Mainz geführt. In der Vollform wird der Adler des Deutschen Ordens golden bewehrt tingiert. Die im Quartier IV (von den Pfälzer Wittelsbachern aus der Linie Neuburg) als Anspruchswappen zitierte preußische Grafschaft Moers wurde 1707 zu einem Fürstentum erhoben und rückte daher vor Veldenz. Im Wappen des Bischofs Ludwig Anton stand es noch an letzter Stelle.

Nachweis: BayHStA München, Siegelsammlung. – **J. D. Koehler**, Calender 1732, vor 8. – **O. Posse**, Siegel, Tf. 23, Nr. 1–3. – **G. Schön**, Münzkatalog 993, Nr. 37. – Deckenfresko in der Pfarrkirche St. Georg in Ellingen.

Schönborn, Franz Georg Reichsfreiherr (seit 1701 **Reichsgraf**) von (1682–1756)

1729–1756	Kurfürst-Erzbischof von Trier
1732–1756	Fürstbischof von Worms
1732–1756	Fürstpropst von Ellwangen

Literatur: **W. Seibrich**, in: Bischöfe 1648–1803, 432–435.

Blasonierung: Hauptschild zweifach gespalten und zweifach geteilt (acht Felder) mit Mittelschild und Herzschild. – Herzschild gekrönt von einer goldenen Laubkrone (Stammwappen Schönborn): In Rot ein auf drei silbernen Spitzen schreitender gekrönter goldener Löwe. – Mittelschild: Geviert, (1) in Silber ein rotes Kreuz (Erzstift Trier), (2) in Schwarz ein schräglinks gestellter silberner Schlüssel, der oben und unten von jeweils vier goldenen Schindeln begleitet ist (Hochstift Worms), (3) in Silber eine goldene Mitra (Fürstpropstei Ellwangen), (4) in Rot ein silbernes Osterlamm mit der Fahne, die in Silber ein rotes Hochkreuz führt (Fürstabtei Prüm). – Hauptschild: (1) in Rot drei 2:1 gestellte silberne Schildchen (Herrschaft Reichelsberg), (2) in Gold ein golden bewehrter und rot gezungter schwarzer Doppeladler, der in der rechten Klaue ein silbernes Schwert und in der linken Klaue den blauen Reichsapfel mit goldenem Kreuz und goldener Spange hält. Zwischen den Köpfen schwebt eine goldene Kaiserkrone mit zwei abfliegenden blauen Bändern (Reichsadler als Gnadenwappen), (3) in Blau ein silberner Balken, begleitet oben von zwei, unten von einem silbernen Wecken (Herrschaft Heppenheim), (4) ein Feld von Hermelin mit dem blauen Reichsapfel mit goldenem Kreuz und goldener Spange auf rotem Kissen (Erbtruchsessenamt), (5) in Schwarz drei 2:1 gestellte goldene Garben (Puchheim), (6) in Gold ein linksgewendeter schreitender schwarzer Wolf (Grafschaft Wolfstal), (7) in Silber der Bindenschild (in Rot ein silberner Balken), umgeben von einem innen silbernen und außen roten Wappenmantel, bekrönt von einem Herzogshut (Erzherzogtum Österreich als Gnadenwappen), (8) in Silber ein golden gekrönter und rot gezungter blauer Löwe, überdeckt mit zwei roten Balken (Herrschaft Pommersfelden).

Anmerkung: Das Erbtruchsessenamt bezieht sich auf Österreich ob und unter der Enns, das die Schönborn nach dem Aussterben der Grafen von Puchheim 1711 erhielten. Als Variante beim Stammwappen Schönborn findet sich auch ein blau gekrönter und zweischwänziger Löwe.

Nachweis: BayHStA München, Siegelsammlung. – **W. Ewald**, Siegel, II, 24, Tf. 20, Nr. 2–4. – **G. Schön**, Münzkatalog 995, Nr. 64. – **J. Siebmacher**, Wappen der Bistümer, Tf. 96. – Bauplastik über der Empore der Abteikirche Prüm.

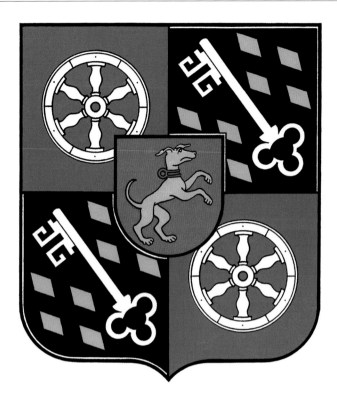

Ostein, Johann Friedrich Karl (seit 1712 **Reichsgraf**) von (1689–1763)

1743–1763   Kurfürst-Erzbischof von Mainz
1749–1756   Koadjutor des Fürstbischofs von Worms
1756–1763   Fürstbischof von Worms

Literatur: **F. Jürgensmeier**, in: Bischöfe 1648–1803, 331–334.

Blasonierung: Geviert mit Herzschild. – Herzschild (Familienwappen Ostein): In Blau ein nach links springender goldener Windhund mit rotem Halsband. – Hauptschild: (1) und (4) in Rot ein sechsspeichiges silbernes Rad (Erzstift Mainz), (2) und (3) in Schwarz ein schräg gestellter silberner Schlüssel, der oben und unten von jeweils vier goldenen Schindeln begleitet ist (Hochstift Worms).

Anmerkung: Varianten Familienwappen, in Blau ein springender rot gezungter goldener Windhund mit beringtem silbernem Halsband.[286]

Nachweis: BayHStA München, Siegelsammlung. – **J. C. Gatterer**, Handbuch 1763, 14. – **O. Posse**, Siegel, Tf. 24, Nr. 8. – **G. Schön**, Münzkatalog 549, Nr. 38. – **P. Sella**, Sigilli III, 125, Tf. XVIII, Nr. 438. – Wappenfenster im Dom zu Mainz.

---

[286]   **W. v. Hueck**, Adelslexikon X, 69.

Walderdorff, Johann Philipp Reichsfreiherr (seit 1767 **Reichsgraf**) **von** (1701–1768)

1739–1742	Generalvikar für das Obererzstift Trier in Trier
1754–1756	Koadjutor des Erzbischofs von Trier, Archiep. tit. Patracensis
1756–1768	Kurfürst-Erzbischof von Trier
1763–1768	Fürstbischof von Worms

Literatur: **W. Seibrich**, in: Bischöfe 1648–1803, 547–550.

Blasonierung: Geviert, mit goldener Laubkrone gekröntes Herzschild. – Herzschild: In Schwarz ein golden gekrönter und rot bewehrter silberner Löwe mit rotem Kopf und roter Mähne (Familienwappen Walderdorff). – Hauptschild: Geviert, (1) in Silber ein rotes Kreuz (Erzstift Trier), (2) in Schwarz ein schräg gestellter silberner Schlüssel, der oben und unten von jeweils vier goldenen Schindeln begleitet ist (Hochstift Worms), (3) in Rot ein zurückschauendes silbernes Osterlamm mit der Osterfahne (Fürstabtei Prüm), (4) in Silber zwei rote Balken (Nieder-Isenburg, zum Familienwappen Walderdorff).

Anmerkung: Am 20. Juni 1767 wurde die Familie (Franz Philipp von Walderdorff, kurtrierischer geheimer Rat) in den Grafenstand erhoben. – Varianten des Familienwappens: Der Löwe findet sich im roten Feld und doppelt geschweift, auch mit roten Pranken.[287] Im zweiten Familienwappen (Nieder-Isenburg) werden die zwei Balken (in Silber) als blau bordiert beschrieben.[288] Das unter der Lehenshoheit von Trier stehende Nieder-Isenburg (Isenburg-Grenzau) erhielten die Walderdorff nach dem Aussterben der gerlachschen Linie der Grafen von Isenburg 1664.

Nachweis: **W. Ewald**, Siegel II, 25, Tf. 20, Nr. 1. – **G. Schön**, Münzkatalog 999, Nr. 111. – **J. Siebmacher**, Wappen der Bistümer, Tf. 95 (Variante: nur Trier und Prüm). – Bauplastik in der Liebfrauenkirche in Koblenz.

---

287 **E. H. Kneschke**, Adels-Lexicon IX, 445 f.
288 **J. C. Gatterer**, Handbuch 1763, 64; 1768, 64.

Breidbach zu Bürresheim, Emmerich Joseph Reichsfreiherr von (1707–1774)

1763–1774   Kurfürst-Erzbischof von Mainz
1768–1774   Fürstbischof von Worms

Literatur: **F. Jürgensmeier**, in: Bischöfe 1648–1803, 42–44.

Blasonierung: Geviert mit Herzschild. – Herzschild: In Silber ein blau gezungter und blau bekrönter zum Flug geschickter roter Drachen (Familienwappen Breidbach zu Bürresheim). – Hauptschild: (1) und (4) in Rot ein sechsspeichiges silbernes Rad (Erzstift Mainz), (2) und (3) in Schwarz ein schräg gestellter silberner Schlüssel, der oben und unten von jeweils vier goldenen Schindeln begleitet ist (Hochstift Worms).

Nachweis: BayHStA München, Siegelsammlung. – **O. Posse**, Siegel, Tf. 25, Nr. 4 und 6 f. – **G. Schön**, Münzkatalog 552, Nr. 61. – **J. Siebmacher**, Wappen der Bistümer, Tf. 198. – Wappenfenster im Dom zu Mainz. – Bauplastik an der Kirche zu Unserer Lieben Frau in Aschaffenburg.

Erthal, Friedrich Karl Joseph Reichsfreiherr von (1719–1802)

1775–1802   Kurfürst-Erzbischof von Mainz
1775–1802   Fürstbischof von Worms

Literatur: **F. Jürgensmeier**, in: Bischöfe 1648–1803, 95–99.

Blasonierung: Geviert mit geviertem Herzschild. – Herzschild (Familienwappen Erthal): Geviert, (1) und (4) in Rot zwei silberne Balken, (2) und (3) ledig von Blau. – Hauptschild: (1) und (4) in Rot ein sechsspeichiges silbernes Rad (Erzstift Mainz), (2) und (3) ein schräg gestellter silberner Schlüssel, der oben und unten von jeweils vier goldenen Schindeln begleitet ist (Hochstift Worms).

Anmerkung: Varianten bei Siebmacher (mit Hoch- und Deutschmeisterkreuz).[289]

Nachweis: BayHStA München, Siegelsammlung. – **O. Posse**, Siegel, Tf. 26, Nr. 6.

---

[289]   **J. Siebmacher**, Wappen der Bistümer, Tf. 197.

Dalberg, Karl Theodor Reichsfreiherr von (1744–1817)

1788–1802   Koadjutor des Erzbischofs von Mainz und Fürstbischofs von Worms, Archiep.
            tit. Tarsensis
1788–1800   Koadjutor des Fürstbischofs von Konstanz
1800–1817   Fürstbischof von Konstanz
1802–1817   Fürstbischof von Worms
1802   Kurfürst-Erzbischof von Mainz, Erzkanzler des Heiligen Römischen Reiches
1803–1817   Administrator und Erzbischof (1805) von Regensburg

Literatur: **G. Schwaiger**, in: Bischöfe 1785/1803–1945, 110–113.

Blasonierung: Geviert mit Herzschild. – Herzschild (Familienwappen Dalberg): Geviert, (1) und (4) unter dreimal gespitztem goldenen Schildhaupt in Blau sechs 3:2:1 gestellte silberne Lilien, (2) und (3) in Gold ein schwebendes schwarzes Ankerkreuz. – Hauptschild: Geviert, (1) und (4) in Rot ein sechsspeichiges silbernes Rad (Erzstift Mainz), (2) in
Schwarz ein schräg gestellter silberner Schlüssel, der oben und unten von jeweils vier goldenen Schindeln begleitet ist
(Hochstift Worms), (3) zweifach geteilt (drei Felder), [1] in Silber ein rotes Kreuz (Hochstift Konstanz), [2] in Silber ein
rotes Kreuz (Reichsabtei Reichenau), [3] in Gold zwei aus blauen Wolken hervorkommende silberne Arme, die einen silbernen Schlüssel mit doppeltem Bart halten (Propstei Öhningen).

Anmerkung: Variante bei Siebmacher[290] (vier zusammengestellte Schilde); in der abgebildeten Form wurde das Wappen
nur 1802/03 geführt.

Nachweis: BayHStA München, Siegelsammlung. – **O. Posse**, Siegel, Tf. 27, Nr. 2.

---

[290]   **J. Siebmacher**, Wappen der Bistümer, Tf. 5.

Würzburg

Das 742 gegründete Bistum Würzburg erstreckte sich vom Thüringer Wald im Norden bis zur Hohenloher Ebene im Süden und vom Neckar im Westen bis zum oberen Main und zur Regnitz im Osten. Das Hochstift konzentrierte sich im Raum an Main und Fränkischer Saale, war aber territorial nicht geschlossen, sondern durch verschiedene Grafschaften (Hohenlohe, Henneberg, Wertheim u. a.) sowie Güter der Reichsritterschaft geteilt. Seit der Gegenreformation und der tridentinischen Reform war der größte Teil des Bistums katholisch. Bischof und Domkapitel hatten ihren Sitz in Würzburg. Das Kapitel besaß das Bischofswahlrecht. Von den 13 zwischen 1648 und 1803 amtierenden Bischöfen hatten Johann Philipp von Schönborn gleichzeitig Mainz und Worms und weitere fünf Bamberg inne.

Literatur: **H. Flachenecker**, in: Bistümer bis 1803, 830–841.

1. Hochstift

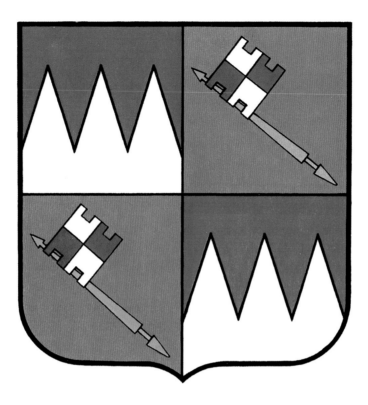

Blasonierung: Geviert, (1) und (4) in Rot drei silberne Spitzen, (2) und (3) in Blau das schräg gestellte, von Rot und Silber gevierte und zweimal eingekerbte Würzburger Rennfähnchen an goldener Lanzenstange. – In der ersten Hälfte des 14. Jahrhunderts[291] begegnet der so genannte „Rechen" (in Rot drei silberne Spitzen bzw. in rotem Feld drei bis über die Mitte aufsteigende silberne Spitzen) als Symbol für das Bistum und Hochstift Würzburg sowie eine von Rot und Silber gevierte Fahne an goldener Lanzenstange in Blau, das sogenannte „Rennfähnchen".[292] Der Rechen findet sich erstmals auf dem Grabdenkmal des Fürstbischofs Wolfram von Grumbach (1322–33) im Würzburger Dom und zwar zusammen mit dem Rennfähnchen. Der Rechen steht dabei heraldisch rechts, „dominiert" also das Rennfähnchen. Freilich bedürfen Datierung und Entstehungs- bzw. Restaurierungsgeschichte des Grabmals (spätere Anbringung der Wappen?) gerade wegen des verdächtig frühen Auftauchens des „Rechens" der Aufklärung. Weitere Nachweise für den Rechen finden sich dann auf Münzen des Bischofs Gebhard von Schwarzburg (1372–1400) bzw. auf dessen Gedenkstein in der Burg Röttingen.[293] – Auf den Siegeln taucht als Hochstiftswappen zuerst das Rennfähnchen auf, und zwar in Sekretsiegeln des Elekten Hermann Hummel von Lichtenberg (1333–35) und des Bischofs Albrecht von Hohenlohe (1345/49–1350)[294]. Der Rechen findet sich erst in den Siegeln des Johann von Brunn (1411–40), und zwar in Kombination mit dem Rennfähnchen und dem persönlichen Wappen.[295] Diese Kombination wird auch von den Nachfolgern übernommen. – Die Herkunft des Rennfähnchens („auf blauem Grund eine schrägliegende, an den beiden senkrechten Seiten je zweimal eingekerbte, von Rot und Silber gevierte Fahne an goldener Lanzenstange")[296] dürfte nach den obigen Ausführungen ziemlich eindeutig sein. Es handelt sich wohl um eine Lehensfahne (Lehensbanner), wie sie uns etwa aus Regensburg überliefert

---

291   C. **Heffner**, Siegel 93–139. – P. **Kolb**, Die Wappen der Würzburger Fürstbischöfe (Würzburg 1974) 31–41.

292   F. **Kretschmer**, Der „Fränkische Rechen", in Genealogie 33 (1984) 305–308.

293   J. O. **Salver**, Proben 106.

294   C. **Heffner**, Siegel 117, Nr. 59. – E. **Neukirch**, Erscheinen 338 f. (Siegelbeschreibung).

295   C. **Heffner**, Siegel 122 f.

296   Die Stadt Würzburg führte als Wappen das Rennfähnlein in geänderten Farben (in Schwarz eine schrägliegende, an den beiden Enden eingekerbte von Rot und Gold gevierte Fahne an silberner Lanzenstange).

ist. In ihrer ursprünglichen Form scheint die Würzburger Lehensfahne noch etwas anders ausgesehen zu haben. In der Züricher Wappenrolle (1340) sieht man eine gespaltene Fahne, vorn von Rot und Silber geteilt, hinten fünfmal geteilt von Silber und Rot.[297] Als Bistumszeichen taucht das Rennfähnchen möglicherweise schon auf Münzen des Bischofs Reginhard von Abenberg (1171–86) auf. Dort hält der Bischofspatron Kilian ein entsprechendes Fähnchen in der Hand. Ungeklärt ist die Herkunft des Rechens, der bei seinem Auftauchen auf Siegeln des Bischofs Johann von Brunn mit dem Rennfähnchen und dem Familienwappen des Bischofs kombiniert wird. Dabei stehen die Zeichen des Bistums im ersten (Rechen) und vierten Feld (Rennfähnlein), das Familienwappen des Bischofs im zweiten und dritten Feld. – Welches der Symbole ursprünglich mit dem Titel Fürst und Bischof einerseits und Herzog von Franken andererseits korrespondierte, lässt sich nicht schlüssig klären. Seit dem 15. Jahrhundert steht für das engere Hochstift und das Fürstentum das Rennfähnchen (Lehensfahne!), für den Titel eines Herzogs von Franken, den die Bischöfe seit dem 12. Jahrhundert führten, der Rechen. Ein weiteres Symbol für den Herzogstitel stellte bekanntlich das Herzogsschwert dar, das auch in die Heraldik Eingang fand: Es wird sehr früh an Stelle und neben dem Bischofsstab hinter das Wappen gestellt, und zwar an bevorzugter Stelle (heraldisch rechts), während der Bischofsstab in der Regel auf der (heraldisch) linken Seite steht. Diese Stellung würde dann mit der Reihenfolge und Wertigkeit der Felder im Wappen korrespondieren (erstes Feld = Rechen = Herzogswürde, viertes Feld = Rennfähnchen = Hochstift). Andere Hochstifte, die ebenfalls (wegen ihrer Fürstenwürde) ein Schwert hinter ihr Wappen stellten, gaben in der Regel dem Bischofsstab den Ehrenvorrang auf der (heraldisch) rechten Seite. – Als Helmzier verwendeten die Würzburger Fürstbischöfe seit Johann von Grumbach zwei gekreuzte Rennfähnchen. Später sind zwei Büffelhörner üblich, deren Mundlöcher jeweils mit einem Rennfähnchen besteckt sind.

Nachweis: **H. Appuhn**, Siebmacher 1605, Tf. 9. – **O. Neubecker – W. Rentzmann**, Lexikon, Tf. 48 (ohne Farben).

2. Fürstbischöfe

Bischofsliste

1642–1673   **Johann Philipp** (seit 1663 **Reichsfreiherr**) **von Schönborn**

1674–1675   **Johann Hartmann Reichsritter von Rosenbach**

1676–1683   **Peter Philipp** (seit 1675 **Reichsfreiherr**, seit 1678 **Reichsgraf**) **von Dernbach**

1683–1684   Konrad Wilhelm Reichsfreiherr von Werdenau (Wertnau, Wernau), Elekt

1686–1698   **Johann Gottfried Reichsritter von Guttenberg**

1699–1719   **Johann Philipp Reichsritter** (seit 1664 **Reichsfreiherr**) **von Greiffenclau zu Vollraths**

1719–1724   **Johann Philipp Franz Reichsfreiherr** (seit 1701 **Reichsgraf**) **von Schönborn**

1724–1729   **Christoph Franz Reichsfreiherr von Hutten**

1729–1746   **Friedrich Karl Reichsfreiherr** (seit 1701 **Reichsgraf**) **von Schönborn**

1746–1749   **Anselm Franz Reichsfreiherr** (seit 1737 **Reichsgraf**) **von Ingelheim**

1749–1754   **Karl Philipp Reichsfreiherr von Greiffenclau zu Vollraths**

1755–1779   **Adam Friedrich Reichsgraf von Seinsheim**

1779–1795   **Franz Ludwig Reichsfreiherr von Erthal**

1795–1808   **Georg Karl Ignaz Reichsfreiherr von Fechenbach zu Laudenbach**

---

[297]   **W. Merz – F. Hegi**, Wappenrolle, Tf. I, Nr. XIX.

Schönborn, Johann Philipp (seit 1663 Reichsfreiherr) von (1605–1673)

1642–1673   Fürstbischof von Würzburg
1649–1673   Kurfürst-Erzbischof von Mainz
1663–1673   Fürstbischof von Worms

Literatur: **F. Jürgensmeier**, in: Bischöfe 1648–1803, 438–442.

Blasonierung: Geteilt und zweimal gespalten (sechs Felder) mit Herzschild. – Herzschild (Familienwappen Schönborn): In Rot ein auf drei silbernen Spitzen schreitender gekrönter goldener Löwe. – Hauptschild: (1) in Rot drei silberne Spitzen (Hochstift Würzburg), (2) und (5) in Rot ein sechsspeichiges silbernes Rad (Erzstift Mainz), (3) und (4) in Schwarz ein schräg gestellter silberner Schlüssel, der oben und unten von jeweils vier goldenen Schindeln begleitet ist (Hochstift Worms), (6) in Blau das schräglinks gestellte von Silber und Rot gevierte und zweimal eingekerbte Würzburger Renn-fähnchen mit goldener Lanze (Hochstift Würzburg).

Anmerkung: In dieser Form ist das Wappen ab 1663 geführt worden. Im dritten Feld findet sich auch statt des Wormser Hoch-stiftswappens eine Wiederholung des Würzburger Rechens.[298] Als Variante beim Stammwappen Schönborn findet sich auch ein blau gekrönter und zweischwänziger Löwe.

Nachweis: BayHStA München, Siegelsammlung. – Germanisches Nationalmuseum Nürnberg, Siegelsammlung, Tf. 106, Nr. 3303 (geänderte Einteilung). – **P. Kolb**, Wappen 129. – **O. Posse**, Siegel, Tf. 20, Nr. 2, 5 f. – **P. Sella**, Sigilli V, 85, Tf. XXIX, Nr. 1537. – **J. Siebmacher**, Wappen der Bistümer, Tf. 197. – Bauplastik am Stift Haug in Würzburg.

---

298   **J. O. Salver**, Proben 626. – Grabdenkmal in der Schönbornkapelle im Dom zu Würzburg.

Rosenbach, Johann Hartmann Reichsritter von (1609–1675)

1674–1675   Fürstbischof von Würzburg

Literatur: **E. J. Greipl**, in: Bischöfe 1648–1803, 400 f.

Blasonierung: Geviert, (1) in Rot drei silberne Spitzen (Hochstift Würzburg), (2) und (3) von Silber und Schwarz geteilt, oben ein wachsender golden gekrönter schwarzer Löwe mit doppeltem Schweif (Familienwappen Rosenbach), (4) in Blau das schräglinks gestellte von Silber und Rot gevierte und zweimal eingekerbte Würzburger Rennfähnchen an goldener Lanzenstange (Hochstift Würzburg).

Nachweis: BayHStA München, Siegelsammlung. – Bauplastik am Stift Haug in Würzburg. – **P. Kolb**, Wappen 135.

Dernbach, Peter Philipp (seit 1675 **Reichsfreiherr**, seit 1678 **Reichsgraf**) **von** (1619–1683)

    1672–1675   Elekt von Bamberg
    1675–1683   Fürstbischof von Bamberg
    1676–1683   Fürstbischof von Würzburg

Literatur: **E. J. Greipl**, in: Bischöfe 1648–1803, 76 f.

Blasonierung: Geviert mit Herzschild. – Herzschild (Familienwappen Dernbach): In Blau drei goldene Herzen mit den Spitzen im Dreipass gestellt (= Kleeblatt ohne Stiel), das Feld mit goldenen Schindeln bestreut. – Hauptschild: (1) und (4) in Gold ein schwarzer Löwe, überdeckt mit einer silbernen Schrägleiste (Hochstift Bamberg), (2) in Rot drei silberne Spitzen (Hochstift Würzburg), (3) in Blau das schräg gestellte von Rot und Silber gevierte und zweimal eingekerbte Würzburger Rennfähnchen an goldener Lanzenstange (Hochstift Würzburg).

Anmerkung: Die 1675 in den Grafenstand erhobene Linie Dernbach, genannt Graul, starb bereits 1697 aus.

Nachweis: BayHStA München, Siegelsammlung. – **J. Siebmacher**, Wappen der Bistümer, Tf. 117. – Bauplastiken an der Kaiserpfalz Forchheim und am Stift Haug in Würzburg. – **P. Kolb**, Wappen 139.

Guttenberg, Johann Gottfried Reichsritter von (1645–1698)

   1686–1698   Fürstbischof von Würzburg

Literatur: **E. J. Greipl**, in: Bischöfe 1648–1803, 162 f.

Blasonierung: Geviert, (1) in Rot drei silberne Spitzen (Hochstift Würzburg), (2) und (3) in Blau eine goldene heraldische Rose (Familienwappen Guttenberg), (4) in Blau das schräglinks gestellte von Silber und Rot gevierte und zweimal eingekerbte Würzburger Rennfähnchen an goldener Lanzenstange (Hochstift Würzburg).

Nachweis: BayHStA München, Siegelsammlung. – Bauplastik am Stift Haug in Würzburg. – **P. Kolb**, Wappen 145.

Greiffenclau zu Vollraths, Johann Philipp Reichsritter (seit 1664 **Reichsfreiherr**) **von** (1652–1719)

1699–1719   Fürstbischof von Würzburg

Literatur: E. J. Greipl, in: Bischöfe 1648–1803, 158 f.

Blasonierung: Geviert, (1) in Rot drei silberne Spitzen (Hochstift Würzburg), (2) und (3) (Familienwappen Greiffenclau) geviert, [1] und [4] von Silber und Blau geteilt, belegt mit einer goldenen Glevenhaspel, [2] und [3] in Schwarz ein silberner Schräglinksbalken (Ippelbrunn), (4) in Blau das schräglinks gestellte von Silber und Rot gevierte und zweimal eingekerbte Würzburger Rennfähnchen an goldener Lanzenstange (Hochstift Würzburg).

Anmerkung: Im Stammwappen kann die Glevenhaspel auch wie folgt blasoniert werden: Ein außen sternförmig mit acht goldenen Lilienzeptern besteckter silberner Ring.[299]

Nachweis: BayHStA München, Siegelsammlung. – **P. Kolb**, Wappen 149. – **P. Sella**, Sigilli VII, 205 (Beschreibung). – **G. Schön**, Münzkatalog 1072, Nr. 6. – Bauplastik am Stadttor von Hofheim.

---

[299]   **W. v. Hueck**, Adelslexikon IV, 248.

Schönborn, Johann Philipp Franz Reichsfreiherr (seit 1701 **Reichsgraf**) von (1673–1724)

1719–1724 Fürstbischof von Würzburg

Literatur: **E. J. Greipl**, in: Bischöfe 1648–1803, 442–444.

Blasonierung: Zweimal gespalten, die linke und rechte Flanke dreimal geteilt, die Pfahlstelle einmal (zehn Felder) mit Herzschild. – Herzschild mit goldener Laubkrone (Stammwappen Schönborn): In Rot ein auf drei silbernen Spitzen schreitender gekrönter goldener Löwe. – Hauptschild: (1) in Gold ein golden bewehrter und rot gezungter schwarzer Doppeladler, der in der rechten Klaue ein silbernes Schwert und in der linken Klaue den blauen Reichsapfel mit goldenem Kreuz und goldener Spange hält. Zwischen den Köpfen schwebt eine goldene Kaiserkrone mit zwei abfliegenden blauen Bändern (Reichsadler als Gnadenwappen für Schönborn), (2) in Rot drei silberne Spitzen (Hochstift Würzburg), (3) in Silber der Bindenschild (in Rot ein silberner Balken) umgeben mit einem innen silbernen und außen roten Wappenmantel, bekrönt von einem Herzogshut (Erzherzogtum Österreich als Gnadenwappen für Schönborn), (4) in Rot drei 2:1 gestellte silberne Schildchen (Herrschaft Reichelsberg), (5) in Blau ein silberner Balken, begleitet oben von zwei und unten von einer silbernen Raute (Herrschaft Heppenheim), (6) in Schwarz drei 2:1 gestellte goldene Garben (Puchheim), (7) ein Feld von Hermelin mit dem blauen Reichsapfel mit goldenem Kreuz und goldener Spange auf rotem Kissen (Erbtruchsessenamt), (8) in Gold ein linksgewendeter schreitender schwarzer Wolf (Grafschaft Wolfstal), (9) in Blau das schräglinks gestellte von Silber und Rot gevierte und zweimal eingekerbte Würzburger Rennfähnchen an goldener Lanzenstange (Hochstift Würzburg), (10) in Silber ein golden gekrönter und rot gezungter blauer Löwe, überdeckt mit zwei roten Balken (Herrschaft Pommersfelden).

Anmerkung: Johann Philipp Franz pflegte auch das (umfangreiche) Familienwappen separat vom Hochstiftswappen zu führen. Beim Grabdenkmal im Würzburger Dom steht das Hochstiftswappen über dem Familienwappen. Als Variante beim Stammwappen Schönborn findet sich auch ein blau gekrönter und zweischwänziger Löwe.

Nachweis: BayHStA München, Siegelsammlung. – **G. Schön**, Münzkatalog 1076, Nr. 45. – Bauplastik an der Stadtpfarrkirche in Hassfurt.

Hutten, Christoph Franz Reichsfreiherr von (1673–1729)

1724–1729   Fürstbischof von Würzburg

Literatur: **E. J. Greipl**, in: Bischöfe 1648–1803, 197–199.

Blasonierung: Geviert, (1) in Rot drei silberne Spitzen (Hochstift Würzburg), (2) und (3) in Rot zwei goldene Schrägbalken (Familienwappen Hutten), (4) in Blau das schräglinks gestellte von Silber und Rot gevierte und zweimal eingekerbte Würzburger Rennfähnchen an goldener Lanzenstange (Hochstift Würzburg).

Nachweis: BayHStA München, Siegelsammlung. – **P. Kolb**, Wappen 160. – **G. Schön**, Münzkatalog 1077, Nr. 62. – Bauplastik an einem Gebäude in Unfinden.

Schönborn, Friedrich Karl Reichsfreiherr (seit 1701 Reichsgraf) von (1674–1746)

1710–1729   Koadjutor des Fürstbischofs von Bamberg, Ep. tit. Arcadiopolitanus
1729–1746   Fürstbischof von Bamberg
1729–1746   Fürstbischof von Würzburg

Literatur: **E. J. Greipl**, in: Bischöfe 1648–1803, 435–438.

Blasonierung: Hauptschild mit zwölf Feldern und Herzschild. – Herzschild mit fünfblättriger goldener Laubkrone gekrönt (Stammwappen Schönborn): In Rot ein auf drei silbernen Spitzen schreitender gekrönter goldener Löwe. – Hauptschild: (1) und (5) in Gold ein schwarzer Löwe, überdeckt mit einer silbernen Schrägleiste (Hochstift Bamberg), (2) in Gold ein golden bewehrter und rot gezungter schwarzer Doppeladler, der in der rechten Klaue ein silbernes Schwert und in der linken Klaue den blauen Reichsapfel mit goldenem Kreuz und goldener Spange hält. Zwischen den Köpfen schwebt eine goldene Kaiserkrone mit zwei abfliegenden blauen Bändern (Reichsadler als Gnadenwappen), (3) in Rot drei silberne Spitzen (Hochstift Würzburg), (4) in Blau das schräg gestellte von Rot und Silber gevierte und zweimal eingekerbte Würzburger Rennfähnchen an goldener Lanzenstange (Hochstift Würzburg), (6) in Blau ein silberner Balken, begleitet oben von zwei silbernen Rauten und unten von einer silbernen Raute (Herrschaft Heppenheim), (7) in Rot drei 2:1 gestellte silberne Schildchen (Herrschaft Reichelsberg), (8) in Schwarz drei 2:1 gestellte goldene Garben (Puchheim), (9) ein Feld von Hermelin mit dem blauen Reichsapfel mit goldenem Kreuz und goldener Spange auf rotem Kissen (Erbtruchsessenamt), (10) in Silber der Bindenschild (in Rot ein silberner Balken), umgeben von einem innen silbernen und außen roten Wappenmantel, bekrönt von einem Herzogshut (Erzherzogtum Österreich als Gnadenwappen), (11) in Silber ein golden gekrönter und rotgezungter blauer Löwe, überdeckt mit zwei roten Balken (Herrschaft Pommersfelden), (12) in Gold ein schreitender schwarzer Wolf (Grafschaft Wolfstal).

Anmerkung: Als Variante beim Stammwappen Schönborn findet sich auch ein blau gekrönter und zweischwänziger Löwe.

Nachweis: BayHStA München, Siegelsammlung. – **P. Kolb**, Wappen 163. – **J. O. Salver**, Proben 724. – **J. Siebmacher**, Wappen der Bistümer, Tf. 119. – Grabmal im Würzburger Dom. – Bauplastik an der Fürstbischöflichen Residenz in Würzburg.

Ingelheim, Anselm Franz Reichsfreiherr (seit 1737 **Reichsgraf**) von (1683–1749)

1746–1749   Fürstbischof von Würzburg

Literatur: **E. J. Greipl**, in: Bischöfe 1648–1803, 202 f.

Blasonierung: Geviert mit Herzschild. – Herzschild: In Schwarz ein von Gold und Rot in zwei Reihen geschachtes Kreuz (Familienwappen Ingelheim). – Hauptschild: (1) in Rot drei silberne Spitzen (Hochstift Würzburg), (2) und (3) in Blau ein silberner Schrägbalken, darin drei blaue Ringe (Familienwappen Echter-Ingelheim), (4) in Blau das schräglinks gestellte von Silber und Rot gevierte und zweimal eingekerbte Würzburger Rennfähnchen an goldener Lanzenstange (Hochstift Würzburg).

Anmerkung: Varianten des Familienwappens Ingelheim, ein von Rot und Gold in zwei Reihen geschachtes Kreuz.[300]

Nachweis: **J. D. Koehler**, Calender 1749, vor 17. – **P. Kolb**, Wappen 167 (mit Krone auf dem Herzschild). – **G. Schön**, Münzkatalog 1081, Nr. 88.

---

300   **W. v. Hueck**, Adelslexikon V, 456.

Greiffenclau zu Vollraths, Karl Philipp Reichsfreiherr von (1690–1754)

1749–1754   Fürstbischof von Würzburg

Literatur: **E. J. Greipl**, in: Bischöfe 1648–1803, 159 f.

Blasonierung: Geviert, (1) in Rot drei silberne Spitzen (Hochstift Würzburg), (2) und (3) (Familienwappen Greiffenclau) geviert, [1] und [4] von Silber und Blau geteilt, belegt mit einer goldenen Glevenhaspel, [2] und [3] in Schwarz ein silberner Schräglinksbalken (Ippelbrunn), (4) in Blau das schräglinks gestellte von Silber und Rot gevierte und zweimal eingekerbte Würzburger Rennfähnchen an goldener Lanzenstange (Hochstift Würzburg).

Anmerkung: Im Stammwappen kann die Glevenhaspel auch wie folgt blasoniert werden: Ein außen sternförmig mit acht goldenen Lilienzeptern besteckter silberner Ring.[301]

Nachweis: Germanisches Nationalmuseum Nürnberg, Siegelsammlung, Tf. 106, Nr. 14 879. – **J. D. Koehler**, Calender 1753, vor 17. – **P. Kolb**, Wappen 171. – **G. Schön**, Münzkatalog 1083, Nr. 111. – Bauplastik über dem Portal der Chorherrenstiftskirche auf der Comburg.

---

[301] **W. v. Hueck**, Adelslexikon IV, 248.

Seinsheim, Adam Friedrich Reichsgraf von (1708–1779)

1755–1779   Fürstbischof von Würzburg
1757–1779   Fürstbischof von Bamberg

Literatur: **E. J. Greipl**, in: Bischöfe 1648–1803, 455–458.

Blasonierung: Gespalten durch oben und unten eingepfropfte Spitzen (vier Felder), mit fünfblättriger goldener Laubkrone gekrönter Herzschild. – Herzschild (Familienwappen Seinsheim): Geviert, (1) und (4) fünfmal gespalten von Silber und Blau, (2) und (3) in Gold ein aufspringender golden gekrönter schwarzer Eber. – Hauptschild: Im vorderen Feld in Rot drei silberne Spitzen (Hochstift Würzburg), im hinteren Feld in Blau ein schräglinks gestelltes von Rot und Silber geviertes und zweimal eingekerbtes Würzburger Rennfähnchen an goldener Lanzenstange (Hochstift Würzburg), oben und unten in Gold ein schwarzer Löwe, überdeckt mit einer silbernen Schrägleiste (Hochstift Bamberg).

Anmerkung: Seinsheim führt auch ein quadriertes Schild mit Herzschild, wobei (1) und (4) den Bamberger Löwen, (2) und (3) die silbernen Spitzen in Rot bzw. das Rennfähnchen zeigen.

Nachweis: BayHStA München, Siegelsammlung. – **J. C. Gatterer**, Handbuch 1766, 21. – **P. Sella**, Sigilli V, 48, Tf. XVI, Nr. 1409. – **G. Schön**, Münzkatalog 2, Nr. 38. – Bauplastik an St. Jakob Bamberg.

Erthal, Franz Ludwig Reichsfreiherr von (1730–1795)

1779–1795   Fürstbischof von Würzburg
1779–1795   Fürstbischof von Bamberg

Literatur: **E. J. Greipl**, in: Bischöfe 1648–1803, 93–95.

Blasonierung: Geviert mit Herzschild. – Herzschild (Familienwappen Erthal): Geviert, (1) und (4) in Rot zwei silberne Balken, (2) und (3) ledig von Blau. – Hauptschild: Geviert, (1) und (4) in Gold ein schwarzer Löwe, überdeckt mit einer silbernen Schrägleiste (Hochstift Bamberg), (2) in Rot drei silberne Spitzen (Hochstift Würzburg), (3) in Blau das schräg gestellte von Rot und Silber gevierte und zweimal eingekerbte Würzburger Rennfähnchen an goldener Lanzenstange (Hochstift Würzburg).

Nachweis: BayHStA München, Siegelsammlung. – **P. Kolb**, Wappen 179. – **G. Schön**, Münzkatalog 63, Nr. 42. – **J. Siebmacher**, Wappen der Bistümer, Tf. 121. – **C. Tyroff**, Wappenwerk I, 78. – Bauplastik an der Kirche Maria Himmelfahrt in Hollfeld.

Fechenbach zu Laudenbach, Georg Karl Ignaz Reichsfreiherr von (1749–1808)

1795–1808   Fürstbischof von Würzburg
1800–1805   Koadjutor des Fürstbischofs von Bamberg
1805–1808   Bischof von Bamberg

Literatur: E. **Soder**, in: Bischöfe 1785/1803–1945, 181 f.

Blasonierung: Geviert, (1) in Rot drei silberne Spitzen (Hochstift Würzburg), (2) und (3) in Silber ein schwarzes Bockshorn (Familienwappen Fechenbach), (4) in Blau das schräglinks gestellte von Silber und Rot gevierte und zweimal eingekerbte Würzburger Rennfähnchen an goldener Lanzenstange (Hochstift Würzburg).

Nachweis: BayHStA München, Siegelsammlung. – P. **Kolb**, Wappen 184 (mit Bamberg). – G. **Schön**, Münzkatalog 1093, Nr. 207. – C. **Tyroff**, Wappenwerk I, 268.

Heraldisches Glossar[302]

abgewendete Figuren	die einander die Rückseite zuwenden
am Spalt	Bezeichnung für die Lage einer nur zur Hälfte dargestellten Figur, die mit ihrer Schnittlinie an eine Spaltungslinie grenzt (häufig: halber Adler am Spalt)
Andreaskreuz	Kreuz in der Form eines X
anstoßend	wenn gemeine Figuren sich mit den Spitzen berühren
ausgebrochen	parallel zu ihrer Begrenzungslinie ausgeschnittene Figur
Balken	Heroldsbild, das durch zwei parallel laufende waagrechte Linien entsteht; der Balken steht in der Regel in der Mitte des Schildes. Soweit er in der oberen oder unteren Hälfte steht, spricht man von einem erhöhten oder erniedrigten Balken; geht er von vorne oben nach hinten unten, spricht man von einem Schrägbalken, geht er von hinten oben nach vorne unten, spricht man von einem Schräglinksbalken
bedeckt	wenn das unter einer gemeinen Figur liegende Heroldsbild nur zum Teil sichtbar ist
begleitet	begleitet ist ein Heroldsbild oder eine Figur, wenn sie von kleineren Nebenfiguren umgeben ist
belegt	belegt ist ein Heroldsbild oder eine Figur, wenn darauf eine oder mehrere kleine Figuren abgebildet sind
besät	Belegung eines Schildes mit mehreren nicht zahlenmäßig festgelegten kleineren Bildern (Schindeln, Sternen, Lilien), die auch über den Schildrand hinausgehen
besteckt	ist eine Schildfigur, wenn deren Außenseite einen zusätzlichen Schmuck aufweist
bestreut	Belegung eines Schildes mit mehreren nicht zahlenmäßig festgelegten kleineren Bildern (Schindeln, Sternen, Lilien), die innerhalb des Schildrandes bleiben
bewehrt	mit einer Bewehrung (etwa Hörner, Schnabel, Klauen, Krallen, Zähne von Wappentieren) versehen; muss in Blasonierungen (etwa rot bewehrt) besonders erwähnt werden, wenn die Bewehrung in einer vom Wappentier unterschiedlichen Tinktur gehalten ist
Blasonierung	Wappenbeschreibung, die sich stets nach der Blickrichtung des Schildträgers und nicht nach der des Betrachters richtet (die vom Beschauer aus linke Seite ist heraldisch rechts und umgekehrt).
Bordierung	siehe Schildbord
Dreiberg	heraldisches Symbol für Berg aus drei Kuppen, die mittlere erhöht
eingeschlossen	wenn eine Figur von einer zweiten Figur ganz oder teilweise umfasst wird
Flug	die beiden (gesondert dargestellten) Flügel eines Vogels, meist als Helmzier verwendet
geschacht	schachbrettartig gegliedert
gespalten	durch eine senkrechte Linie einfach oder mehrfach geteilt

---

[302] Vgl. hierzu: **W. Leonhard**, Das große Buch der Wappenkunst. Entwicklung – Elemente – Bildmotive – Gestaltung (München 1976, [2]1978, [3]1984, Augsburg 2000).

gestückt	wechselnde Folge von Metall und Farbe
gestümmelt	Vögel ohne Schnabel und Füße
gestürzt	auf dem Kopf stehend
geteilt	durch eine waagrechte Linie einfach oder mehrfach zerlegt; schräggeteilt ist ein Schild, wenn die Teilungslinie von oben vorne nach unten hinten verläuft; schräglinksgeteilt ist ein Schild, wenn die Teilungslinie von oben hinten nach unten vorne verläuft
geviert(et), quartiert, quadriert	die (bis ins 17. Jahrhundert dem Adel vorbehaltene) Teilung eines Wappenschildes in vier Felder, wobei das (heraldisch) rechts obere Feld das wichtigste Feld darstellt, soweit kein Herzschild vorhanden ist; in diesem ersten Feld steht meist das Wappen des jeweiligen Hochstifts, im zweiten Feld das Familienwappen des Bischofs
Helmzier, Kleinod, Zimier	die auf dem Helm angebrachte Verzierung (Büffelhörner, Flügel, Pfauenfedern, wachsende Figuren); soweit der Helm (als Oberwappen) auf dem Wappenschild aufliegt, gilt die Helmzier als Teil des Wappens.
hervorkommend	aus einem Schildrand herausragende Figur
hinten	siehe links
ledig	heißt ein einfarbiges Feld ohne Figur oder heraldische Gliederung
Leiste	ein schmaler Balken; entsprechend dem Schrägbalken bzw. Schräglinksbalken gibt es Schrägleiste und Schräglinksleiste
leopardiert	als leopardierter Löwe gilt der „gehende" und „herschauende" (dem Betrachter mit dem Kopf zugewandte); vielfach übereinander angeordnet wie im Wappen der Truchsessen von Waldburg bzw. der Schenk von Castel
Lilienkreuz, Alcantara-Kreuz	Kreuz, dessen Ende lilienförmig zuläuft (als grünes „L" Abzeichen des Alcantara-Ritterordens)
links	bezeichnet in der Heraldik (= Blasonierung aus der Sicht des Schildträgers!) den hinteren bzw. vom Betrachter aus gesehen rechten Teil des Schildes
Metall	Gold und Silber (Gelb und Weiß)
natürlich	Farbgebung, die dem naturgemäßen Aussehen entspricht (vor allem bei Pflanzen, Tieren und menschlichen Figuren)
nimbiert	mit Heiligenschein
Patriarchenkreuz, erzbischöfliches Kreuz, ungarisches Kreuz, lothringisches Kreuz	Kreuz mit zwei kurzen Querbalken, dessen unterer etwas länger als der obere ist
Pfahl	senkrechter Balken, meist ein Drittel der Schildbreite
pfahlweise	senkrecht übereinander gestellt
Quasten, fiocchi, Fiocchien	die von den Hüten der Geistlichen abhängenden Quasten; dienen vor allem in der kirchlichen Heraldik zur Bezeichnung der kirchlichen Hierarchie (2 x 15 Rot = Kardinal, 2 x 10 Grün = Erzbischof, 2 x 6 Grün = Bischof).
rechts	bezeichnet in der Heraldik (= Blasonierung aus der Sicht des Schildträgers!) den vorderen bzw. vom Betrachter aus gesehen linken Teil des Schildes
Schächerkreuz	Kreuz, bei dem sich der senkrechte Kreuzbalken in zwei schräg nach oben führende Balken teilt

Schildbord	ein das jeweilige Wappenbild umgebender Rahmen
Schrägbalken	siehe Balken
Schräglinksbalken	siehe Balken
schreitend	werden Tiere genannt, die mit einem erhobenen Vorderfuß abgebildet sind
Sparren	Heroldsbild, das entsteht, wenn die Trennungslinien einer Spitze durch parallel laufende Linien ergänzt werden bzw. wenn ein Schrägrechtsbalken und ein Schräglinksbalken im spitzen Winkel zusammentreffen
Spickelschildfuß	aus erniedrigten Spitzen gebildeter Schildfuß
steigend	die Spitzen eines liegenden Halbmondes zeigen nach oben
Tingierung	Farbgebung des Wappens, siehe Tinktur
Tinktur	farbliche Gestaltung eines Wappens; in der Regel sind dabei nur Metalle (Gold = Gelb und Silber = Weiß) und die Farben Schwarz, Rot, Grün und Blau zulässig; dabei muss die Farbregel eingehalten werden, die besagt, dass die beiden Metalle ebenso wie die vier Farben nie aufeinander stehen dürfen; vielmehr müssen sich Metalle und Farben in einem Wappen immer abwechseln
verwechselt	nennt man diejenigen Farben und Metalle, die sich bei Schildteilungen im zweiten Feld umgekehrt wiederholen
vorne	siehe rechts
wachsend	obere Hälfte einer Figur, die aus einer Schildteilung aufsteigt

Register

Register der persönlichen Wappen

Register der Orte, Landschaften und Territorien